MAPPING THE WORLD
Vol.4

Atlas Géopolitique Mondial

世界大局
地圖全解讀 **4**

史上最視覺化的地緣政治圖輯，
攤開 162 張焦點地圖，透析全球關鍵趨勢！

亞歷克西斯·鮑茲曼（Alexis Bautzmann）
吉雍·傅蒙（Guillaume Fourmont） ── 主編

蘿拉·瑪格麗特（Laura Margueritte）
達里歐·英古斯托（Dario Ingiusto）
里卡多·普拉維托尼（Riccardo Pravettoni） ── 製圖
Légendes Cartographie 製圖事務所

林佑軒、陳郁雯 ── 譯

野人

地球觀 72

世界大局・地圖全解讀【Vol.4】
Mapping the World【Vol.4】

主編	亞歷克西斯・鮑茲曼 (Alexis Bautzmann)、吉雍・傅蒙 (Guillaume Fourmont)
製圖	蘿拉・瑪格麗特 (Laura Margueritte)、達里歐・英古斯托 (Dario Ingiusto)、里卡多・普拉維托尼 (Riccardo Pravettoni)、Légendes Cartographie 製圖事務所
撰文	Sébastien Abis, Camille Braccini, Matthieu Brun, Jean-Paul Burdy, Christine Cabasset, Julien Camy, Théotime Chabre, Jean-Marc Chaumet, Thibault Courcelle, Jérémy Denieulle, Julie Desrousseaux, Guillaume Fourmont, Catherine Fournet-Guérin, Elsa Galland, Marjolaine Gros-Balthazard, Catherine Guéguen, Joseph Henrotin, Jean-Marc Huissoud, Éric Janin, David Lagarde, Clara Loïzzo, Teva Meyer, Nathalie Petitjean, Nashidil Rouiaï, Clément Steuer, Tigrane Yégavian
譯者	林佑軒、陳郁雯

野人文化股份有限公司

社長	張瑩瑩
總編輯	蔡麗真
主編	陳瑾璇
責任編輯	李怡庭
協力編輯	余純菁
專業校對	林昌榮
行銷企劃經理	林麗紅
行銷企劃	蔡逸萱、李映柔
封面設計	兒日設計
內頁排版	洪素貞

出　版	野人文化股份有限公司
發　行	遠足文化事業股份有限公司（讀書共和國出版集團） 地址：231 新北市新店區民權路 108-2 號 9 樓 電話：（02）2218-1417　傳真：（02）8667-1065 電子信箱：service@bookrep.com.tw 網址：www.bookrep.com.tw 郵撥帳號：19504465 遠足文化事業股份有限公司 客服專線：0800-221-029
法律顧問	華洋法律事務所 蘇文生律師
印　製	凱林彩印股份有限公司
初版首刷	2022 年 06 月
初版 4 刷	2023 年 09 月

Atlas Géopolitique Mondial 2021
Copyright © 2020, ÉDITIONS DU ROCHER/AREION GROUP
Directed by Alexis Bautzmann
Cartography by Laura Margueritte
Contributions by Guillaume Fourmont and Dario Ingiusto
Complex Chinese translation copyright © 2022 Yeren Publishing House
Published by arrangement with Peony Literary Agency
All rights reserved

世界大局・地圖全解讀【Vol.4】

線上讀者回函專用 QR CODE，你的
寶貴意見，將是我們進步的最大動力。

野人文化
官方網頁

野人文化
讀者回函

國家圖書館出版品預行編目 (CIP) 資料

世界大局・地圖全解讀【Vol.4】：有錢買不到藥？得稀
土者得天下？ COVID-19 燒掉東南亞千億人民幣？「綠
色長城」擋住全球沙漠化？/ 亞歷克西斯・鮑茨曼 (Alexis
Bautzmann)，吉雍・傅蒙 (Guillaume Fourmont) 主編；林佑
軒、陳郁雯譯 . -- 初版 . -- 新北市：野人文化股份有限公
司出版：遠足文化事業股份有限公司發行 , 2022.06
　面；　公分 . -- (地球觀；72)
譯自 : Atlas géopolitique mondial. 2021
ISBN 978-986-384-699-4(平裝)
ISBN 978-986-384-701-4(PDF)
ISBN 978-986-384-702-1(EPUB)

1.CST: 國際政治 2.CST: 地緣政治 3.CST: 國際關係
4.CST: 主題地圖

578　　　　　　　　　　　　　　　　　111003682

目錄

歐洲篇 EUROPE

中東篇 MIDDLE EAST

非洲篇 AFRICA

亞洲篇 ASIA

美洲篇 AMERICAS

環境議題篇 ENVIRONMENT

國際議題篇 INTERNATIONAL ISSUES

Covid-19疫情肆虐，區域衝突四起
掌握全球動盪局勢的關鍵導航

　　一如往年，本集《世界大局‧地圖全解讀》彙集了《Carto》雜誌編輯部 18 個月以來所分析及繪製的資訊地圖，而在本書問世之際，全世界正受到晚近 50 年來數一數二嚴重的流行病肆虐。Covid-19 疫情讓人類付出寶貴的性命作為代價（截至 2020 年 7 月，死亡人數已超過 62 萬人）❶，其中又以老年族群受害最深。此外，疫情亦讓全球經濟陷入徹底混亂，帶來承平時期數一數二的重大危機。根據世界銀行（World Bank）的預測，全球 GDP 在 2020 年恐將萎縮 5.2%❷，這是近 150 年來從未發生過的現象，而經濟萎縮同時也造成許多國家的失業人口猛爆性成長，約 7 千萬～ 1 億人口陷入極度貧窮的窘境。疫情雖然對已開發經濟體造成影響，然而這些國家能夠以低廉成本獲得貸款，藉此跨越將來的危機、平撫未來幾個月恐將增加的社會動盪。反觀貧窮國家與新興國家，即使目前受到的疫情衝擊較輕微，能否受益於上述的債務槓桿以面對未來挑戰卻仍是未知數。

美中對抗新冷戰，中東與非洲將成第一線角力場

　　疫情帶來的全球公共衛生危機也讓美國與中國的地緣政治緊繃加劇，如今美中二巨頭相互衝突對抗的大環境已然確立，經濟與科技的競逐將成為美中「新冷戰」的主調。面對這樣的新冷戰，無論是歐洲整體或是法國自身都很難坐壁上觀。如此情勢或許將永久改變「全球化」的面貌，將世界剖成政治上不相容及經濟上彼此對抗的兩種社會模式。在這個「未來世界」裡，新的區域衝突似乎已昭然若揭，而中東與非洲將成為主要戰場，從現今土耳其對敘利亞與黎巴嫩的野心便可見一斑。面對將來的衝突動盪，若歐洲在外交上還想保有決策、行動、施加約束的權力，就必須順應潮流改變。不僅如此，歐洲此一「沉睡的巨人」面對的挑戰非常巨大。歐盟勢必得進行深度改革，因為在美中衝突的情勢下，歐盟唯有以更堅定的方式推展自身的認同，方能展望未來。此外，Covid-19 疫情也使得歐洲國家之間缺乏團結精神的問題暴露，如此一來，疫情必然會進一步加劇好幾年來籠罩歐洲的歐洲懷疑主義（Euroscepticism）與自我封閉的沉重氛圍。

　　這些地緣政治的變化迫使人們以複雜、多重的觀點來思索世界局勢，直線推論以及失之過簡的斷章取義都將不再適用。本書探討的議題十分多元，無論數據或地圖呈現數據的手法都經過精心設計，以期兼顧品質與教學上的需求。

主編／亞歷克西斯‧鮑茲曼（Alexis Bautzmann）

---

❶ 編注：根據世界衛生組織（World Health Organization, WHO）的統計，截至 2022 年 5 月 20 日止，全球死於 Covid-19 的人數超過 627 萬人，但此一數據並不完整（部分國家的數據可能有漏失），且持續上升中。
❷ 編注：根據世界銀行的數據，2019 年全球 GDP 成長率為 2.6%，2020 年則為 -3.4%，萎縮 6%。

EUROPE
歐洲篇

反對英國脫歐

2019年3月23日，反對英國脫歐的群眾在倫敦西敏市（Westminster）街頭集結，舉起標語表達不滿，抗議人數多達百萬人。
（©Depositphotos/Kurt_P）

歐元：全球第二大貨幣的理想與現實

歐元是歐洲聯邦主義者（European federalist）長久以來的烏托邦理想。2019 年，歐元歡慶二十週年，而在這二十年間，歐元取代了昔日的各國貨幣，成為歐盟國家共同的、也是唯一的貨幣。1999 年起，11 個國家投身這場名為「歐元」的歷險，其後陸續又有 8 個國家加入。也就是說，如今約有 3 億 4,150 萬歐洲人主要使用歐元，歐元區因此成為僅次於美元區的全球第二大金融市場。

1986 年的《單一歐洲法案》（Single European Act）規畫了一個經濟與貨幣聯盟，擁護者將此一聯盟表述為單一市場（Single Market，又稱「共同市場」），而下一步合理且必要的做法，就是在這個單一市場發行單一貨幣，且由一家歐洲中央銀行管理，以使聯盟的運作更為順暢。於是，之後便公布了以「歐元」取代「歐洲通貨單位」（European Currency Unit，於 1979 年推出，作為歐洲各國貨幣的度量衡，以便共同管理）的三個階段。第一階段是消除成員國之間資本流動的限制，進而促成 1992 年《馬斯垂克條約》（Maastricht Treaty）的簽訂。各國於該條約中定出了每個成員國加入貨幣聯盟的趨同標準，例如：該國通貨膨脹率不得較通膨率最低的 3 個成員國之平均值高出 1.5%，預算赤字必須低於 GDP 的 3%，公債必須低於 GDP 的 60% 等。第二階段則是以 1998 年歐洲中央銀行（European Central Bank, ECB）在德國法蘭克福（Frankfurt）成立作為標誌。歐洲中央銀行的角色是維持歐元區物價與金融系統的穩定、決定政策利率，以及控制貨幣供應量，同時也負責核准各成員國央行發行統一規格的歐元硬幣與紙幣。第三階段是過渡至歐元：歐元首先於 1999 年在各金融市場推出，接著在 2002 年，以法定貨幣之姿逐漸取代了各國原有的貨幣。

發展不同調的歐盟與歐元

就地理上來說，歐元區比歐盟的範圍還要小（參見圖 1），因而造成在實際執行上，歐洲各國的步調不一。如英國、丹麥、瑞典等國，是出於不想失去主權，所以拒絕加入歐元區；波蘭、捷克、匈牙利、羅馬尼亞、保加利亞、克羅埃西亞等國，則是尚未達到加入歐元區的條件。

全球有六十幾個國家使用歐元，歐元的勢力範圍也就遠遠超過歐元區成員國的邊界。不論是作為儲備貨幣或是用於跨國付款，歐元皆已成為全球第二大貨幣，僅次於美元。歐元的一大優點是提升了歐元區內經濟與商業交流的便利性，不僅讓成員國之間的各項價格透明化，更節省下種種交易成本。

對歐洲公民、尤其是對歐洲的老年人來說，從原本的貨幣轉變為歐元，需要一段時間來調適，更別說法國的老人家在 1958 年就已經歷過一次從舊法郎轉換成新法郎的過程。儘管如此，總括來說，歐洲人算是順利度過了歐洲一體化（european integration）這個階段。回顧此一時期，大多數人的普遍印象都是歐元導致物價上漲，而且人們感受到的通貨膨脹，比實際的通貨膨脹（歐元區的通貨膨脹平均為每年 2%）更加嚴重。針對此一主題，2017 年歐洲民調機構「歐洲氣壓計」（Eurobarometer）以歐元區 19 個成員國為對象所做的第 458 期民調顯示，多數歐洲人認為歐元對國家、對歐盟都是有益的：64% 歐洲人認為歐元對國家有益，74% 歐洲人認為歐元對歐盟是好事一椿。相反地，只有約 1/4（27%）的歐洲人認為歐元能提升自己對歐洲人的身分認同。

載舟抑或覆舟？歐盟強硬的撙節政策

美國次級房貸（subprime mortgage）[1]危機爆發之後，2010 ～ 2011 年間，歐元區也跟著深陷泥淖。業已負債的歐洲各國同意花費好幾十億歐元來援助區域內的銀行、支持經濟活動，但這也增加了各國的公債。在此情勢之下，針對信用評等機構認為償債能力最不可靠的幾個國家，各個金融市場皆大幅調升了利率。舉例來說，2001 年希臘加入歐元區時，希臘政府曾於國家的債務報告上作假，再加上國內數不勝數的結構問題（如地下經濟、貪汙腐敗……等），終於在 2009 年底暴露出其經濟現況究竟有多麼糟糕且不可收拾，導致各個金融市場恐慌。最後希臘政府被迫於 2010 年向歐盟與國際貨幣基金（International Monetary Fund, IMF）尋求緊急援助，而作為交換條件，希臘必須實施撙節政策。面對歐元危機蔓延到愛爾蘭、葡萄牙、西班牙以及賽普勒斯等國，「歐洲金融穩定基金」（European Financial Stability Facility，EFSF，歐洲穩定機制[European Stability Mechanism, ESM]的前身）倉促啟動，此一計畫的目的是為上述國家提供援助，抗衡嚴苛的撙節措施。到了 2015 年，希臘堪堪躲過退出歐元區的下場。在受歐元危機影響最深的幾個國家，緊縮政策造成某些族群生活水準下降、失業率飆升，群眾因此發起運動表達憤怒，好比 2011 年西班牙的憤怒者運動（Indi-gnados Movement）[2]，從而導致某種程度的政治不穩定，人民對傳統政黨失去信心，以選票來表達抗議。

透過將國家主權的一大象徵「貨幣」歸諸共有事業，部分歐洲國家在歐洲統合的過程中確實獲得長足的進步。歐元業已躍為歐洲數一數二的重要象徵，綜觀全球，歐元不僅必要且穩定，影響力也愈來愈大，足以與美元抗衡。　　**文●** T. Courcelle

---

❶ 編注：次級房貸是以高於市場行情的利率，貸款給信用評等較差的購屋者。美國的次級房貸曾經非常盛行，次級房貸業者還將這些房貸債權轉化為金融商品賣給投資銀行以換取資金，但後來由於銀行利率不斷調升、房市衰退，導致大量呆帳，最後投資銀行不堪負荷破產，引發投資人恐慌，更造成全球金融市場危機。

❷ 編注：此運動發展成一系列的反緊縮政策運動（Anti-Austerity Movement），延續至 2015 年。

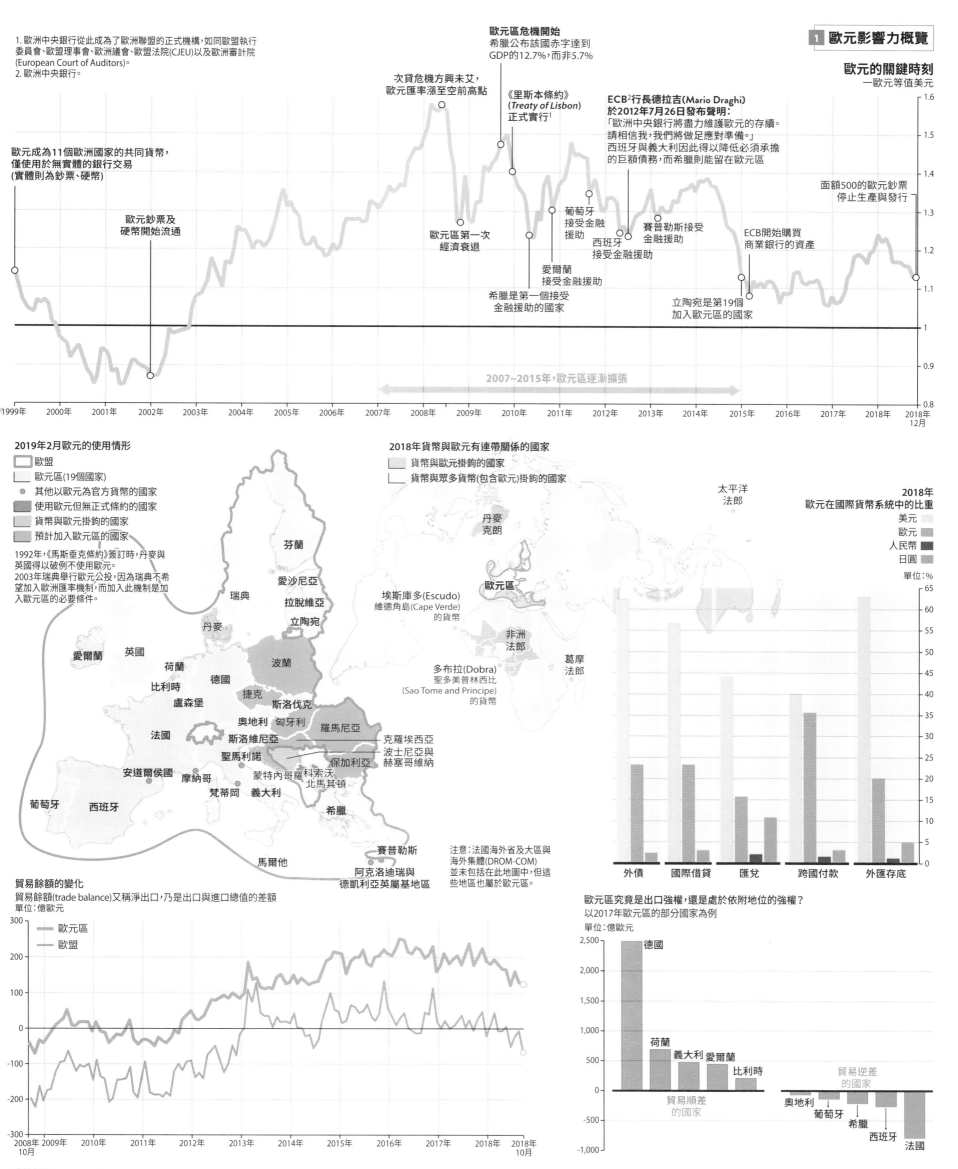

1. 歐洲中央銀行從此成為了歐洲聯盟的正式機構,如同歐盟執行委員會、歐盟理事會、歐洲議會、歐盟法院(CJEU)以及歐洲審計院(European Court of Auditors)。
2. 歐洲中央銀行。

歐元的關鍵時刻
一歐元等值美元

次貸危機方興未艾,歐元匯率漲至空前高點

歐元區危機開始
希臘公布該國赤字達到GDP的12.7%,而非5.7%

《里斯本條約》(Treaty of Lisbon)正式實行[1]

ECB[2]行長德拉吉(Mario Draghi)於2012年7月26日發布聲明:
「歐洲中央銀行將盡力維護歐元的存續。請相信我,我們將做足應對準備。」西班牙與義大利因此得以降低必須承擔的巨額債務,而希臘則能留在歐元區

面額500的歐元鈔票停止生產與發行

歐元成為11個歐洲國家的共同貨幣,僅使用於無實體的銀行交易(實體則為鈔票、硬幣)

歐元鈔票及硬幣開始流通

歐元區第一次經濟衰退

葡萄牙接受金融援助

西班牙接受金融援助

賽普勒斯接受金融援助

ECB開始購買商業銀行的資產

愛爾蘭接受金融援助

希臘是第一個接受金融援助的國家

立陶宛是第19個加入歐元區的國家

2007~2015年,歐元區逐漸擴張

1999年 2000年 2001年 2002年 2003年 2004年 2005年 2006年 2007年 2008年 2009年 2010年 2011年 2012年 2013年 2014年 2015年 2016年 2017年 2018年 2018年12月

2019年2月歐元的使用情形
- 歐盟
- 歐元區(19個國家)
- ● 其他以歐元為官方貨幣的國家
- 使用歐元但無正式條約的國家
- 貨幣與歐元掛鉤的國家
- 預計加入歐元區的國家

1992年,《馬斯垂克條約》簽訂時,丹麥與英國得以破例不使用歐元。2003年瑞典舉行歐元公投,因為瑞典不希望加入歐洲匯率機制,而加入此機制是加入歐元區的必要條件。

2018年貨幣與歐元有連帶關係的國家
- 貨幣與歐元掛鉤的國家
- 貨幣與眾多貨幣(包含歐元)掛鉤的國家

芬蘭 愛沙尼亞 拉脫維亞 立陶宛 瑞典 丹麥 愛爾蘭 英國 荷蘭 德國 比利時 盧森堡 波蘭 捷克 斯洛伐克 奧地利 匈牙利 法國 斯洛維尼亞 羅馬尼亞 聖馬利諾 克羅埃西亞 波士尼亞與赫塞哥維納 保加利亞 安道爾侯國 摩納哥 蒙特內哥羅 科索沃 北馬其頓 梵蒂岡 義大利 希臘 葡萄牙 西班牙 賽普勒斯 馬爾他 阿克洛迪瑞與德凱利亞英屬基地區

太平洋法郎

丹麥克朗

歐元區

埃斯庫多(Escudo)維德角島(Cape Verde)的貨幣

非洲法郎

葛摩法郎

多布拉(Dobra)聖多美普林西比(Sao Tome and Principe)的貨幣

注意:法國海外省及大區與海外集體(DROM-COM)並未包括在此地圖中,但這些地區也屬於歐元區。

2018年歐元在國際貨幣系統中的比重
- 美元
- 歐元
- 人民幣
- 日圓

單位:%

外債 國際借貸 匯兌 跨國付款 外匯存底

貿易餘額的變化
貿易餘額(trade balance)又稱淨出口,乃是出口與進口總值的差額
單位:億歐元

- 歐元區
- 歐盟

2008年10月 2009年 2010年 2011年 2012年 2013年 2014年 2015年 2016年 2017年 2018年 2018年10月

歐元區究竟是出口強權,還是處於依附地位的強權?
以2017年歐元區的部分國家為例
單位:億歐元

德國 荷蘭 義大利 愛爾蘭 比利時

貿易順差的國家

貿易逆差的國家

奧地利 葡萄牙 希臘 西班牙 法國

資料來源:Rédaction de Carto, janvier 2019 ; Eurostat, 2019 ; INSEE, 2019 ; France culture, « L'euro : 20 ans, l'âge de raison », 22 janvier 2019 ; Banque de France, Vingt ans de l'euro : les bénéfices de la monnaie unique, 28 décembre 2018 ; « Vingt ans après, l'euro est encore une monnaie en devenir », in Les Échos, 30 décembre 2018 ; « As the Euros Turns 20, a Look Back at Who Fared the Best. And Worst », in Bloomberg, 28 décembre 2018

Carto n° 52, 2019 © Areion/Capri

英國脫歐風暴：大不列顛的分裂危機

1998 年，《貝爾法斯特協議》（*Belfast Agreement*，又稱《耶穌受難日協議》〔*Good Friday Agreement*〕） 終結了北愛爾蘭長達三十年的衝突對抗；二十年後，英國與歐盟分道揚鑣，卻又喚醒了這個愛爾蘭問題。即使兩個愛爾蘭（愛爾蘭共和國與北愛爾蘭）的陸上邊界仍將維持無形且不設邊關檢查的形式，到了 2020 年底，愛爾蘭的海上也會豎立起一道新的海關邊界。至於蘇格蘭呢？繼 2014 年 9 月的獨立公投失敗後，蘇格蘭又再一次要求舉辦公投以爭取獨立。

在英國脫歐的過程中，北愛爾蘭是數一數二棘手的地緣政治問題。這塊 14,130 平方公里、擁有 188 萬人口，僅占 5% 英國面積、3% 英國人口的方寸之地，是怎麼成為英國脫歐的關鍵問題的呢？答案就在北愛爾蘭和愛爾蘭共和國之間長達 499 公里的陸上邊界。愛爾蘭島在 1801 年成為英國的一部分，直到 1922 年，愛爾蘭自由邦（Irish Free State）從英國獨立，1937 年改國號為愛爾蘭共和國。1973 年，愛爾蘭共和國與英國同時加入歐洲經濟共同體（European Economic Community, EEC），讓整座愛爾蘭島（包含愛爾蘭共和國與英國所轄的北愛爾蘭）一齊歸入共同市場，使用同樣的海關標準與規則。

多數就是正義？脫歐公投的盲點

然而，2016 年 6 月 23 日的英國脫歐公投擾亂了愛爾蘭島脆弱的平衡。雖說從全體英國人的角度來看，贊成英國脫歐的人以些微之差（51.9%）勝出，但其中英格蘭有 53.4%、威爾斯有 52.5% 的人贊成英國脫歐，而蘇格蘭及北愛爾蘭卻分別有 62% 和 55.8% 的人不贊成。脫歐公投揭露出英國四個構成國之間的分歧，英格蘭的人口占比（全英國的 84%）才是「贊成脫歐」勝出的主因。北愛爾蘭人之所以選擇留在歐盟，一部分與歐盟承諾帶來的改變有關。歐盟承諾哪些方面的改變呢？其中包括「消除邊界」，尤其是透過跨區域合作發展計畫「Interreg」❶（1991 ～ 2010 年間，該計畫投入了 8 億 1,000 萬歐元）的協助。同時，歐盟也承諾以歐盟執行委員會（European Commission）主導的「PEACE」計畫❷為該地區帶來和平。該計畫在 1995 ～ 2020 年間以高達 16 億歐元挹注許多專案，以拉近區域間各個社群的距離。

一項針對脫歐公投的詳細分析，更揭露北愛爾蘭 18 個公投選區之間的分歧。支持留歐占多數的選區在地理位置上與愛爾蘭共和國接壤，這些選區以天主教為主流，支持愛爾蘭民族主義（也就是贊成北愛爾蘭與愛爾蘭共和國統一，愛爾蘭島完全獨立）；支持脫歐占多數的選區則離這條國界線較遠（參見圖 1），選民主要是基督新教教徒，並支持愛爾蘭聯合主義（也就是捍衛北愛爾蘭與英國的從屬關係）。

在愛爾蘭海上豎立起貿易邊界

英國脫歐於 2020 年 1 月 31 日起正式生效，隨即進入過渡期，直到同年 12 月底。脫歐導致的邊界管制恐怕會影響英國、愛爾蘭兩國公民的自由移動（過去每年約有 1 億 1,000 萬人次、7,200 萬車次過境），且一旦恢復徵收關稅與邊境檢查，兩國的交流將變得較不順暢，成本也會提高，進而衝擊愛爾蘭與英國雙方的經濟。愛爾蘭

1 一座島嶼，兩個愛爾蘭

資料來源：Carto n° 39, 2017 ; International Centre for Local and Regional Development, Applying the Functional Territories Concept: Planning Beyond Boundaries, n°13, juin 2016 ; Transfrontier Euro-Institut Network, Ireland / Northern Ireland, décembre 2016 ; All-Island Research Observatory (AIRO), Maynooth University, décembre 2016 ; BBC, décembre 2016 ; www.geoportal.statistics.gov.uk, décembre 2016

Carto n° 57, 2020 © Areion/Capri　底圖來源：OpenStreetMap, 2016

1. 此指 2016年6月23日舉行的英國脫歐公投。

Portstewart
Ballycastle
Letterkenny
德里（倫敦德里）
Larne
Strabane　DERRY ET STRABANE
DONEGAL
Donegal
貝爾法斯特
北愛爾蘭（英國）
Ballyshannon
Lac Erne
MID ULSTER
Lac Neagh
Belleek
FERMANAGH ET OMAGH
Enniskillen
Belcoo
Armagh
Downpatrick
Sligo
ARMAGH
Monaghan
Newcastle
MONAGHAN
Newry
NEWRY ET MOURNE
愛爾蘭
往Galway
SLIGO
Warrenpoint
愛爾蘭海
Carrick-on-Shannon
Cavan
LEITRIM
Dundalk
CAVAN
往Athlone
LOUTH
Drogheda
往Dublin

領土概況
― 國界
― 郡／區界
― 經濟區域
― 與英國相鄰的愛爾蘭邊境郡
― 與愛爾蘭相鄰的英國邊境郡
● 都市地帶
⫽ 在英國脫歐公投❶中，超過 50% 選民贊成脫歐的區域

邊境的連結網絡
✈ 國際機場
■ 主要的經濟發展中心
◉ 兩國間的跨區連結點且經濟強勁成長的城市
○ 主要的區域城市
■ 主要的貨運與客運港口

兩國過境點每日通過人數
◉ 超過1萬人
◉ 少於1萬人
― 主要交通路線
― 次要交通路線
― 其他道路
― 海運航線

國界
英國四個構成國的邊界
英國與歐洲的主要港口

海運航線
主要航線
次要航線

海上邊界
經濟海域
2019年12月的歐盟海域
2020年1月31日之後的英國海域
英國脫歐之後的歐盟海域

Shetland

大西洋

Orcades

Hébrides

Moray 灣

北海

蘇格蘭

愛丁堡

丹麥

北愛爾蘭

貝爾法斯特

曼島¹
(Isle of Man)

都柏林

Middlesbrough

愛爾蘭

利物浦

Great
Grimsby

漢堡

Bremerhaven

威爾斯

英格蘭

荷蘭

德國

Milford Haven

卡地夫(Cardiff)

Felixstowe

鹿特丹

倫敦

凱爾特海

Southampton
Portsmouth

Douvres

Zeebruges Anvers
Dunkerque
Calais

比利時

普利茅斯

Falmouth

Scilly

英吉利海峽

法國

100 km

海峽群島

Cherbourg-
Octeville

勒阿弗爾

Caen

Roscoff

Saint-Malo

Carto n° 57, 2020 © Areion/Capri
1. 英國王室的皇家屬地,不隸屬英國亦不隸屬歐盟。

資料來源:*Commission européenne, Atlas européen des mers, décembre 2019 ;
ISEMAR, Grande-Bretagne, état des lieux maritime à l'heure du Brexit, Note de synthèse n° 209, avril 2019*

聯合主義與愛爾蘭民族主義的支持者都反對恢復愛爾蘭共和國與英國(北愛爾蘭)之間的「硬邊界」,因為這意味著《貝爾法斯特協議》的舉措將再度陷入困局。

2018 年 11 月,歐盟向英國提議實施愛爾蘭邊境保障措施(Irish backstop)或稱「安全網」,作為權宜解決方案:即英國脫歐之後,北愛爾蘭仍繼續留在歐洲關稅同盟及單一市場之中。然而此一方案遭英國國會否決,導致英國首相德蕾莎·梅伊(Theresa May,任期 2016 ～ 2019 年)的內閣垮台。而新任首相強生(Boris Johnson,2019 年 7 月就任)則於 2019 年 10 月 17 日與歐盟達成協定❸,同意在北愛爾蘭生產的商品可以不經管制地進入歐盟,但來自英國其他地區或歐盟以外的商品則必須在愛爾蘭海上接受檢驗,等同於創造了一道實質的海上邊界(參見圖 2)。2019 年 12 月 12 日,強生在英國大選中勝出,意即對英國

脫歐態度最強硬的一方贏得了勝利;不過,各種不確定性仍揮之不去。此外,英國脫歐也讓蘇格蘭分離主義者重新燃起希望,因為蘇格蘭人民認為脫歐是英格蘭強加於蘇格蘭的決定而產生怨憤。2014 年的蘇格蘭獨立公投,之所以有 55% 的蘇格蘭人贊成留在英國,部分原因就是他們擔憂蘇格蘭一旦獨立就會被迫離開歐盟。如今英國脫歐,蘇格蘭主張再次舉行獨立公投的聲浪愈來愈高,主要為的也是回到歐盟。

文 ● T. Courcelle

❶ 譯注:該計畫幫助歐洲的區域與地方政府創建、推展良好政策,促進各政府在都市、鄉村、海岸發展、經濟發展與環境管理等方面攜手合作。
❷ 譯注:根據歐盟官方網站,該計畫旨在以和平穩健的進程,推展北愛爾蘭與其毗鄰的愛爾蘭地區和解。
❸ 編注:即《北愛爾蘭議定書》(Northern Ireland Protocol),於 2021 年 1 月 1 日生效。

大英國協：足以取代歐盟的最強後盾？

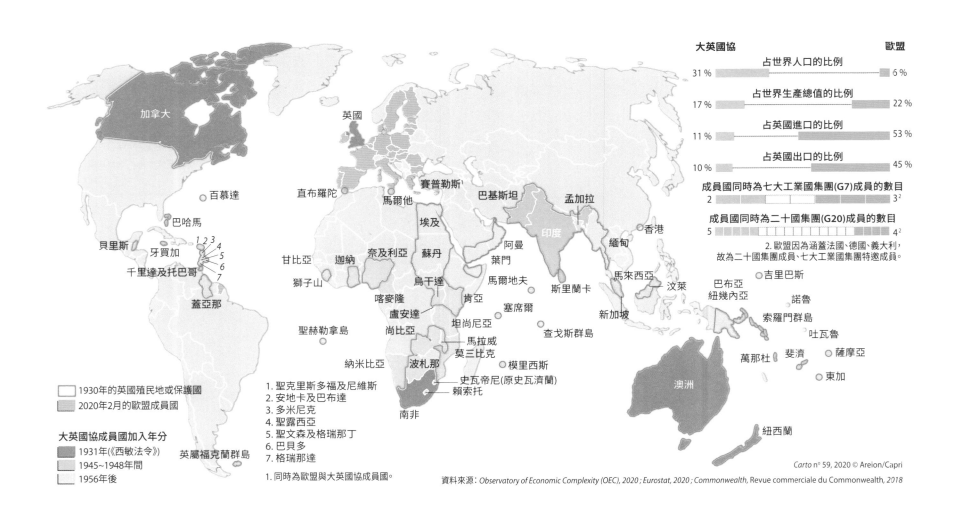

大英國協		歐盟
31 %	占世界人口的比例	6 %
17 %	占世界生產總值的比例	22 %
11 %	占英國進口的比例	53 %
10 %	占英國出口的比例	45 %
2	成員國同時為七大工業國集團 (G7) 成員的數目	3[2]
5	成員國同時為二十國集團 (G20) 成員的數目	4[2]

2. 歐盟因為涵蓋法國、德國、義大利，
故為二十國集團成員、七大工業國集團特邀成員。

1930年的英國殖民地或保護國
2020年2月的歐盟成員國

大英國協成員國加入年分
1931年《西敏法令》
1945~1948年間
1956年後

英屬福克蘭群島

1. 聖克里斯多福及尼維斯
2. 安地卡及巴布達
3. 多米尼克
4. 聖露西亞
5. 聖文森及格瑞那丁
6. 巴貝多
7. 格瑞那達

1. 同時為歐盟與大英國協成員國。

資料來源：*Observatory of Economic Complexity (OEC), 2020；Eurostat, 2020；Commonwealth, Revue commerciale du Commonwealth, 2018*

Carto n° 59, 2020 © Areion/Capri

2020 年 1 月 31 日，英國正式脫歐，支持者認為大英國協（Commonwealth of Nations）對英國而言，是最「自然而然」的歐盟替代品。大英國協成立於 1949 年，至今成員涵蓋全球 1/4 的國家，且分散在各大洲，從南北美洲到大洋洲都有大英國協的成員國。大英國協這個承繼自日不落帝國的組織，是否真的能幫助英國維持世界經濟強權的地位？

「**離**開歐洲，是為了前進世界」，這是 1975 年英國為了是否要留在歐洲各共同體（European Communities）而舉辦公投時，支持「英國脫歐」者所提出的口號。在這「第一次脫歐公投」的近兩年前，也就是 1973 年，英國才剛加入歐洲經濟共同體。這些脫歐前輩鼓吹加強大英國協的內部團結，以此取代歐盟。當時，超過 2/3 的英國人否決了此一願景，傾向留在歐洲經濟共同體。英國報刊則刊載了好幾幅諷刺漫畫，其中描繪一艘名為「大英國協」的郵輪即將滅頂，而英國人爭先恐後地離棄它，緊緊抓住唯一的選擇——歐洲。對英國而言，除了廢除關稅障礙帶來的經濟發展外，留在歐洲經濟共同體更可望對北英格蘭深陷危機的地區帶來幫助，並獲得歐盟凝聚政策（cohesion policy）提供的各項結構基金。

兼顧主權與利益的新靠山：大英國協

儘管 1975 年的英國人選擇留歐，歐洲懷疑主義（Euroscepticism）的論調卻愈來愈受到多數英國輿論的青睞。英國雖是第二次世界大戰（1939 ～ 1945 年）的戰勝國，卻沒有躲過去殖民化（decolonization）的浪潮，因而逐漸喪失對全球的影響力。英國的歐洲懷疑主義論調圍繞著以下幾點：一、緬懷大英帝國時代的強權榮光。二、憂懼英國加入歐洲社群後會喪失主權。三、憂心「英國認同」在歐洲大家庭裡遭到稀釋，乃至消失。漸漸地，英國大小報刊的論述皆愈來愈富煽動意味，內容往往以過度簡化的方式描繪歐洲，例如：「歐洲強加他們的獨裁於英國之上。」特別是在 2008 年的金融危機爆發後，英國為了控制危機而採取嚴苛的撙節政策，在這樣的情勢之下，上述的歐洲懷疑論激起了更多共鳴。在 2016 年 6 月英國脫歐公投的前一年，民調機構「歐洲氣壓計」第 83 期（2015 年）的報告顯示，半數英國人認為，如果脫離歐盟，英國未來的發展會更好；而歐洲

2017年英國的出口概況(依出口目的地區分)
單位:美元

美國 430億
德國 390億
荷蘭 250億
法國 220億
中國 210億
比利時 190億
愛爾蘭 190億
瑞士 130億
西班牙 130億
義大利 90億
阿拉伯聯合大公國 80億
南非 70億
日本 70億
瑞典 70億
香港 70億
土耳其 70億
沙烏地阿拉伯 50億
印度 50億
波蘭 50億
挪威 40億
捷克共和國 40億
俄羅斯 40億
新加坡 40億

— 往歐盟
— 往大英國協
— 往其他目的地

加拿大
北美自由貿易協定(NAFTA)
往北美洲75%

英國
歐盟

南亞區域合作聯盟(SAARC)
東南亞國家協會(ASEAN)

西非國家經濟共同體(ECOWAS)

南部非洲發展共同體(SADC)

往亞洲 85%
往亞洲 55%

7.5%
往亞洲 45%

2%

南非
澳洲
3%
紐西蘭

▨ 2020年2月的歐盟成員國
⠿ 2020年2月的亞太經濟合作(APEC)成員國
▭ 有大英國協成員國的區域組織

▧ 2020年2月的大英國協成員國
2017年大英國協創始成員國的出口概況
⇨ 往該國主要出口目的地占比
→ 往英國占比

只有 1/3 人口認為自己的國家脫歐會更好。這個問題同樣也在英國主要政黨之間造成分歧,尤其是保守黨。而今保守黨人在現任首相強生的主導,以及英國獨立黨(UK Independence Party, UKIP)的影響下,多數捍衛英國脫歐。

2016 年以降,英國脫歐支持者對大英國協再一次寄予厚望,他們想要加強與大英國協的經濟與政治紐帶,以補償英國脫歐帶來的損失。從帳面上來看,大英國協的勢力比歐盟還要可觀。大英國協共有 54 個國家、將近 24 億人口,占世界人口的 1/3(參見圖 1),而這 24 億人裡,超過一半是印度人;相較之下,歐盟僅有將近 4 億 5,000 萬人口。此外,除了少數幾個國家例外,如莫三比克與盧安達,大英國協與二十世紀初日不落帝國的幅員幾乎一致(須注意愛爾蘭拒絕加入大英國協)。而且加入大英國協的條件相對寬鬆,僅須簽署《大英國協憲章》(The Commonwealth Charter),接受該憲章揭櫫的原則與價值觀,同時必須是主權國家,且尊英國女王伊莉莎白二世(Elizabeth II,1952 年起在位)為元首(儘管此職為榮譽職),並以英語作為共同語言。2018 年,大英國協囊括了世界生產總值(GWP,全球各國 GDP 之總和)的 17%,幾乎等於歐盟減去英國後的生產毛額。

大英國協真的能取代歐盟嗎?

就英國對外貿易來看,歐盟占比是大英國協的五倍。2017 年,歐盟囊括了英國 53% 的進口與 45% 的出口;相對來說,大英國協僅占英國將近 11% 的進口與 10% 的出口。英國的另一個難題在於大英國協有許多成員國並不遵守《大英國協憲章》揭櫫的價值觀,其中 36 個成員國對同性戀實施懲罰,20 個成員國實施死刑,且有好幾個成員國並不保障新聞自由。大英國協也不像歐盟同質性那麼高,成員組成更加多元,既有人口繁密的大國(印度、巴基斯坦)、人口稀少的大國(加拿大),也有極小的小國(大部分是島國,僅有幾萬居民)。

儘管大英國協成員國使用同樣的語言,一般來說也遵循同一套法律系統、標準與規範,再加上某些成員國也有興趣與英國建立自由貿易協議,所以經貿往來不可否認地較為容易,但其中也存在巨大的貧富差距,世界上數一數二富有的國家(新加坡、澳洲、英國)與世界上數一數二貧窮的國家(獅子山、莫三比克)都是大英國協的成員。此外,由於石油資源日漸稀少,成員國地理位置太過分散也不利於經貿往來。

文 ● T. Courcelle

追尋大英帝國榮光：英軍勢力將再度崛起？

歷史上的英國是全球軍事強權，然而隨著殖民時代的大英帝國落幕，英國只能眼睜睜看著自身曾遍布全球的軍事基地逐漸萎縮。英國政府試圖以聯防協議與雙邊關係為手段，重返昔日榮光。此外，英國近來也收到領土聲索，且對方索討的領土上駐紮著英軍，即模里西斯向英國聲索的查戈斯群島（Chagos Islands）。

嚴格來說，2010 年代初期以前，英國在英倫三島以外的軍事基地很少。除了幾個軍事支點（point d'appui）❶，比如位於亞森欣島（Ascension Island）、百慕達 (Bermuda) 或是蒙哲臘（Montserrat）的基地，其餘就是英國領土上留存下來的，包括位於福克蘭群島（Falkland Islands）與直布羅陀（Gibraltar）的軍事基地，還有位於賽普勒斯的英屬基地——阿克洛迪瑞（Akrotiri）的空軍基地與德凱利亞（Dhekelia）的陸軍基地，以及其上兩座用於攔截無線電的收聽電台。

重返「蘇伊士之東」的野心

此外，英國還掌控了一些地區，主要用於軍事訓練與支援。英國外籍兵團「廓爾喀旅」（Brigade of Gurkhas）駐紮的汶萊和貝里斯皆屬此類，英國在此二地進行叢林戰的訓練；位於加拿大亞伯達省（Alberta）雪菲爾德（Suffield）的射擊場則可供裝甲大部隊操演，肯亞也是如此。英軍另有幾個單位駐紮於尼泊爾，負責廓爾喀旅的召募工作。而位於新加坡的三巴旺海軍基地（Sembawang Naval Base）和印度洋的狄耶戈加西亞島（Diego Garcia，參見圖 1），也同樣部署了兩支支援英國皇家海軍（Royal Navy）的小型分遣隊。除此之外，為了配合國際間的軍事行動，英國還必須在外國的軍事基地部署臨時性的本國兵力，首次嘗試就是在美國駐卡達的烏代德空軍基地（Al Udeid Air Base）。

不過，2014 年 12 月起，情勢改變了（參見圖 2）。英國政府宣布要重新投注人力物力在巴林的米納薩爾曼港（Mina Salman Port），以重返「蘇伊士之東」（the east of Suez）❷。自 1935 年以來，米納薩爾曼港便設有一座英國軍事基地，直到 1971 年巴林獨立，該軍事基地才歸還給巴林政府，之後由美國海軍進駐。2018 年 4 月 5 日，以皇家海軍船艦「朱菲爾」（HMS Jufair）為名的英國軍事基地正式成立，其中最多能容納 500 人，碼頭能停靠噸位最大的軍艦，比如伊莉莎白女王級航空母艦（Queen Elizabeth-Class Aircraft Carrier），預計將有五艘軍艦在此長駐。另外，2017 年 8 月，英國與阿曼簽訂了一項 37 年的租賃協議，讓英國軍隊定期在阿曼舉行代號為「利劍」（Saif Sareea）的軍事演習。於是 2019 年 3 月，「英國聯合後勤支援基地」（UK Joint Logistics Support Base）在阿曼建成，其中囊括用於英軍與阿曼軍隊聯合訓練的陸地設施，以及位於杜康港（port of Duqm）的海上設施。

帝國主義的舊帳成為絆腳石

英軍同時也面臨查戈斯群島中的狄耶戈加西亞島領土聲索問題。1965 年，英國以 300 萬英鎊向模里西斯購買查戈斯群島，之後又借給美軍在其上建立一座巨大的空軍與海軍基地，並驅逐當地人口，因此該基地的法律地位相當特殊。1966 年，英國與美國達成協議，前者將查戈斯群島借給後者 50 年，並可再延長 20 年；作為交換，美國將 UGM-27 北極星飛彈（UGM-27 Polaris）折價 1,400 萬美元賣給英國，用於裝備英國的彈道飛彈潛艦。這座基地對美國來說尤其重要，一方面是該地在戰略轟炸機的長途飛行上不可或缺，好比 2001 ～ 2014 年的阿富汗戰爭及 2003 ～ 2011 年的伊拉克戰爭；另一方面，美國有兩支預作部署的

1 2018年英軍的全球部署地圖

大西洋

英國
直布羅陀
德國
愛沙尼亞
波蘭
波士尼亞與赫塞哥維納
塞爾維亞
摩爾多瓦
烏克蘭
阿爾巴尼亞
黑海
亞美尼亞／亞塞拜然
地中海
賽普勒斯
裏海
馬利
利比亞
蘇伊士
伊拉克
阿富汗
埃及
奈及利亞
科威特
巴林
卡達
阿拉伯聯合大公國
阿曼
杜康
南蘇丹
紅海與亞丁灣
剛果民主共和國
亞丁灣
索馬利亞
肯亞
印度洋

英屬印度洋領地
（查戈斯群島，
其中，狄耶戈加西亞島
軍事基地租給美軍）

模里西斯

Carto nº 53, 2019 © Areion/Capri

英國

加拿大
(BATUS：英國陸軍
雪菲爾德訓練單位)

百慕達

北大西洋與
加勒比海

貝里斯

蒙哲臘

大西洋

太平洋

亞森欣島

福克蘭群島

主要商貿航道
1900年的大英帝國領土

英國的軍事部署與行動
⭐ 英軍基地
☆ 英軍參與部隊訓練與後勤支援(軍事基礎設施)
🚢 英國的海軍部署

以國際組織名義出兵的英軍
⭐ 聯合國(UN)
⭐ 北大西洋公約組織(NATO)
⭐ 歐盟軍事訓練任務(EUTM)
⭐ 歐盟軍隊(EUFOR)
⭐ 歐洲安全暨合作組織(OSCE)
⭐ 多國觀察員部隊(MFO)

出動人數
3,750人(德國)
1,000人
300人
20人
注意：本圖僅繪出20人以上的行動。

尼泊爾

東海

南海

太平洋

汶萊

新加坡

孟加拉灣

印度洋

資料來源：*Joseph Henrotin, mars 2019；*
www.army.mod.uk, mars 2019；ONU, mars 2019；
IISS, The Military Balance 2018；James Rogers,
« Global Britain and the Future of the British
Armed Forces », The Henry Jackson Society,
2017；Mark Bailoni et Delphine Papin,
Atlas géopolitique du Royaume-Uni,
Autrement, 2009

艦艇中隊，其中之一就駐紮在此，儲載著足以支援 16,000 名戰鬥人員達一整個月的物資。不過無論如何，英美兩國針對查戈斯群島的協議都可能遭到質疑，即使該協議一直到 2036 年都有效，模里西斯仍要求拿回查戈斯群島的主權。事實上，英國買下查戈斯群島是在 1965 年，當時模里西斯尚未獨立（1968 年才正式獨立），處於半自主狀態❸。此外，英國還有驅逐 2,000 名查戈斯人（其中 1,400 人來自狄耶戈加西亞島）至模里西斯的爭訟。聯合國大會曾針對查戈斯群島的主權問題做成決議，並提交至國際法院（International Court of Justice, ICJ）請求諮詢意見。2019 年 2 月 25 日，國際法院發布了諮詢意見，認為英國將查戈斯群島自模里西斯分離出來是「非法」的，且「英國應盡快結束對查戈斯群島的治理，讓模里西斯完成領土的去殖民化」。

儘管國際法院的意見僅具諮詢性質，不帶強制力，2019 年 5 月，聯合國大會仍在國際法院發布此諮詢意見後投票決議，給英國六個月的時間將查戈斯群島還給模里西斯（法國在此次投票中棄權）。然而，英國政府不為所動，堅守自身立場。2020 年 1 月，模里西斯政府表示打算至海牙國際刑事法院（International Criminal Court, ICC）提起告訴❹。同時，聯合國也釋放出另一個強烈警告，即在 2020 年 2 月出版的新地圖中，將查戈斯群島劃為模里西斯的領土。儘管英國與模里西斯的談判主要涉及漁權（漁業是當地重要的糧食來源），但模里西斯能否在查戈斯群島長治久安仍是未知數，因為狄耶戈加西亞島絕大部分已經為美軍基地所占用，除非模里西斯不顧日後的經濟利益，決意將基地拆毀。

文 • J. Henrotin

❶ 編注：軍事術語，指軍事部隊在戰役前的集結點。
❷ 譯注：「蘇伊士之東」為英國政治、軍事術語，表示英國在歐洲以外的利益。
❸ 編注：模里西斯自 1814 年起即為英國的殖民地，直到 1961 年，英國同意讓模里西斯自治。
❹ 編注：模里西斯政府於 2021 年向國際海洋法法庭（International Tribunal for the Law of the Sea, ITLOS）提起告訴，法庭判決同國際法院，認為英國應歸還查戈斯群島。

2 2018年英國的軍隊與國防概況

■ 英國陸軍
■ 英國皇家空軍
■ 英國皇家海軍

2018年4月1日統計的
現役人員：**154,718人**
(全職，包含受訓及未受訓)

其中146,556人屬於
英國軍隊
3,150人屬於廓爾喀旅
5,012人屬於預備役

一單位 👤 = 5,000人
87,253人
34,136人
33,239人

2018年主要的軍武裝備
· 彈道飛彈潛艦：10艘
· 潛射彈道飛彈(SLBM)：48顆
· 坦克車與裝步戰車：636台
· 工程保修車輛：485台
· 砲：598座
· 戰鬥機：154架
· 驅逐艦與巡防艦：19艘
· 直升機：253架
(聯合直升機指揮部)
· 海岸警衛隊
巡邏艦：21艘

國防預算的變化
單位：GDP占比(%)
1956-1957年 1976-1977年 1996-1997年 2016-2017年

軍隊人數的變化
單位：萬人
■ 英國陸軍 ■ 英國皇家空軍 ■ 英國皇家海軍
1980年 1992年 2004年 2018年(4月1日)

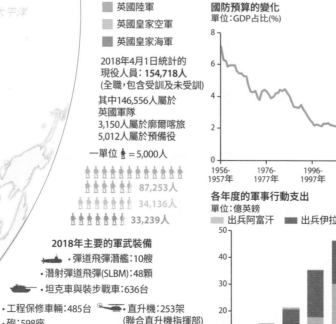

各年度的軍事行動支出
單位：億英鎊
■ 出兵阿富汗 ■ 出兵伊拉克／波斯灣國家 ■ 對抗伊斯蘭國 ■ 其他
2004-2005年 2007-2008年 2010-2011年 2013-2014年 2017-2018年

資料來源：*Noel Dempsey, UK Defence Personnel Statistics, The House of Commons Library, Briefing Paper n° CBP7930, 12 juin 2018; IISS, The Military Balance 2018*　　　　*Carto n° 53, 2019 © Areion/Capri*

地緣政治新焦點：印太海上強權爭奪戰

2019 年 5 月，法國國防部公布法國針對亞太地區的新戰略，此區域有許多海上島嶼是法國的領地。亞洲於 2008 年金融危機爆發後的幾年間支撐著世界經濟，其中又以中國為最，與美國和歐洲的景況截然不同。在此情勢之下，面對中國，法國當局致力於確保法國區域強權的地位。

2009 年，歐巴馬（Barack Obama，2009 ～ 2017 年任美國總統）入主白宮，展現出將美國對中東的政治關注與軍事策略方向重新拉回亞太地區的強烈意志。這一方面是為了從前任總統小布希（George W. Bush，任期 2001 ～ 2009 年）在阿富汗與伊拉克發動的高成本反恐戰爭之中脫身；另一方面是為了讓美國對世界的領導更貼近新興國家的新現實。歐巴馬以「戰略轉向」的概念闡述此一政策，這不僅意味著全球平衡逐漸轉變，也意味著美國與一眾新興國家之間將建立起前所未有的關係。

其他海上強權國家也跟隨美國的腳步，將地緣政治的重心轉往東方，尤其是西方的海上強權，他們擁有強大的海上實力，在亞太地區也擁有領土以及需要捍衛的利益。這解釋了為什麼

愈來愈多外交官出席由英國智庫國際戰略研究所（International Institute for Strategic Studies, IISS）舉辦、2002 年起每年在新加坡召開的亞洲安全會議（Asia Security Summit，又稱「香格里拉對話」〔Shangri-La Dialogue〕）。該會議共有五十幾個國家參與，大部分與會者來自亞洲，加拿大、美國、法國、英國與德國也分別推派代表出席。

世界強權的海上競爭賽

近十幾年來，新興國家都非常了解與海路和海洋資源相關的地緣政治及戰略之關鍵所在。中國為此傾盡全力掌控鄰近海域，在南沙群島、釣魚台列嶼、黃岩島等地宣示自己的主權，並在偏遠海域設置海軍軍事支點以開拓海上航道，藉此強化波

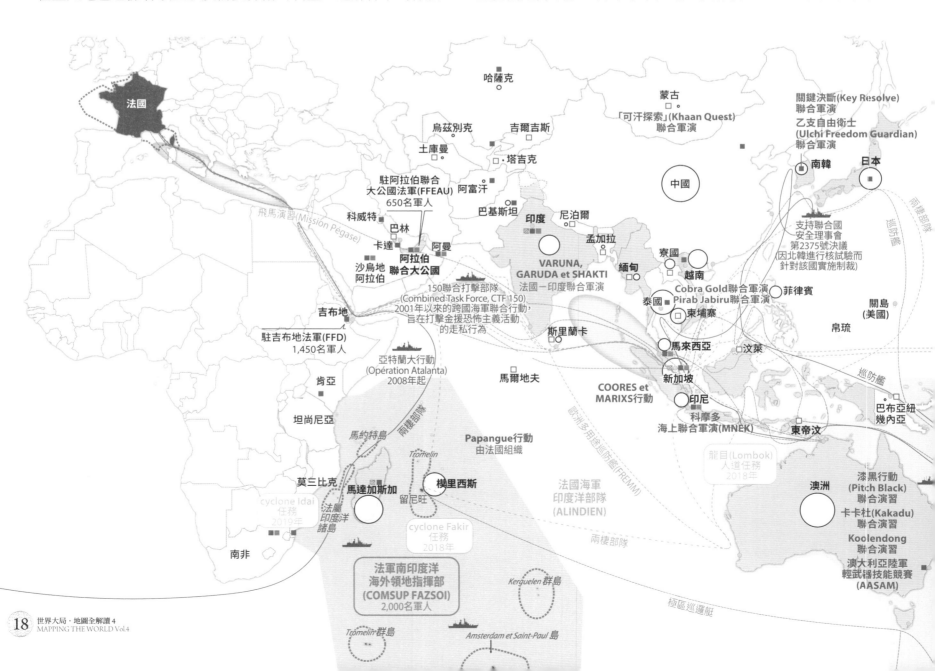

斯灣石油資源運輸至中國的海路安全。

　　為了推動「一帶一路」，中國更透過特許方式取得了十幾個國家港口基礎設施的長期管理權，並在非洲國家吉布地（Djibouti）建立了一座軍事基地。藉由在 2005 ～ 2018 年間增加 730% 的國防預算，也就是從 300 億美金增加到 2,500 億美金，中華人民共和國實現了軍事「大躍進」，北京尤其在海軍投入鉅額資金，十年間打造出以噸位計算為全球第二大、以人員計算則為全球第一大的艦隊，超越俄國海軍。印度同樣也在海軍方面投注更多心力，旨在防止本國海路遭受攻擊、強化能源資源的安全性，以及遏止中國崛起。印度與中國之間，一場以放貸與投資印度洋沿岸國家為手段的影響力之爭方興未艾。

　　而俄羅斯就算遭到中國艦隊超越，也不欲讓他國專美於前，打算藉由北極海冰因氣候暖化而融解的現象牟利。海冰融解讓北極海域得以航行，進而能開通一條連接亞洲與歐洲的商貿航道。這條北極航道比行經蘇伊士運河的航線少了 7,000 公里，比行經巴拿馬運河的航線少 9,000 公里。

法國競逐亞太區域強權的王牌

　　法國以其身為聯合國安全理事會常任理事國、歐洲聯盟與北大西洋公約組織創始成員國的地位，以及在印度洋與太平洋擁有領土的事實，作為自身積極參與亞太事務的立論依據。在印度洋，法國領有馬約特島（Mayotte）、留尼旺諸島（Réunion）、法屬印度洋諸島（Scattered Islands in the Indian Ocean）、法屬南部和南極領地（French Southern and Antarctic Lands）；在太平洋，則有新喀里多尼亞（New Caledonia）、瓦利斯和富圖那群島（Wallis and Futuna）、克利珀頓島（Clipperton）以及法屬玻里尼西亞（French Polynesia）。上述法國領土總計約 33,000 平方公里（不包括南極洲的法屬阿黛利地〔Terre Adélie〕），相當於法國本土 6% 左右的面積，人口則有 160 萬人（2018 年統計），其中一半居於留尼旺諸島。由於這些法屬島嶼地理位置上非常分散，讓法國在印太地區得以擁有將近 900 萬平方公里的經濟海域（參見圖 1）。如今的國際貿易愈來愈「海洋化」（maritimized），在印太地區這個戰略意義至深的各方交會之處，有 1/3 的全球國際貿易皆經此轉口，法國在印太擁有廣大的經濟海域可以說是一張地緣政治與經濟的關鍵王牌。

　　法國坐擁豐富漁業資源及甚少開發的海床，其中蘊藏各種碳氫化合物（如石油、天然氣）與多金屬結核（polymetallic nodule，又稱錳核）等，因而也面臨日益增多的領海主權挑戰，包括走私活動、環境安全、恐怖主義風險、經濟保護等。雖然中國企圖將法國限縮在歐洲強權這樣的角色，但法國志在成為亞太地區的區域強權。

文 • T. Courcelle

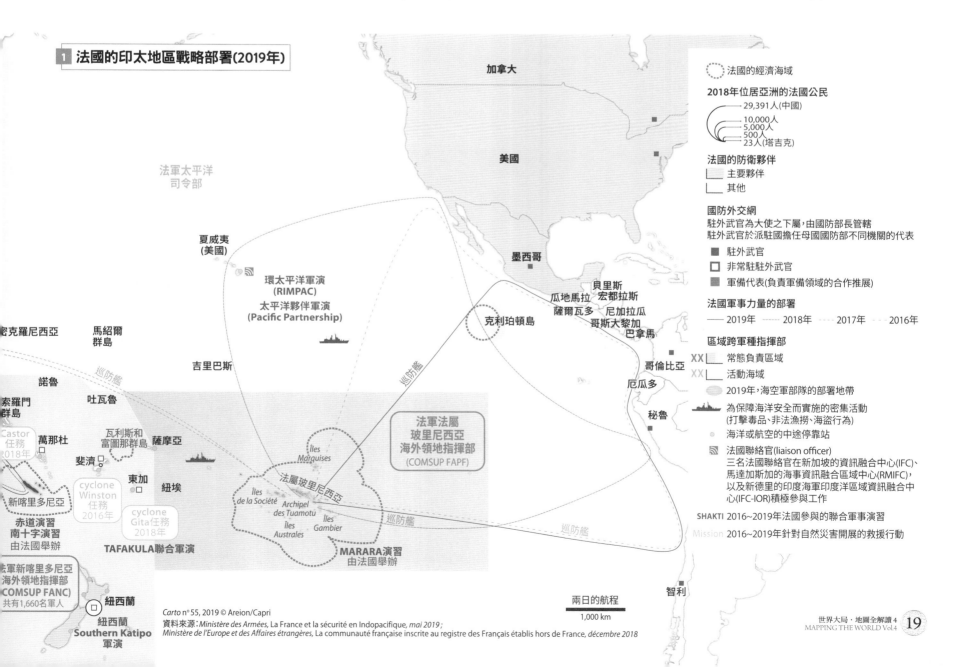

1　法國的印太地區戰略部署(2019年)

加拿大

美國

墨西哥

貝里斯
瓜地馬拉　宏都拉斯
薩爾瓦多　尼加拉瓜
　　　　哥斯大黎加
　　　　　巴拿馬
哥倫比亞
厄瓜多
秘魯
智利

法軍太平洋
司令部

夏威夷
(美國)

環太平洋軍演
(RIMPAC)
太平洋夥伴軍演
(Pacific Partnership)

克利珀頓島

密克羅尼西亞
馬紹爾
群島
吉里巴斯
諾魯
吐瓦魯
索羅門
群島
萬那杜
斐濟

Castor
任務
2018年

瓦利斯和
富圖那群島　薩摩亞
東加
紐埃

Iles Marquises

cyclone
Winston
任務
2016年

cyclone
Gita任務
2018年

Iles
de la Société
Archipel
des Tuamotu
Iles
Australes
Iles
Gambier

法屬玻里尼西亞

法軍法屬
玻里尼西亞
海外領地指揮部
(COMSUP FAPF)

MARARA演習
由法國舉辦

TAFAKULA聯合軍演

巡防艦
巡防艦
巡防艦

新喀里多尼亞
赤道演習
南十字演習
由法國舉辦

法軍新喀里多尼亞
海外領地指揮部
(COMSUP FANC)
共有1,660名軍人

紐西蘭
紐西蘭
Southern Katipo
軍演

法國的經濟海域

2018年位居亞洲的法國公民
29,391人(中國)
10,000人
5,000人
500人
23人(塔吉克)

法國的防衛夥伴
主要夥伴
其他

國防外交網
駐外武官為大使之下屬，由國防部長管轄
駐外武官為派駐國擔任母國國防部不同機關的代表
■ 駐外武官
□ 非常駐駐外武官
■ 軍備代表(負責軍備領域的合作推展)

法國軍事力量的部署
— 2019年　— 2018年　⋯ 2017年　⋯ 2016年

區域跨軍種指揮部
XX 常態負責區域
XX 活動海域
2019年，海空軍部隊的部署地帶
為保障海洋安全而實施的密集活動
(打擊毒品、非法漁撈、海盜行為)
● 海洋或航空的中途停靠站
法國聯絡官(liaison officer)
三名法國聯絡官在新加坡的資訊融合中心(IFC)、馬達加斯加的海事資訊融合區域中心(RMIFC)，以及新德里的印度海軍印度洋區域資訊融合中心(IFC-IOR)積極參與工作

SHAKTI 2016~2019年法國參與的聯合軍事演習
Mission 2016~2019年針對自然災害開展的救援行動

兩日的航程
1,000 km

Carto n° 55, 2019 © Areion/Capri
資料來源：*Ministère des Armées, La France et la sécurité en Indopacifique, mai 2019*;
Ministère de l'Europe et des Affaires étrangères, La communauté française inscrite au registre des Français établis hors de France, décembre 2018

法國工業：去工業化浪潮下的工業轉型

幾個世紀以來，工業除了深深影響經濟史與社會史，還浸潤了法國許多地區的景觀與文化。儘管在去工業化（deindustrialization，亦稱產業空洞化）以及全球化的浪潮下，大多數的法國工業區在這數十年間已經衰退，但在經濟層面上，它們並沒有完全崩潰。此外，在社會經濟與城市空間方面，工業仍然形塑著法國本土的許多地區。

2008 年的經濟危機加速了去工業化的進程，使法國工業區更顯脆弱。去工業化的定義，即工業（此處指製造業）在附加價值和就業機會兩方面相對下降，而此一進程已持續好幾十年。然而，與去工業化相對應的是工業轉型，而非工業消失，這其實是生產機制的一種變革趨勢，如此的變革是由許多因素促成，包括全球產業重組、自動化，以及消費者需求改變。

法國四種工業區的演變與發展

去工業化在空間上的發展並不一致，國土重組也在其中發揮作用。如果以生活區❶來分類，觀察 1975 年與 2012 年法國工業提供的就業機會在總體就業機會中的占比，可以將工業區分為四種（參見圖 1、2）：一、傳統工業區（共 224 個），在 1975 年是數一數二的工業化地區，提供的就業機會平均占當地就業機會的 50.5%，到了 2012 年仍然獨占鰲頭，提供的就業機會平均占當地就業機會的 29.4%。二、前工業區（共 186 個），在 1975 年也是工業化的優等生，提供的就業機會平均占當地就業機會的 41%，但是到了 2012 年提供的就業機會平均卻僅占當地就業機會的 15.1%。三、新興工業區（共 186 個），在 2012 年的工業化程度名列前茅，提供的就業機會平均占當地就業機會的 26.7%，然而在 1975 年卻非如此，提供的就業機會平均占當地就業機會的 24.5%。四、其他地區。

歷史上，法國工業化與非工業化地區的地理界線，長久以來一直是從勒阿弗爾❷到馬賽（Marseille）這條對角線，但如今這條界線已不復存在。老工業區深深烙印著福特主義（Fordism）❸，範圍與傳統工業區、前工業區的生活區重合。至於新興工業區的位置則較偏鄉村，多坐落於法國西部，其中有些是 1960 年代

以來在大巴黎地區（正式名稱為「法蘭西島」，Île-de-France）實施去中心化政策的結果，而在這些新興工業區，食品產業占比甚重。時至 2012 年，工業化程度最高的生活區（即傳統工業區及新興工業區）大部分位於鄉村；然而，單純就數據來說，城市裡（前工業區）有 70 萬個工業相關的就業機會，而鄉村和市郊則分別有 40 萬與 30 萬個工業就業機會。也就是說，工業為城市及城市以外（鄉村、市郊）提供的就業機會數量是相當的。

由於 2012 年的城市區、甚至大都會區比比皆是，前工業區聚集了比其他三個地區更多的工業相關就業機會。但也因為城

1 法國工業區的類型分布

根據2012年資料
- 前工業區
- 傳統工業區
- 新興工業區
- 其他

生活區劃分¹，以法國國家統計與經濟研究所(INSEE)的資料為準

1. 生活區意指居民能夠獲取日常生活與就業相關基礎設施的最小區域(2012年以前資料)。

注意：本圖並未包含科西嘉(Corse)以及法國海外部分。

資料來源：*Marjolaine Gros-Balthazard, février 2020 ; INSEE, Recensement de la population 1975 et 2012*

市裡的總體就業機會多，工業相關的就業機會比重相對較低；而在某些鄉村的生活區，工業相關就業機會的占比吃重，當地居民在經濟上也就相當依賴這些工業。

上述這些生活區的經濟軌跡各不相同，工業相關的就業機會並沒有在所有地區皆以同樣的速度衰減（有些甚至還會增加），也並非總是體現在就業機會的多寡。在所有前工業區中，有些面臨社會、經濟面的重大困難，好比維特里勒法蘭索瓦（Vitry-le-François）、提昂維勒（Thionville）；有些則找到了新的發展道路，轉而以服務當地企業或居民為導向，比如里爾（Lille）與安錫（Annecy）。類似的發展軌跡也以較不明顯的方式出現在傳統工業區，其中也有一些成功維持或更新其生產基礎的案例，好比萊塞比耶（Les Herbiers）與歐柏內（Obernai）。而在大多數的新興工業區，工業相關的就業機會都增加了，例如維特雷（Vitré）與菲雅克（Figeac）就是如此。

尋求工業轉型的漫漫長路

許多因素造成各區發展有所差異。某些產業部門的整體發展蓬勃（尤其是食品產業），因而使某些地區從中得益；不過，

大部分的產業部門則無可避免地衰退了（冶鐵業、採礦業等），導致許多地區付出代價（參見圖3）。空間位置的效應十分顯而易見，無論是出於生活區的種類（例如，市郊的生活區就得益於地理上毗鄰生氣勃勃的大城市），或者是區域的影響（好比，該生活區坐落於充滿活力的地區或者靠近國界）。然而，上述的結構性機制並無法解釋一切。許多在地因素也發揮了作用，像是土地與不動產的價格、企業規模、該生活區是否依賴某個特定的企業集團等，以及各地的地理環境與獨特的歷史背景。

或許是原本的經濟引擎消失後沒有另一種來替補，讓當地人民有今不如昔之感；或許是當地仍有工業活力，只是其源頭尚待掌握；又或者是工業必須為了適應大環境而改變……上述種種原因，導致這些位於大都會區以外的工業區，成為當代許多社會經濟、環境、政治與地理等重大問題的核心。

文 ● M. Gros-Balthazard

---

❶ 譯注：根據法國國土規畫與區域政策局的定義，生活區（bassin de vie）意指地理、社會、文化、經濟上均勻一致的地區，該地區裡的就業與服務需求具有同質性。
❷ 譯注：Le Havre，法國西北部港市，濱英吉利海峽，地處塞納河河口。
❸ 編注：意指一種工業化、標準化、流水線式的大量生產概念，始於二十世紀初，由汽車大王亨利‧福特（Henry Ford）帶動，因而以此命名。

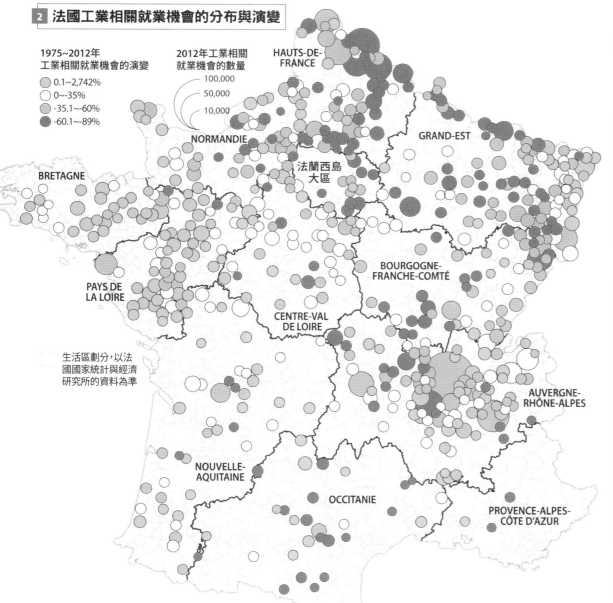

2 法國工業相關就業機會的分布與演變

1975~2012年 工業相關就業機會的演變
- 0.1~2,742%
- 0~35%
- -35.1~-60%
- -60.1~-89%

2012年工業相關就業機會的數量
- 100,000
- 50,000
- 10,000

HAUTS-DE-FRANCE
NORMANDIE
GRAND-EST
BRETAGNE
法蘭西島大區
PAYS DE LA LOIRE
CENTRE-VAL DE LOIRE
BOURGOGNE-FRANCHE-COMTÉ
AUVERGNE-RHÔNE-ALPES
NOUVELLE-AQUITAINE
OCCITANIE
PROVENCE-ALPES-CÔTE D'AZUR

生活區劃分，以法國國家統計與經濟研究所的資料為準

3 法國新興工業區的產業專門化

1975年	專門化指數[1]	專門化[2]
農業、林業、漁業	3.4	34.1%
肉品業、乳品業	3.1	2.4%
皮業、鞋業	1.7	1.1%
木材業、家具業及雜項產業	1.6	2.9%
食品批發業	1.6	2%

2012年	專門化指數	專門化
食品業、飲品業、菸品業	4	9.2%
農業、林業、漁業	3.2	9%
橡膠與塑膠製品製造業	2.8	3.1%
採礦業	2.5	0.2%
木工業、紙業、印刷業	2.2	1.9%
機械設備製造業	2.2	1.6%
紡織、衣著、皮料、鞋類相關產業	2	1%
冶金業、金屬製品業	2	3.1%
電子設備業	1.9	0.9%
其他製造業	1.7	2%

1. 專門化指數反映的是該地區經濟專門化與國家經濟專門化之間的相對關係。本表僅繪出專門化指數高於1.5的產業部門。
2. 來自該產業的工作機會在該生活區總體工作機會中的占比，例如：1975年，新興工業生活區有34.1%的工作來自農業、林業、漁業。

Carto n° 58, 2020 © Areion/Capri

成為下一個花都巴黎！
法國的城市競賽開跑

2020 年 5～6 月，法國舉行了市政選舉（municipal elections），透過這次選舉，法國市民得以分析各城市的實力與排名，特別是針對大型與中型城市。這些城市是如何為了成為區域發展與科技重鎮而彼此競爭？在法國這樣一個中央集權的國度裡，面對首都巴黎，其他城市又該如何定位自身？

1 法國主要城市的經濟力分析

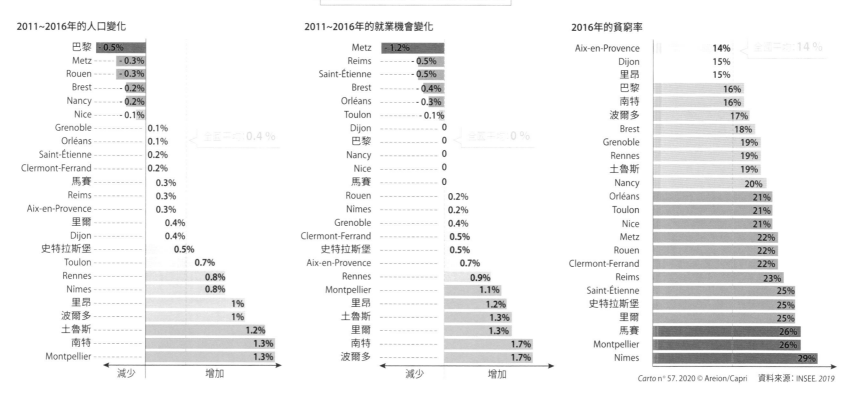

Carto n° 57. 2020 © Areion/Capri　資料來源：INSEE. *2019*

法國是西歐最大的國家，面積有 55 萬 1,500 平方公里，人口相對來說並不密集，平均每平方公里 117 人，不過人口分布卻非常不平均，超過 1/3 的法國人口集中在 2% 的城市裡，這些城市每一個至少都有 2,000 名居民。

巴黎：法國唯一躍上世界政經舞台的都市

根據 2019 年的統計，法國共有 34,979 個市鎮，超過歐盟現有市鎮數量（89,000 個）的 1/3。法國城市的排序以巴黎壓倒性地領先，這是中央集權的古老傳統所導致的結果（參見圖 1）。幾十年下來，巴黎擁有 1,250 萬居民，聚集了將近 1/4 的法國城市人口。近三十年來，擁有 40 萬以上居民的大型都市帶❶尤其具有吸引力，根據法國國家統計及經濟研究所（Institut National de la Statistique et des Études Économiques, INSEE）的統計，都市人口增長有將近 80% 來自 14 個符合上述條件的大都市帶，結果造成近都市化❷，這些城市不僅面積擴張，人口也變得更密集，其中大多數位於海岸線上、毗鄰國界，或者位於河畔，且逐漸成

為政治、經濟、行政、文化、社會各方面的權力集中地。巴黎便是如此，它是法國唯一一座憑其國際威望及地緣政治與經濟上的影響力成為世界要角的城市，足以與紐約、倫敦、東京和香港平起平坐。

這些世界大城擁有領導的權能、優越的服務、科技創新的能力、國際組織總部，還享有絕佳的交通連結，四通八達。各地方政府彼此競爭，爭相邀請各大文化或體育的國際盛事到自己的城市舉辦，好比巴黎即將舉辦 2024 年的奧林匹克運動會。從世界的角度來看，法國通常是以巴黎作為象徵，而巴黎則是以艾菲爾鐵塔（Eiffel Tower）作為象徵，因此艾菲爾鐵塔也就成為法國的具象化。

法國其他的大都會則屬於區域級的，在歐洲內部擁有影響力，如里爾、里昂（Lyon）、馬賽、土魯斯（Toulouse）、波爾多（Bordeaux）、南特（Nantes）、史特拉斯堡（Strasbourg）。這些都市透過交通網絡連結聚集了種種產業活動，在行政、金融、商貿、文化、高等教育等許多不同領域也擁有領導職能。大都會

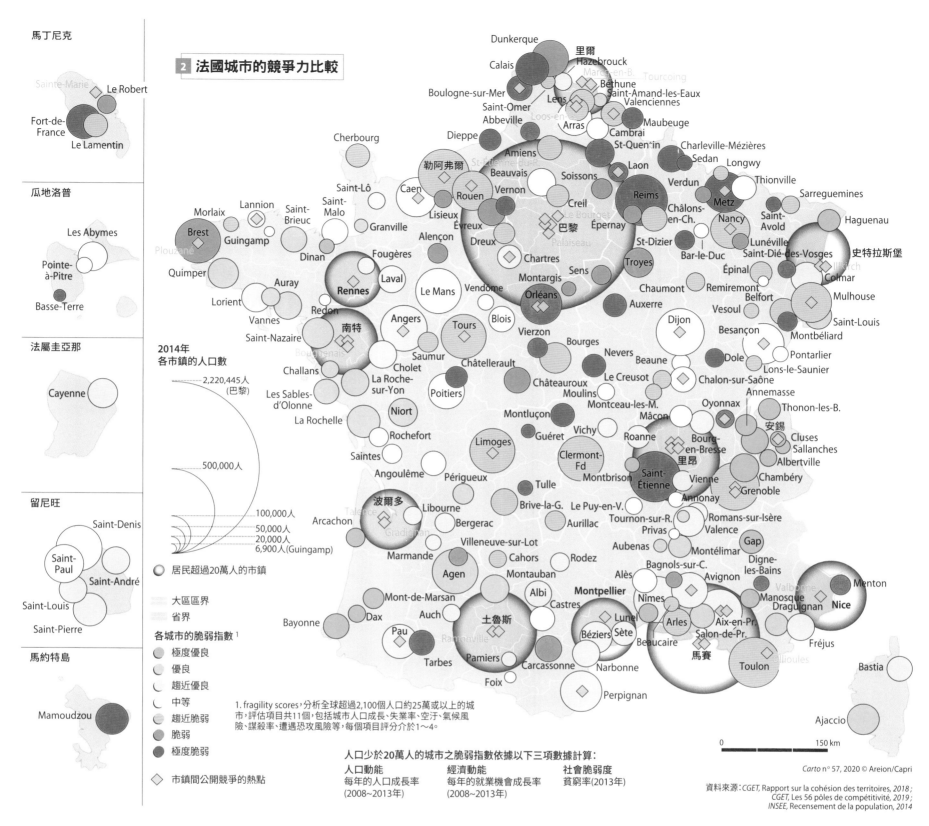

化（metropolization）的現象是以人口與活動的密集程度、各種網絡的發達程度，以及吸引力高低來衡量的。

法國獨特的中型城市網絡

　　與歐洲其他國家相比，法國的一大特色是擁有數量龐大的中型城市，足以在國土上形成一張相當規整的城市網，並擔任各大都會與鄉村地區的中介。這些中型城市之所以屹立不搖，部分是源自1789年法國大革命（French Revolution）的遺緒，部分則傳承自法國領土的省分劃分。法國將領土劃分成一個個省分，藉由各省省會與副省會交織成的網絡，強化法國全境的行政職能。到了近代，這些中型城市紛紛工業化，加上人口於二戰後的光輝三十年（Trente Glorieuses，1946～1975年）有所成長，大力推動了法國的經濟現代化。不過，這些中型城市彼此之間差異懸殊，依據其與城市網絡交集的深淺、是否併入大都市帶、是否為大區或省的首府、是否歸屬於工業複合都市❸等，而呈現

出不同的特色（參見圖2）。為了與大都會區的吸引力抗衡，中型城市使盡渾身解數想要脫穎而出，例如運用自身的文化遺產、交通時間、對居民及企業的服務等優勢來發展觀光。然而，各地區的城市大幅成長，讓許多地緣政治問題浮上檯面，不僅是城與城之間的關係面臨挑戰，各城內部也出現紛爭。掌握這些城市的政權成為所有政黨的重大目標，而隨著市政選舉一日日接近，奪取政治權力的競爭也愈演愈烈。大型與中型城市是地方或大區名流的大本營，因而成為各方要角（民意代表、協會組織、企業）的必爭之地。法國城市的發展軌跡與生命力既取決於歷史，也關乎在地要角提出的都市計畫，可以說該城市的影響力與吸引力皆掌握在他們手上。

文 ● T. Courcelle

---

❶ 譯注：都市帶（agglomeration），意指城市與其郊區的總合。

❷ 譯注：近郊市化或邊緣都市化（peri-urbanization）意指都市地帶擴張，造成原本處於都市地帶邊緣的鄉村地區逐漸與都市市郊混雜的過程。

❸ François Taulelle, « La France des villes petites et moyennes », in Laurent Cailly et Martin Vanier（dir.）, *La France : une géographie urbaine*, Armand Colin, 2010, p. 149-168.

法國醫療難題：
醫院提供的是服務還是商品？

根據 2019 年的數據，法國女性的預期壽命為 85.6 歲，男性為 79.7 歲，是全球數一數二高齡。然而，醫院急診服務數次罷工也不禁讓人質疑，法國全民醫療服務是否真的人人能享（參見圖1）。曾被視為典範的法國醫療衛生體系正在崩壞，一方面，地區間的醫療資源愈來愈不平等；另一方面，醫院也陷入了營運危機，而這還只是在 Covid-19 爆發以前。

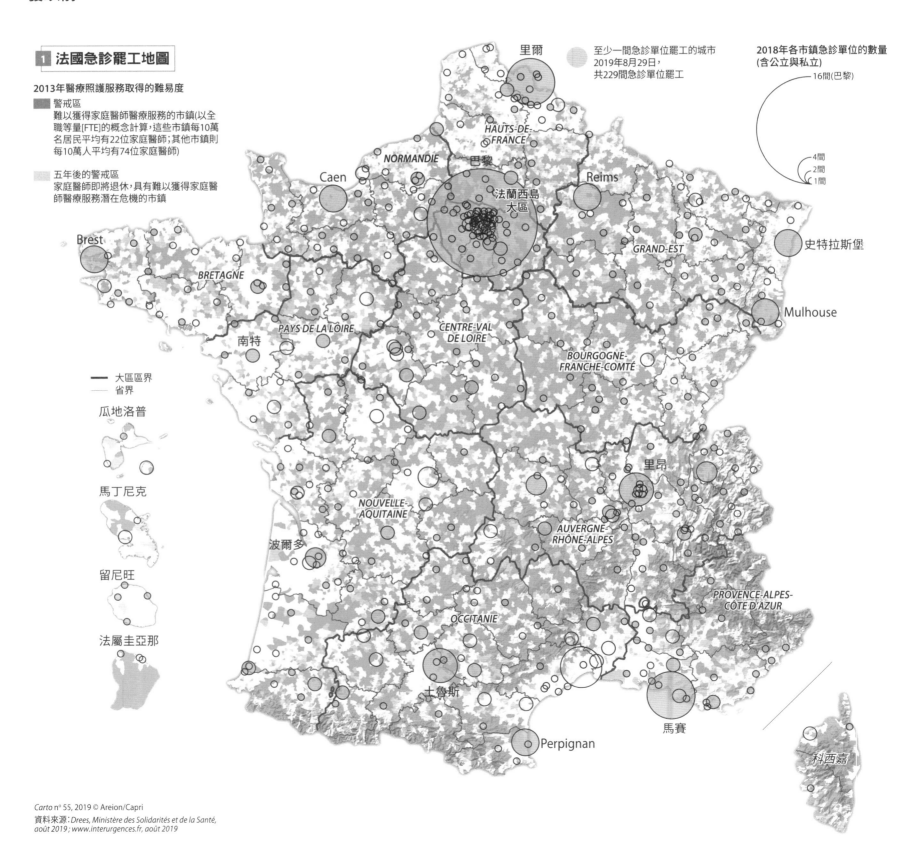

1 法國急診罷工地圖

2013年醫療照護服務取得的難易度

■ 警戒區
難以獲得家庭醫師醫療服務的市鎮（以全職等量[FTE]的概念計算，這些市鎮每10萬名居民平均有22位家庭醫師；其他市鎮則每10萬人平均有74位家庭醫師）

■ 五年後的警戒區
家庭醫師即將退休，具有難以獲得家庭醫師醫療服務潛在危機的市鎮

— 大區區界
— 省界

瓜地洛普

馬丁尼克

留尼旺

法屬圭亞那

至少一間急診單位罷工的城市
2019年8月29日，
共229間急診單位罷工

2018年各市鎮急診單位的數量
（含公立與私立）
16間(巴黎)
4間
2間
1間

里爾
HAUTS-DE-FRANCE
NORMANDIE
巴黎
法蘭西島大區
Caen
Reims
GRAND-EST
Brest
BRETAGNE
史特拉斯堡
PAYS DE LA LOIRE
南特
CENTRE-VAL DE LOIRE
Mulhouse
BOURGOGNE-FRANCHE-COMTÉ
NOUVELLE-AQUITAINE
里昂
AUVERGNE-RHÔNE-ALPES
波爾多
OCCITANIE
PROVENCE-ALPES-CÔTE D'AZUR
土魯斯
馬賽
Perpignan
科西嘉

Carto n° 55, 2019 © Areion/Capri

資料來源：*Drees, Ministère des Solidarités et de la Santé, août 2019; www.interurgences.fr, août 2019*

健康問題與醫療服務取得的問題乃是法國人的兩大擔憂。法國於 2019 年 1 月 15 日～ 3 月 15 日舉辦全國大辯論，政府為了限縮辯論走向而事先制訂主題，其中原本不包含醫療體系相關議題，然而一系列相關議題後來居上、獲得大量關注，醫療問題於是成為此次辯論的主軸之一。討論主題諸如：鄉村地帶的家庭醫師紛紛退休，卻缺乏人手遞補；停止部分公共衛生服務（產房、外科、婦產科）引發抗議；中小型城市缺乏專科醫師等。透過此次辯論突顯出許多地區的醫療資源匱乏，法國人甚至用「醫療沙漠」來形容各大都會區以外的地方。

以削減醫療服務來對抗赤字

歐洲醫療消費者指數（Euro Health Consumer Index，以下簡稱 EHCI）依據醫療服務的提供與取得、預防措施、醫療使用者的滿意度等項目評估各國醫療品質，而在 2006 年以前，法國憑藉著優良的醫療衛生體系，EHCI 基本上都名列歐洲 35 國榜首。到了 2017 年，法國降到第十名，反映出醫療服務逐漸崩壞，也反映出法國民眾的不滿。在法國某些地區，人民完全無法獲得醫療照護。EHCI 同時也突顯出法國藥物濫用的問題，尤其是抗生素，另外還有在預防方面的種種缺陷。

醫院營運危機是上述不滿以及法國醫療衛生體系失能的徵兆之一。長久以來，法國的醫院都是附屬於所在市鎮（往往是取代昔日的養老濟貧收容所），然而近幾十年來，隨著一次次醫療改革，原屬於單一市鎮的醫院，漸漸轉變成整個大區或跨市鎮的醫療服務中心。此外，地處好幾個市鎮之間、遠離城市中心的跨市鎮醫療中心也愈來愈多。醫院普遍來說是在地數一數二的大雇主，憑藉在經濟與社會面的影響力扮演國土規劃的關鍵角色。

近三十年來，歷屆政府都將醫療衛生的重點放在入不敷出的問題，認為要減低醫療衛生支出，就必須削減醫療照護服務，進而減低社會醫療保險（類似台灣的健保）的赤字，也就是鼎鼎大名的「社會保險黑洞」。醫學系年度入學名額限制（numerus clausus annuel）在 1976 ～ 1977 學年度為 8,671 個名額，接著在整個 1990 年代掉到每年少於 4,000 個名額，近十年又回升到每年 7,500 ～ 8,000 個名額，然而在此期間，法國人口卻不斷增加、持續老化。2016 年法國公立醫院的財務報表指出，54% 的公立醫院損益兩平或有盈餘，46% 則是虧損（其中 80% 的虧損集中在 14% 的醫療機構）。至於病床的數量，法國也低於歐洲平均，2016 年每 1,000 名法國居民只有 6.2 張病床，而每 1,000 名德國居民則有 8.2 張病床。

急診量能拉警報，籲找回醫療初心

法國的急診服務由 645 個醫療機構組成，其中 77% 屬於公部門。所有醫院都面臨急劇增加的急診人次：2012 年為 1,840 萬人，2016 年則為 2,120 萬人，等於增加了 15%（參見圖 2）。這反映出城市醫療資源由於地理位置或經濟等因素而難以取得，導致一部分民眾延遲治療，而城市的醫療資源又往往撤除了醫師值班與夜間醫療服務。醫療人員增加的數量不足，也導致急診醫療照護的品質下降，病人等待的時間拉長。要讓急診室不再人滿為患，就必須雙管齊下，不僅要提供急診的替代選項，急診室也須改善管理，引導病人轉診至其他醫療服務管道。

為了拯救陷入量能危機的公立醫院，法國國立醫學科學院（Académie nationale de médecine, ANM）建議擺脫純粹的經營者視角，回到醫院最初創立的醫療願景，以病人為核心，而不是以客戶為核心，來對抗醫療服務失去方向的景況[1]。2004 年，法國醫院改以「按實際醫療行為付費」作為唯一的資金來源，這樣的措施雖然帶來一定的均質化，卻使醫療機構之間的競爭加劇，不利於協同和互補，注重的是量而非質。法國國立醫學科學院尤其建議，應將資金妥善分配於以下三個項目：基本津貼、實際醫療行為的費用，以及醫療品質。另須減少醫生的行政負擔，同時也要更看重護理人員，目前的護理人員普遍遭到過度壓榨。

文 ● T. Courcelle

[1] ANM, *L'hôpital public en crise : Origines et propositions*, avril 2019.

資料來源：*Muriel Barlet et Claire Marbot (dir.)*, Portrait des professionnels de santé - édition 2016, *Drees* ; France Info, « Cinq chiffres pour comprendre la crise dans les services d'urgences », juin 2019

2 法國醫療體系面臨的挑戰

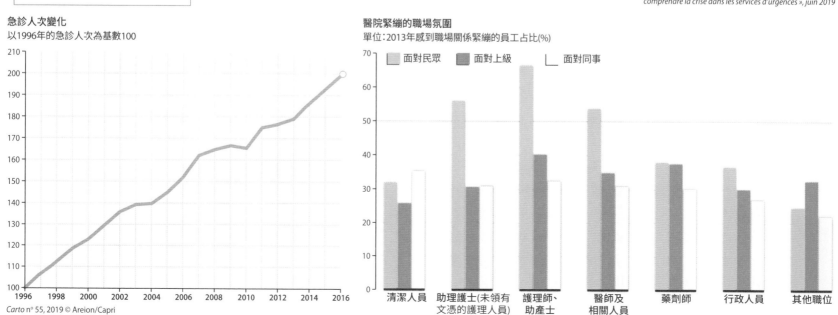

急診人次變化
以1996年的急診人次為基數100

醫院緊繃的職場氛圍
單位：2013年感到職場關係緊繃的員工占比(%)

面對民眾　面對上級　面對同事

清潔人員　助理護士(未領有文憑的護理人員)　護理師、助產士　醫師及相關人員　藥劑師　行政人員　其他職位

Carto nº 55, 2019 © Areion/Capri

葡萄牙：金玉其外，敗絮其中的「小奇蹟」

2019 年 10 月的葡萄牙議會選舉中，社會黨（Socialist Party, PS）獲得 36.65% 的選票，取得席位比上屆議會更多（議會總席次 230 席，社會黨本屆囊括 108 席，上屆則取得 86 席），但卻沒有獲得絕對多數。儘管葡萄牙獲益於 2015 年實施的反撙節計畫，「葡萄牙奇蹟」背後的黑幕卻遠遠稱不上是典範。

◎基本資料

正式國名
葡萄牙共和國

國家元首
德索沙
(Marcelo Rebelo de
Sousa，2016年起就
任總統)

面積
92,090平方公里
(世界排名第112位)

官方語言
葡萄牙語

首都
里斯本

2021年人口
1,035萬人

人口密度
每平方公里112人

貨幣
歐元

歷史
西元五至十二世紀
之間，葡萄牙接連
歷經日耳曼與阿拉
伯統治；其後阿方
索一世(Alfonso I，
1139~1185年在位)登
基為王，葡萄牙成
為王國。葡萄牙以
探索非洲、亞洲、
美洲聞名，在十六
世紀成為全球數一
數二強大的帝國。
1580年，葡萄牙遭
併入馬德里統治的
伊比利聯盟(Iberian
Union)，直到1640
年才重新獨立。
1910年葡萄牙廢除
君主制，宣布成立
共和國；二十世紀
的葡萄牙籠罩在獨
裁統治之下，尤以
1932~1968年的薩
拉查爾(António de
Oliveira Salazar)獨裁
政權為代表。1974
年，康乃馨革命爆
發，導致獨裁政權
垮台。

2020年人均GDP
(以購買力平價計
算)
34,177美元

2019年人類發展指
數(HDI)
0.864(排名第38位)

葡萄牙曾經是歐洲的模範生，卻於 2011 年陷入債務危機，瀕臨破產。該國被迫求助於「三巨頭」：國際貨幣基金、歐洲中央銀行和歐盟執行委員會。這三大機關共給予葡萄牙 780 億歐元的救援計畫，此以作為交換，葡萄牙必須實施嚴苛的撙節措施，導致公務員和退休人員少領兩個月的薪水或退休金，投資遭到凍結，公共服務也受到限縮。2011 ～ 2013 年間，葡萄牙的經濟陷入負成長，減少 70 萬個就業機會。

2015 年 11 月的葡萄牙議會選舉中，中間偏右的社會民主黨（Social Democratic Party, PSD）雖然奪得最多席次（89 席），但左派卻贏得勝利。左派的勝利歸功於一樁葡萄牙人形容為「古怪裝置」[1]的不尋常合作。社會黨透過一樁樁協議，在左派陣營、共產黨與生態主義者的支持下上台執政。新的多數派選擇實施一項與歐盟建議背道而馳的振興政策，與此同時又監督公共帳目精打細算過日子。新政府的計畫包括結束撙節政策、提高基本工資、重新估算退休金、減少工作時間，還有重振購買力。為實現這一目標，葡萄牙政府藉由向安哥拉和中國示好，同時促進高附加價值產品的出口，來推動觀光並吸引外國投資。很快地，成果出現了。2017 年，葡萄牙經濟成長率創下新高，達 2.7%，並維持在 2% 上下波動。失業率（2013 年為 17%）則降到剩 1/2，回到危機前的水準，而公共赤字（2010 年占葡萄牙 GDP 的 11.2%）在 2018 年降至 0.5%，這是自 1974 年葡萄牙結束獨裁統治與康乃馨革命（Carnation Revolution）以來前所未見的數字。

葡國虛不受補的金融體系

談及振興經濟的成效，上述數據似乎很有說服力，然而葡萄牙卻深受許多結構性弱點之苦。徹底的大改革尚未進行，債務（占葡萄牙 GDP 的 127%）已達到無可承受的地步，而且銀行體系仍然脆弱，2014 年聖靈銀行（Banco Espírito Santo）[2]破產即為明證。紡織業、食品業、家具業和機械產業使得葡萄牙成為出口冠軍，但這些低附加價值的貿易受歐元升值和買方國家需求的波動所牽制。此外，國內基本工資仍然很低，2014 年之前凍漲在 485 歐元（稅前），2019 年升至 700 歐元。而失業率雖然下降了，勞工從事的卻普遍都是不穩定和低技術的工作，例如觀光業（占該國勞動人口的 8.2%）。另外還有公共部門投資不足、醫院人力不足、大學瀕臨破產等問題。

房地產的投機行為也同樣令人擔憂，由於外國買家大量購買，導致葡萄牙市中心的租金價格飆升，本地人反而被趕到郊區宛如宿舍的樓房。換句話說，租賃市場的自由化促成了里斯本（Lisbon）和波多（Porto）歷史街區的縉紳化（gentrification）[3]。同時，2010 ～ 2013 年間，即使葡萄牙移入人口增加了 50%，每年仍有 11 萬人離開葡萄牙，且離開的主要是年輕的專業技術人員，使得人口逐步邁向高齡化。為了因應此問題，葡萄牙政府在 2019 年 7 月推出「回歸專案」（Regressar Program），提供每人最多達 6,536 歐元的資金，支付專案申請者及其家庭回歸葡萄牙的費用，並實施優惠減稅等措施。

除此之外，葡萄牙還存在嚴重的地域不平等，內陸地區遭到忽視，資源多集中在沿海地區。由於對森林管理不善，又屢屢遭到祝融肆虐，再加上持續不斷的旱災，內陸的地貌景觀已逐漸改變，其中最顯著的就是伊比利半島最大的特茹河（Tejo）水位不停下降。

向中國靠攏，為脫歐鋪路？

身為北大西洋公約組織的成員國之一，葡萄牙一直沒有從殖民帝國垮台的損失中恢復過來。葡國坐擁歐盟第三大經濟海域（387 萬 7,408 平方公里），因此全力投入經濟海域的開發，尤其是海底資源，並打算藉由美國軍事基地所在的亞速群島（Azores Islands）的地緣戰略重要性獲利。至於美國，則對葡萄牙經濟愈來愈依賴中國感到擔憂，因為中國在葡萄牙的電力、銀行、保險、國家電網公司（Redes Energéticas Nacionais, REN）和 TAP 葡萄牙航空等戰略意義深重的產業部門皆有投資。

葡萄牙這個國家正在轉變，就如同一院制國會於 2019 年 10 月 6 日的議會選舉結果一樣，此次選舉除了選出三位來自舊日殖民地的葡非混血議員外，也選出一位來自極右派政黨「夠了」（GHEGA!）的議員。對於葡萄牙這個熱愛歐洲、此前都對民粹主義免疫的國家來說，算是開天闢地頭一遭。

文 • T. Yegavian

---

❶ 編注：geringonça，葡萄牙語，指設計古怪、莫名複雜的裝置或機器，且往往做工不好或不安全。

❷ 編注：破產前為葡萄牙第二大私有且上市的商業銀行。

❸ 編注：指老舊地區重建後地價及租金上升，吸引收入較高者遷入，取代原居住的較低收入者，即形成市中心的縉紳化現象。

葡萄牙的關鍵經濟數據

出口貿易量演變
單位：億歐元

進口貿易量演變
單位：億歐元

葡萄牙對主要貿易夥伴國的貿易餘額[1]
單位：億歐元

2017年　2018年

1. 貿易餘額又稱淨出口，乃是出口與進口總值的差額。

英國
法國
美國
安哥拉
摩洛哥

義大利
中國
荷蘭
德國
西班牙

每季失業率的變化
單位：失業人口占總勞動人口的比例(%)

2017 第4季　2018 第1季　2018 第2季　2018 第3季　2018 第4季　2019 第1季　2019 第2季

葡萄牙漁獲量的演變(每年1~6月)
單位：萬噸

捕魚地點　歐陸　亞速群島　馬德拉群島　西班牙

2017年　2018年　2019年

2017年人均購買力平價指數(PPP)[1]
此指數以全國人均購買力為基數100，繪出各次區域(subregion)的相對人均購買力

100~125
90~99.9　——→ 全國平均
80~89.9
75~79.9
69~74.9

1. 此指數的用意是顯示某地居民人均購買力與全國平均的關係。

■ 2017年的公立或私立醫院
一個小正方形代表一座醫院

Alto Minho
Alto Tâmega
Ave
Cávado
Terras de Trás-os-Montes
波多都會區
Tâmega e Sousa
Douro
Viseu Dão Lafões
Aveiro
Beiras e Serra da Estrela
Coimbra
Leiria
Beira Baixa
Médio Tejo
Oeste
Lezíria do Tejo
Alto Alentejo
里斯本都會區
Alto Central
亞速群島
Alentejo Litoral
Baixo Alentejo
馬德拉群島
Algarve

2019年葡萄牙的海上界線
經濟海域
大陸棚

亞速群島
葡萄牙
西班牙
馬德拉群島 (Madère)
加納利群島 (西班牙)
摩洛哥
阿爾及利亞
愛爾蘭　英國　荷蘭
比利時
法國

Carto n° 57, 2020 © Areion/Capri

資料來源：*Institut national des statistiques du Portugal, Estudo sobre o Poder de Compra Concelhio 2017, 2019 ; DGRM, Zonas Marítimas sob Soberania e ou Jurisdição Portuguesa, 2019 ; DATAPESCAS, n° 121, 2019 ; INE, Boletim Mensal de Estatística, septembre 2019 ; INE, Estatísticas da Saúde 2017, 2019*

義大利：被內耗拖垮的歐元第三大經濟體

義大利因為預算屢屢失控而遭歐盟執行委員會糾正，該國的執政聯盟僅僅執政了 14 個月，就於 2019 年 8 月解體，致使社會陷入嚴重的不穩定。義大利此刻正經歷多重面向的危機，涵蓋經濟、金融、人口等層面，進而造成政治與地緣政治上的嚴重後果，歐洲受到的影響尤其深刻。

◎基本資料

正式國名
義大利共和國

國家元首
馬達雷拉
(Sergio Mattarella，
2015年就任總統)

面積
301,340平方公里
(世界排名第73位)

官方語言
義大利語

首都
羅馬

2021年人口
5,925萬人(估計值)

人口密度
每平方公里1,98人

貨幣
歐元

歷史
義大利傳承自羅馬帝國，並於十五世紀成為文藝復興的中心；十九世紀義大利統一，1871年定都羅馬。第一次世界大戰期間，義大利加入協約國對抗奧匈帝國；第二次世界大戰則與德國結盟，加入軸心國。當時，義大利由墨索里尼(Benito Mussolini)統治，其建立的法西斯政權從1922年延續到1943年。1946年，義大利共和國宣告成立。

2020年人均GDP
(以購買力平價計算)
41,902美元

2019年人類發展指數(HDI)
0.892(排名第29位)

　　自 2007 ～ 2008 年的金融危機以來，義大利經濟大幅衰弱，與葡萄牙、西班牙和希臘共同淪為「歐豬四國」(PIGS，用以稱呼搖搖欲墜的幾個南歐經濟體)，至今仍未復甦。義大利受歐元區近十年來最嚴重的成長疲軟所害，遭遇高失業率的衝擊，據 2018 年 12 月的統計，勞動人口中有 10.3% 失業，15 ～ 24 歲的失業率甚至高達 31.9%。地域間的差距愈來愈大，導致富裕的北方省分及各都會區，與深陷困境的南部對立加劇。例如 2016 年，波爾察諾自治省(Bolzano)的人均年收入達到 42,000 歐元，但在西西里(Sicilia)或卡拉布里亞(Calabria)仍低於 26,000 歐元。

　　事實上，自 1980 年代以來，義大利經濟便一直停滯不前。第二次世界大戰後，義大利以充滿活力的中小企業和大型公共企業為基礎，締造了「經濟奇蹟」。然而，如此的「經濟奇蹟」在全球化的浪潮下顯得脆弱且無力，好比紡織業就是如此。由於缺乏創新和生產力衰弱，義大利這個歐元區第三大經濟體的競爭力逐漸遭到磨蝕，更別提待從主義(clientelism)、貪汙腐敗與黑手黨盛行，在在拖累了義大利的表現。

兩黨聯盟雙頭馬車，釀成公債危機

　　面對經濟與社會的難題，義大利的反應歷來是增加公共開支和公部門就業機會，這也就是其國家債務會爆炸性增長的原因。雖然歐洲中央銀行出手干預，幫助義大利暫解財務的燃眉之急，但作為交換，2010 年代初期，時任義大利總理的蒙蒂(Mario Monti，任期 2011 ～ 2013 年)實施了緊縮政策。如今，義大利又再次陷入令人憂慮的景況。義大利危機重燃，實與其政治情勢密切相關。

　　2018 年 6 月～ 2019 年 8 月，義大利總理孔蒂(Giuseppe Conte，任期 2018 ～ 2021 年)以一個史無前例的政治結盟為基礎，領導義大利政府。這個政治結盟聯合兩個民粹主義政黨，即五星運動(Five Star Movement, M5S)與聯盟黨(Lega)，兩黨的結盟建立在一個政治契約上，然而此一契約卻有許多前後矛盾之處，尤其是在預算問題，以及增加公共支出與降低稅收方面。因此，儘管五星運動試圖凍結諸如連結里昂－杜林(Turin)的高速鐵路等重大工程，聯盟黨仍在義大利北部商界的支持下，不顧公共帳目的赤字，成功於 2019 年 7 月重新啟動里昂－杜林高鐵計畫。2019 年 3 月簽署多項與中國貿易的協定也導致義大利政府內部的爭執。凡此種種情勢讓投資者望之卻步，也使金融界擔憂，進而提高了銀行和企業的融資成本。

　　義大利的公共債務相當於希臘的 7 倍，2019 年 4 月統計為 2 兆 3,730 億歐元，相當於 2018 年義大利 GDP 的 132.2%(希臘則為 181.1%，參見圖 1)，如此鉅額的債務恐將拖累其他國家，甚至威脅到歐洲內部的平衡。2018 年秋季，義大利政府提出的預算案遭到否決，因為其中的退休金改革與全民基本收入改革所費不貲。2019 年 7 月，義國當局承諾會採取緊縮政策，成功迴避歐盟執行委員會的制裁(該委員會將成員國的預算赤字限制在 3%)。但是，此一緩兵之計卻可能遭遇兩大危機的威脅：一、義大利的經濟前景脆弱，據義大利銀行(Bank of Italy，即義大利的中央銀行)估計，該國 2020 年的經濟成長率為 0.7%。二、政治不穩定，這主要歸咎於聯盟黨，該黨自 2019 年 5 月歐洲議會(European Parliament)選舉以來，就處於強勢地位(囊括 34.2% 的選票與 29 個席次)，面對緊縮政策卻總是推諉閃躲。2019 年 9 月，孔蒂集合五星運動和民主黨(Democratic Party, PD)組成第二屆政府，從而排除副總理兼內政部長薩爾維尼(Matteo Salvini，聯盟黨領袖)的極右派勢力。

因反移民與歐盟起衝突

　　此外，薩爾維尼的反移民立場，反映出義大利與歐盟的衝突業已超出預算問題。義大利政府在 2019 年 6 月下令關閉港口，禁止人道主義非政府組織救援難民的船隻停靠，以阻止新的難民登陸義大利這個難民過境大國，導致義大利與歐盟的關係惡化。雖然關閉港口的政策得到多數義大利人的支持，但是對於深陷人口危機的義大利來說，卻是個糟糕的算計。2016 年，義大利平均每名女性生育 1.34 個孩子，是歐盟生育率最低的國家。義大利年輕人為了追求更好的生活條件而大量外移，更加劇出生率崩潰的負面效應。義大利身為歐元區人口最年老的國家(2019 年 1 月 1 日統計，義大利有 22.8% 的人口超過 65 歲)，人口數量又不斷萎縮，不僅造成高齡化加速，也導致勞動人口減少、退休金的財源出現問題，經濟及社會前景堪慮。

文 ● C. Loïzzo

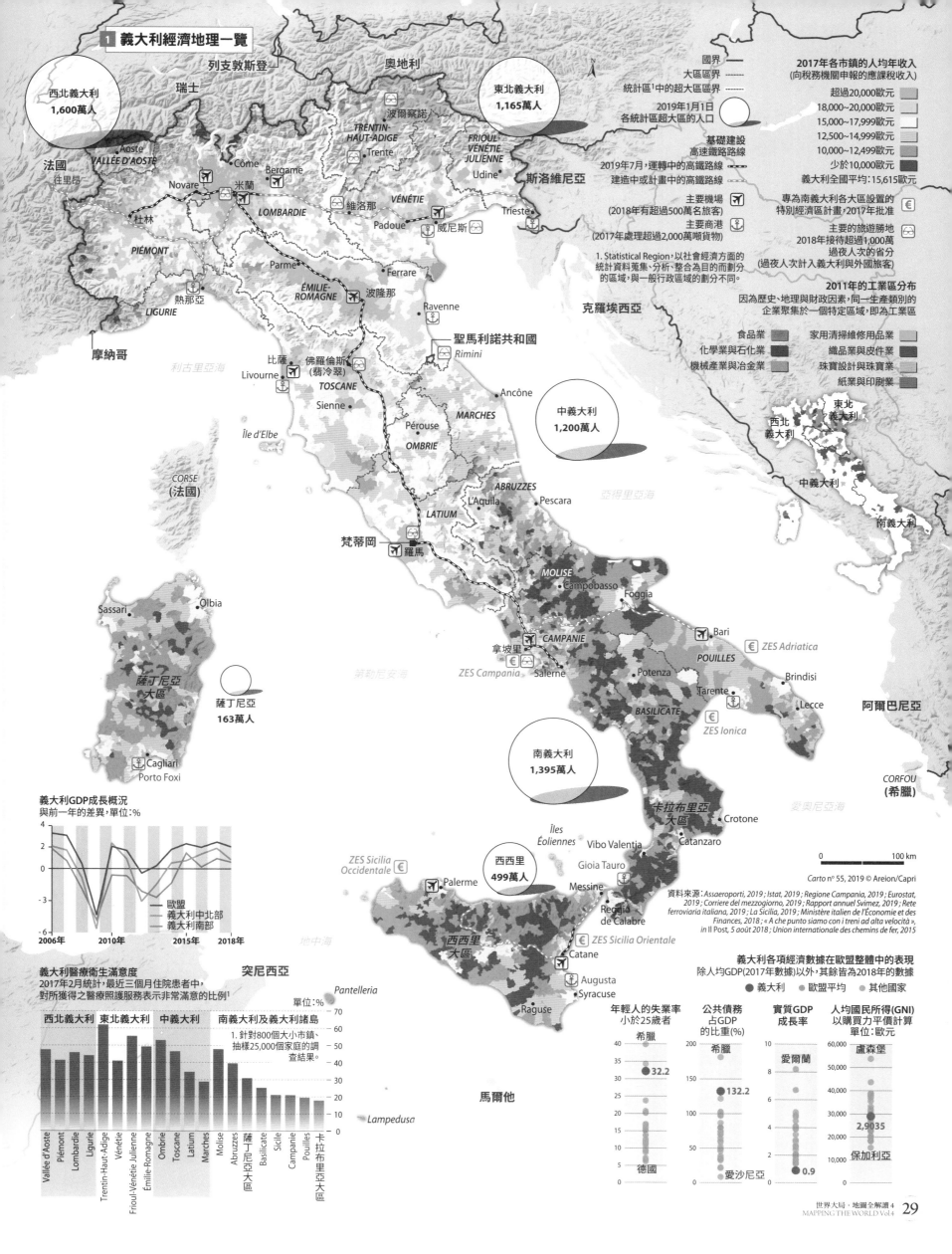

克羅埃西亞：不完全加入歐盟？

◎基本資料

正式國名
克羅埃西亞共和國

國家元首
米蘭諾維奇
(2020年2月就任)

面積
56,594平方公里
(世界排名第128位)

官方語言
克羅埃西亞語

首都
札格雷布(Zagreb)

2021年人口
421萬人(估計值)

人口密度
每平方公里74人

貨幣
庫納(HRK)

歷史
十九世紀時,克羅埃西亞併入奧匈帝國;1918年,克羅埃西亞成為「塞爾維亞人、克羅埃西亞人和斯洛維尼亞人王國」(Kingdom of Serbs, Croats and Slovenes,1929年改名為南斯拉夫王國)的一員。1941年,二戰期間,克羅埃西亞成為納粹德國的衛星國;解放以後,克羅埃西亞併入南斯拉夫社會主義聯邦共和國(Socialist Federal Republic of Yugoslavia)。1991年,克羅埃西亞宣布獨立,引發克羅埃西亞戰爭,戰火延燒至1995年結束。

2020年人均GDP
(以購買力平價計算)
28,780美元

2019年人類發展指數(HDI)
0.851(排名第43位)

克羅埃西亞於 2013 年加入歐盟,並於 2020 年 1 月 1 日～ 6 月 30 日這六個月間首度擔任歐盟理事會(Council of the European Union)的輪值主席國。2020 年 1 月,克國選出新總統米蘭諾維奇(Zoran Milanović),值此時刻,我們不妨盤點一下克羅埃西亞融入歐洲的情況。

克羅埃西亞占地 56,594 平方公里(法國本土面積的 1/10,台灣的 1.6 倍),國土形如迴力鏢,擁有 421 萬人口(2021 年 7 月估計值)。克國於 1991 年 6 月 25 日獨立,雖然自 2003 年起就申請加入歐盟,但直到 2013 年才正式加入,是繼斯洛維尼亞 2004 年加入歐盟後,第二個加入歐盟的前南斯拉夫(Yugoslavia)國家。克羅埃西亞加入歐盟的談判過程複雜且意見分歧,最後導致克羅埃西亞既不是申根區的成員,也不是歐元區的成員(參見圖2),其融入歐洲的程度遠不如鄰國斯洛維尼亞。談判之所以曠日廢時,主要問題在於實施自由競爭與歐洲法律對克羅埃西亞來說是一大挑戰。

難以達成的歐盟標準

起初,談判遭到推遲,是因為在搜索和逮捕以戈托維納(Ante Gotovina)為首的克羅埃西亞將軍一事上,克國政府被指責不夠合作。這些克羅埃西亞將軍之所以遭到通緝,是因為他們在 1991 ～ 1995 年的克羅埃西亞獨立戰爭(Croatian War of Independence)期間犯下暴行,其中包括 1995 年迫害克拉伊納(Krajina)地區❶的塞爾維亞裔平民。一直到 2005 年 12 月,戈托維納被關押至西班牙的加納利群島(Canarias),克國才得以與歐盟展開談判。當時,克國政府通過一項針對司法與審判制度的全面改革計畫,旨在讓該國一步步合乎歐盟標準。除此之外,2008 ～ 2009 年間,克羅埃西亞與斯洛維尼亞圍繞著皮蘭灣(Gulf of Piran)兩國國界的地緣政治爭訟也推遲了克羅埃西亞加入歐盟的時機,因為斯洛維尼亞威脅要為克國加入歐盟投下反對票。2012 年 1 月 22 日,克羅埃西亞舉辦「加入歐盟」公投,但國民卻不甚熱中,或許跟艱難又漫長的談判過程造成的緊張氛圍有關。儘管 66.2% 的選票「贊成加入歐盟」,公投的投票率卻只有 43.5%。

期待歐元成為經濟解方

克羅埃西亞總統米蘭諾維奇出身社會民主黨(Social Democratic Party of Croatia, SDP),2011 ～ 2016 年間任克羅埃西亞總理,他於 2020 年 1 月 5 日的總統選舉第二輪投票中,獲得 52.7% 的選票,當選新任總統,而他的對手是時任總統、屬於保守派的季塔洛維奇(Kolinda Grabar-Kitarović,任期 2015 ～ 2020 年)。米蘭諾維奇在極右派強勁成長的政治情勢下,仍然提倡兼容並蓄,然而面對國內各方面的挑戰,這位新任總統還有很多事要做。

與其他中歐鄰國一樣,克羅埃西亞的人口正大幅下降,這與低出生率(平均每名女性生育 1.4 名子女)和年輕人大量移民到西歐(尤其是德國)有關(參見圖1)。人口急遽下滑讓克國面臨人口迅速高齡化,以及某些經濟部門難以召募到合格職員的窘境。克羅埃西亞與斯洛維尼亞一樣遭受歐債危機的影響,因而在 2008 ～ 2014 陷入長期的經濟衰退,還有失業率居高不下的問題(2014 年為 17.3%)。2015 年以來,克國憑藉旅遊業和營建業將經濟成長率恢復至每年 2 ～ 3%,同時促使失業率下降;

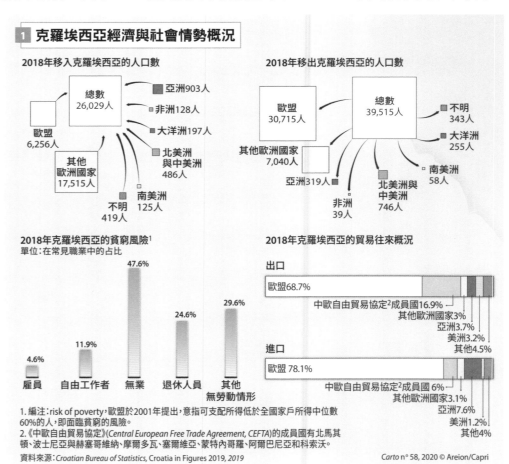

1 克羅埃西亞經濟與社會情勢概況

2018年移入克羅埃西亞的人口數
- 總數 26,029人
- 歐盟 6,256人
- 其他歐洲國家 17,515人
- 亞洲 903人
- 非洲 128人
- 大洋洲 197人
- 北美洲與中美洲 486人
- 南美洲 125人
- 不明 419人

2018年移出克羅埃西亞的人口數
- 總數 39,515人
- 歐盟 30,715人
- 其他歐洲國家 7,040人
- 亞洲 319人
- 不明 343人
- 大洋洲 255人
- 南美洲 58人
- 北美洲與中美洲 746人
- 非洲 39人

2018年克羅埃西亞的貧窮風險[1]
單位:在常見職業中的占比
- 雇員 4.6%
- 自由工作者 11.9%
- 無業 47.6%
- 退休人員 24.6%
- 其他無勞動情形 29.6%

2018年克羅埃西亞的貿易往來概況

出口
- 歐盟68.7%
- 中歐自由貿易協定[2]成員國16.9%
- 其他歐洲國家3%
- 亞洲3.7%
- 美洲3.2%
- 其他4.5%

進口
- 歐盟78.1%
- 中歐自由貿易協定[2]成員國6%
- 其他歐洲國家3.1%
- 亞洲7.6%
- 美洲1.2%
- 其他4%

1. 編注:risk of poverty,歐盟於2001年提出,意指可支配所得低於全國家戶所得中位數60%的人,即面臨貧窮的風險。
2.《中歐自由貿易協定》(Central European Free Trade Agreement, CEFTA)的成員國有北馬其頓、波士尼亞與赫塞哥維納、摩爾多瓦、塞爾維亞、蒙特內哥羅、阿爾巴尼亞和科索沃。

資料來源:Croatian Bureau of Statistics, Croatia in Figures 2019, 2019

Carto n° 58, 2020 © Areion/Capri

奧地利

往Graz　往布達佩斯

MEDIMURJE

匈牙利

Pécs

往Pécs

往布達佩斯

往Pécs

塞爾維亞

斯洛維尼亞

義大利

往威尼斯

喀爾巴阡山脈
原始山毛櫸森林

札格雷布

ZAGREB

波士尼亞與赫塞哥維納

■塞拉耶佛

蒙特內哥羅

克羅埃西亞在此處借用中國財團建
造一座橋,由歐盟出資85%,波士尼
亞與赫塞哥維納對此表示抗議

資料來源:*Rédaction de Carto, février 2020 ;
Commission européenne, European Atlas of the
Seas, 2020 ; UNESCO, 2020 ; FRONTEX, Western
Balkans Risk Analysis, juillet 2019 ; « Croatie :
le chantiers navals Uljanik de Pula en faillite »
in Le Figaro, 13 mai 2019 ; Croatian Bureau of
statistics, Statistical Yearbook of the Republic
of Croatia 2018, décembre 2018
Carto n° 58, 2020 © Areion/Capri*

往波德里查

25 km

圖例

歐盟邊界

申根區邊界

克羅埃西亞的經濟海域

邊界爭端

已落成或計畫中的邊界圍欄

通往歐盟境內的主要過境點

縣境

2017年造訪克羅埃西亞的觀光客人數

單位:每縣接待人數

410.4萬人(Istrie)

10萬人
50萬人
5萬人

國家公園

自然公園

聯合國教科文組織
世界遺產

自由貿易區

造船廠[1]及自由港
主要渡輪航線

高速公路

主要道路

1. 造船廠屬於加入歐盟談判的一部分。所有造船廠都必須私有化,不然就要宣告破產。
這些港口占克羅埃西亞GDP的2%,提供7,000個直接就業機會,還支撐了幾千個包商。

2018 年,克國失業率降至 8.5%,相當於歐元區的平均數據。

　　根據「歐洲氣壓計」第 92 期(2019 年)的民意調查顯示,62% 的克羅埃西亞人認為他們的意見能得到歐盟關注(歐盟成員國的民調平均值為 45%)。然而,在 2019 年 5 月的歐洲議會選舉[2]中,克國人民的投票率(25.2%)卻只有其他歐洲成員國的一半。無怪乎歐洲議會的議員總席次為 705 席,克羅埃西亞只占 12 席(議員總席次的 1.7%)。該國人民因而覺得自己在歐洲議會的代表不足,尤其是歐洲議會與歐盟理事會相反,歐盟理事會的決策機制對小國比較有利。克羅埃西亞人認為,移民(占受訪者的 46%)、恐怖主義(占 24%)與成員國的公共財政狀況(占 20%)是歐盟面臨的三大問題;相較之下,其他歐洲成員國普遍將氣候變遷排第二,第一是移民,第三則是經濟情勢。克羅埃西亞也是少數身為歐盟成員國卻不屬於歐元區的國家,且人民大多數贊同單一貨幣。

　　克羅埃西亞打算進一步確保自己融入歐洲,因此提出申請且業已獲准加入歐洲匯率機制(European Exchange Rate Mechanism, ERM),期盼在 2023 年能加入歐元區。從這個角度來看,克羅埃西亞擔任歐盟理事會主席國是一個重大象徵,雖然輪值主席國期間的情勢複雜,且各項談判主要聚焦於英國和歐盟未來關係的條款上,以致壓縮了另一件優先事項的討論空間,亦即擴大歐盟,納入塞爾維亞與蒙特內哥羅(歐盟內部對此一擴大歐盟的展望一直沒有達成共識),但就如同本屆主席國克羅埃西亞的口號所言,歐盟的當前願景是「在充滿挑戰的世界,建立強而有力的歐洲。」(A Strong Europe in a World of Challenges.)

文 ● T. Courcelle

❶ 編注:在克羅埃西亞爭取脫離南斯拉夫獨立的期間,克羅埃西亞境內的塞爾維亞人以克拉伊納為據點,短暫成立了「塞爾維亞克拉伊納共和國」(Republic of Serbian Krajina),之後隨著克羅埃西亞獨立戰爭結束,此一共和國解散,又與克國合併。

❷ 編注:歐洲議會與歐盟理事會同屬於歐盟的主要決策機構,唯獨歐洲議會是由所有歐盟成員國的公民直接選舉投票組成。

愛沙尼亞：全球第一個「新創國家」？

2019 年 3 月 3 日，愛沙尼亞舉行了國會選舉，這是該國自 2005 年引進線上投票系統以來，第九次進行網路投票。愛沙尼亞於 1991 年獨立，至今不過三十年，這個前蘇聯加盟共和國便已成為全球數位典範，然而將行政管理放上網路，也讓國家暴露於新的威脅之中。

與孩子的老師談話、確認愛犬接種疫苗的日期等凡此種種，幾乎所有愛沙尼亞的公共服務都能透過一個入口網站（www.eesti.ee）處理。2017 年，將近 95% 的家戶在此網站報稅，且有 39% 的投票者透過該網站於市政選舉中投票。如今只剩下結婚、離婚和不動產買賣依然需要本人親自跑一趟。根據世界銀行（World Bank）的數據顯示，如此高度數位化所節省的時間或許為該國省下相當於 2% GDP 左右的開銷（2017 年，愛國 GDP 為 259.2 億美元）。愛沙尼亞的數位機制奠基於數位晶片身分證的普及：該國國民 15 歲起就必須領取數位晶片身分證，並得以連上 X-Road 資訊交換整合平台，在此平台上，該國的行政單位可以儲存並相互交換數據。愛沙尼亞公民仍然持有自己各項資訊的所有權，且隨時可以知道誰查閱了這些資訊。

2014 年啟動的「電子居民」（e-Residency）計畫是愛沙尼亞數位化的一大門面，旨在為愛國這個占地 45,339 平方公里、僅擁有 133 萬居民（2020 年統計）的小國，招徠能創建新創企業、並為愛沙尼亞的數位成就（比如 Skype）再創新高峰的企業家。「電子居民」計畫不須確保使用者擁有公民身分、稅務居民身分，甚至是居留權，使用者僅需支付百餘歐元即可以遠端遙控

的方式在愛沙尼亞創建公司。截至 2019 年 1 月 1 日止，該國總計有 49,802 名電子居民，其中 88% 為男性，9.7% 來自芬蘭，7.1% 來自俄羅斯，4.3% 來自法國。

「電子居民」成功的原因相當多，其中「無紙化」是愛國的公部門與私部門認為計畫得以推及全國的原因。此外，愛沙尼亞繼承了蘇聯強勁的電子工業，再加上地近當時電信產業發展蓬勃的北歐諸國，4G 網路幾乎覆蓋全境，根據國際電信聯盟（International Telecommunication Union, ITU）的估計，2016 年，87.2% 的愛沙尼亞人每天都使用網際網路。

然而，數位化並非沒有極限。線上投票雖成功實行，卻沒有提高投票率，若比較 2013 年和 2017 年的兩次市政選舉，投票率還下降了 5%。此外，愛國的數位化也帶來種種高風險。早在 2007 年，愛沙尼亞就曾淪為俄羅斯發動大規模網路攻擊的受害者，這場攻擊癱瘓了愛沙尼亞的所有行政部門。為了確保公共服務即使遭遇政治或自然危機也不會間斷，愛沙尼亞政府於 2018 年在盧森堡成立「數據大使館」（Data Embassy），用以保障國家的敏感數據（稅務資料、民政資料、退休金資料等）與重要行政機能。

文 ● T. Meyer

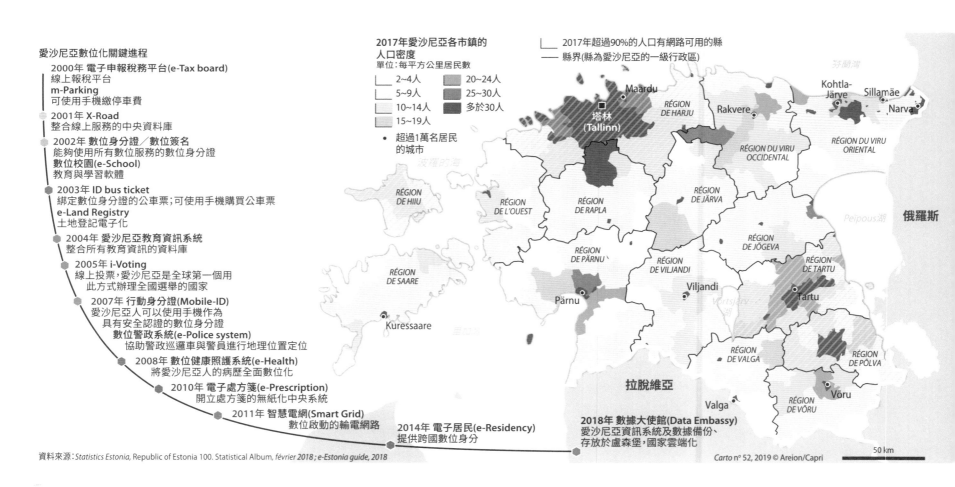

愛沙尼亞數位化關鍵進程
2000年 電子申報稅務平台(e-Tax board)
線上報稅平台
m-Parking
可使用手機繳停車費
2001年 X-Road
整合線上服務的中央資料庫
2002年 數位身分證／數位簽名
能夠使用所有數位服務的數位身分證
數位校園(e-School)
教育與學習軟體
2003年 ID bus ticket
綁定數位身分證的公車票；可使用手機購買公車票
e-Land Registry
土地登記電子化
2004年 愛沙尼亞教育資訊系統
整合所有教育資訊的資料庫
2005年 i-Voting
線上投票，愛沙尼亞是全球第一個用此方式辦理全國選舉的國家
2007年 行動身分證(Mobile-ID)
愛沙尼亞人可以使用手機作為具有安全認證的數位身分證
數位警政系統(e-Police system)
協助警政巡邏車與警員進行地理位置定位
2008年 數位健康照護系統(e-Health)
將愛沙尼亞人的病歷全面數位化
2010年 電子處方箋(e-Prescription)
開立處方箋的無紙化中央系統
2011年 智慧電網(Smart Grid)
數位啟動的輸電網路
2014年 電子居民(e-Residency)
提供跨國數位身分

2017年愛沙尼亞各市鎮的人口密度
單位：每平方公里居民數
2~4人　20~24人
5~9人　25~30人
10~14人　多於30人
15~19人
● 超過1萬名居民的城市

2017年超過90%的人口有網路可用的縣
縣界(縣為愛沙尼亞的一級行政區)

芬蘭灣
Maardu
塔林(Tallinn)
RÉGION DE HARJU
Rakvere
Kohtla-Järve
Sillamäe
Narva
RÉGION DU VIRU OCCIDENTAL
RÉGION DU VIRU ORIENTAL
波羅的海
RÉGION DE HIIU
RÉGION DE L'OUEST
RÉGION DE RAPLA
RÉGION DE JÄRVA
Peipous湖
俄羅斯
RÉGION DE JÕGEVA
RÉGION DE SAARE
RÉGION DE PÄRNU
RÉGION DE VILJANDI
RÉGION DE TARTU
Viljandi
Tartu
Pärnu
Kuressaare
RÉGION DE VALGA
RÉGION DE PÕLVA
拉脫維亞
Valga
Võru
RÉGION DE VÕRU

2018年 數據大使館(Data Embassy)
愛沙尼亞資訊系統及數據備份、存放於盧森堡，國家雲端化

50 km

資料來源：*Statistics Estonia, Republic of Estonia 100. Statistical Album, février 2018；e-Estonia guide, 2018*

Carto n° 52, 2019 © Areion/Capri

柏林圍牆倒下三十年：
德國真的統一了嗎？

2019 年 9 月 1 日，前東德（正式名稱為「德意志民主共和國」）地區舉辦了聯邦議會選舉，投票率上升，極右派強勢崛起。創立於 2013 年的極右派政黨「德國另類選擇」（AfD）在薩克森邦（Freistaat Sachsen）的得票率是 2014 年的三倍之多（2019 年為 27.5%，2014 年為 9.7%），在布蘭登堡邦（Brandenburg）的得票率也漲為兩倍（2019 年為 22.5%，2014 年為 12.2%），成為前東德地區的主要反對黨，並於政治辯論中強調他們的主張。

2019 年 11 月 9 日是柏林圍牆倒塌三十週年紀念日，然而，在人們紀念圍牆倒塌為德國統一開闢了道路的表象下，前東德與前西德（正式名稱為「德意志聯邦共和國」，以下稱德西）之間的鴻溝依然無法完全弭平。在德國這個歐洲最大經濟體與世界第四大經濟體的內部，四十餘年（1949～1990年）東西分離造成的創傷依然歷歷在目（參見圖 1）。

1990 年起，德國政府透過直接和間接增稅取得大量資源並將之用於促進統一，使德東地區從計畫經濟過渡到自由競爭的市場經濟。政府機關「國有資產託管局」（Treuhandanstalt）於 1990～1994 年間負責支援德東企業的轉型與私有化，然而，經濟現代化和生產力的迅速提升，卻是以大規模裁員為代價，導致失業率也跟著急遽上升。過去三十年來，兩德統一的成本約落在兩兆歐元左右，其中一大部分用於挹注社會福利與基礎建設的現代化，尤其是公路與鐵路，期望藉此在領土與社會兩個面向上重建一個統一的德國，以達到地緣政治的目的。

德東與德西難以弭平的
經濟鴻溝

在不少領域上，德東與德西之間的鴻溝仍然存在。儘管德國整體失業率較低（2019 年 5 月為 4.9%），遠低於歐元區國家的平均失業率（7.5%），但德東的失業率卻相對偏高（6.3%，德西則為 4.6%）；就勞動人口而言，德東的人均所得（29,477 歐元）也較德西（40,301

歐元）低得多。德國經濟學家揭露，德東與德西在薪資、生產力與失業率方面的差距近幾年來已不再縮小，而是穩定維持在

1 二十世紀德國領土的變化

- ☐ 1919年以前的德意志帝國
- ■ 1919年德國失去的領土
- ■ 1945年德國失去的領土
- **1949~1990年的德國**
- ■ 德意志民主共和國（東德）
- ■ 德意志聯邦共和國（西德）
- ■ 1957年的薩爾地區(Saarland)
  （1947~1956年為法國的保護領）
- ☐ 1990年起的德國

Carto n° 56, 2019 © Areion/Capri
資料來源：*Thomas Rahlf, Deutschland in Daten. Zeitreihen zur Historischen Statistik, Bundeszentrale für politische Bildung, 2016 ; European navigator, 2010*

冷戰中的德國   ── 鐵幕
共產主義陣營
- ■ 蘇聯
- ■ 華沙公約組織(Warsaw Pact)與CMEA¹成員國
- ■ 與蘇聯簽訂友好條約的中立國

挪威　芬蘭　英國　丹麥　荷蘭　比利時　西德　東德　波蘭　捷克斯洛伐克　法國　匈牙利　羅馬尼亞　南斯拉夫　保加利亞　西班牙　義大利　葡萄牙　希臘　阿爾巴尼亞　土耳其　柏林
蘇維埃社會主義共和國聯盟（簡稱蘇聯）USSR
1968年9月13日退出華沙公約組織

西方陣營
- ■ 北大西洋公約組織成員國
- ■ 西方陣營盟國

1. CMEA：經濟互助委員會(Council for Mutual Economic Assistance)

德西與德東的巨大鴻溝

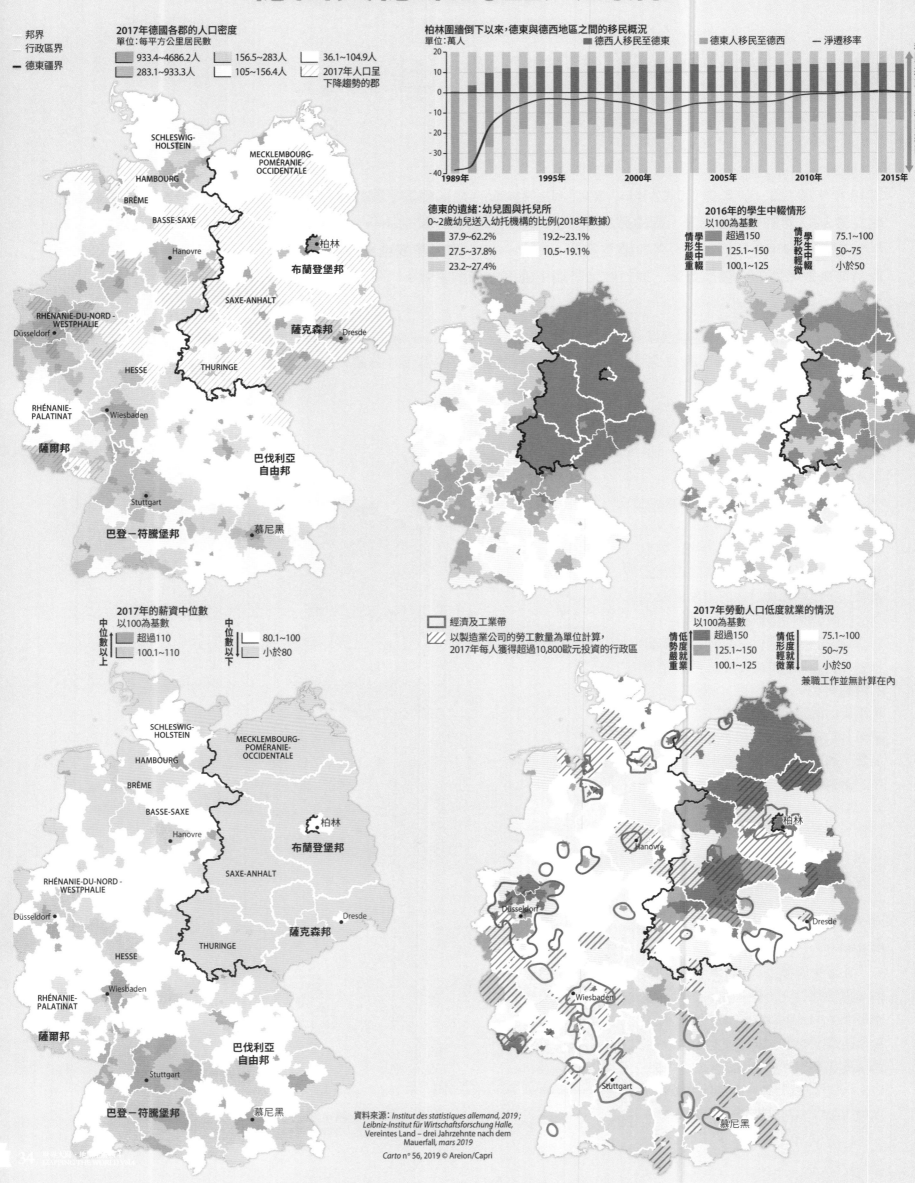

2017年德國各郡的人口密度
單位：每平方公里居民數
- 933.4~4686.2人
- 283.1~933.3人
- 156.5~283人
- 105~156.4人
- 36.1~104.9人
- 2017年人口呈下降趨勢的郡

柏林圍牆倒下以來，德東與德西地區之間的移民概況
單位：萬人
- 德西人移民至德東
- 德東人移民至德西
- 淨遷移率

移民至德東／移民至德西

1989年　1995年　2000年　2005年　2010年　2015年

德東的遺緒：幼兒園與托兒所
0~2歲幼兒送入幼托機構的比例（2018年數據）
- 37.9~62.2%
- 27.5~37.8%
- 23.2~27.4%
- 19.2~23.1%
- 10.5~19.1%

2016年的學生中輟情形
以100為基數
- 學生中輟情形嚴重：超過150、125.1~150、100.1~125
- 學生中輟情形較輕微：75.1~100、50~75、小於50

2017年的薪資中位數
以100為基數
- 中位數以上：超過110、100.1~110
- 中位數以下：80.1~100、小於80

經濟及工業帶
- 以製造業公司的勞工數量為單位計算，2017年每人獲得超過10,800歐元投資的行政區

2017年勞動人口低度就業的情況
以100為基數
- 低度就業情勢嚴重：超過150、125.1~150、100.1~125
- 低度就業情形輕微：75.1~100、50~75、小於50
- 兼職工作並無計算在內

邦界
行政區界
德東疆界

SCHLESWIG-HOLSTEIN
MECKLEMBOURG-POMÉRANIE-OCCIDENTALE
HAMBOURG
BRÊME
BASSE-SAXE
Hanovre
柏林
布蘭登堡邦
SAXE-ANHALT
薩克森邦
Dresde
RHÉNANIE-DU-NORD-WESTPHALIE
Düsseldorf
THURINGE
HESSE
Wiesbaden
RHÉNANIE-PALATINAT
薩爾邦
巴伐利亞自由邦
Stuttgart
巴登－符騰堡邦
慕尼黑

資料來源：*Institut des statistiques allemand, 2019；Leibniz-Institut für Wirtschaftsforschung Halle, Vereintes Land – drei Jahrzehnte nach dem Mauerfall, mars 2019*

Carto n° 56, 2019 © Areion/Capri

20% ❶。

1991 年，德東的生產力若以 GDP 衡量僅為德西的 45%。直到 2000 年代中期以前，德東地區的 GDP 成長都比德西各邦更快，因而讓東西兩邊的經濟水準漸漸並駕齊驅，而德東的生活水準上升，也多少彌補了昔日的落後（參見圖 2）。時至 2017 年，德東地區的生產力已達到德西地區的 82%。儘管在巴登－符騰堡邦（Baden-Württemberg）和巴伐利亞邦（Freistaat Bayern）的積極推動下，德國北部與南部之間的生產力差距不斷擴大，卻仍然小於東西兩邊的差距。其中一個原因是，德國企業極少將總部設在德東地區（500 家重要企業中只有 36 家將總部設在德東）；另外，在德東地區，活躍於研發領域的大企業數量相當少。

兩德統一之後，無論是在德東或德西，服務業都是德國就業的主要動能。然而，與德西地區不同的是，1991～2005 年間，德東地區的服務業增長並不足以彌補其他主要經濟部門下滑的幅度，特別是製造業、營建業和食品業。東部的困境也與勞動力短缺有關。1989～2015 年間，包括東柏林在內的 520 萬德東人口移民到西部地區，而從德西移入東邊的人口約 330 萬，僅能補償一部分的流失，淨損失人口仍高達 190 萬（其中 100 萬為 1989～1992 年間移出）。換句話說，德東在 15 年間損失將近 10% 的人口，德西則得益於此，人口增加了 6%。許多德東企業被迫在波蘭或捷克求才，以彌補這些居民離去帶來的損失。從 2012 年起，德東地區的移出與移入人口終於達到平衡，主要是因為德東的就業市場自 2006 年以來逐漸好轉，就業人數穩步增長，低度就業率（underemployment）❷則大幅下降。

不過，由於出生率低，自 1970 年代以來，德東地區的總生育率（total fertility rate, TFR）一直低於世代更替水準❸，德國聯邦統計局（Federal Statistical Office of Germany）的人口預測對勞動人口的數量相當不樂觀。假設到了 2060 年，德西各邦的勞動人口預計將減少至現今的 1/5 以下，那麼德東地區勞動人口的下降幅度可能會是西部的兩倍，因此將更倚靠大量的外國技術移工來緩解人口問題。

分裂危機重燃，
極右派政黨趁勢崛起

不論是東部的工業與礦業地區難以轉型，或是東西部之間無法填補的差距，都使得德東人民感覺更加挫折，而這樣的挫敗感主要是來自景氣衰落、今不如昔以及「二等公民」等種種景況。因此，對於兩大傳統黨派基督教民主聯盟（Christian Democratic Union of Germany, CDU）和社會民主黨（Social Democratic Party of Germany, SPD）的不滿，在東部也比在西部要明顯得多，進而讓提出可能替代方案的政治團體漁翁得利。自成立以來，極右派政黨「德國另類選擇」打著反體制、反歐元、反移民的旗幟，先是在 2013 年的聯邦議院選舉中獲得將近 5% 的選票，接著在移民危機的兩年後，於 2017 年達到 12.6% 的得票率，並憑藉該黨在德東地區的高得票率（各邦平均 21.6%）斬獲近百席聯邦議院席次。

德國另類選擇黨成功的原因在於對身分認同議題的立場極度右傾，在外國人相對較少的地區操弄「恐懼外國人」的情緒，同時積極回應偏遠地區與高齡化地區對於特定社會議題的關注，諸如維持公共服務、發展基礎建設和對抗地區空洞化，特別是醫療沙漠化等。該黨在德東地區的崛起不容忽視，而今這個極右派政黨更將觸角伸向德國各地。

文 ● T. Courcelle

❶ Leibniz-Institut für Wirtschaftsforschung Halle, *Vereintes Land – drei Jahrzehnte nach dem Mauerfall*, mars 2019.
❷ 編注：意指員工無法在其職位上發揮最大產能，例如工時較正常短、兼職、大材小用，或是工作內容與其專業技能不符。
❸ 編注：一般來說，總生育率（平均每名女性一生生育子女人數）需達到 2.1，才能維持世代更替生育水準，若是低於 2.1，人口就會不斷遞減。

2 德東與德西之間的財富差距

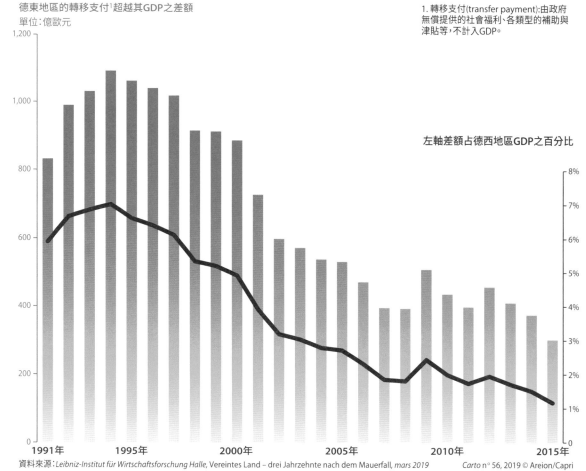

德東地區的轉移支付¹超越其 GDP 之差額
單位：億歐元

1. 轉移支付(transfer payment)：由政府無償提供的社會福利、各類型的補助與津貼等，不計入 GDP。

左軸差額占德西地區 GDP 之百分比

資料來源：*Leibniz-Institut für Wirtschaftsforschung Halle, Vereintes Land – drei Jahrzehnte nach dem Mauerfall, mars 2019*　　　Carto n° 56, 2019 © Areion/Capri

白俄羅斯：即將與俄羅斯統一？

2019 年 12 月 8 日，俄羅斯與白俄羅斯（Belarus）[1]歡慶兩國於 1997 年 4 月 2 日簽訂的俄白聯盟條約二十週年。根據該條約，兩國未來將合併成為一個邦聯形式的國家，然而，儘管白俄羅斯總統盧卡申科（Alexander Lukashenko）與俄羅斯總統普丁（Vladimir Poutine，2012 年就任）曾多次會晤，雙方的緊張關係仍讓兩國統一顯得遙遙無期。

◎ 基本資料

正式國名
白俄羅斯共和國

國家元首
盧卡申科
（1994年就任）

面積
207,600平方公里
（世界排名第87位）

官方語言
白俄羅斯語、俄語

首都
明斯克(Minsk)

2021年人口
944萬人

人口密度
每平方公里45人

貨幣
白俄羅斯盧布
(BYN)

歷史
在今日白俄羅斯的土地上，最早有紀錄的政權可以追溯到十世紀的波洛茨克公國(Principality of Polotsk)；十二世紀時，波洛茨克公國被納入立陶宛大公國。到了十八世紀，在一次次地緣衝突中，白俄羅斯身為緩衝國，領土逐漸遭俄羅斯帝國蠶食。二戰對白俄羅斯來說是關鍵時刻，白國於二戰期間遭納粹入侵，隨後成為蘇維埃社會主義共和國一員，直到1991年獨立。

2020年人均GDP
（以購買力平價計算）
20,239美元

2019年人類發展指數(HDI)
0.823(排名第53位)

白俄羅斯是一個比較不為人知的東歐國家，國土與歐盟毗鄰，自 2004 年歐盟東擴以來，白俄羅斯與拉脫維亞、立陶宛和波蘭這三個歐盟國家接壤，邊界超過 1,000 公里（參見圖 1）。雖然白俄羅斯是歐洲睦鄰政策（European Neighborhood Policy）的參與國，但該國的外交卻更側重與俄羅斯聯邦的關係。從西歐觀點來看，白俄羅斯經常被描述為「歐洲最後一個獨裁國家」或「最後一個蘇維埃國家」；從俄羅斯的角度來看，白俄羅斯是 1991 年獨立的 15 個前蘇聯加盟國之一；而對於 1991 年 12 月在蘇聯的斷瓦殘墟上成立的獨立國協（Commonwealth of Independent States，CIS，此組織旨在維持各個前蘇聯加盟國之間的政治、軍事和經濟連結）來說，白俄羅斯被公認是「俄羅斯民族的小弟」或「忠實的盟友」。

不甩歐盟抵制，把獨裁貫徹到底

白俄羅斯占地 20 萬 7,600 平方公里，根據 2021 年的統計擁有 944 萬居民，是歐洲人口密度數一數二低的國家，每平方公里僅 45 人。1569 年，白俄羅斯遭併入立陶宛大公國（Grand Duchy of Lithuania），而後又被納入波蘭─立陶宛聯邦（Kingdom of Poland and the Grand Duchy of Lithuania）；1772 ～ 1808 年間，白俄羅斯的領土遭俄羅斯帝國蠶食鯨吞，最後在十九世紀俄羅斯化（Russification）[2]。第一次世界大戰結束後，根據 1921 年 3 月 18 日簽訂的《里加和約》（Treaty of Riga, Peace of Riga），白俄羅斯一分為二，東部歸屬蘇俄（Russian Soviet Federative Socialist Republic），西部則併入波蘭共和國（Republic of Poland）。

1941 ～ 1944 年，二戰期間，儘管白俄羅斯超過 40% 的國土受到森林與沼澤覆蓋，有利於抵抗納粹入侵，白國仍然受到嚴重衝擊，一座座城市和村莊遭到摧毀，約 170 萬平民受害，此外還有 60 萬士兵陣亡，總傷亡人數超過總人口的 1/4。而白俄羅斯境內將近 80 萬的龐大猶太人口，更是幾乎被納粹德國的軍事化警察部隊「特別行動隊」（Einsatzgruppen）消滅殆盡。戰爭結束後，盟軍重新劃定白俄羅斯蘇維埃社會主義共和國（Byelorussian Soviet Socialist Republic）的邊界，此一邊界劃定有利於戰勝國蘇聯。蘇聯將其與白俄羅斯的邊界西移，藉此併吞白國的部分領土，手法正與併吞波蘭東部領土時如出一轍。

1991 年 8 月 25 日，也就是烏克蘭獨立翌日，白俄羅斯也宣布獨立。而後在 1994 年 7 月 10 日舉行的自由選舉中，前蘇聯國營農場場長盧卡申科（生於1954年）以打擊腐敗為競選的主要訴求，

Ventspils

里加灣

里加

波羅的海

Klaipeda
2020年1月起，俄羅斯暫停對白俄羅斯輸油；1月23日，來自挪威的8萬噸原油經油輪運往白俄羅斯

立陶宛

維爾紐
(Vilni

Kaliningrad

俄羅斯

往Kaunas

Lida

Grodno

GRODNO
103.9萬人

往華沙

波蘭

往法蘭克福

亞馬爾─歐洲(Yamal-Europe)
天然氣管線

Sloni

往Rostock

往華沙

Brest

Kobrin

往Liv

50 km

烏克蘭

Carto n° 58, 2020 © Areion/Capri

資料來源：National Statistical Committee of the Republic of Belarus, Statistical Yearbook 2019 ; ENTSOG, The European Natural Gas Network 2019, octobre 2019 ; Commission européenne, Projects of common interest – Interactive map, consultée en février 2020 ; Connaissance des énergies, 2020 ; F. Bost (dir.), Atlas mondial des zones franches, La Documentation française, 2010

當選為總統。就任之後，盧卡申科建立起獨裁政權，藉由變本加厲的個人崇拜與自詡為蘇維埃的傳承者來強化其統治的正當性。不僅如此，他還嚴厲鎮壓所有的反對聲浪，逮捕、搜索、審訊反對者，甚至讓幾位政敵人間蒸發。

在一次次不受歐洲組織承認的選舉中，盧卡申科透過獨裁統治，以 75～85% 不等的得票率四度連任總統。值得一提的是，白俄羅斯是中歐和東歐唯一一個從未加入歐洲理事會（Council of Europe）的國家，雖然 1993 年曾提出申請，但自 1997 年以來，一直被歐洲理事會凍結。因此，白俄羅斯也是唯一沒有批准《歐洲人權公約》（European Convention on Human Rights），依然執行死刑的歐洲國家。

沒有人願意做小，俄白聯盟陷入僵局

私部門（民營企業）在白俄羅斯經濟中只占 15%，該國經濟主要由一個國家機構集中管理，掌控了絕大部分的工業與農業生產。俄羅斯是白俄羅斯首屈一指的貿易夥伴，占了白國一半以上的貿易往來，遠遠超越他國。盧卡申科是蘇聯解體後，白俄羅斯與俄羅斯發展親密關係的關鍵人物，1999 年 12 月，他與當時的俄羅斯總統葉爾欽（Boris Yeltsin，任期 1991～1999 年）簽署建立「俄羅斯和白俄羅斯聯盟」的條約。該條約主張建立一個跨政府的邦聯，此邦聯擁有政治機關（議會、部長會議、執行委員會）、關稅同盟和共同貨幣。

儘管有這些野心勃勃的目標，白俄羅斯與俄羅斯的談判卻陷入長達二十年的僵局，雙方都堅持伸張自己的主權：俄羅斯倚恃其在地緣政治、經濟和人口上的優勢，拒絕按照俄白聯盟條約的規畫，在權利和選票上讓白俄羅斯與自己平起平坐；白俄羅斯則憂心遭到俄羅斯吞併。儘管為了重啟雙方的聯盟計畫，兩國領袖曾在 2019 年舉行數次會晤，但俄羅斯卻以輸送石油至白俄羅斯的優惠價格作為施壓手段，再次突顯出俄白聯盟計畫遭遇的困境 ❸。

文 • T. Courcelle

1 白俄羅斯人口與能源路網圖

外國直接投資（FDI）
一般來說，只要投資者從投資的公司獲得至少10%的股份，直接投資關係就算是建立了

2011年投資白俄羅斯的主要國家
俄羅斯 54%　英國30%　烏克蘭4%　賽普勒斯3%　其他9%

2018年投資白俄羅斯的主要國家
俄羅斯 35%　英國32%　賽普勒斯9%　波蘭5%　烏克蘭4%　中國2%　立陶宛2%　其他10%

從亞馬爾半島而來

亞馬爾—歐洲天然氣管線

俄羅斯輸往歐洲的天然氣有20%經此管道運輸

從Almetievsk而來

友誼輸油管道

在2019年12月之前，白俄羅斯的石油100%來自俄羅斯

愛沙尼亞
立陶宛
往Novgorod
往里加
Dvina
Polatsk
VITEBSK 117.2萬人
俄羅斯
Vitebsk
Lepel
Smolensk
Ashmyany
Neman
Borisov
Orcha
明斯克 **199.3萬人**
白俄羅斯
Moguilev
MOGUILEV 105.3萬人
往 Roslavl
明斯克州 **142.8萬人**
Sloutsk
Babrouisk
Dowsk
BREST 38萬人
Bérézina
GOMEL 141萬人
Pinsk
Mazyr
Gomel　往Brisansk
Pripet
往基輔
往Litvínov

圖例
- 主要道路 ——
- 歐盟邊界 ▭
- 獨立國協邊界 ▭
- 輸油管線 ——
- 煉油廠 ◉
- 天然氣管線 ——
- 白俄羅斯與俄羅斯的國界過境點 ○
- 自由貿易區 ◉
- 工業區 ■
- 美國國務卿蓬佩奧（Mike Pompeo）於2020年2月1日訪問白俄羅斯（上次美國國務卿到訪已是1994年的事），並重啟坐落於明斯克的美國駐白俄羅斯大使館 ★

州界 ------
各州人口數 ⓧⓧ
2019年1月1日的數據

人口密度
首都明斯克的人口密度是每平方公里5,693人；白俄羅斯全國平均人口密度為每平方公里45人
低　　高

❶ 編注：白國政府於 2018 年宣布將其華文譯名定為「白羅斯」，以免與俄羅斯混淆，不過許多國家的外交部仍以「白俄羅斯」做為正式名稱。本書從台灣外交部譯名。

❷ 編注：指俄羅斯為同化境內的非俄羅斯民族而鎮壓其原有文化、採取諸多民族融合手段。

❸ 編注：2021 年 11 月，盧卡申科與普丁共同簽署了一體化法令，加深兩國在關稅、金融、能源等方面的一致性，向同盟願景更進一步。2022 年 3 月 18 日起，兩國人民可在俄白境內自由通行，不受國界限制。

摩爾多瓦：被親俄派與親歐派撕裂的國家

2019 年 2 月 24 日，摩爾多瓦人民參與了兩場投票，分別是議會選舉，以及決定是否減少國會議員席次的公投。本次選舉由親俄羅斯的摩爾多瓦共和國社會主義者黨（Party of Socialists of the Republic of Moldova, PSRM）勝出，擊敗 2014 年以來執政的摩爾多瓦民主黨（Democratic Party of Moldova, PDM）。然而不容忽視的是，在這個極度分裂的國家，人民並不信任菁英階層，而這次投票的棄權率也相當高（50.8%）。

◉ 基本資料

正式國名
摩爾多瓦共和國

國家元首
桑杜（Maia Sandu，
2020年12月就任）

面積
33,851平方公里(世
界排名第140位)

官方語言
羅馬尼亞語

首都
基希涅夫(Kishinev)

2021年人口
402萬人(不含聶
斯特河左岸地區
人口)

人口密度
每平方公里124人

貨幣
雷(MDL)

歷史
摩爾多瓦的前身
是摩達維亞公國
(Principality of Mol-
davia，1359~1859
年)，而今原摩達
維亞公國的領土
由摩爾多瓦、羅
馬尼亞和烏克蘭
瓜分。十九世紀
起，摩爾多瓦被
納入俄羅斯的勢
力範圍；其後，
摩爾多瓦先是在
1917~1918年成為
民主共和國，接
著又在1940~1991
年成為蘇聯加盟
共和國。1991年，
摩爾多瓦脫離蘇
聯，宣布獨立。

**2020年人均GDP
(以購買力平價計
算)**
13,000美元

**2019年人類發展
指數(HDI)**
0.750(排名第90位)

摩爾多瓦共和國（Republic of Moldova）位於歐洲東部，為羅馬尼亞和烏克蘭所包夾，既沒有連接黑海，亦非歐盟成員國，是歐洲最貧窮的國家，2020 年的人均 GDP 為 13,000 美元，比羅馬尼亞低了 2.4 倍。摩爾多瓦在西歐鮮為人知，在某些方面甚至讓人聯想到《丁丁歷險記：奧圖卡王的權杖》（The Adventures of Tintin: King Otto-kar's Sceptre）裡，丁丁造訪的東歐小國西爾達維亞（Syldavia）。而今，摩爾多瓦遭受人口動力（population dynam-ics）[1] 的負面影響，與大多數東歐國家一樣，生育率低落（據 2018 年統計，平均每名女性生育 1.5 個孩子），還有大量人口移民至西方。

親俄派迫於情勢伸出的橄欖枝

摩爾多瓦昔日是蘇聯的一員，自 1991 年蘇聯解體後獨立，但國內仍嚴重分歧，東部是俄羅斯的勢力範圍，西部則受歐洲影響。聶斯特河（Dniester River）以東、靠近烏克蘭邊境的河岸地區約有 50 萬人口，在軍事和經濟上得到俄羅斯的支持，自獨立以來一直自稱擁有主權，不受摩爾多瓦中央政府的管控（參見圖 1）。儘管講羅馬尼亞語的摩爾多瓦人占河岸地區總人口的 3/4，然而許多少數群體也居住於該區域，其中 6.6% 為烏克蘭人、4.1% 為俄羅斯人、4.6% 為加告茲人（Gagauz people）、1.9% 為保加利亞人。蘇聯的遺緒在摩國經濟上仍歷歷可見，主要以農產品和大規模農業為基礎，工業則以東部為發展重心，聶斯特河沿岸地區即占全國工業生產的 40% 以上，能源生產則占全國 80%。摩國 2/3 的出口是對歐盟，對俄羅斯的出口不到 10%。

在 2019 年 2 月 24 日的議會選舉中，即使投票率低落，總統多東（Igor Dodon，任期 2016 ~ 2020 年）領導的社會主義者黨依然以 31.1% 的得票率拿下 101 個議席中的 35 席，成為本屆選舉的贏家，勝過親歐洲的 ACUM 聯盟（NOW Platform DA and PAS，得票率 26.8%，斬獲 26 席）[2] 和民主黨（23.6%，30 席）。然而，社會主義者黨並沒有獲得多數席位，因而尋求與 ACUM 聯盟結盟執政。2019 年 11 月，社會主義者黨終於與民主黨達成協議、組建聯合政府，由奇庫（Ion Chicu，任期 2019 ~ 2020 年）擔任總理。儘管如此，摩爾多瓦國內情勢仍不穩定，令人擔心親歐派和親俄派之間會再次陷入緊張，與此同時，多東也準備於 2020 年 11 月爭取連任總統[3]。

尤有甚者，雖然 2019 年 2 月的選舉是以尊重政黨公平競爭與基本權利的方式進行，但歐洲安全暨合作組織（Organization for Security and Co-operation in Europe, OSCE）的觀察團也明顯注意到買票和濫用國家資源的跡象。負責監督選舉活動的歐洲理事會議員大會（Parliamentary Assem-bly of the Council of Europe，PACE，摩爾多瓦自 1995 年以來便是成員之一）派出的代表團也同意此一觀察，他們察覺許多問題，包括對候選人的恐嚇和暴力、仇恨言論、濫用行政資源和買票的指控。

黨魁帶頭違反法治，為親歐派埋下隱憂

由此看來，親俄政黨的勝利也可以解讀為親歐派的慘敗，因為選民有意制裁時任民主黨領袖的普拉霍特紐克（Vladimir Plahotniuc，任期 2016 ~ 2019 年）及其團隊的腐敗行為。普拉霍特紐克是個富有的寡頭政治人物，他遭控壟斷主要經濟部門和媒體，侵害法治國家原則。親歐聯盟在 2014 年的議會選舉中獲勝，然而翌年 4 月，摩國三家銀行有超過 10 億歐元不知去向，讓該聯盟失去人民的信賴。該鉅款失蹤案隨即引發一場聲勢浩大的民眾抗議運動，大幅削弱 2009 年以來執政的親歐派勢力。

由於多起貪汙腐敗的醜聞，摩國公民對國家機構和司法機關失去信心，認為司法機關不夠獨立，這點在貧窮率高漲的國家（摩國貧窮人口約占總人口的 30%）尤其令人憂心。摩爾多瓦法治的惡化，加上對民主原則缺乏尊重，終於在 2018 年招致惡果。自 2014 年以來，歐盟根據「歐洲睦鄰政策東部夥伴關係計畫」，每年對摩國提供約 3 億 3,500 萬~ 4 億 1,000 萬歐元的經濟援助，但在 2018 年，此一龐大的經濟援助減少了 1 億歐元。然而，摩爾多瓦嚴重的經濟、社會和政治分歧，似乎還看不到弭平的一日。

文 ● T. Courcelle

❶ 編注：人口動力涵蓋出生、死亡和遷徙，人口成長及結構皆受其影響。
❷ 編注：該聯盟由行動暨團結黨（Party of Action and Solidarity, PAS）和尊嚴與真理綱領黨（Dignity and Truth Platform Political Party, PPDA）組成。
❸ 編注：多東於第二輪投票中輸給了對手桑杜（Maia Sandu，2020 年 12 月底就任），並未獲得連任。

1 摩爾多瓦地緣情勢地圖

往Liv — Tchernivtsi
往Vinnytsia、基輔
往Ouman
Briceni
Donduseni
Lipcani
Edinet
Drochia
Soroca
Botosani
Floresti
Suceava
Balti
摩爾多瓦
Orhei
聶斯特河沿岸地區
(聶斯特河沿岸共和國)
往Balta
Rabnita
往Ananjev
烏克蘭
Calarasi
Dubasari
Iasi
基希涅夫
蒂拉斯波爾
(Tiraspol)
Hincesti
Tighina
往Mykolaïv
Bacau
敖德薩
(Odessa)
Cimislia
羅馬尼亞
Basarabeasca
美國的神盾彈道導彈防禦系統
部署於德韋塞盧(Deveselu)
Comrat
Ceadar-Lunga
Cahul
Taraclia
克里米亞自治共和國
2014年遭俄羅斯併吞
Vulcanesti
Galati
Braila
Buzau
Tulcea
往布加勒斯特
往Constanta

50 km

圖例：
主要道路
次要道路
鐵路
歐盟邊界
歐盟邊界過境點
向日葵與穀物的主要種植區
(葵花籽占2017年摩爾多瓦總出口的7.6%)
釀酒用葡萄的主要種植區
主要工業中心
勞動力移動趨勢
摩爾多瓦人具有強烈吸引力的鄰國邊境城市

摩爾多瓦境內領土爭端
聶斯特河沿岸共和國(Republic of Transnistria)
加告茲自治區(Autonomous Territorial Unit of Gagauzia)

2018年各國的區域軍事部署
俄羅斯軍事基地
美國的彈道飛彈防禦系統
歐洲安全暨合作組織
由1,200名士兵組成的三方(俄羅斯、摩爾多瓦和聶斯特河沿岸地區)維和部隊，接受聯合監管委員會的政治監管

資料來源：« Législatives en Moldavie : on vous explique pourquoi ce scrutin est stratégique », in Le Figaro, 22 février 2019 ; Ministère de l'Europe et des Affaires étrangères, Les conflits gelés dans la zone OSCE, janvier 2018 ; Jean Radvanyi, Les États postsoviétiques, Inalco/Armand Colin, 3e édition 2011 ; Bureau national des statistiques moldaves, General Agricultural Census in the Republic of Moldova, 2011 ; Université Laval, Aménagement linguistique dans le monde, 2011 ; Bénédicte Michalon, La périphérie négociée. Pratiques quotidiennes et jeux d'acteurs autour des mobilités transfrontalières entre la Roumanie et la Moldavie, 2007 ; La carte des vins s'il vous plaît, Marabout, 2017

Carto n° 53, 2019 © Areion/Capri

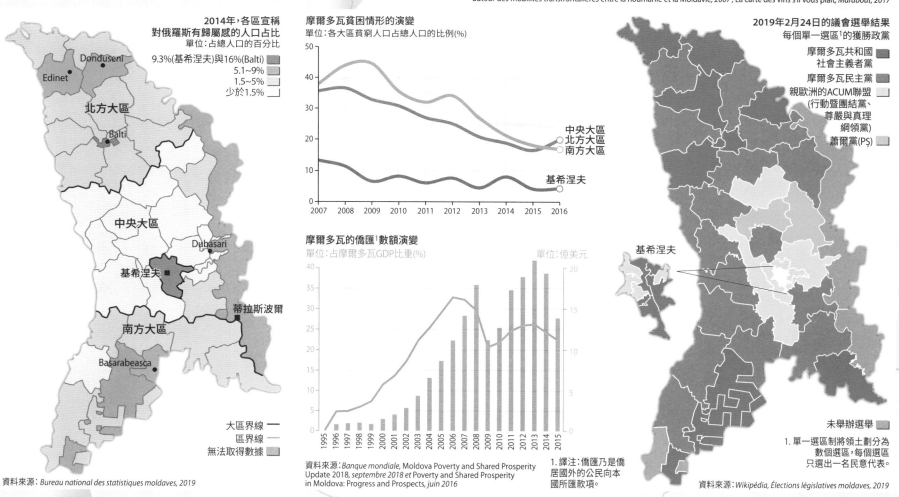

2014年，各區宣稱對俄羅斯有歸屬感的人口占比
單位：占總人口的百分比
9.3%(基希涅夫)與16%(Balti)
5.1~9%
1.5~5%
少於1.5%

Donduseni
Edinet
北方大區
Balti
中央大區
Dubasari
基希涅夫
蒂拉斯波爾
南方大區
Basarabeasca

大區界線
區界線
無法取得數據

資料來源：Bureau national des statistiques moldaves, 2019

摩爾多瓦貧困情形的演變
單位：各大區貧窮人口占總人口的比例(%)

中央大區
北方大區
南方大區
基希涅夫

2007 2008 2009 2010 2011 2012 2013 2014 2015 2016

摩爾多瓦的僑匯[1]數額演變
單位：占摩爾多瓦GDP比重(%)
單位：億美元

1995 1996 1997 1998 1999 2000 2001 2002 2003 2004 2005 2006 2007 2008 2009 2010 2011 2012 2013 2014 2015

1. 譯注：僑匯乃是僑居國外的公民向本國所匯款項。

資料來源：Banque mondiale, Moldova Poverty and Shared Prosperity Update 2018, septembre 2018 et Poverty and Shared Prosperity in Moldova: Progress and Prospects, juin 2016

2019年2月24日的議會選舉結果
每個單一選區[1]的獲勝政黨

摩爾多瓦共和國社會主義者黨
摩爾多瓦民主黨
親歐洲的ACUM聯盟
(行動暨團結黨、尊嚴與真理網領黨)
蕭爾黨(PŞ)

基希涅夫

未舉辦選舉

1. 單一選區制將領土劃分為數個選區，每個選區只選出一名民意代表。

資料來源：Wikipédia, Élections législatives moldaves, 2019

維謝格拉德：
足以向歐盟施壓的四國集團

在歐巴馬執政時期，維謝格拉德集團（Visegrad Group，或稱 Visegrad Four，由捷克、匈牙利、波蘭和斯洛伐克四國組成）與美國的關係平平，直到 2016 年川普（Donald Trump，2017 ～ 2021 年任美國總統）當選後才有所回溫。儘管維謝格拉德集團擁有相同的「主權主義」（sovereignism）意識形態，與俄羅斯相關的意見衝突卻可能會破壞這段友誼。

維謝格拉德集團成立於 1991 年 2 月 15 日，最初的目的是擺脫成員國共同經歷的蘇聯歷史，並組建一個遊說集團，以加快加入歐盟和北大西洋公約組織的腳步（參見圖 1）。此一集團沒有具體的常設機構，而是根據每年輪值主席國規劃的日程，在不同的行政和政治層級舉行會議，例如 2019 ～ 2020 年度是由捷克擔任主席。至於組織架構方面，也只有一個「國際維謝格勒基金會」（International Visegrad Fund），預算約 800 萬歐元，用於挹注跨國計畫，旨在將四個國家聯繫在一起。

維謝格拉德集團內部的合作關係緊密與否，取決於成員的政治取向，比如 1993 ～ 1997 年，基本上處於休眠狀態，而四國皆加入歐盟和北約之後更是了無生氣。直到 2015 年，由於四國領導人的主權主義和反移民意識形態接近，彼此之間的關係才又熱絡起來。主導四國合作的代表人物包含：匈牙利總理奧班（Viktor Orban，2010 年就任）、波蘭總統杜達（Andrzej Duda，2015 年就任）；斯洛伐克的三屆總理費科（Robert Fico，任期 2012 ～ 2018 年）、佩拉格利尼（Peter Pellegrini，任期 2018 ～ 2020 年）與馬托維奇（Igor Matovi，任期 2020 ～ 2021 年）；捷克的兩屆總理索布卡（Bohuslav Sobotka，任期 2014 ～ 2017 年）與巴比斯（Andrej Babiš，任期 2017 ～ 2021 年）。2015 年 9 月，集團四國共同施壓，迫使歐盟執行委員會放棄歐盟成員國之間按配額收容難民的政策。這種意識形態上的一致性，也強化了維謝格拉德集團與川普的連結。反觀歐巴馬任內，中歐國家的大西洋主義（Atlanticism）❶傾向有所下降，好比 2009 年，美國在波蘭和捷克的神盾彈道導彈防禦系統（Aegis Ballistic Missile Defense System）部署計畫遭到廢棄。此外，集團四國認為川普是一個對氣候問題較不感興趣的盟友，而其電力供應仍重度依賴煤炭。為了展現彼此的親密關係，川普政府與集團四國也動作頻頻。2017 年 7 月，川普於華沙發表在歐洲的首次演說，而波蘭則致力於推動美國在波蘭領土上建立永久性軍事基地，甚至

與美國軍火製造商簽署了 3 億 6,700 萬美元的合約。作為禮尚往來，川普政府將維謝格拉德集團視為美國中東政策的歐洲支持力量，因此 2019 年 2 月，匈牙利也宣告在耶路撒冷開設其駐以色列大使館的分支。

然而，集團內部的意見分歧可能會對彼此的友誼產生負面影響，好比在俄羅斯問題上四國就缺乏共同的立場。匈牙利、捷克和斯洛伐克鄰近俄羅斯，而俄羅斯擁有天然氣和核電，是上述三國的主要能源夥伴，波蘭的情況卻並非如此。另外，波蘭行政部門對納粹大屠殺歷史的新詮釋引發爭議，也導致維謝格拉德集團與以色列政府原訂於 2019 年 2 月 18 日的高峰會無疾而終。

文 • T. Meyer

❶編注：指北美與歐洲國家在政治、經濟、國防等方面向上的密切合作，如北大西洋公約組織即是一例。

1　地處歐盟邊界的集團四國

2020年7月歐盟的成員國
2020年7月的申根區
維謝格拉德集團
民粹主義政府
邊境檢查措施於2018年重新施行
暫時的邊境檢查（2015年9月以來已延長實施好幾次）
建立圍牆與屏障的地帶與加強監控的地帶

冰島　挪威　瑞典　芬蘭　愛沙尼亞　拉脫維亞　立陶宛　白俄羅斯　俄羅斯　丹麥　愛爾蘭　英國　比利時　荷蘭　盧森堡　德國　波蘭　烏克蘭　捷克共和國　斯洛伐克　摩爾多瓦　奧地利　匈牙利　羅馬尼亞　法國　瑞士　斯洛維尼亞　克羅埃西亞　巴爾幹地區　保加利亞　義大利　葡萄牙　西班牙　希臘　土耳其　馬爾他　賽普勒斯

Carto, 2020 © Areion/Capri
資料來源：*OIM, décembre 2018 ; Commission européenne, 2018 ; Frontex, 2018*

2016年俄羅斯各區貧窮人口比例
各聯邦主體中，月收入低於基本生活所需費用
(140歐元)的人口占比

- 30~42.1%(圖瓦共和國[Tyva Republic])
- 20~29.9%
- 13.4~19.9%
- 10~13.3%
- 少於10%

能源資源
- 天然氣礦脈
- 石油礦脈
- 聯邦管區區界
- 聯邦主體分界

俄羅斯家庭負債情形1
單位：%
1. 以盧布計價的抵押貸款。

42.5%

資料來源：*Banque mondiale*, Preserving Stability; Doubling Growth; Halving Poverty– How?, *décembre 2018 ; Stastistique nationale russe*, Russian statistical yearbook, *2017 ; IEA*, World Energy Outlook 2011　　　*Carto* n° 53, 2019 © Areion/Capri

俄羅斯：窮到人的壽命都縮短了

以 GDP 計算，俄羅斯是世界第十一大經濟體（據世界銀行統計，2020 年俄羅斯的 GDP 為 1 兆 483 億美元），同時也是在外交和軍事上都引人注目的大國。然而，俄羅斯卻是世界上財富分配數一數二不平等的國家。

根據歐盟統計局（Eurostat）的調查，2016 年歐盟的貧窮率為 17.3%，其中法國的貧窮率為 13.6%，該統計將貧窮人口定義為以少於全國收入中位數 60% 的收入過活者。俄羅斯的標準則有所不同，月收入低於基本生活所需費用（指將以支付食、衣、住、行等維生所需最低開銷的收入，約 140 歐元）的人才被視為窮人❶。因此，在經歷油價崩盤和國際制裁之後，2017 年第一季俄羅斯的貧窮率上升到 15%，2018 年第二季又下降到 13.6%。也就是說，俄羅斯總人口 1 億 4,399 萬（2017 年統計）中有 1,900 萬人受貧窮所苦；然而，若是按照歐盟統計局的標準計算，俄羅斯的貧窮人口實則接近 4,300 萬。

俄羅斯總統普丁於 2018 年 3 月宣布，他打算在 2024 年前將貧窮人口減少一半。不過，儘管 2018 年上半年，俄羅斯的貧窮人口減少了 110 萬，這個目標依舊難以實現，因為俄羅斯當前的國家政策並沒有朝這個方向努力。普丁藉由遏制俄羅斯經濟自由化的腳步來鞏固自己的選民，導致投資者敬而遠之，從俄羅斯的年均經濟成長率低落（2020 年為 -3%）即可見一斑。

82% 的財富集中在 10% 的人手中

俄羅斯的通貨膨脹率也很高。2018 年 4 月～ 2019 年 2 月，俄羅斯的通膨率從 2.4% 上升到 5.2%，這還遠不及 2015 年 2 月遭遇經濟危機時的 14.9%。2019 年 1 月 1 日，俄羅斯政府將增值稅（VAT）❷從 18% 提高到 20%，但這麼做也於事無補，許多俄羅斯人抱怨高物價讓他們的生活更加拮据。俄羅斯是一個嚴重貧富不均的國家，2018 年，最富有的 10% 人口掌握了全國 82% 的財富，這種現象在已開發國家可謂前所未見。貪汙腐敗的問題更讓財富分配不均變本加厲，同時自 2014 年起，隨著盧布（ruble, RUB）匯率疲軟，俄國的經濟狀況又更進一步惡化，使中產階級深受其害。

上述的種種不均也反映在俄羅斯的各個區域之間。東部和南部地區（西伯利亞〔Siberia〕聯邦管區、遠東聯邦管區、北高加索〔North Caucasus〕聯邦管區）比西部和北部貧困，而中央聯邦管區和伏爾加（Volga）聯邦管區的貧窮率也相當高（參見圖1）。此外，相較於都會地區，農村和人口少於十萬的小型市鎮更加受到貧窮的摧殘，大都會則是貧窮與鉅額財富共存。

貧窮問題的影響還可以從預期壽命上看出來，根據經濟合作暨發展組織（Organisation for Economic Cooperation and Development, OECD）公布的數據，2019 年俄羅斯的平均預期壽命為 73.2 歲，遠低於法國（82.9 歲）與美國（78.9 歲）等已開發國家。

文 • J. Camy

❶ 編注：台灣政府以「最低生活費用」作為貧窮線的定義。衛生福利部統計處公布，2020 年全台各地區最低生活費為台幣 12,102 ～ 17,668 元，低收入戶占總人口的 1.26%。若依循 OECD 標準，統計每人可支配所得中位數 50% 以下人口比率，2015 台灣相對貧窮率為 7.1%（根據行政院主計總處資料），該年低收入戶人口比例則為 1.46%。

❷ 編注：value-added tax，即加值型營業稅，是針對消費者徵收的稅金。商品每一次銷售，銷售方都會向購買方收取一定比例的稅額（代政府徵收），而購買再次轉手時，扣除之前已支付給銷售方的稅額，即為須支付給政府的賦稅。

地圖地名標示：

往Ouman(烏克蘭)　往Ouman　Pervomaïsk　往Kirovohrad　往基輔　往Kirovohrad　往Oleksandria　往Kirovohrad　往Dnipro
Kryvyi Rih　DNIPROPETROVSK
往Ribnita　Kolbasna　Kotovsk　Novyï Bouh　Niko...
基希涅夫　往Hincesti
往基希涅夫　Snihurivka　烏克蘭
MYKOLAÏV　Kakhovka
摩爾多瓦　Mykolaïv　Nova Kakhovka
往Comrat　Tarutyne　敖德薩州　Tsyrupynsk
Velykodolynske　Ochakiv　Kherson　KHERSON
往基希涅夫　敖德薩　Hola Prystan
烏克蘭海軍司令部　Kalanchak
Tchornomorsk　Zaliznyy Port　Skadovsk　Armyansk
往Galati　Bilhorod-Dnistrovskyï　Krasnoperekopsk
Artsyz　Sarata
烏克蘭海軍[1]　14艘船艦　6,000人
Daleke　Rozdolné
Tchornomorske　克里米亞自治共和國 2014年遭俄羅斯併吞
Ievpatoria　Saky
Simferopol
羅馬尼亞　Bakhtchyssar...
Sébastopol
俄羅斯黑海艦隊司令部　Balaklava　Foros

亞速海：俄烏衝突的第一線戰場

亞速海（Sea of Azov）遭烏克蘭與俄羅斯包夾，然而兩國在亞速海卻沒有明確的海上邊界，導致該水域一躍成為烏俄之間的前線角力場。再加上俄羅斯當局對通往黑海的唯一通道克赤海峽（Kerch Strait）實行經濟封鎖，讓亞速海的軍事化日益升級，烏俄海軍之間接連爆發衝突，令人憂心情勢恐將逐步白熱化。

2018年11月25日，俄羅斯海岸巡防隊扣押兩艘試圖穿越克赤海峽的烏克蘭裝甲巡邏艇和一艘海軍拖船，此事件體現出烏俄兩國爭奪亞速海控制權的緊繃情勢加劇。據俄羅斯當局表示，這三艘從烏克蘭港市敖德薩（Odessa）前往烏克蘭東部城市馬立波（Mariupol）的船艦非法進入克里米亞半島（Crimean Peninsula）周圍的俄羅斯領海；烏克蘭則認為俄羅斯對克里米亞半島的控制並不合法。亞速海西面2014年3月遭俄羅斯併吞的克里米亞，北邊則毗鄰宣稱脫離烏克蘭的分離主義者頓內茨克人民共和國（Donetsk People's Republic）的領土；自2014年2月烏克蘭革命（Euromaidan）❶以來，亞速海便一直是烏俄兩國衝突的中心。

用一座橋封鎖整個海峽

亞速海的法律地位相當複雜，昔日亞速海為蘇聯內海，自1991年起才由俄羅斯與烏克蘭共享。根據2003年12月烏俄兩國締結的雙邊協議，亞速海及控制其唯一入口的克赤海峽同為烏克蘭和俄羅斯的內陸水域（inland waters），而依照1982年《聯合國海洋法公約》（United Nations Convention on the Law of the Sea,

UNCLOS）規定，內陸水域也算是領土的一部分，因此兩國軍用和民用船隻皆能於亞速海自由行動。然而，此一雙邊協議導致烏俄兩國海上邊界遲遲未能確立，至今仍未劃定界線。以往，懸掛第三國國旗的商船可以自由前往俄羅斯或烏克蘭港口，軍艦則必須得到烏俄兩國的聯合許可，但是在克里米亞併入俄羅斯後，克赤海峽兩岸便落入俄羅斯當局的掌控之中。

2018年5月，克里米亞大橋（Crimean Bridge）落成，該橋長達19公里，橫跨克赤海峽，進一步強化俄羅斯對亞速海入口的支配。建造克里米亞大橋的用意，即是在俄羅斯吞併克里米亞後，打破烏克蘭對俄羅斯的陸上封鎖，連接克里米亞半島與俄羅斯的克拉斯諾達爾邊疆區（Krasnodar Krai）。此外，克赤海峽的水深相當淺，僅有八公尺，但在這座橫跨克赤－葉尼卡列運河（Kerch-Yenikale canal，1877年啟用，連接亞速海與黑海）的大橋建成之前還是可以通航的，不僅較小型的船隻可以暢行無阻，吃水深的大船也能通過。

然而，克里米亞大橋橋墩的間距刻意設計得很靠近，只留

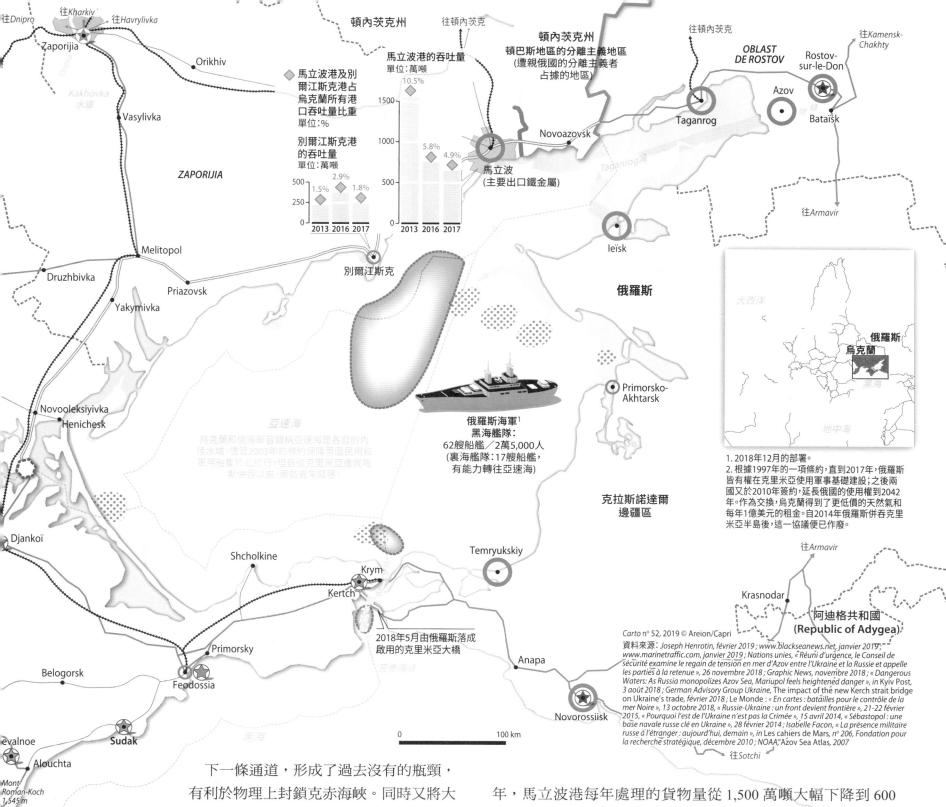

馬立波港及別爾江斯克港占烏克蘭所有港口吞吐量比重 單位：%

馬立波港的吞吐量 單位：萬噸

別爾江斯克港的吞吐量 單位：萬噸

俄羅斯海軍[1]
黑海艦隊：
62艘船艦／2萬5,000人
（裏海艦隊：17艘船艦，有能力轉往亞速海）

2018年5月由俄羅斯落成啟用的克里米亞大橋

1. 2018年12月的部署。
2. 根據1997年的一項條約，直到2017年，俄羅斯皆有權在克里米亞使用軍事基礎建設；之後兩國又於2010年簽約，延長俄國的使用權到2042年。作為交換，烏克蘭得到了更低價的天然氣和每年1億美元的租金。自2014年俄羅斯併吞克里米亞半島後，這一協議便已作廢。

Carto n° 52, 2019 © Areion/Capri
資料來源：*Joseph Henrotin, février 2019 ; www.blackseanews.net, janvier 2019 ; www.marinetraffic.com, janvier 2019 ; Nations unies, « Réuni d'urgence, le Conseil de sécurité examine le regain de tension en mer d'Azov entre l'Ukraine et la Russie et appelle les parties à la retenue », 26 novembre 2018 ; Graphic News, novembre 2018 ; « Dangerous Waters: As Russia monopolizes Azov Sea, Mariupol feels heightened danger », in Kyiv Post, 3 août 2018 ; German Advisory Group Ukraine, The impact of the new Kerch strait bridge on Ukraine's trade, février 2018 ; Le Monde : « En cartes : batailles pour le contrôle de la mer Noire », 13 octobre 2018, « Russie-Ukraine : un front devient frontière », 21-22 février 2015, « Pourquoi l'est de l'Ukraine n'est pas la Crimée », 15 avril 2014, « Sébastopol : une base navale russe clé en Ukraine », 28 février 2014 ; Isabelle Facon, « La présence militaire russe à l'étranger : aujourd'hui, demain », in Les cahiers de Mars, n° 206, Fondation pour la recherche stratégique, décembre 2010 ; NOAA, Azov Sea Atlas, 2007*

下一條通道，形成了過去沒有的瓶頸，有利於物理上封鎖克赤海峽。同時又將大橋高度設計成 33 公尺，藉此阻礙巴拿馬極限型貨輪（Panamax）❷進入，僅容許較小的船隻轉運貨物。這樣的限制對烏克蘭和俄羅斯兩國港口的影響程度並不相同，俄羅斯海岸水淺且多沼澤，能在海岸作業的船隻尺寸本就有限，而烏克蘭海岸較深，可容大船通行。2018 年以前，穿越克赤海峽前往俄羅斯的船隻平均載運 5,000 噸貨物，開往烏克蘭馬立波港、別爾江斯克港（Berdiansk）的船隻平均貨載量則超過 2 萬噸。根據馬立波港務局的統計，2016 年巴拿馬極限型貨輪占該港往來船隻的 23%，其轉運的貨物量則占總轉運量近 43%。此外，儘管 2003 年的協議並未禁止烏克蘭、俄羅斯任一方檢查進入亞速海的船隻，俄羅斯卻濫用這項權利，導致前往烏克蘭港口的船隻都必須多耽擱數日，且俄國當局還要求船上必須要有一名俄羅斯引水人（即領港員）。

每年蒸發 50 萬噸出口貨物

上述之舉對烏克蘭的經濟影響難以精確估量。2013 ～ 2017 年，馬立波港每年處理的貨物量從 1,500 萬噸大幅下降到 600 萬噸。對船隻尺寸的限制致使烏克蘭失去對美國和亞洲的出口合約，損失約每年 50 萬噸的貨運量。馬立波這座擁有 45 萬 5,000 名居民的城市經濟主要奠基於兩家仰賴出口的鑄造廠，2017 年，這兩家鑄造廠即占馬立波港口運輸量的 80%。儘管相關行業藉由連接敖德薩港的鐵路路線來因應情勢變化，運輸成本卻大受影響，每噸鋼材的運輸成本從 3 美元上升到 25 美元。

2018 年 9 月，烏克蘭在亞速海部署了三艘小型巡邏艇，卻無法與俄羅斯海軍抗衡；俄羅斯海軍在亞速海擁有四十餘艘海岸巡防隊的巡邏艇和十艘軍艦，其中好幾艘是從裏海經窩瓦河（Volga）和頓河（Don）調來的。此外，俄羅斯併吞克里米亞，也使烏克蘭失去 70 ～ 80% 原本駐紮在克里米亞半島諸港的艦隊。

文 • T. Meyer

❶ 編注：當時的親俄派總統亞努科維奇（Viktor Yanukovych，任期 2010 ～ 2014 年）終止與歐盟的聯合協議，轉而深化與俄羅斯的關係，導致國內親歐派人士群起抗議示威，甚至爆發流血衝突，最後導致亞努科維奇下台。
❷ 編注：1980 年代，為了因應巴拿馬運河管理局開出的條件限制，特別設計得狹窄細長的大型貨櫃船。

MIDDLE EAST
中東篇

蘇雷曼尼遭美國暗殺

2020年1月7日，伊朗德黑蘭為該國最位高權重的將軍蘇雷曼尼（Qasem Soleimani）舉辦葬禮。（© Shutterstock/saeediex）

阿拉伯革命浪潮：
Covid-19斬斷抗爭衝勁

2019～2020年間，一場引人注目的社會運動展開了：中東人民決定再度走上街頭，表達他們的苦悶，彷彿2011年「阿拉伯之春」從來沒有停歇過。阿爾及利亞、黎巴嫩、伊拉克、伊朗等國人民勇敢挑戰政府權威，要求有尊嚴的生活條件。然而，就在同一時期，Covid-19疫情爆發，導致一大段的空窗，斬斷了革命的衝勁，成為專制主義的殺手鐧。

阿爾及利亞人民呼喊著：「布特弗利卡（Abdelaziz Bouteflika）❶、班沙勒（Abdelkader Bensalah）❷、薩伊德（Saïd Bouteflika）❸……全部下台！」伊拉克人喊著：「解放巴格達，貪汙腐敗的傢伙滾出去！」在黎巴嫩可以聽到：「打倒政府！」而伊朗則是：「他們活得跟國王一樣，人民卻變得窮困潦倒。」這一切都令人想起2011年突尼西亞的「阿拉伯之春」起義。至今，當時的政權已經垮台近十年，然而新政權要不是陷入混亂（利比亞、葉門），就是維持專制（埃及、巴林），更有甚者是陷入混亂又同時維持專制（敘利亞）；或者上述狀況都沒有發生，也還是遲遲無法轉型為民主政權（突尼西亞；參見圖1）。只需要一根稻草，就能讓數百萬人民走上街頭，而這根最後的稻草，在伊朗是汽油價格上漲；在黎巴嫩則是政府宣布對WhatsApp徵稅。所有示威者都控訴失業與腐敗等問題，不再相信體制，並渴望一個新的開始。

北非、中東地區，青年失業問題最嚴重

雖說每個國家各出奇招，阿爾及利亞、黎巴嫩、伊拉克和伊朗的示威者都希望能終結奄奄一息、了無生氣的經濟和政治體制，但只要經濟脆弱且停滯的問題沒有解決，北非及中東兩個地區的國家就會持續在執政者下台或是繼位者武力鎮壓的情況下動盪不安，失去愈來愈多的政治自由。

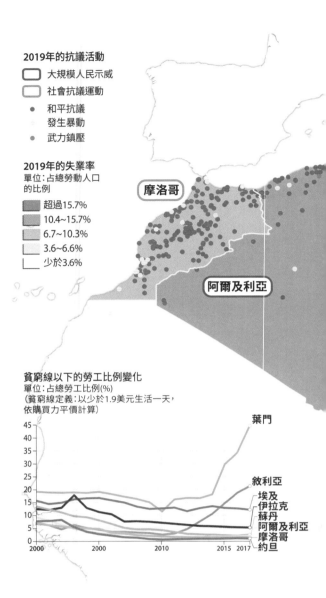

2019年的抗議活動
- ▢ 大規模人民示威
- ▢ 社會抗議運動
- ● 和平抗議
- 發生暴動
- 武力鎮壓

2019年的失業率
單位：占總勞動人口的比例
- 超過15.7%
- 10.4～15.7%
- 6.7～10.3%
- 3.6～6.6%
- 少於3.6%

摩洛哥

阿爾及利亞

貧窮線以下的勞工比例變化
單位：占總勞工比例(%)
（貧窮線定義：以少於1.9美元生活一天，依購買力平價計算）

葉門 / 敘利亞 / 埃及 / 伊拉克 / 蘇丹 / 阿爾及利亞 / 摩洛哥 / 約旦

2000　2000　2010　2015　2017

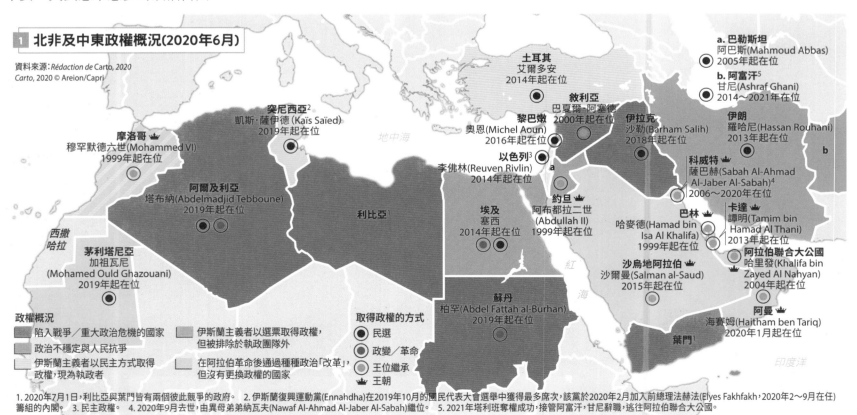

1 北非及中東政權概況(2020年6月)

資料來源：*Rédaction de Carto*, 2020
Carto, 2020 © Areion/Capri

土耳其
艾爾多安
2014年起在位

突尼西亞[2]
凱斯·薩伊德 (Kaïs Saïed)
2019年起在位

摩洛哥 ♔
穆罕默德六世(Mohammed VI)
1999年起在位

阿爾及利亞
塔布納 (Abdelmadjid Tebboune)
2019年起在位

西撒哈拉

茅利塔尼亞
加茲瓦尼
(Mohamed Ould Ghazouani)
2019年起在位

利比亞[1]

敘利亞
巴夏爾·阿塞德
2000年起在位

黎巴嫩
奧恩(Michel Aoun)
2016年起在位

以色列[3]
李佛林(Reuven Rivlin)
2014年起在位

埃及
塞西
2014年起在位

約旦 ♔
阿布都拉二世
(Abdullah II)
1999年起在位

伊拉克
沙勒(Barham Salih)
2018年起在位

地中海

紅海

蘇丹
柏罕(Abdel Fattah al-Burhan)
2019年起在位

沙烏地阿拉伯 ♔
沙爾曼(Salman al-Saud)
2015年起在位

葉門

伊朗
羅哈尼(Hassan Rouhani)
2013年起在位

科威特 ♔
薩巴赫(Sabah Al-Ahmad
Al-Jaber Al-Sabah)[4]
2006～2020年在位

巴林 ♔
哈麥德(Hamad bin
Isa Al Khalifa)
1999年起在位

卡達 ♔
譚明(Tamim bin
Hamad Al Thani)
2013年起在位

阿拉伯聯合大公國 ♔
哈里發(Khalifa bin
Zayed Al Nahyan)
2004年起在位

阿曼 ♔
海賽姆(Haitham ben Tariq)
2020年1月起在位

a. 巴勒斯坦
阿巴斯(Mahmoud Abbas)
2005年起在位

b. 阿富汗[5]
甘尼(Ashraf Ghani)
2014～2021年在位

印度洋

政權概況
- ▮ 陷入戰爭／重大政治危機的國家
- ▮ 政治不穩定與人民抗爭
- ▮ 伊斯蘭主義者以民主方式取得政權，現為執政者
- 伊斯蘭主義者以選舉取得政權，但被排除於執政團隊外
- 在阿拉伯革命後通過種種政治「改革」，但沒有更換政權的國家

取得政權的方式
- ● 民選
- ◉ 政變／革命
- ◐ 王位繼承
- ♔ 王朝

1. 2020年7月1日，利比亞與葉門皆有兩個彼此競爭的政府。 2. 伊斯蘭復興運動黨(Ennahdha)在2019年10月的國民代表大會選舉中獲得最多席次，該黨於2020年2月加入前總理法赫法(Elyes Fakhfakh，2020年2～9月在位)籌組的內閣。 3. 民主政權。 4. 2020年9月去世，由異母弟弟納瓦夫(Nawaf Al-Ahmad Al-Jaber Al-Sabah)繼位。 5. 2021年塔利班奪權成功，接管阿富汗，甘尼辭職，逃往阿拉伯聯合大公國。

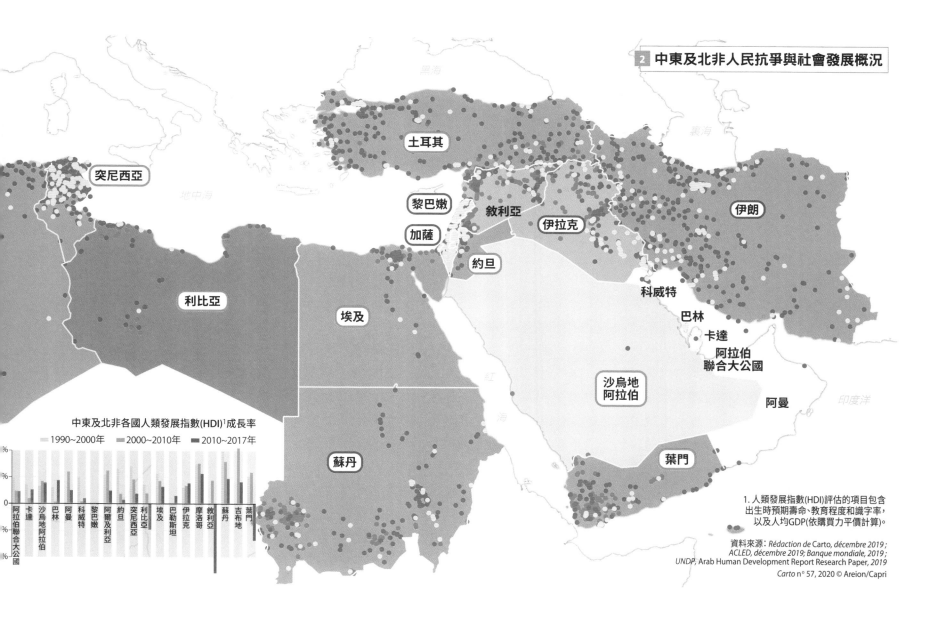

中東及北非各國人類發展指數(HDI)[1]成長率

1. 人類發展指數(HDI)評估的項目包含
出生時預期壽命、教育程度和識字率，
以及人均GDP(依購買力平價計算)。

資料來源: *Rédaction de Carto, décembre 2019*；
ACLED, décembre 2019; Banque mondiale, 2019;
UNDP, Arab Human Development Report Research Paper, 2019
Carto n° 57, 2020 © Areion/Capri

中東與北非國家的失業率很高，根據聯合國統計，2019 年這些國家的平均失業率為 10％，是全球失業率的兩倍（參見圖2）。尤其是年輕人（失業率為 25％）受到的影響最大。然而，這些平均數字並沒有反映出國與國之間的差異，例如巴勒斯坦境內的失業率（27％）大約是突尼西亞或約旦的兩倍。此外，經濟活動集中在某些地方，特別是首都和觀光業興盛的沿岸地區，也造成地理區域之間發展不平等。

2010 ～ 2017 年間，除了伊拉克與巴林之外，所有中東與北非國家的人類發展指數（HDI）都下降了。這些國家的教育系統無法應對種種問題的複雜性。由於教育程度是奠基於量化指標，所以這些國家的教育品質被評為不佳。但這些評估卻抹殺了那些成功納入大多數人民的教育體系的成果，例如摩洛哥，政府推行了種種政策，旨在將教育普及到鄉村地區。世界銀行統計 2018 年中東與北非國家的年輕人（15 ～ 24 歲）識字率高達近 90％；高等教育的入學率為 42％。在其中許多國家，攻讀學位的女性人數甚至超過男性。然而，這並不代表女性也被納入經濟活動。至於健康方面，最近幾十年來，各國政府已取得長足的進步，但整體來看，尤其是鄉村地區，仍然顯得落後。

沙國動用外匯存底，彌補 Covid-19 造成的損失

Covid-19 疫情爆發，將上述的種種不平等暴露於陽光下，

尤其是在伊朗，伊朗執政當局最初對疫情的嚴重性輕描淡寫，隨後才承認疫情規模龐大。肺炎疫情蔓延中東與北非所有國家，尤其是土耳其和沙烏地阿拉伯受害最深，導致沙國這個阿拉伯世界最大的經濟體不得不動用外匯存底來彌補損失。但這終究非長久之計，僅僅 2020 年 3 月單月，沙國就從其財庫中取用了 270 億美元。Covid-19 這場公衛危機突顯出中東與北非區域各國之間的不平等，有些國家的公衛系統足以採取種種應對措施，而有些國家則被這類公衛事件壓垮；即使是同一個國家，富人與窮人能獲取的相關資源也不平等。

早在 Covid-19 全球大流行和 2019 ～ 2020 年的示威活動以前，中東與北非民眾對體制就已經喪失信心，從低投票率（大部分低於 50％）以及政黨信任度低落（18％）等情況可見一斑。此外，衝突頻仍也是原因之一。2018 年，中東與北非地區有 1 億5,500 萬人的家園遭武力摧毀，因而面臨疾病、缺乏醫療與糧食等困境，甚至被迫流亡……。如果情勢持續惡化，預計至 2030年，中東與北非地區將有 40％的人口深陷上述種種危機之中。中東與北非人民為此而站出來振臂高呼，直到 Covid-19 逼使示威者偃旗息鼓。

文 ● C. Braccini et G. Fourmont

❶ 編注：於 2019 年 4 月請辭下台，並於 2021 年 9 月病逝。

❷ 編注：2019 年 4 月 9 日～ 12 月 19 日間擔任阿爾及利亞臨時總統。

❸ 編注：2019 年 4 月布特弗利卡下台後，薩伊德遭到逮捕，並於同年以密謀叛國等罪名遭判刑 15 年。

葉門：分久必合，合久必分的內戰宿命

2020 年 3 月，葉門的戰爭步入第六年。五年來，沙烏地阿拉伯指揮的多國聯軍對葉門這個貧窮且孤立的南部鄰國，發起一次又一次的軍事行動。對沙國當局來說，戰爭的損失相當慘重，眾所皆知沙國的敵人「胡塞運動」武裝組織（Houthis，又稱「青年運動」，早在 2014 年 9 月便占領沙那）仍在葉門首都沙那（Sanaa）掌權；而葉門則陷入自第二次世界大戰落幕以來，最嚴重的人道主義危機。

葉門是阿拉伯半島上的主權國家，建立於 1990 年 5 月，從建國之初政治型態就是由兩個主權實體統一而成，也就是葉門民主人民共和國（南葉門）及葉門阿拉伯共和國（北葉門）。葉門領土共計 52 萬 7,968 平方公里，沒有如鄰國一般，憑藉石油發財而經濟起飛，葉門境內礦藏相當有限，曾經繁盛的農業生產幾乎全部改為種植巧茶（qat，又稱恰特草、卡特葉、阿拉伯茶、葉門茶）；巧茶是一種灌木，葉子咀嚼後具有興奮劑的作用❶。少量的碳氫化合物（石油等）儲量是葉門重要的收入來源，但無助於國家發展，該國仍然是世界上數一數二貧困的國家，需仰賴國際援助。

葉門中央政府獲國際承認，卻流亡沙國

2011 年 1 月，葉門爆發反抗前總統沙雷（Ali Abdallah Saleh）政權的革命時，該國情況並不樂觀。沙雷自 1978 年以來，就是北葉門的強人，南北葉門統一後，他便於 1990 ～ 2012 年間擔任總統。這場人民起義最終使強大的武裝團體「胡塞運動」浮上檯面，胡塞運動自 2004 年以來，就一直在葉門北部地區涉入武裝衝突（如 2004 年的葉門胡塞叛亂〔Sa'dah War〕）。即使在 2011 年的動盪不安中，他們仍然堅持自己一貫的區域差異，反對試圖將他們邊緣化的中央政權，與之針鋒相對。

2014 年 9 月，胡塞運動，或者說「真主虔信者」（Ansar Allah，他們在地方上更廣為人知的名字），攻占了葉門首都沙那，迫使繼位的總統哈迪（Abd Rabbu Mansour Hadi，2012 年起在位）❷領導的葉門政府流亡亞丁（Aden，原南葉門首都），之後又流亡沙烏地阿拉伯首都利雅德。六個月後，沙烏地阿拉伯派遣戰機轟炸胡塞運動的武裝陣地，同時也摧毀一座座村莊（參見圖 2）。2016 年 7 月，胡塞運動成立了最高政治委員會（Supreme Political Council）作為行政機關；到了 2020 年春天，胡塞運動已統治了葉門首都和全國人口最多、最富裕的地區。

哈迪領導的政府是國際社會唯一承認的葉門政府，慘遭削弱，無力統治，政治和經濟上都仰賴沙烏地阿拉伯這個強大的鄰居。而在葉門的第二大城市和主要經濟港口亞丁，哈迪的忠誠支持者也日益減少，因為葉門南方的分離主義分子已將這個前英國殖民地當作自己的首都。南方過渡委員會（STC）於 2017 年 5 月在亞丁成立，並於 2020 年 4 月宣布前南葉門地區自治。至此，好幾個彼此競爭的權力中心已然浮現，有人認為葉門很可能會再次分裂，回到 1990 年以前的狀態。與此同時，沙烏地阿拉伯的空襲仍未停止，2015 年 3 月 ～ 2020 年 2 月，就發動了將近 2 萬 1,000 次空襲。

兒童被迫上戰場，是戰爭首要受害者

進入葉門非常困難，幾乎是不可能的任務，因此很

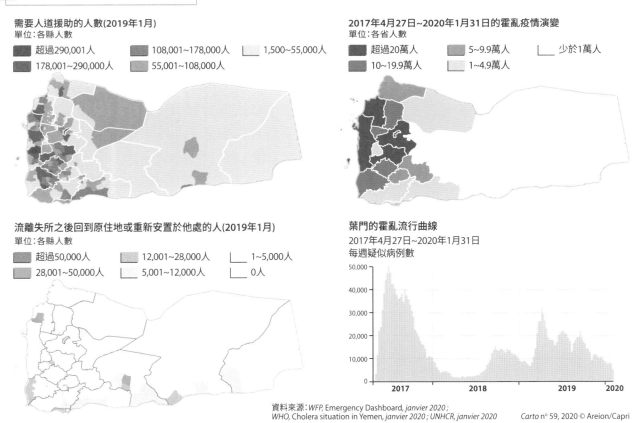

1 葉門的難民及霍亂疫情概況

需要人道援助的人數（2019年1月）
單位：各縣人數

超過290,001人	108,001~178,000人	1,500~55,000人
178,001~290,000人	55,001~108,000人	

2017年4月27日~2020年1月31日的霍亂疫情演變
單位：各省人數

超過20萬人	5~9.9萬人	少於1萬人
10~19.9萬人	1~4.9萬人	

流離失所之後回到原住地或重新安置於他處的人(2019年1月)
單位：各縣人數

超過50,000人	12,001~28,000人	1~5,000人
28,001~50,000人	5,001~12,000人	0人

葉門的霍亂流行曲線
2017年4月27日~2020年1月31日
每週疑似病例數

資料來源：WFP, Emergency Dashboard, *janvier 2020*；
WHO, Cholera situation in Yemen, *janvier 2020*；UNHCR, *janvier 2020*　　Carto n° 59, 2020 © Areion/Capri

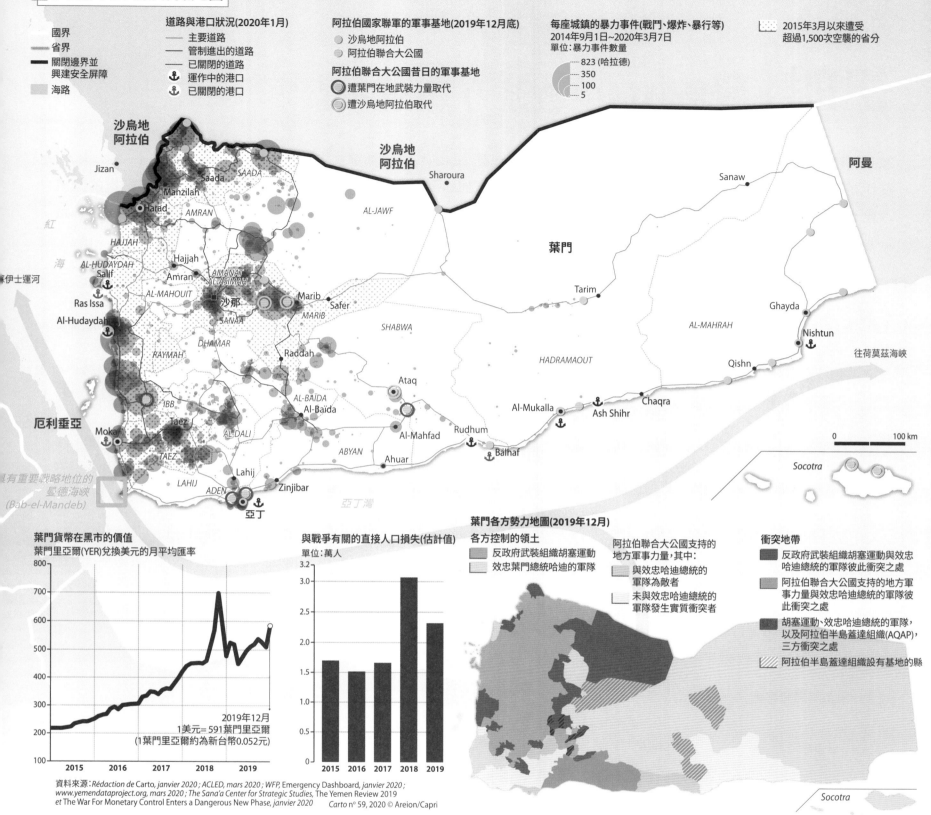

2 沙國聯軍介入葉門內戰地圖

國界
省界
關閉邊界並興建安全屏障
海路

道路與港口狀況(2020年1月)
— 主要道路
— 管制進出的道路
— 已關閉的道路
⚓ 運作中的港口
⚓ 已關閉的港口

阿拉伯國家聯軍的軍事基地(2019年12月底)
◉ 沙烏地阿拉伯
◉ 阿拉伯聯合大公國
阿拉伯聯合大公國昔日的軍事基地
◉ 遭葉門在地武裝力量取代
◉ 遭沙烏地阿拉伯取代

每座城鎮的暴力事件(戰鬥、爆炸、暴行等)
2014年9月1日~2020年3月7日
單位:暴力事件數量
823 (哈拉德)
350
100
5

2015年3月以來遭受超過1,500次空襲的省分

沙烏地阿拉伯　沙烏地阿拉伯　阿曼　葉門

紅海　厄利垂亞　蘇伊士運河　具有重要戰略地位的曼德海峽(Bab-el-Mandeb)　亞丁灣　往荷莫茲海峽　Socotra

葉門貨幣在黑市的價值
葉門里亞爾(YER)兌換美元的月平均匯率

2019年12月
1美元= 591葉門里亞爾
(1葉門里亞爾約為新台幣0.052元)

與戰爭有關的直接人口損失(估計值)
單位:萬人

葉門各方勢力地圖(2019年12月)

各方控制的領土
反政府武裝組織胡塞運動
效忠葉門總統哈迪的軍隊

阿拉伯聯合大公國支持的地方軍事力量,其中:
與效忠哈迪總統的軍隊為敵者
未與效忠哈迪總統的軍隊發生實質衝突者

衝突地帶
反政府武裝組織胡塞運動與效忠哈迪總統的軍隊彼此衝突之處
阿拉伯聯合大公國支持的地方軍事力量與效忠哈迪總統的軍隊彼此衝突之處
胡塞運動、效忠哈迪總統的軍隊,以及阿拉伯半島蓋達組織(AQAP),三方衝突之處
阿拉伯半島蓋達組織設有基地的縣

資料來源:*Rédaction de Carto, janvier 2020 ; ACLED, mars 2020 ; WFP, Emergency Dashboard, janvier 2020 ; www.yemendataproject.org, mars 2020 ; The Sana'a Center for Strategic Studies, The Yemen Review 2019 et The War For Monetary Control Enters a Dangerous New Phase, janvier 2020*　Carto n° 59, 2020 © Areion/Capri

難獲得正式、可靠的戰爭數據資料,但根據聯合國估計,2015年3月~2019年4月之間,有23萬3,000人在葉門內戰中直接或間接死亡。在總數約3,050萬的葉門人中,有2,410萬需要人道援助,2,010萬人缺乏糧食保障,365萬人流離失所,而且這些數字至今仍持續上升(參見圖1)。

霍亂、白喉、麻疹、登革熱、Covid-19(2020年4月10日,葉門記錄到首起Covid-19病例)等疫病肆虐,公共衛生的資源與措施卻付之闕如,可以想見疫病大流行的後果相當嚴重;不僅如此,葉門人也遭受饑荒和飲用水資源極其有限之苦。根據葉門當局的數據顯示,2016年該國生活在貧窮線以下的人口為2,120萬;4年後,這個數字無疑更高。儘管所有平民都為天災人禍所苦,但非政府組織尤其關注年輕人口的窘境。2013年4月~

2018年12月,聯合國記錄到該國發生1萬1,779起嚴重侵犯兒童權利的案件;兒童甚至被迫上戰場,就算沒有上戰場,也仍是轟炸與地雷的首要受害者;此外,兒童也由於學校和醫療中心遭到摧毀而深受其害。2019年2月,聯合國估計,葉門當地共有48個國際組織與194個在地合作夥伴,若要滿足人道主義計畫的需求,至少需要42億美元。這些數據冷酷地反映出戰爭現實的一面:所有葉門人,無論政治立場或居住地點,都不得不面對這個長達五年的漫長戰爭。

文 ● G. Fourmont

❶ 編注:巧茶在台灣為二級毒品。
❷ 編注:2022年,哈迪宣布辭職。

伊朗：擅長發揮少數派力量的國度

2020 年 1 月 3 日，伊朗伊斯蘭革命衛隊（IRGC）的聖城軍（Quds Force）指揮官，伊朗將軍蘇雷曼尼（Qasem Soleimani）在伊拉克巴格達遭到刺殺，就連伊朗以外的地區都隨之掀起軒然大波；同一時間，譴責伊朗政府干預伊拉克的示威活動也如火如荼地上演。那麼，我們自然要問：伊朗在中東真正的影響力有多大？所謂的「什葉派之弧」（Shiite arc）❶是否確實存在？

伊朗自十六世紀以來一直是世上唯一一個什葉派國家，因此被波斯灣沿岸國家與以色列視為威脅。基於情勢使然，伊朗伊斯蘭共和國自 1979 年建國以來，就一直以什葉派捍衛者自居。什葉派乃是伊斯蘭教的少數派（占伊斯蘭教信徒總人數 10 ～ 15%），向來遭到居多數的遜尼派迫害。伊朗藉由其盤根錯節的宗教網絡、神學中心以及提供經濟與軍事資源的能力，在中東和中亞的同宗信徒之間形成了無庸置疑且難以量化的影響力。

積極滲透中東各國，扶植什葉派少數勢力

什葉派約占伊拉克人口 63%，巴林人口 73%，黎巴嫩人口 47%，阿富汗人口近 20%，沙烏地阿拉伯人口 15 ～ 25%，科威特人口 34%，巴基斯坦也有 15% 人口屬於什葉派（參見圖 1）。伊朗深受敵視自己的鄰國所苦，在 2000 年初趁著海珊政權（1979 ～ 2003 年統治伊拉克）垮台之際，成功將其影響力擴展到伊拉克，同時也強化了與敘利亞（兩國於 1980 ～ 1988 年兩伊戰爭期間建立起更加堅固的關係）、黎巴嫩真主黨（Hezbollah）以及阿富汗、巴林什葉派運動組織的戰略關係，更別提葉門的胡塞運動武裝組織。然而，儘管伊朗有能力影響黎巴嫩和伊拉克的內部均勢，坊間流傳的「世界上有一個以伊朗革命領袖（又稱伊朗最高領袖）和伊朗伊斯蘭革命衛隊為中心建立的『什葉國際』❷」的說法並不屬實。

確實，伊朗對於伊拉克各個社會階層都具有重大影響力，但伊拉克什葉派社群絕不會與伊朗團結在一起。伊拉克最高宗教權威「大阿亞圖拉」（什葉派學者最高等級的尊號）希斯塔尼（Ayatollah Ali al-Sistani）雖然生於伊朗，卻不贊同「伊瑪目」何梅尼（Rouhollah Khomeyni）建立的「教法學家的統治」（Velayat-e faqih），即神權統治。「教法學家的統治」乃是穆斯林律法的一個術語，賦予什葉派神職人員執政的無上權力。要是擁護此一理念，就會帶來重大變化，因為此舉意味著將 1989 年就任的伊朗最高領袖哈米尼（Ali Khamenei）視為「靈感之源」（marja-e taqlid）。如此一來，便與希斯塔尼形成競爭關係。

另一方面，在伊拉克人氣相當高的什葉派領袖薩德（Moqtada al-Sadr）大力宣揚「伊拉克化」（Iraqi），他與伊朗及沙烏地阿拉伯當局的關係相當曖昧。而 1982 年成立的黎巴嫩真主黨則擁護前述的「教法學家的統治」，這掩蓋了黎巴嫩真主黨與伊朗當局之間在政治與戰略部署上的分歧。真主黨的武裝力量是一支貨真價實的軍隊，擁有數萬名經驗豐富的戰士和 13 萬枚導彈與火箭彈；除了對抗其死敵以色列之外，真主黨的軍隊也在敘利亞與遜尼派民兵作戰。由此觀之，與其說「什葉派之弧」，不如說是「什

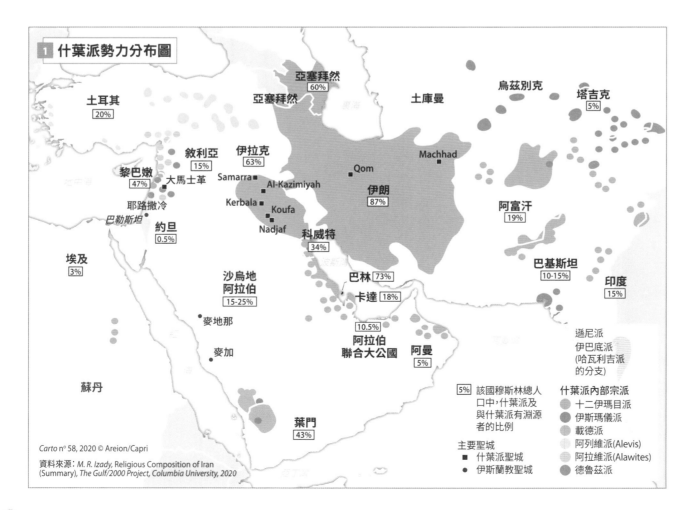

1 什葉派勢力分布圖

亞塞拜然 60%
土耳其 20%
亞塞拜然
烏茲別克
土庫曼
塔吉克 5%
敘利亞 15%
伊拉克 63%
Machhad
黎巴嫩 47%
大馬士革
Samarra
Qom
伊朗 87%
Al-Kazimiyah
耶路撒冷
Kerbala
Koufa
巴勒斯坦
阿富汗 19%
約旦 0.5%
Nadjaf
科威特 34%
埃及 3%
沙烏地阿拉伯 15-25%
巴林 73%
巴基斯坦 10-15%
卡達 18%
印度 15%
麥地那
10.5%
阿拉伯聯合大公國
阿曼 5%
麥加
蘇丹
葉門 43%

遜尼派
伊巴底派（哈瓦利吉派的分支）

5% 該國穆斯林總人口中，什葉派及與什葉派有淵源者的比例

什葉派內部宗派
⬤ 十二伊瑪目派
⬤ 伊斯瑪儀派
⬤ 載德派
⬤ 阿列維派（Alevis）
⬤ 阿拉維派（Alawites）
⬤ 德魯茲派

主要聖城
■ 什葉派聖城
● 伊斯蘭教聖城

Carto n° 58, 2020 © Areion/Capri

資料來源：M. R. Izady, Religious Composition of Iran (Summary), The Gulf/2000 Project, Columbia University, 2020

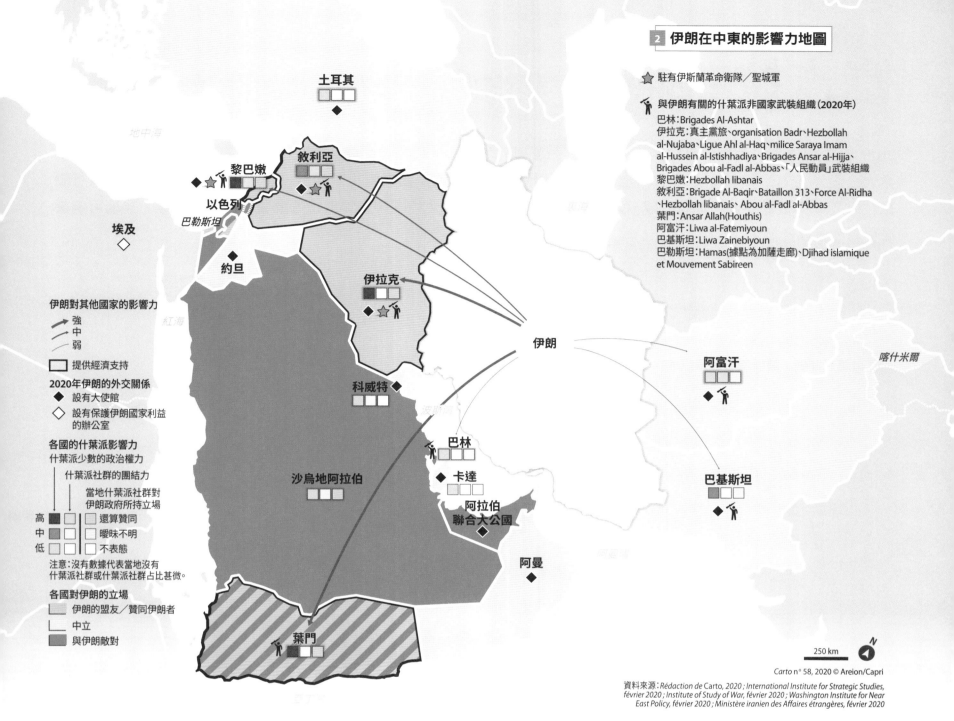

資料來源：*Rédaction de Carto, 2020 ; International Institute for Strategic Studies, février 2020 ; Institute of Study of War, février 2020 ; Washington Institute for Near East Policy, février 2020 ; Ministère iranien des Affaires étrangères, février 2020*

葉派群島」，比起宗教考量，伊朗的區域發展策略更側重於擴張勢力範圍。

伊朗表面是輔佐民兵，實則相互利用

　　自 2003 年以來，伊朗人在伊拉克建立了各種機構與基礎設施，資助學校、文化中心與民兵團（伊朗金援的伊拉克民兵部隊約有 60 餘支，共約有 16 萬 5,000 名戰鬥人員）。這些民兵之中，大多數人（80％）都擁護伊朗的「教法學家的統治」，最著名的就是「人民動員」（Popular Mobilization Forces）武裝組織，其領導人穆罕迪斯（Abou Mahdi al-Mouandis）與蘇雷曼尼一同遭到刺殺。這些民兵組織體現了一個名副其實的國中之國，雜糅了何梅尼主義（Khomeinism）和伊拉克民族主義。其中還包括由伊朗伊斯蘭革命衛隊監護的真主黨旅（Hezbollah Brigades），他們控制著伊拉克與敘利亞的邊界，確保與伊朗的陸上連結（參見圖 2）。

　　雖然伊朗在伊拉克與黎巴嫩的影響力十分強大，在阿富汗卻非如此。曾在敘利亞戰場上充分發揮作用的什葉派少數民族哈札拉（Hazara）裔戰士，遲遲未能在阿富汗戰場上站穩腳跟。

　　而在葉門，伊朗當局的影響力相較於在阿拉伯聯合大公國和沙烏地阿拉伯，比重仍然偏低。伊朗政府打著宗教旗幟來動員這些跨國戰士，諸如保衛什葉派的聖地、保衛受到遜尼派勢力威脅的同宗信徒等，但實際上是利用這些民兵作為影響力的槓桿，為伊朗的國家利益服務。

　　值得注意的是，伊朗當局與這些民兵的關係更傾向機會主義，亦即雙方彼此利用。這些武裝組織的目的是效法葉門的胡塞運動，或 1979 年以前就已存在的阿富汗武裝團體，藉由伊朗的幫助來強化自身；而伊朗則將此當作一種以較低成本參與區域爭霸的手段。然而，由於伊朗受到美國制裁，如今已愈來愈控制不住這些民兵，因為他們在各地（好比伊拉克）的經濟網絡中占據了舉足輕重的地位。

文 ● T. Yégavian

---

❶ 編注：指從伊朗、伊拉克、敘利亞，到黎巴嫩的弧形地帶。

❷ 譯注：此處，作者借用「Internationale」這個馬克思主義國際組織以之為名的詞，來形容大眾刻板印象中，以伊朗為核心的國際什葉派聯盟（Internationale Shiite）。

富吉拉：取代荷莫茲海峽，全球油輪的新轉運站？

2019 年 5 月 12 日，兩艘沙烏地阿拉伯油輪、一艘挪威油輪和一艘阿拉伯聯合大公國的小油輪，在阿曼灣阿拉伯聯合大公國領海內的富吉拉港（Fujairah）附近發生爆炸事件。時值美國為阻止伊朗出口碳氫化合物（石油等）而實行制裁，以及葉門戰爭擴大到整個區域，造成情勢極度緊繃。多艘油輪同時爆炸意味著低強度的蓄意攻擊，後續可能會有更猛烈的事件發生。

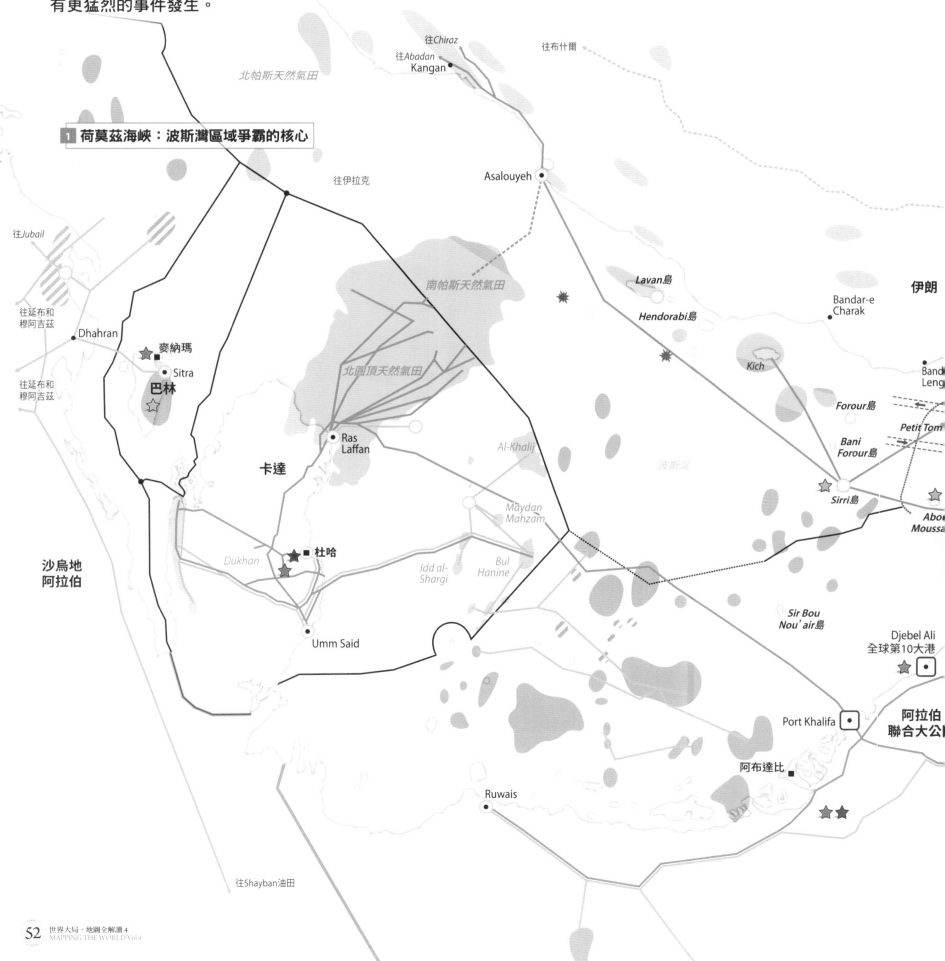

1 荷莫茲海峽：波斯灣區域爭霸的核心

在油輪爆炸事件後，美國總統川普（任期 2017～2021 年）加強了阿拉伯海和波斯灣本已龐大的軍事部署，迫使伊朗威脅若是受到攻擊就要封鎖荷莫茲海峽。由於缺乏證據，沙烏地阿拉伯無法將富吉拉港爆炸事件公開歸咎於伊朗。然而，各海灣阿拉伯國家的媒體沒有政府的耐心與謹慎，紛紛出聲譴責伊朗伊斯蘭革命衛隊海軍的「恐怖主義」，以及伊朗向葉門的反政府武裝組織「胡塞運動」提供導彈和武裝無人機（自 2015 年以來，沙國政府與胡塞叛軍的交戰便陷入僵局）。另一方面，阿拉伯聯合大公國當局仍然保持謹慎的態度，將這起「蓄意破壞事件」交由國際調查。之所以將上述爆炸描述為「蓄意破壞事件」是為了避免國際海事組織（International Maritime Organization, IMO）將阿聯的海岸列為戰爭地帶，若是遭列為戰爭地帶，保險公司將提高阿曼灣航行船隻的保費，牽涉到巨大的經濟利益。

小漁港變身世界石油轉運站

構成阿拉伯聯合大公國的七個酋長國之中，有六個瀕臨波斯灣，只有一個瀕臨阿曼灣，那就是富吉拉。富吉拉酋長國境內以山地居多，占地 1,166 平方公里，擁有 25.6 萬人口（2019 年數據），國境線相當複雜，一共由兩塊領土組成，這兩塊領土被阿曼的飛地馬德哈（Madha），以及沙迦酋長國的飛地那赫瓦（Nahwa）隔開。相對地，富吉拉酋長國也將阿曼的穆桑達姆半島（Musandam Peninsula，該半島使阿曼能夠與伊朗共同對荷莫茲海峽行使主權）與其主要領土分開（參見圖 1）。

由於沒有碳氫化合物（石油等）的礦藏，富吉拉長久以來一直以捕魚和椰棗為主要生產。當兩伊戰爭（Iran-Iraq war，1980～1988 年）蔓延到海灣阿拉伯國家的海域時，荷莫茲這個具有重大戰略意義的海峽，屢屢因為水雷而減緩交通速度。每年全世界有超過 30% 的石油會通過荷莫茲海峽，於是富有的海灣阿拉伯石油王朝試圖繞道而行。此時，瀕臨阿曼灣的富吉拉酋長國便顯示出其價值。阿拉伯聯合大公國於 1983 年決定在富吉拉興建一個港口。富吉拉由於其領海水域深邃，能允許吃水深的船隻停靠，且保險費比波斯灣地區低，所以最初是專門提供加油服務，為船隻提供推進燃料。富吉拉是世界第二大加油港，僅次於新加坡，勝過鹿特丹。1990 年代末期，富吉拉發展出以大型儲油罐儲存原油的技術，供沙烏地阿拉伯、阿拉伯聯合大公國與伊朗等國家的企業使用。2012 年，阿布達比和富吉拉之間開通了一條 406 公里長的輸油管，最大流量為每日 160 萬桶，而大型儲油罐的儲油能力也達到 7,000 萬桶石油，阿拉伯聯合大公國還預計將地下儲油槽的儲油能力增加 4,200 萬桶。富吉拉有兩個碼頭能供重量級油輪裝載石油；另外還有一個石化廠區、一個海水淡化廠和一個自由貿易區。

繞開了地理位置，繞不開安全問題

富吉拉並不是唯一可以替代荷莫茲海峽航路的可靠油港，阿曼也正在擴建位於富吉拉以南 100 公里處的蘇哈爾（Sohar）工業港口（參見圖 2）。不僅如此，阿曼還不計一切代價地全力開發其南部沿海的杜康港，此計畫由韓國、印度和中國共同投

往Kerman
往Iranshahr
Bandar Abbas
Qeshm
荷莫茲島
Larak島
Qeshm
Hengam島
Grand Tomb島
As-Salamah
荷莫茲海峽
阿曼
穆桑達姆半島
Ras al-Khaïmah
阿曼灣
Sharjah
往亞洲
Jask
馬德哈（阿曼的飛地）
那赫瓦（沙迦酋長國的飛地）
富吉拉港
富吉拉酋長國
往蘇伊士運河與歐洲
阿曼
蘇哈爾
50 km
往塞拉來
往馬斯開特

圖例：

| 關閉的國境 |
| 簽訂雙邊協議後的大陸棚界線 |
| 簽訂雙邊協議後的經濟海域 |
| 以虛擬等距法得出的界線 |
| 伊朗與阿聯的領土爭端 |

石油
油田
石油運輸管線
計畫中的石油運輸管線

天然氣
天然氣田
天然氣運輸管線
計畫中的天然氣運輸管線
天然氣田或油田

主要的石化燃料港口及石化燃料儲槽
使用中

海上交通
主要國際航道
雙向運輸的航線
商港
2019年5~9月間，荷莫茲海峽發生的短暫衝突或攻擊事件

軍事基地與軍事設施（2019年9月）
美國　伊朗
英國　法國
土耳其

資料來源：*Rédaction de Carto, 2019* ; Jean-Paul Burdy, *octobre 2019* ; EIA, Oman, *janvier 2019* ; Émirats arabes unis, *mars 2017* ; EIA, Country Analysis Brief: Iran, *avril 2018* ; ASP, U.S. Military Bases and Facilities in the Middle East, *juin 2018* ; EIA, Qatar, *octobre 2015* ; Stratfor, The Factors That Could Push the U.S. and Iran to War, *12 juin 2019* ; Didier Ortolland et Jean-Pierre Pirat, *Atlas géopolitique des espaces maritimes, Technip, 2010*
Carto n° 56, 2019 © Areion/Capri

資，最終可能與海灣的輸油管相連。屆時，沙烏地阿拉伯和阿拉伯聯合大公國的部分石油將可以直接輸送到遠離荷莫茲海峽的印度洋。阿曼政府同時也仰賴南部的塞拉來（Salalah）。至於伊朗，則在印度的投資下，開發阿曼灣的查巴哈港（Chabahar），計畫在那裡興建天然氣儲槽和石油儲槽。伊朗還打算在 2021 年完成一條連接布什爾（Bouchehr）產油區和西斯克港（Jask）的輸油管，該管道還可以輸入與卡達共同開發的「北方－南帕斯」（South Pars / North Dome）離岸天然氣田的天然氣（卡達的部分名為 North Dome）。為了繞過荷莫茲海峽，沙烏地阿拉伯在 1980 年代修建了東西向輸油管，每天從瀕臨波斯灣的東部省（Eastern Province）運送 500 萬桶原油到紅海的延布（Yanbu）和穆阿吉茲（Al-Muajjiz）的儲油槽。2015 年，沙國曾提出興建「沙爾曼運河」（Salman Canal）的計畫，將沙烏地阿拉伯東部與葉門的蓋達港（Ghayda）連接起來，然而，葉門內戰導致這個計畫胎死腹中。沙國當局設計了一個替代方案，將蓋達港替換為阿曼的塞拉來，但由於阿曼和沙烏地阿拉伯的關係冷淡，這個方案不太可行。

富吉拉發生的「蓄意破壞事件」向阿拉伯聯合大公國示警：不僅波斯灣沿岸危機重重，就連阿曼灣沿岸也同樣脆弱。一旦該區域正式開戰，阿拉伯聯合大公國可能成為伊朗打擊的第一個苦主。「蓄意破壞事件」後，輪到無人機發動攻擊；先是在 2019 年 5 月 14 日，無人機襲擊了兩座沙烏地阿拉伯輸油管的幫浦站，接著在 9 月 14 日，油業巨擘沙烏地阿拉伯國家石油公司（Aramco）的兩座重要設施也遭到攻擊。2019 年 5 ～ 9 月之間，總計發生了二十幾起無人機攻擊事件。荷莫茲海峽的陸路和港口替代方案，無論是已啟用的或是正在開發的，都無法迴避區域安全的問題。

文 ● J.-P. Burdy

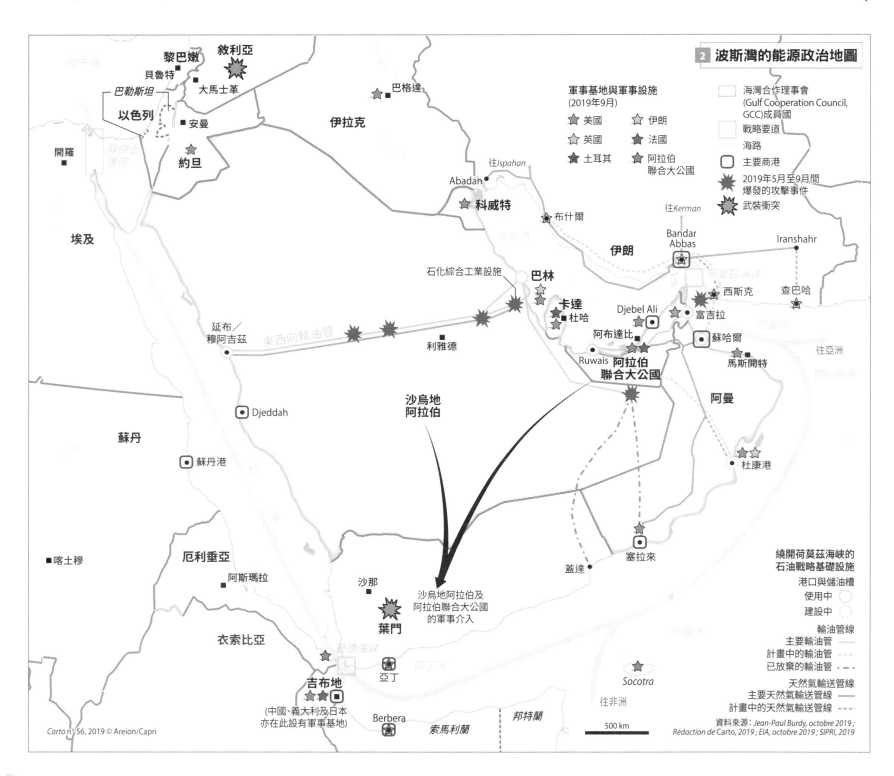

Carto n°56, 2019 © Areion/Capri

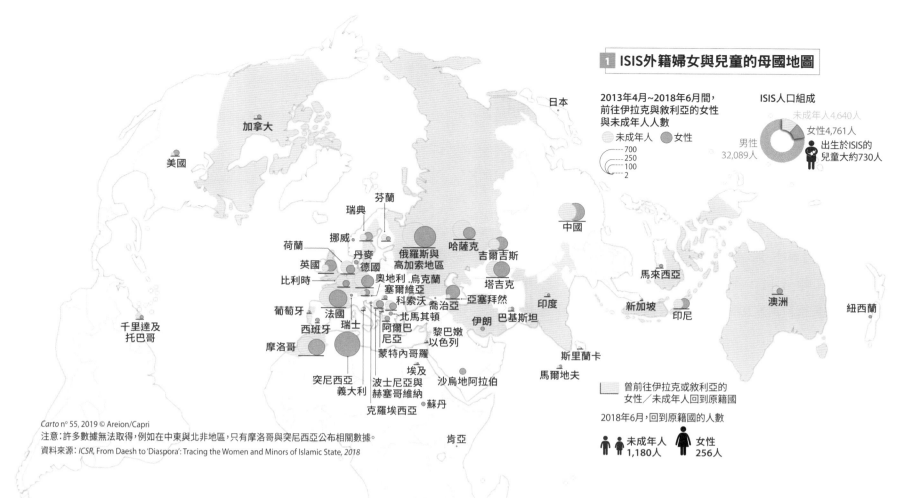

1 ISIS外籍婦女與兒童的母國地圖

2013年4月~2018年6月間，
前往伊拉克與敘利亞的女性
與未成年人人數

未成年人　●女性

—700
—250
—100
—2

ISIS人口組成

未成年人4,640人
女性4,761人
男性32,089人
出生於ISIS的兒童大約730人

曾前往伊拉克或敘利亞的
女性／未成年人回到原籍國

2018年6月，回到原籍國的人數

未成年人1,180人　女性256人

Carto n° 55, 2019 © Areion/Capri
注意：許多數據無法取得，例如在中東與北非地區，只有摩洛哥與突尼西亞公布相關數據。
資料來源：*ICSR, From Daesh to 'Diaspora': Tracing the Women and Minors of Islamic State, 2018*

ISIS聖戰士返國：歐洲母國拒絕接收？

2017 年，極端組織 ISIS（伊斯蘭國）在伊拉克摩蘇爾（Mossoul）、敘利亞拉卡（Raqqa）接連潰敗，2019 年 5 月又在敘利亞巴古斯村（Baghouz）遭擊敗。此番形勢下，ISIS 陣營中的外籍婦女和兒童的回國問題變得日益急迫。歐洲國家基於政治考量，對於是否同意聖戰士回國猶豫再三，此態度恐怕會違背國際法。

2013 年 4 月～ 2018 年 6 月間，前往伊拉克加入 ISIS 的 4 萬 1,490 名戰鬥人員之中，共有 7,366 人返回原籍國；這些返回原籍國的聖戰士裡，17 ％（即 1,180 人）是未成年人，4 ％是女性（256 人，參見圖 1）。法國是歐洲離境加入 ISIS 人數最多的國家（1,910 人），其中計有 300 ～ 382 名女性和 460 ～ 700 名兒童，但僅有少數人得以返回法國。

從 ISIS 返回母國的比例之所以偏低，是出於許多不同的原因。有些人放棄了所有的身分證件，以此宣示效忠 ISIS，因此再也回不了原籍國；有些人逃到了土耳其，或者無意返回母國。另外，被拘留在伊拉克或敘利亞的外國女性和未成年人的數量也難以估計；據悉，2017 年 8 月，約有 1,400 名法國、德國、俄羅斯和中國國籍者向伊拉克當局投降自首。而拉卡附近的安伊薩（Ain Issa）敘利亞難民營中也有外籍女性與未成年人；且還有 1,500 名外籍女性與未成年人住在霍爾（al-Hol）的難民營。

將未成年人的遣返問題以及離開母國去為 ISIS 戰鬥的外國公民案件司法化，突顯出歐洲國家對此缺乏協調一致的回應方式。一些國家比較傾向推卸責任，例如法國已將相關事宜授權伊拉克政府處理。僅僅在 2018 年 1 ～ 4 月之間，就有至少 100 名女性被判處死刑，將近 200 名女性被判處無期徒刑，因為伊拉克法律規定，凡是加入恐怖組織的人皆要判處死刑。聯合國特別指出，由於程序繁瑣、案件數量龐大與缺乏行政能力，這些判決恐怕會有誤判及侵犯人權的風險。而英國、德國、比利時和丹麥，對於為 ISIS 戰鬥的雙重國籍公民，則傾向施以剝奪國籍的制裁。

未成年聖戰士的問題則不一樣。他們在法律上（缺乏身分證件）和血緣上（他們可能與敘利亞人或其他外國人一起來到難民營，而這些人宣稱這些兒童是他們的家庭成員）都很難證明身分。好幾個非政府組織都對這些外籍兒童的拘留處境發出警訊，他們不僅缺水、缺糧食，還缺乏醫療與教育。2019 年 6 月，法國有幾位孫子女遭居留於敘利亞或伊拉克的祖父母，提請聯合國兒童權利委員會（CRC）和禁止酷刑委員會（CAT）關注四起案例。同年 5 月，法國國家人權諮詢委員會（CNCDH）以及人權保護官署（Défenseur des droits）呼籲政府遣返法國的未成年人，並指出將法國未成年人留在當地恐有違反《兒童權利公約》（*United Nations Convention on the Rights of the Child, UNCRC*）。歐洲人權法院（CEDH）也收到了針對法國政府的指控，罪名是違反了《兒童權利公約》第三條，該條文禁止以不人道和有損人格尊嚴的方式對待兒童。這也突顯出法國對於滯留戰地兒童「個案處理」政策的曖昧模糊態度。

文 ● C. Braccini

ISIS轉型：
從ISIS.gov升級跨國ISIS.org

2019 年 3 月，敘利亞境內的巴古斯村戰役（Battle of Baghouz）為 ISIS 奪取領土的野心畫下句點。早在此前，ISIS 已於 2017 年 6 月和 7 月被驅逐出其「首都」拉卡和伊拉克的摩蘇爾（參見圖 3），日益衰弱。這是否意味 ISIS 即將消亡？然而 2019 年 4 月，斯里蘭卡發生恐怖攻擊，之後又流傳著 ISIS 最高領導人巴格達迪（Abou Bakr al-Baghdadi，2019 年 10 月 27 日在美國發動的空襲中死亡）的影片，種種跡象似乎都在提醒人們 ISIS 依然有能力傷害各國。

2014 年 6 月巴格達迪自立為「哈里發」，並宣布建立「哈里發國」（caliphate）❶，當時的 ISIS 占地大約 13 萬 5,000 平方公里，橫跨敘利亞和伊拉克，並有來自 80 個國家、約 4 萬名外國戰士加入。五年後，在各國聯軍和地方武裝力量的打擊之下，ISIS 在軍事上已宣告失敗。然而，聯軍宣布勝利還為時過早，因為信仰伊斯蘭聖戰的聖戰士們依然存在（參見圖 1）。根據聯合國安全理事會 2019 年底的數據顯示，ISIS 仍有大約 1 萬名聖戰士，其中包括 2,000 名外國人，且可能儲備了 5,000 萬～ 3 億美元不等的資金。

失去領土，回歸跨國叛亂的攻擊模式

ISIS 檯面上的弱化其實反映出該組織正處於重組階段。雖然 ISIS 不太可能再一次控制大規模的領土，但他們將效法蓋達組織等其他聖戰團體，回歸跨國、祕密行動、叛亂的模式。根據聯合國的說法，ISIS 目前出沒於 13 個國家（參見圖 2），行動模式繁多：在利比亞，他們發起攻擊並設立訓練中心；在埃及的西奈半島，他們與「伊斯蘭國西奈省」（Ansar Beit al-Maqdis）等昔日武裝組織連結；在伊拉克、敘利亞和阿富汗，則由祕密個人或組織先行滲透，但尚未展開行動。ISIS 仍有管道獲得大量資金和武器❷，因此威脅更形重大。某些國家的政治情勢不

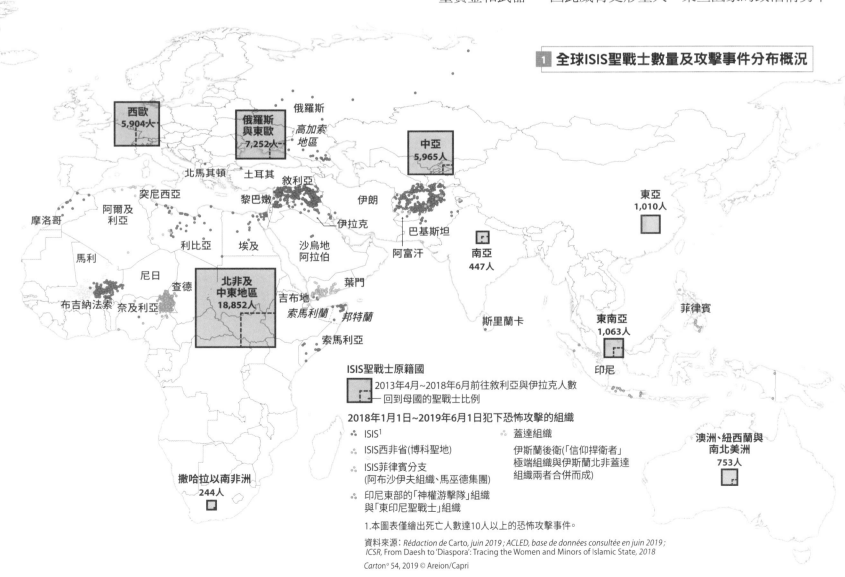

1 全球ISIS聖戰士數量及攻擊事件分布概況

西歐
5,904人

俄羅斯與東歐
7,252人

中亞
5,965人

東亞
1,010人

北非及中東地區
18,852人

南亞
447人

東南亞
1,063人

澳洲、紐西蘭與南北美洲
753人

撒哈拉以南非洲
244人

俄羅斯　高加索地區　北馬其頓　土耳其　敘利亞　黎巴嫩　伊朗　巴基斯坦　阿富汗　突尼西亞　阿爾及利亞　摩洛哥　利比亞　埃及　沙烏地阿拉伯　馬利　尼日　查德　吉布地　葉門　索馬利蘭　邦特蘭　索馬利亞　布吉納法索　奈及利亞　斯里蘭卡　印尼　菲律賓

ISIS聖戰士原籍國
2013年4月~2018年6月前往敘利亞與伊拉克人數
回到母國的聖戰士比例

2018年1月1日~2019年6月1日犯下恐怖攻擊的組織
- ISIS[1]
- ISIS西非省(博科聖地)
- ISIS菲律賓分支(阿布沙伊夫組織、馬巫德集團)
- 印尼東部的「神權游擊隊」組織與「東印尼聖戰士」組織
- 蓋達組織
- 伊斯蘭後衛(「信仰捍衛者」極端組織與伊斯蘭北非蓋達組織兩者合併而成)

1.本圖表僅繪出死亡人數達10人以上的恐怖攻擊事件。

資料來源：*Rédaction de Carto, juin 2019 ; ACLED, base de données consultée en juin 2019 ; ICSR, From Daesh to 'Diaspora': Tracing the Women and Minors of Islamic State, 2018*

Carto° 54, 2019 © Areion/Capri

穩定，再加上各國邊界漏洞百出，也都有助於他們重新組織。

自從這個自稱「哈里發國」的組織垮台以來，只有 20% 的外籍聖戰士返回原籍國或正準備遣返，其中包括 4% 的女性和 17% 的兒童❸。相較於美國要求遣返和審判自己國籍的聖戰士，歐洲國家卻想盡量節省時間。比如法國主張聖戰士（法國籍有 1,900 人，居歐洲之冠）應該在伊拉克或敘利亞就地審判。英國和丹麥則傾向以取消本國籍的方式實施制裁。

聖戰士回國，可否成為情報來源？

歐洲並不是唯一面臨聖戰士返國問題的地方。2012 年以來，北非已有 3,000 多名聖戰士返國❹。摩洛哥藉由加強國安機制和制定多項監獄中的聖戰士去

2 ISIS跨國據點地圖(2020年1月)

歐洲
(聖戰士試圖在此與
ISIS中央組織重新取得聯繫)

ISIS高加索省
俄羅斯

ISIS Khorassan省
ISIS企圖建立中東之外的行省，
範圍涵蓋阿富汗、巴基斯坦、
中亞、伊朗、印度局部和俄羅斯

Ferghana盆地

「哈里發戰士」
恐怖組織

突尼西亞
突尼西亞山區

Ménaka、
Ansongo、
Gourma、
Tillabéri等地

伊斯蘭青年協
商會議(Shura
Council of
Islamic Youth)
武裝團體

Ajdabiya與的黎波里
之間的地帶

ISIS
敘利亞 伊拉克

阿富汗
Kounar、Laghman、
Nangarhar和Nouristan
(訓練基地)

馬利

利比亞

西奈半島

恐怖組織Sheikh
Omar Hadid Brigade
與Mujahideen Shura
Council(位於耶路撒
冷周圍)

菲律賓
民答那峨島
(Mindanao)

尼日

Sabha省
與Koufra省
之間的地帶

埃及

查德

ISIS西非省
(博科聖地)

查德湖
盆地

奈及
利亞

ISIS西奈省
(原名「聖城虔信者」)

ISIS葉門省
Zahra地帶

Qeifa

阿布沙伊夫組織(Abu Sayyaf)、
馬巫德集團(Maute)

葉門

Qandala港與Bosaso鎮
Iskushuban(訓練基地，軍火儲備來自葉門)

印尼

邦特蘭
索馬利亞
Afgooye

摩加迪休
(首都)

印尼東部的「神權游擊隊」組織
與「東印尼聖戰士」組織

⬡ ISIS組織的據點

⊢— 宣示效忠ISIS的主要組織

資料來源：*Rédaction de Carto, juin 2020 ; Conseil de sécurité, S/2019/103, 1ᵉʳ février 2019 ;
IFRI, Quel avenir pour le djihadisme ? Al-Qaïda et Daech après le califat, janvier 2019 ;
Senate Select Committee on Intelligence, Worldwide Threat Assessment
of the US Intelligence Community, janvier 2019*

Carto, 2020 © Areion/Capri

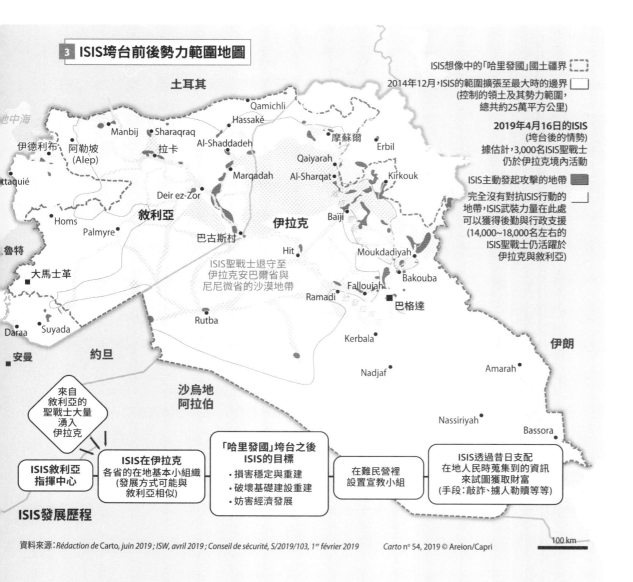

3 ISIS垮台前後勢力範圍地圖

土耳其
Qamichli
Hassaké
地中海
伊德利卜
阿勒坡(Alep)
Manbij Sharaqraq
Al-Shaddadeh
摩蘇爾
Erbil
拉卡
Qaiyarah
ttaquié
Marqadah
Al-Sharqat
Kirkouk
Deir ez-Zor
敘利亞
伊拉克
Baïji
Homs
Palmyre
巴古斯村
魯特
大馬士革
Hit
Moukdadiyah
ISIS聖戰士退守至
伊拉克安巴爾省與
尼尼微省的沙漠地帶
Bakouba
Falloujah
Daraa Suyada
Ramadi
巴格達
安曼
Rutba
約旦
Kerbala
伊朗
沙烏地
阿拉伯
Nadjaf
Amarah
Nassiriyah
Bassora

ISIS想像中的「哈里發國」國土疆界 ⌐‾⌐

2014年12月，ISIS的範圍擴張至最大時的邊界
(控制的領土及其勢力範圍，
總共約25萬平方公里)

2019年4月16日的ISIS
(垮台後的情勢)
據估計，3,000名ISIS聖戰士
仍於伊拉克境內活動

ISIS主動發起攻擊的地帶

完全沒有對抗ISIS行動的
地帶，ISIS武裝力量在此處
可以獲得後勤與行政支援
(14,000~18,000名左右的
ISIS聖戰士仍活躍於
伊拉克與敘利亞)

來自
敘利亞的
聖戰士大量
湧入
伊拉克

ISIS敘利亞
指揮中心

ISIS在伊拉克
各省的在地基本小組織
(發展方式可能與
敘利亞相似)

「哈里發國」垮台之後
ISIS的目標
‧損害穩定與重建
‧破壞基礎建設重建
‧妨害經濟發展

在難民營裡
設置宣教小組

ISIS透過昔日支配
在地人民時蒐集到的資訊
來試圖獲取財富
(手段：敲詐、擄人勒贖等等)

ISIS發展歷程

資料來源：*Rédaction de Carto, juin 2019 ; ISW, avril 2019 ; Conseil de sécurité, S/2019/103, 1ᵉʳ février 2019*

Carto nº 54, 2019 © Areion/Capri

100 km

極端化（deradicalization）計畫，嚴肅看待此一威脅。截至 2017 年底，離開母國參戰的 1,664 名摩洛哥人（其中包括加入 ISIS 的 929 人）之中，已有 213 人返回摩洛哥。相反地，無論是突尼西亞（北非離境參戰人數最多的國家，2015 年的離境人數約 6,000 ～ 7,000 人）或是埃及，都沒有實施具體措施來應對本國籍聖戰士返國。

許多專家認為，接收前聖戰士無疑具有風險，但這也是了解 ISIS 運作方式的重要情資來源，因為 ISIS 在其「統治」過的地方以暴力烙下的印記，依然存在於人們（尤其是年輕人）的腦海。

文 ● C. Braccini

❶ 編注：「哈里發」為伊斯蘭教對領袖的尊稱，「哈里發國」則指繼承伊斯蘭帝國的國家。

❷ Conflict Armament Research, *Weapons of the Islamic State*, décembre 2017.

❸ International Centre for the Study of Radicalisation, *From Daesh to'Diaspora': Tracing the Women and Minors of Islamic State*, 2018.

❹ Thomas Renard (dir.), « Returnees in the Maghreb: Comparing policies on returning foreign terrorist fighters in Egypt, Morocco and Tunisia », *Egmont Paper 107*, avril 2019.

伊德利布省：敘利亞內戰的關鍵戰場

2020 年 3 月 5 日，代號「伊德利布黎明」的軍事行動（Dawn of Idlib 2，2019 年 12 月發動）稍事停歇，在這場敘利亞和俄羅斯聯合進攻伊德利布省的戰事中（參見圖1），土耳其終於決議停火❶。面對敘利亞當局重新征服伊德利布省的野心，土耳其政府仍在考慮該如何應對一場難以控制的衝突。而在遠方的歐洲也擔憂著，一旦衝突爆發，可能又將掀起大規模的移民潮。

伊德利布省是敘利亞反對派最後的據點，約有 260 萬人口，其中大部分是流離失所者。聯合國指出 2019 年 12 月～ 2020 年 2 月，約有 96 萬平民因戰爭頻仍，不得不離開家園，其中大部分來到戒備森嚴的土耳其邊境，希望能躲過轟炸，獲得人道主義援助。聯合國將敘利亞內戰形容為「二十一世紀最驚天動地的人道主義恐怖故事」。這個恐怖故事在過去九年裡逐漸寫就，使敘利亞西北部的伊德利布省成為內戰的核心樞紐。

歷史因素，伊德利布成為反敘利亞政府的重要陣地

革命爆發以前，伊德利布省就已經被敘利亞政府忽視。該省居民大多是遜尼派，是歷史上對抗阿塞德王朝（al-Assad，阿塞德家族統治時期）的據點，其中最具標誌性的事件是 1980 年爆發的起義，當時的敘利亞總統哈菲茲・阿塞德（Hafez al-Assad，1970 ～ 2000 年執政，現任總統巴夏爾・阿塞德〔Bachar al-Assad，2000

年起在位〕的父親）採取武力鎮壓。然而，幾十年過去，當地的反對勢力卻日益成熟。2011 年 6 月起，伊德利布省的城市陸續陷入武裝衝突，休古爾鎮（Jisr al-Shughur）就是最早動亂的城市之一。敘利亞反對派很早就控制了與土耳其毗鄰的邊界關卡，讓同盟的反對派團體（其中以敘利亞自由軍〔Free Syrian Army, FSA〕占多數）能夠獲得國外支援（特別是海灣阿拉伯國家和西方國家），也讓許多外國和敘利亞的參戰者進入該省。然而，革命陣線自 2014 起逐漸瓦解，因為敘利亞自由軍面臨當時蓋達組織在地分支「努斯拉陣線」（Jabhat al-Nosra）的挑戰。2015 年 3 月，努斯拉陣線占領了伊德利布省省會。

同年 9 月，衝突態勢發生變化。美國放棄以軍事牽制巴夏爾・阿塞德（曾在戰爭中使用化學武器），俄羅斯從此再無忌憚，反抗阿塞德的地區一一淪陷。後續諸多協議又促使誓死戰鬥至最後的人員撤退至伊德利布省，於是該省逐漸成為反阿塞德政府者的大本營。努斯拉陣線透過「洗白」的策略來強化其主導地位，例如 2016 年該陣線宣布脫離蓋達組織，改名為「敘利亞征戰陣線」（Fatah al-Sham）。之後又與其他組織一起，於 2017 年初合組「沙姆解放組織」（HTS），並在 2019 年 1 月成功驅逐土耳其大力支援的敘利亞國民軍（Syrian National Army）。沙姆解放組織周旋於各個武裝團體之間，同時還實行某種形式的準行政管理。這個 2017 年 9 月正式成立的「救國政府」，控制了土耳其邊界關卡（參見圖2），進而能夠調度武器入境與人道主義援助的分配。之後，土耳其順應情勢，轉而支持沙姆解放組織，以便在敘利亞內戰中發揮影響力。2017 年 5 月 4 日阿斯塔納❷會議（Astana conference）上，土耳其、俄羅斯和伊朗簽署了一項旨在緩和敘利亞情勢的協議，其中不僅同意土耳其軍隊部署觀察哨以監督停火（然而，這項停火協議卻無法維持），同時也鞏固了土耳其對該地區的保護與控制。

1 敘利亞內戰各國勢力地圖（2020年4月）

土耳其
Jerablos　Kobané
Azaz
Afryn
Al-Bab　Manbij　Tal Abyad
Antakya
阿勒坡　Amouda　Qamichli
Ras al-Aïn　Rmelan　Fesh Khabur
安伊薩
Hassaké
Al-Hawl
伊德利布
拉卡
Assad湖
Tabqa
Maarat al-Numan
伊拉克
Al-Suwar
Lattaquié
Deir ez-Zor
Hmeimin
Hama
Tartous
Palmyre
Homs
Baghouz
Al-Qusayr
Abou Kamal
黎巴嫩
大馬士革
Al-Tanf
戈蘭高地
Soueïda
Daraa
約旦
50 km

難民的潛在移動路線
庫德人 →
伊德利布省難民 →

各方控制的領土
沙漠地帶
有人居住地帶
敘利亞政府軍
人民保衛軍（庫德族民兵團體）
敘利亞反對派／聖戰士
土耳其軍隊與親土耳其反對派

伊朗的軍事介入
伊朗部隊 ●

美國的有限軍事介入
軍事基地
美軍部隊
通往伊拉克
庫德斯坦自治區之路

俄羅斯勢力
軍事基地
俄軍部隊
緩衝地帶

土耳其緩衝地帶
土耳其部隊
宣稱的邊界 - - -
伊德利布
難民聚居地

資料來源：D'après une carte de Fabrice Balanche pour The Washington Institute, février 2020

Carto n° 59, 2020 © Areion/Capri

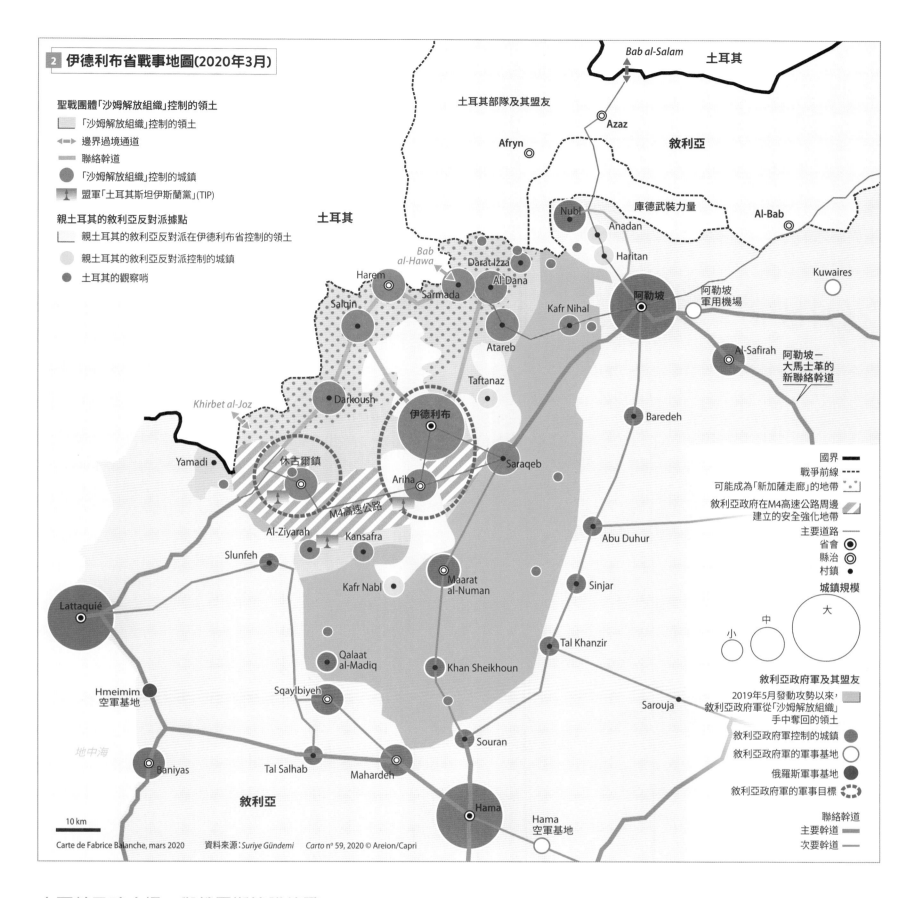

2 伊德利布省戰事地圖(2020年3月)

聖戰團體「沙姆解放組織」控制的領土
- 「沙姆解放組織」控制的領土
- 邊界過境通道
- 聯絡幹道
- 「沙姆解放組織」控制的城鎮
- 盟軍「土耳其斯坦伊斯蘭黨」(TIP)

親土耳其的敘利亞反對派據點
- 親土耳其的敘利亞反對派在伊德利布省控制的領土
- 親土耳其的敘利亞反對派控制的城鎮
- 土耳其的觀察哨

地圖標示：Bab al-Salam、土耳其、土耳其部隊及其盟友、Azaz、Afryn、敘利亞、Nubl、Anadan、庫德武裝力量、Al-Bab、Haritan、Kuwaires、Darat Izza、Al-Dana、阿勒坡、阿勒坡軍用機場、Harem、Sarmada、Kafr Nihal、Salqin、Atareb、Al-Safirah、阿勒坡—大馬士革的新聯絡幹道、Taftanaz、Baredeh、Khirbet al-Joz、Darkoush、伊德利布、Yamadi、休古爾鎮、Ariha、Saraqeb、M4高速公路、Al-Ziyarah、Kansafra、Abu Duhur、Slunfeh、Kafr Nabl、Maarat al-Numan、Sinjar、Lattaquié、Hmeimim空軍基地、Qalaat al-Madiq、Khan Sheikhoun、Tal Khanzir、Sarouja、Sqaylbiyeh、Souran、地中海、Baniyas、Tal Salhab、Mahardeh、敘利亞、Hama、Hama空軍基地

圖例
- 國界
- 戰爭前線
- 可能成為「新加薩走廊」的地帶
- 敘利亞政府在M4高速公路周邊建立的安全強化地帶
- 主要道路
- 省會
- 縣治
- 村鎮

城鎮規模 小 中 大

敘利亞政府軍及其盟友
- 2019年5月發動攻勢以來，敘利亞政府軍從「沙姆解放組織」手中奪回的領土
- 敘利亞政府軍控制的城鎮
- 敘利亞政府軍的軍事基地
- 俄羅斯軍事基地
- 敘利亞政府軍的軍事目標

聯絡幹道
- 主要幹道
- 次要幹道

10 km

Carte de Fabrice Balanche, mars 2020　資料來源：*Suriye Gündemi*　　Carto n° 59, 2020 © Areion/Capri

土耳其及時止損，與俄羅斯協議停戰

2019年12月以來，在俄羅斯空軍的支援下，巴夏爾‧阿塞德政權密集空襲伊德利布省，「救國政府」似乎已日薄西山。土耳其在伊德利布省的戰場上投入了大量的軍事與外交資源，截至2020年7月，土耳其在此地已損失五十多名士兵。土耳其對伊德利布省投入的成本高昂，同時還要多線作戰，戰線數目堪稱是第一次世界大戰以來最高。除了伊德利布省及其在敘利亞北部控制的地區外，土耳其當局還在利比亞部署了部隊。同時間，土耳其也因為天然氣開採的問題，與東地中海地區國家，如賽普勒斯之間的軍事氣氛愈來愈緊繃。上述各種因素解釋了為什麼土耳其揚言準備放行希臘邊境的數萬難民至歐盟，藉此向歐盟挑釁，結果取得了一定的成效。

2020年春天，停火協議減緩了敘利亞政府對伊德利布省的轟炸，但該省如今已是前所未有的孤立。Covid-19可能會為當地帶來嚴重損失，因為伊德利布省根本無力實行任何公共衛生措施。伊德利布省未來命運將如何？由於敘利亞內戰的前車之鑑，我們無法妄下定論。

文 ● T. Chabre

❶編注：伊德利布省的戰事起因於2011年敘利亞內戰，未來發展仍是未知數。該省的敘利亞反抗軍由土耳其和美國等西方國家支援，而敘利亞政府軍則由俄羅斯和伊朗撐腰。

❷編注：哈薩克首都，2019年改名為努爾蘇丹。

伊拉克：在貪汙與地雷中重建家園

1980 年以來，伊拉克不停遭逢戰爭與禁運制裁。儘管 2003 年美國入侵伊拉克後，已動用數千億美元挹注伊拉克重建，伊國仍然到處是廢墟。2019 年 3 月恐怖組織 ISIS 潰敗，標誌了一個漫長重建過程的開始，同時也激發了區域強權與腐敗的伊拉克國家機器的欲望野心。

2018 年 1 月，世界銀行估計，伊拉克的尼尼微省（Nineveh）、安巴爾省（Anbar）、巴比倫省（Babil）、巴格達省（Bagdad）、薩拉丁省（Salah ad-Din）、基爾庫克省（Kirkuk）和迪雅拉省（Diyala）為了對抗 ISIS 的戰爭造成的破壞，總成本為 457 億美元[1]。尤其物質方面的損失非常驚人，超過 13 萬 8,050 間房屋受損，其中一半無法修復；受損最嚴重的，是最貧窮的集體住宅。在已知的學校中，只有 38% 仍然屹立不搖，這些學校往往被士兵或流離失所的平民用作庇護所。生產部門也受到嚴重影響，2018 年有 20% 的伊拉克人從事農業，戰爭爆發之後，農業部門的生產力下降了 40%。主要原因是灌溉系統遭到破壞，2018 年僅有 20% 的農民有灌溉系統可用；相比 2013 年，有灌溉系統可用的農民比例達 65%。而身為伊國經濟中流砥柱的石油工業，遭受的損失估計達 43 億美元，位於拜吉（Baiji）的最大煉油廠就囊括了其中的 90%。除此之外，伊拉克的經濟重建勢必要先改善世界銀行評估為世界第 147 名（2018 年數據）的差勁物流績效，而該國有長達 2,300 公里的道路遭到毀損。

人民沒水沒電，政府卻編預算蓋酒店？

伊拉克的基本民生需求供應也幾乎停擺。受災地區有一半的醫院停止運作；且由於 75% 的水利基礎建設和 17 個發電廠中有 8 個遭到摧毀，水電的獲取變得困難重重。然而，究竟哪些損害是 ISIS 占據伊拉克造成的，哪些又是教派戰爭（2006～2009 年）、第一次（1990～1991 年）和第二次（2003～2011 年）波斯灣戰爭、13 年的禁運制裁（1990～2003 年）或兩伊戰爭（1980～1988 年）造成的，仍然很難區分清楚。

2018 年 2 月在科威特舉行的伊拉克重建會議上，伊拉克政府提出了重建所需資源的具體數字：882 億美元；其中 174 億美元預計投入住宅重建（不過直到 2019 年 6 月，仍有 160 萬伊拉克人流離失所）。伊拉克當局總共列出了 212 項計畫，包括在波斯灣的小城法奧（Fao）建立一個新港口（60 億美元），到為阿比爾機場（Erbil airport）開設一家五星級酒店（2,000 萬美元）等林林總總。上述的金額還不包括美國入侵後的 2003～2014 年間，已支用於重建工作的 2,200 億美元。然而，國際社會在這場重建會議上只承諾了 300 億美元的貸款與投資，其中 50 億美元來自土耳其，20 億美元來自科威特，15 億美元來自沙烏地阿拉伯，10 億美元來自卡達。

貪汙問題嚴重，導致國際不願援助

一年過去了，重建會議上承諾的貸款都沒有實現。伊拉克的重建主要仰賴聯合國開發計畫署（United Nations Development Programme, UNDP）可動用的 10 億 4,000 萬美元資金，其中 15% 由美國出資，13% 由德國負擔。截至 2019 年初，該計畫已修復了 1 萬 8,122 間住宅，以及摩蘇爾東部拜吉和卡巴（Al-Qubba）的給水廠，為 90 萬居民提供服務，另外也提供了 869 台變壓器來加強尼尼微平原的輸電網，讓提克里特教學醫院（Tikrit University Hospital）及其 400 張病床恢復運作，還重建了法魯賈（Fallujah）落成於 1932 年、充滿象徵意義的金屬橋。

伊拉克猖獗氾濫的貪汙腐敗問題，降低了獲得國際援助的機會。2019 年國際透明組織（Transparency International）在 198 個國家中，將伊拉克排為第 162 名。伊拉克中央政府撥給尼尼微省近 6,400 萬美元的重建資金，據信已遭地方官員中飽私囊，導致該省省長納菲爾·阿庫布（Nawfel Akoub）於 2019 年 3 月遭到免職。後又發生渡輪在摩蘇爾底格里斯河沉沒的事件，造成約 100 人死亡，阿庫布因而遭指控貪汙腐敗。

重建工作挖出超過百座亂葬坑

處理戰爭遺存物的問題更是重建的一大挑戰。2018 年春季，光是摩蘇爾市就清出 800 萬噸瓦礫；在缺乏妥善的管理部門的情形下，這些瓦礫的清運問題阻礙了重建工作[2]。此外，每個月伊拉克大約有 300 起土製炸彈爆炸事件，該國的重建也需仰賴排雷（清除地雷）的成效。2018 年初，據世界銀行估計，伊拉克有 2 萬 3,713 平方公里的土地，約占總領土的 5.5%，仍然埋著地雷，其中一些甚至可以追溯到兩伊戰爭（參見圖1）。隨著各項基礎建設持續重建，ISIS 暴行的證據也紛紛暴露於光天化日之下。截至 2018 年底，聯合國已在伊國標定了 202 座亂葬坑，其中單是尼尼微地區就有 95 座[3]。

文 • T. Meyer

[1] Banque mondiale, *Iraq: Reconstruction & Investment. Part 2: Damage and Needs Assessment of Affected Governorates*, janvier 2018.

[2] Voir le documentaire *Mossoul, après la guerre*, d'Anne Poiret, 2019.

[3] UNAMI/OHCHR, « Unearthing Atrocities: Mass Graves in territory formerly controlled by ISIL », 6 novembre 2018.

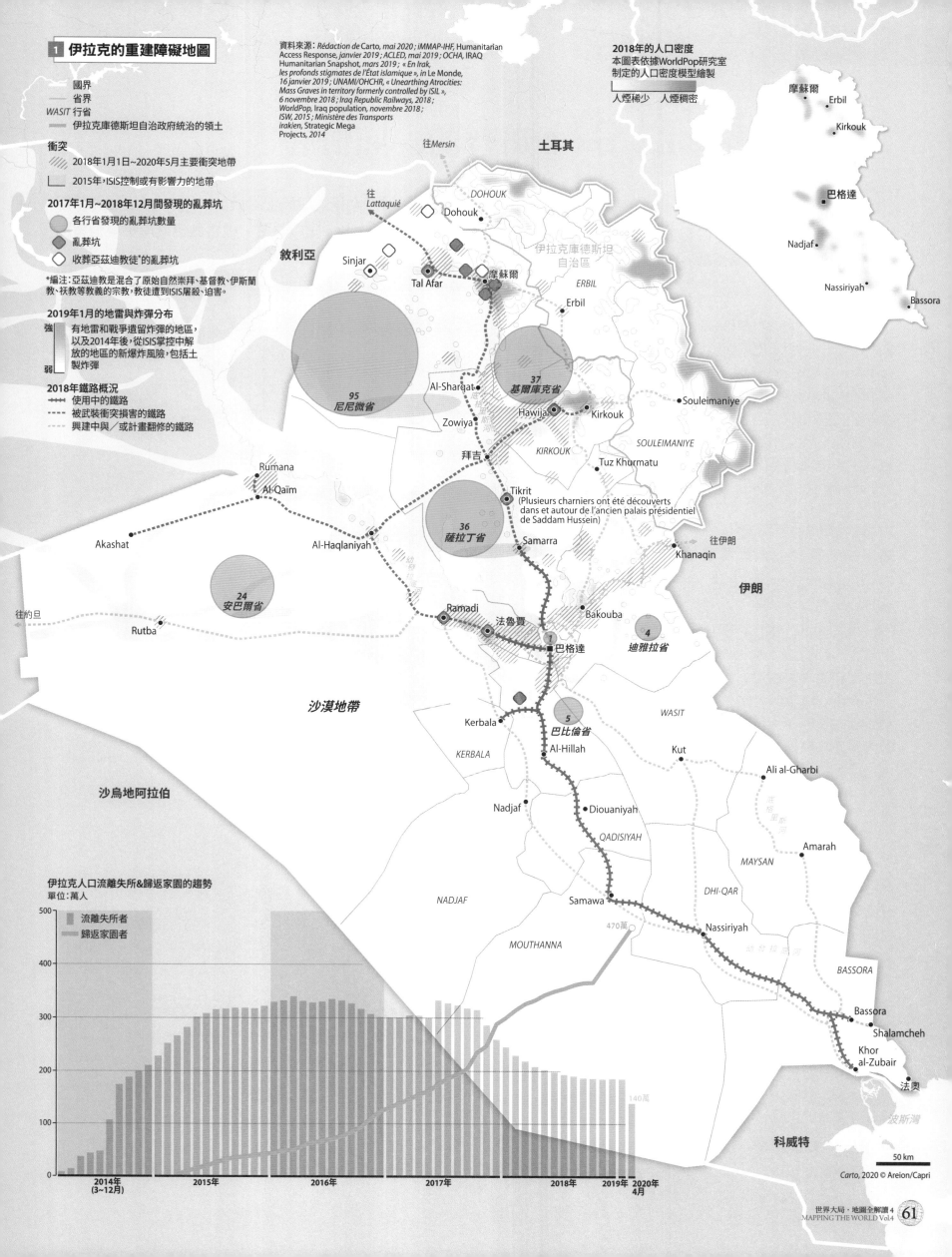

1 伊拉克的重建障礙地圖

國界
省界
WASIT 行省
伊拉克庫德斯坦自治政府統治的領土

衝突
2018年1月1日~2020年5月主要衝突地帶
2015年，ISIS控制或有影響力的地帶

2017年1月~2018年12月間發現的亂葬坑
各行省發現的亂葬坑數量
亂葬坑
收葬亞茲迪教徒*的亂葬坑

*編注：亞茲迪教是混合了原始自然崇拜、基督教、伊斯蘭教、祆教等教義的宗教，教徒遭到ISIS屠殺、迫害。

2019年1月的地雷與炸彈分布
強／弱 有地雷和戰爭遺留炸彈的地區，以及2014年後，從ISIS掌控中解放的地區的新爆炸風險，包括土製炸彈

2018年鐵路概況
使用中的鐵路
被武裝衝突損害的鐵路
興建中與／或計畫翻修的鐵路

資料來源：*Rédaction de Carto, mai 2020 ; iMMAP-IHF, Humanitarian Access Response, janvier 2019 ; ACLED, mai 2019 ; OCHA, IRAQ Humanitarian Snapshot, mars 2019 ; « En Irak, les profonds stigmates de l'État islamique », in Le Monde, 16 janvier 2019 ; UNAMI/OHCHR, « Unearthing Atrocities: Mass Graves in territory formerly controlled by ISIL », 6 novembre 2018 ; Iraq Republic Railways, 2018 ; WorldPop, Iraq population, novembre 2018 ; ISW, 2015 ; Ministère des Transports irakien, Strategic Mega Projects, 2014*

2018年的人口密度
本圖表依據WorldPop研究室制定的人口密度模型繪製
人煙稀少 人煙稠密

往Mersin
往Lattaquié

摩蘇爾 Erbil
Kirkouk
巴格達
Nadjaf
Nassiriyah
Bassora

土耳其
敘利亞
DOHOUK
Dohouk
Sinjar
Tal Afar
摩蘇爾
ERBIL
Erbil
伊拉克庫德斯坦自治區
Al-Sharqat
37 基爾庫克省
Hawija
Kirkouk
Souleimaniye
SOULEIMANIYE
Zowiya
KIRKOUK
拜吉
Tuz Khurmatu
95 尼尼微省
Rumana
Al-Qaïm
Tikrit
(Plusieurs charniers ont été découverts dans et autour de l'ancien palais présidentiel de Saddam Hussein)
Akashat
Al-Haqlaniyah
36 薩拉丁省
Samarra
往伊朗
Khanaqin
伊朗
Rutba
24 安巴爾省
往約旦
Ramadi
法魯賈
Bakouba
4 迪雅拉省
沙漠地帶
Kerbala
5 巴比倫省
Al-Hillah
WASIT
Kut
Ali al-Gharbi
沙烏地阿拉伯
KERBALA
Nadjaf
Diouaniyah
QADISIYAH
Amarah
MAYSAN
NADJAF
Samawa
DHI-QAR
Nassiriyah
MOUTHANNA
470萬
幼發拉底河
BASSORA
Bassora
Shalamcheh
Khor al-Zubair
法奧
科威特
波斯灣
50 km

Carto, 2020 © Areion/Capri

伊拉克人口流離失所&歸返家園的趨勢
單位：萬人
流離失所者
歸返家園者
500
400
300
200
140萬
100
0
2014年(3~12月)　2015年　2016年　2017年　2018年　2019年　2020年4月

以巴和平計畫：川普的一廂情願

2019 年 6 月 25 和 26 日，在巴林首都麥納瑪（Manama），美國總統川普的女婿兼顧問庫許納（Jared Kushner）闡述了解決以巴衝突的「川普和平計畫」（Trump peace plan）中的經濟目標。其中有許多承諾與希望，但這個倡議恐怕會迎頭撞上巴勒斯坦艱困的經濟情勢。

川普和平計畫的目標雄心勃勃：經濟發展第一，讓巴勒斯坦建立一個生氣勃勃、蒸蒸日上的社會。然而，庫許納在和平會議上既沒有提到難民的命運，也沒有提到巴勒斯坦邊界的談判，或耶路撒冷成為以色列首都後的地位；更沒有談及和平計畫中的政治層面。如此看來，此一計畫有必要進行總體評估。

川普的經濟和平計畫，幾乎沒有阿拉伯國家買單

川普和平計畫預計要在十年內籌集 500 億美元，在巴勒斯坦和鄰近國家（黎巴嫩、埃及和約旦）進行必要的投資，而其中超過一半的金額，會提供給約旦河西岸和加薩走廊（巴勒斯坦領土）。該計畫提到了幾個遠大的目標，例如創造 100 萬個就業機會、開辦一所能夠躋身世界前 150 名的大學；將外國直接投資（FDI）增加 8 倍、女性在經濟活動中的參與率從 20％提高到 35％、預期壽命從 74 歲提高到 80 歲，還有將嬰兒死亡率❶從 18 降低到 9 等。而此一計畫需要所有的部門參與，從基礎設施到能源、文化和公共行政，全部囊括在內。

美國不信任巴勒斯坦政府，打算將這筆錢的管理與投資委託給一家國際開發銀行。然而，就政治層面來看，本計畫的實行仍有許多疑慮與未知數。早在 1990 年代、2000 年代，美國就已經提出過經濟利益優先的策略，卻皆以失敗告終。此外，美國在 2014 年承諾的 4 億美元援助，兩年後只交付了一半。不僅如此，本計畫甚至在做簡報之前，就遭到巴勒斯坦政府拒絕；巴勒斯坦自然也沒有出席會議。阿拉伯國家乃是落實計畫的主要支柱，然而，這些國家並不認同美國的一廂情願；這種「落花有意，流水無情」的狀況，恐怕會妨礙川普和平計畫的目標實現。事實上，會議只有埃及和約旦的官員出席，因為這兩國是該計畫的直接受益者。約旦傳統上是美國的盟友，但約旦當局認為，經濟面的解決方案並不能取代以色列人和巴勒斯坦人之間的和平協議。況且，和平計畫對於約旦河西岸被以色列占領的領土沒有任何著墨或是提案。同樣地，巴勒斯坦武裝組織「哈瑪斯」（Hamas，全稱為「伊斯蘭抵抗運動」〔Islamic Resistance Movement〕）對加薩走廊的控制以及與巴勒斯坦當局的關係，本計畫也避而不談。更不用說，和平會議舉辦的同時，有 200 多名示威者闖入巴林駐伊拉克大使館抗議這項和平計畫。

1 以色列在約旦河西岸的擴張主義政策地圖（2019年）

— 綠線（停戰線）
— 安全圍牆或安全柵欄
— 建造中或計畫中的障礙物

巴勒斯坦人
☐ 巴勒斯坦的建築帶

以色列殖民區
■ 以色列殖民區的建築帶
■ 殖民區管轄的殖民地帶
☐ 軍事化的射擊地帶[1]與緩衝地帶
☐ 以色列宣布的自然保留區，意在阻止巴勒斯坦人興建屋舍

1.譯注：所謂的射擊地帶，是指以色列部隊進行射擊訓練的地帶。

以色列殖民區（亦稱以色列屯墾區）建立時間
■ 1960年　　■ 1980年
■ 1970年　　☐ 1990~1995年
⬤ 預計有新建築計畫的以色列殖民區

以色列非法屯墾區
△ 2001年3月以前建立
▲ 2001年3月以後建立

1995年《奧斯陸第二協議》(Oslo II Accord) 將約旦河西岸劃分為以下三種地帶
☐ A區：受巴勒斯坦民事與軍事管轄
☐ B區：民事受巴勒斯坦管轄，軍事由以色列和巴勒斯坦共管
☐ C區：完全由以色列管轄

約旦河西岸

REHAN
Jénine
MEVO DOTAN
MEHOLA
Tulkarem
AVNE HEFEZ
ENAV
SHAVEI SHOMRON
ELON MOREH
HAMRA
SALIT
KEDUMIM
Naplouse
BRAKHA
KARNEI SHOMRON
ITAMAR
ALFEI MENASHE
NOFIM
YIZHAR
ORANIT
MASSUA
ARIEL
ELKANA
MA'ALE EFRAYIM
ELI
SHILOH
BEIT ARYEH
TALMON
OFRA
MODI'IN ILLIT
BET EL
Ramallah
G. BINYAMIN
Jéricho
MEVO HORON
GIVAT ZEEV
K. ADUMIM
PISGAT ZEEV
QALYA
RAMOT ALLON
MA'ALE ADUMIM
以色列
東耶路撒冷
GILO
HAR HOMA
BEITAR ILLIT
伯利恆
KFAR ELDAD
EFRAT
TEKOA
ETZION
NOKDIM
ADORA
TELEM
希布倫
KIRYAT ARBA
MITZPE SHALEM
HAGGAY
NEGOHOT
MA'ON
OTNIEL
TENE
SUSIYA
SHIM'A
MEZADOT YEHUDA

黎巴嫩
敘利亞
約旦河西岸
加薩走廊
以色列
約旦
埃及

資料來源：B'Tselem, 2019；OCHA, West Bank Access Restrictions, juillet 2018；« Israel to build entirely new settlement in West Bank », CNN, 1er février 2017

Carto n° 55, 2019 © Areion/Capri

計畫不切實際，嚴重脫離巴勒斯坦現況

美國人的承諾恐怕會一頭撞上現實的高牆。巴勒斯坦人口明顯增長，根據巴勒斯坦中央統計局（Palestinian Central Bureau of Statistics）的調查顯示，2016 年巴勒斯坦（約旦河西岸與加薩走廊共計）有 480 萬人，人口眾多，且多數是年輕人（71％的人口年齡小於 30 歲，18～29 歲的人口占總人口的 24％），失業率極高（2018 年失業人口占勞動人口的 31％；其中，加薩走廊的失業率為 52％，約旦河西岸則為 18％）。根據世界銀行的資料，巴勒斯坦的經濟成長相當疲弱：2018～2019 年，經濟成長率停滯在 1％左右，2020 年預料將會出現負成長❷。

此外，巴勒斯坦的經濟非常仰賴外部資金，由於國際援助減少，巴勒斯坦一向嚴峻的財政危機如今更是變本加厲。2019 年 2 月起，以色列暫停將代徵稅款❸交付給巴勒斯坦政府，這部分收入最高可占巴勒斯坦總收入的 60％。一直到同年 7 月以前，巴勒斯坦還在實行預算撙節。領土分裂、遭到以色列占領（參見圖 1），加上通往巴勒斯坦的運輸相當困難，即使在領土內部移動也限制重重，在在使得巴勒斯坦本已脆弱的經濟情勢雪上加霜。而以色列自 2007 年以來在加薩走廊實施的經濟封鎖，更導致巴勒斯坦人的生活條件變得難以忍受。世界銀行的資料顯示，2018 年，在加薩走廊，有 67％的年輕人深受失業之苦，將近 46％的人口每天生活費不足 5.5 美元（約旦河西岸則為 9％人口）。此外，還有能源長期短缺的問題。據聯合國統計，加薩居民平均每天只有 6.6 小時可以用電（參見圖 2）；碳氫燃料（汽油等）和用水也難以取得（人均用水量為每天 73 公升，且用水大多遭到汙染）。2019 年 5 月，加薩走廊的武裝組織（哈瑪斯）與以色列停火後，也仰賴卡達提供的 4.8 億美元援助。綜上所述，巴林的這場會議似乎離現實情況相當遙遠；因此，美國也只能預期巴勒斯坦會拒絕 2020 年 1 月的這個「川普和平計畫」。

文 • C. Braccini

❶ 編注：嬰兒死亡率數值為每 1000 名活產兒中在一歲前死亡的人口數。
❷ 編注：根據世界銀行資料，2020 年經濟成長率（GDP 年增率）為 -11.5%。
❸ 編注：從以色列的港口過境要送往巴勒斯坦的貨物，以色列會先代為徵稅，再轉交給巴勒斯坦。

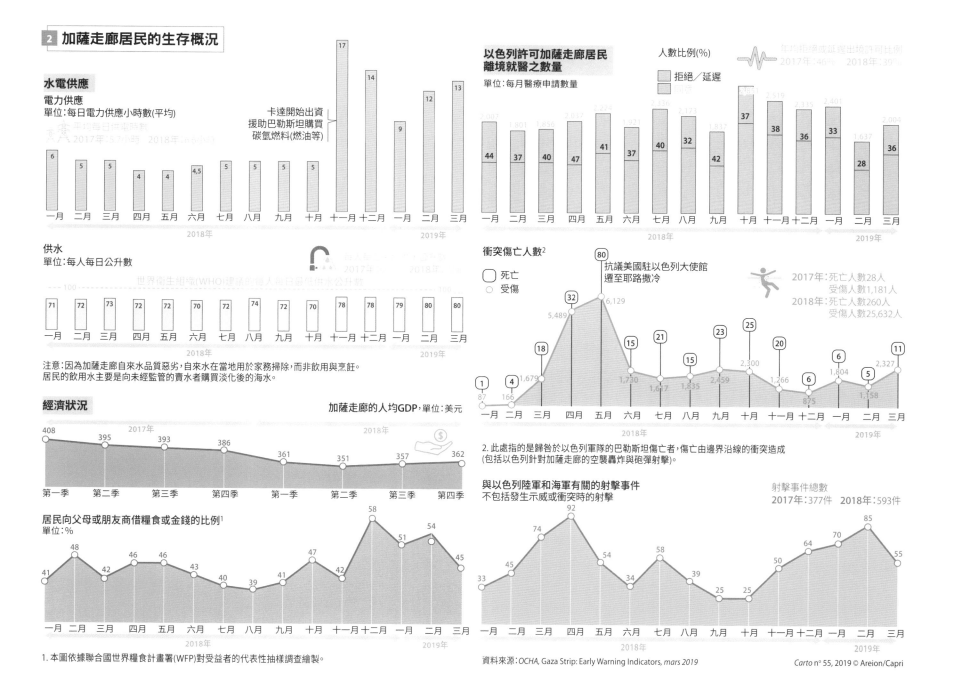

2 加薩走廊居民的生存概況

水電供應
電力供應
單位：每日電力供應小時數(平均)

卡達開始出資援助巴勒斯坦購買碳氫燃料(燃油等)

6 / 5 / 5 / 4 / 4 / 4,5 / 5 / 5 / 5 / 5 / 17 / 14 / 9 / 12 / 13
一月 二月 三月 四月 五月 六月 七月 八月 九月 十月 十一月 十二月 一月 二月 三月
2018年 / 2019年

供水
單位：每人每日公升數

71 / 71 / 73 / 72 / 72 / 70 / 71 / 72 / 72 / 70 / 78 / 78 / 79 / 80 / 80
一月 二月 三月 四月 五月 六月 七月 八月 九月 十月 十一月 十二月 一月 二月 三月
2018年 / 2019年

注意：因為加薩走廊自來水品質惡劣，自來水在當地用於家務掃除，而非飲用與烹飪。居民的飲用水主要是向未經監管的賣水者購買淡化後的海水。

經濟狀況
加薩走廊的人均GDP，單位：美元

408 / 395 / 393 / 386 / 361 / 351 / 357 / 362
第一季 第二季 第三季 第四季 第一季 第二季 第三季 第四季
2017年 / 2018年

居民向父母或朋友商借糧食或金錢的比例[1]
單位：%

41 / 48 / 42 / 46 / 46 / 43 / 40 / 39 / 41 / 47 / 42 / 58 / 51 / 54 / 45
一月 二月 三月 四月 五月 六月 七月 八月 九月 十月 十一月 十二月 一月 二月 三月
2018年 / 2019年

1. 本圖依據聯合國世界糧食計畫署(WFP)對受益者的代表性抽樣調查繪製。

以色列許可加薩走廊居民離境就醫之數量
單位：每月醫療申請數量

人數比例(%)
拒絕／延遲

2,007 / 1,801 / 1,856 / 2,037 / 2,224 / 1,921 / 2,336 / 2,173 / 1,837 / 2,519 / 2,315 / 2,401 / 1,637 / 2,004
44 / 37 / 40 / 47 / 41 / 37 / 40 / 32 / 42 / 37 / 38 / 36 / 33 / 28 / 36
一月 二月 三月 四月 五月 六月 七月 八月 九月 十月 十一月 十二月 一月 二月 三月
2018年 / 2019年

衝突傷亡人數[2]
死亡
受傷

抗議美國駐以色列大使館遷至耶路撒冷

2017年：死亡人數28人 受傷人數1,181人
2018年：死亡人數260人 受傷人數25,632人

1 / 4 / 18 / 32 / 80 / 15 / 21 / 15 / 23 / 25 / 20 / 6 / 6 / 5 / 11
87 / 166 / 1,679 / 5,489 / 6,129 / 1,730 / 1,617 / 1,835 / 2,459 / 2,300 / 1,266 / 875 / 1,804 / 1,158 / 2,327
一月 二月 三月 四月 五月 六月 七月 八月 九月 十月 十一月 十二月 一月 二月 三月
2018年 / 2019年

2. 此處指的是歸咎於以色列軍隊的巴勒斯坦傷亡者，傷亡由邊界沿線的衝突造成（包括以色列針對加薩走廊的空襲轟炸與砲彈射擊）。

與以色列陸軍和海軍有關的射擊事件
不包括發生示威或衝突時的射擊

射擊事件總數
2017年：377件 2018年：593件

33 / 45 / 74 / 92 / 54 / 34 / 58 / 39 / 25 / 25 / 50 / 64 / 70 / 85 / 55
一月 二月 三月 四月 五月 六月 七月 八月 九月 十月 十一月 十二月 一月 二月 三月
2018年 / 2019年

資料來源：*OCHA, Gaza Strip: Early Warning Indicators, mars 2019*

Carto nº 55, 2019 © Areion/Capri

以色列屯墾區：從點到面的占領計畫！

與國際法的認定相反，美國認可約旦河西岸的以色列殖民區（亦稱屯墾區），也在 2020 年 1 月提出的和平計畫裡，提議以色列併吞這些殖民區。此前不過四個月，以色列總理納坦雅胡（Benjamin Netanyahu，任期 2009 ～ 2021 年）甚至保證會占領約旦河谷（vallée du Jourdain）。究竟這些殖民區是如何運作，其經濟分量又是如何？

1978 ～ 2019 年，美國與世界上大多數國家一樣，認為 1967 年六日戰爭（又稱第三次以阿戰爭）後，位於以色列和巴勒斯坦實際邊界「綠線」（Ligne verte）以外的以色列殖民區是非法的。然而，川普政府選擇支持納坦雅胡領導的「聯合黨」（Likoud），帶來了美國立場的劇烈轉變（參見圖 1）。以色列聯合黨在 2020 年 3 月的議會選舉中取得了勝利（120 個議席中，該黨取得 36 席）；該黨歷來支持以色列殖民政策，儘管此政策違反了好幾項國際法規，包括《日內瓦公約》（Geneva Convention）以及聯合國安全理事會（UN Security Council）第 2334 號決議（2016 年 12 月通過），該決議要求以色列「立刻完全」停止在巴勒斯坦的所有殖民活動。

占領巴勒斯坦的三大誘因：宗教、政治、經濟

六日戰爭之後，以色列當局將本國人口遷入占領的巴勒斯坦，此乃以色列殖民區的濫觴。一開始，殖民行動是由以色列參謀總部進行的軍事行動，之後則由政府支持的宗教激進分子接手；以色列殖民巴勒斯坦的速度愈來愈快，即使在兩次巴勒斯坦人大起義（Palestinian Intifada，1987 ～ 1993 年、2000 ～ 2005 年）或和平談判期間都沒有放慢腳步，1993 年的《奧斯陸協議》（Oslo Accords）應該要終止以色列的殖民行為，卻未成功。而非政府組織，如「即刻和平」（Peace Now）也紛紛譴責非法殖民區的合法化，以及以色列政府為了讓殖民區定居者的數目能超過 100 萬人而批准建造幾千棟住宅。最初，殖民區僅限於富有戰略意義的地帶和耶路撒冷周圍，現在卻迅速擴張蔓延。根據以色列非營利人權組織 B'Tselem 的可信數據顯示，截至 2017 年底為止，以色列已建立 131 個殖民區（以及其他 110 個非法殖民區），殖民區人口為 41 萬 3,400 人（若將東耶路撒冷計算進來，則為 62 萬 2,670 人），人數之多，可說是每 10 個以色列人中就有一個定居在殖民區。

以色列人定居在約旦河西岸有幾個原因，第一個純粹是宗教因素。在以色列，許多大家族都是極端正統猶太教的信徒，對他們而言，殖民的宗旨在於回到應許之地，也就是《聖經》中所說的「猶大和撒馬利亞」（Judea and Samaria，即約旦河西岸），在猶太教的早期聖地、東耶路撒冷的哭牆和希布倫的列祖之墓（Tomb of the Patriarchs）圍繞下，過著遠離現代社會的生活。這種趨勢與 2000 年代以來宗教政黨的勢力抬頭有關。

第二個是政治因素，也是最主要的殖民因素，出自猶太復國主義（Zionism）和新猶太復國主義（Neo-Zionism）的意識形態。極端的民族主義者希望能建立一個東起地中海、西迄約旦河的「大以色列」（Greater Israel）。民族主義運動「猶太家園黨」（Jewish Home，2019 年加入由右派和極右派政黨組建的選舉聯盟「右傾」〔Yamina〕，在 2020 年 3 月的選舉中贏得 6 個席次）就是代表之一，自 2009 年以來，猶太家園黨一直是組建右派聯盟的穩定支持力量。而以色列的第三個殖民因素是經濟誘因：以色列政府鼓勵殖民行為，不吝於採取種種利多手段，好比給予租稅優惠、不動產低利貸款、補貼或提供住宅等，吸引負擔不起城市高房價的年輕人。台拉維夫（Tel-Aviv）的公寓平均價格為 53 萬 6,000 歐元，而在距離沿海大都會地帶 40 公里不到的以色列西岸第四大殖民城市阿里埃勒（Ariel），公寓的平均價格才 25 萬歐元。出於「經濟因素」的殖民者占約旦河西岸以色列人口的 80％，殖民區的 40％。

國際譴責殖民，美國默許招致批評

在以色列的殖民行動中，最具衝突性的是經濟問題。雖然經濟活動改善了約旦河西岸的基礎建設，但這些建設主要是為了以色列企業的利益，而這些企業的生產活動主要是建立在對巴勒斯坦資源的壟斷上。例如用水問題就非常敏感，巴勒斯坦農民眼睜睜看著他們的水源因為軍事占領而乾涸或無法使用（參見圖 2、3），而由以色列殖民區則以極度先進的水井供水，據估計，截取了約旦河西岸 80％的水資源（約旦河谷的水資源特別豐富）。

上述情形經常受到各方控訴譴責，非政府組織就曾呼籲抵制進口以色列殖民區生產的產品。聯合國在 2020 年初發表了 112 家與以色列殖民區有關聯的企業，包括運輸公司阿爾斯通（Alstom）與 Airbnb 等。2019 年 11 月 12 日，歐洲聯盟法院規定，從以色列殖民區進口的產品（農產品和製造成品）都必須標明「遭以色列占領的領土」。一些位於殖民區的以色列企業不希望引起主要貿易夥伴的不滿（2017 年，以色列與歐盟的貿易額達 362 億歐元），於是搬回了綠線以內的以色列領土。如此看來，美國不僅承認以色列殖民區，甚至早在 2017 年 12 月就承認耶路撒冷為以色列首都的立場，對於中東和平進程造成障礙，因此備受批評。

文 • C. Loïzzo

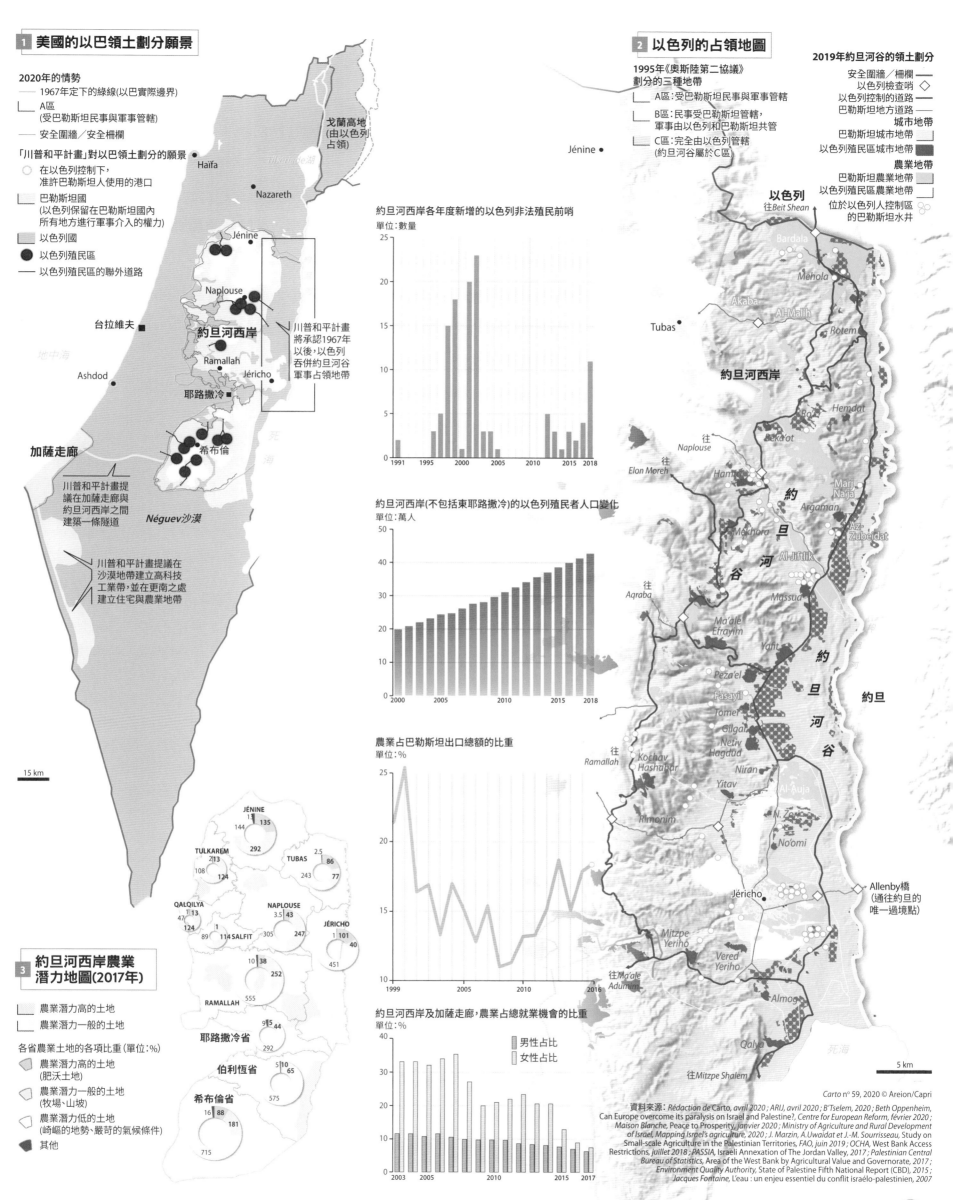

1 美國的以巴領土劃分願景

2020年的情勢
— 1967年定下的綠線(以巴實際邊界)
▢ A區 (受巴勒斯坦民事與軍事管轄)
— 安全圍牆／安全柵欄

「川普和平計畫」對以巴領土劃分的願景
○ 在以色列控制下, 准許巴勒斯坦人使用的港口
▢ 巴勒斯坦國 (以色列保留在巴勒斯坦國內所有地方進行軍事介入的權力)
▢ 以色列國
● 以色列殖民區
— 以色列殖民區的聯外道路

Haïfa
戈蘭高地 (由以色列占領)
Nazareth
Jénine
Naplouse
約旦河西岸
台拉維夫
Ramallah
Ashdod
Jéricho
耶路撒冷
加薩走廊
希布崙
Néguev沙漠

川普和平計畫將承認1967年以後,以色列吞併約旦河谷軍事占領地帶

川普和平計畫提議在加薩走廊與約旦河西岸之間建築一條隧道

川普和平計畫提議在沙漠地帶建立高科技工業帶,並在更南之處建立住宅與農業地帶

15 km

3 約旦河西岸農業潛力地圖(2017年)

▢ 農業潛力高的土地
▢ 農業潛力一般的土地

各省農業土地的各項比重(單位:%)
◇ 農業潛力高的土地 (肥沃土地)
◇ 農業潛力一般的土地 (牧場、山坡)
◇ 農業潛力低的土地 (崎嶇的地勢、嚴苛的氣候條件)
◆ 其他

JÉNINE
13 135
144
292

TULKAREM
2 13
108 124

TUBAS
2.5
86
243 77

QALQILYA
1 13
47
124 89

NAPLOUSE
3.5 43
1 SALFIT
10 38 305 247

JÉRICHO
1 101
40
451

114
252

RAMALLAH
555
9 5 44
292
耶路撒冷省

伯利恆省
5 10 65
575

希布崙省
16 88
181
715

2 以色列的占領地圖

1995年《奧斯陸第二協議》劃分的三種地帶
▢ A區:受巴勒斯坦民事與軍事管轄
▢ B區:民事受巴勒斯坦管轄, 軍事由以色列和巴勒斯坦共管
▢ C區:完全由以色列管轄 (約旦河谷屬於C區)

2019年約旦河谷的領土劃分
— 安全圍牆／柵欄
◇ 以色列檢查哨
— 以色列控制的道路
— 巴勒斯坦地方道路
城市地帶
▢ 巴勒斯坦城市地帶
▢ 以色列殖民區城市地帶
農業地帶
▢ 巴勒斯坦農業地帶
▢ 以色列殖民區農業地帶
○ 位於以色列人控制區的巴勒斯坦水井

Jénine
以色列
往Beit Shean
Bardala
Mehola
Akaba
Al-Malih
Tubas
Rotem
約旦河西岸
Hemdat
往Naplouse
Beka'ot
往Elon Moreh
Hamra
Marj Naja
Argaman
Az-Zubeidat
Mekhora
約旦河谷
Al-Jiftlik
往Aqraba
Massua
Ma'ale Efrayim
Yafit
Peza'el
Fasayil
往Ramallah
Kochav Hashahar
Tomer
Gilgal
Niran
Netiv Hagdud
Yitav
Al-'Auja
Rimonim
N. Zore
No'omi
Jéricho
Allenby橋 (通往約旦的唯一過境點)
Mitzpe Yeriho
Vered Yeriho
往Ma'ale Adumim
Almog
Qalya
死海
往Mitzpe Shalem

5 km

約旦河
約旦

約旦河西岸各年度新增的以色列非法殖民前哨
單位:數量
1991 1995 2000 2005 2010 2015 2018

約旦河西岸(不包括東耶路撒冷)的以色列殖民者人口變化
單位:萬人
2000 2005 2010 2015 2018

農業占巴勒斯坦出口總額的比重
單位:%
1999 2005 2010 2016

約旦河西岸及加薩走廊,農業占總就業機會的比重
單位:%
■ 男性占比
□ 女性占比
2003 2005 2010 2015 2017

資料來源: Rédaction de Carto, avril 2020; ARIJ, avril 2020; B'Tselem, 2020; Beth Oppenheim, Can Europe overcome its paralysis on Israel and Palestine?, Centre for European Reform, février 2020; Maison Blanche, Peace to Prosperity, janvier 2020; Ministry of Agriculture and Rural Development of Israel, Mapping Israel's agriculture, 2020; J. Marzin, A.Uwaidat et J.-M. Sourrisseau, Study on Small-scale Agriculture in the Palestinian Territories, FAO, juin 2019; OCHA, West Bank Access Restrictions, juillet 2018; PASSIA, Israeli Annexation of The Jordan Valley, 2017; Palestinian Central Bureau of Statistics, Area of the West Bank by Agricultural Value and Governorate, 2017; Environment Quality Authority, State of Palestine Fifth National Report (CBD), 2015; Jacques Fontaine, L'eau : un enjeu essentiel du conflit israélo-palestinien, 2007

Carto n° 59, 2020 © Areion/Capri

埃及：反對派終於撼動強人塞西

◎基本資料

正式國名
埃及阿拉伯共和國

國家元首
塞西
（2014 年起擔任總統）

面積
1,001,450 平方公里
（世界排名第 31 位）

官方語言
阿拉伯語

首都
開羅

2020 年人口
10,233 萬人

人口密度
每平方公里 102 人

貨幣
埃及鎊（EGP）

2020 年人均 GDP
（以購買力平價計算）
12,608 美元

2019 年人類發展指數（HDI）
0.707
（排名第 116 位）

兩起事件引起了人們對埃及的關注，首先是 2019 年 4 月 20～22 日，埃及舉行修憲公投，延長總統任期，讓埃及總統塞西（Abdel Fattah al-Sisi）能夠一路執政至 2030 年；再者是，前總統穆爾西（Mohamed Morsi，任期 2012 年 6 月～2013 年 7 月）於同年 6 月 17 日去世❶。

上述這兩起事件的象徵意義，讓人忽略了 4 月修憲案的體制改革規模，以及修憲案討論過程中展現的權力關係。整體來說，這次修憲內容強化了埃及政權獨尊總統的特色，和軍隊在各政府機關的分量，同時也展現出少數族群政治代表的進步，揭示了在當今的埃及，形式多樣的反對派重新獲得一定的動員能力，卻仍無法成為政治上的替代選項。

用修憲案延長總統任期、鞏固軍隊特權

首先，現任總統塞西得利於修憲案，允許他將原本四年的總統任期延長為六年（埃及憲法第 140 條），且可以在 2024 年競逐連任，任期也是六年。此外，總統還被賦予了決定法官職業生涯、任命各級法院院長的權力，從而增強了行政部門對司法部門的支配。

再者，修憲案也恢復了分別於 2012 年和 2014 年遭到廢除的兩個機關與職位——由國家元首任命的副總統，以及協商會議。後者將以「參議院」的名義重新成立，參議院 180 名成員中的 1/3 將由總統任命。下議院的席位從 596 席減少到 450 席，其中 1/4（112 席）將是女性保留席。埃及憲法也要求國家保障議會中有適當比例的成員能代表工人、農民，以及年輕人、基督徒、身心障礙人士和外籍人士等族群。

最後，修憲案還提出一系列規定來加強埃及軍隊的特權，例如任命國防部長之前，必須徵詢軍方的意見。另外，軍事法庭有權審判任何參與攻擊軍隊的平民，而以前的條文明確規定必須是「直接攻擊」的才可以。最關鍵的是，軍隊在政治裡的角色被寫入了憲法，因為其負責維護憲法、民主、個人的權利和自由，以及國家的「世俗」❷性質（埃及憲法第 200 條）。

塞西努力拉票，反對派聲勢卻漸大

在議會討論期間（議會於 2019 年 4 月 16 日通過上述提案），最後一條規定遭到薩拉菲派（salafiste，伊斯蘭教遜尼派極端保守的一支）光明黨（Al-Nour Party）的反對，他們之前曾成功阻止 2014 年埃及憲法寫入世俗國家的概念。

後來在國會議長的介入下（議長明確表示，本憲法修正案與宗教並不矛盾），光明黨同意為「贊成修憲」一方進行公投宣傳。不過，仍有 22 名議員反對本次修憲提案。主要政黨（自由埃及人黨〔Free Egyptians Party〕、國家未來黨〔Nation's Future Party〕、新華夫托黨〔New Wafd Party〕）支持修憲，但廿五－三十聯盟（25-30 Alliance）的議員表達反對，還有議會內外好幾個社會主義和自由主義運動的反對派聯盟「公民民主運動」（Civil Democratic Movement）也反對修憲。

改革發展黨（Reform and Development

1 埃及的外交合作地圖（2019年）

Carton° 54, 2019 © Areion/Capri

歐盟
~2014~2020年間，歐盟援助埃及發展達724~9.56億歐元

俄羅斯

美國

2018年美國非軍事與軍事援助埃及14億美元

德國

往美國

義大利

土耳其

中國
埃及的新經濟夥伴

大西洋

地中海

摩洛哥

突尼西亞

敘利亞
黎巴嫩
巴勒斯坦
約旦

伊拉克

科威特

巴林
卡達

荷莫茲海峽

阿拉伯聯合大公國

阿爾及利亞

利比亞

開羅
蘇伊士運河
埃及

阿曼

西撒哈拉

沙烏地阿拉伯
高度的經濟依賴關係

茅利塔尼亞

埃及的經濟與外交
▢ 阿拉伯國家聯盟
▪ 阿拉伯國家聯盟總部
— 政治與經濟的緊密關係
— 開羅－莫斯科軸線（2013年以來，兩國強化戰略協議、投資、核能等合作關係）
— 海路
▢ 戰略要道

2018年埃及的主要貿易夥伴
▢ 出口貿易夥伴
◯ 進口貿易夥伴

▨ 埃及、衣索比亞因水資源問題，關係緊繃
▨ 「阿拉伯之春」後，人民挺身反抗，政權遭到推翻的地區
■ 內戰或武裝衝突
▢ 「埃－沙－阿」三國結盟，彼此共同：
  1. 在葉門對抗武裝組織胡塞運動
  2. 在利比亞支持哈夫塔政權
  3. 孤立卡達

尼羅河周邊
▢ 尼羅河流域
■ 因分享尼羅河水資源而發生爭端

厄利垂亞

曼德海峽

蘇丹

吉布地

南蘇丹

衣索比亞

印度洋

剛果民主共和國

烏干達

索馬利亞

盧安達
蒲隆地

維多利亞湖
坦尚尼亞

肯亞

往中國

亞丁灣

紅海

資料來源：Rédaction de Carto, 2019

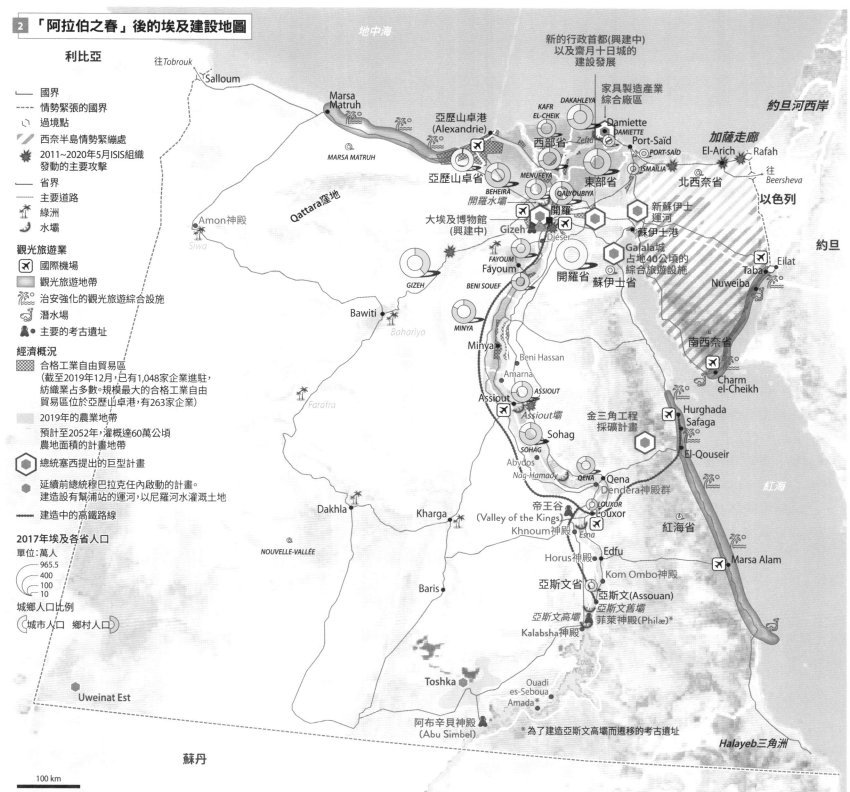

資料來源：*Rédaction de Carto, juin 2020；www.qizegypt.gov.eg, juin 2020；Ministère de l'Investissement et de la Coopération internationale de la République arabe d'Égypte, juin 2019；Organisme général de l'information, Portail pour l'Égypte, juin 2019；American Chamber of Commerce in Egypt, mai 2019；Flanders Investment & Trade, Egypt's Mega Projects, décembre 2018；Laura Monfleur, « L'aménagement en Égypte : les méga-projets du président Abdel Fattah al-Sissi », in Les clés du Moyen-Orient, 1ᵉʳ février 2018；ITRANSPORTE, High Speed Egypt: Under the Eye of Ra, INECO, octobre 2017；Arab Republic of Egypt, National Report, United Nation Human Settlement Conference, Habitat III, 2016*
Carto, 2020 © Areion/Capri

Party）以及公認與前總統穆巴拉克（Hosni Moubarak）政權（1981～2011年統治埃及）關係密切的保守黨（Conservative Party），也同樣反對修憲。

此一憲法修正案最終獲得88.8％選民的支持而通過（投票率為44.3％，而2014年埃及修憲公投的投票率為38.6％，2014年和2018年埃及總統選舉的投票率分別為47.5％和41％），這意味著，儘管塞西政權努力催票，仍有將近300萬埃及人投下反對票（還有80多萬人投了空白票或無效票）。在前總統穆爾西（穆爾西出身穆斯林兄弟會，是埃及首位民主選舉誕生的總統）垮台的情勢下，此次反對派運動的動員堪稱創紀錄。2014年的憲法修正案只有38萬選民投下反對票（還有近25萬張空白或無效票）；2014年的總統選舉，只有75萬選民選擇了反對塞西的候選人（100萬選民投下無效票）；2018年的總統選舉也只有65萬人反對塞西；相較之下，埃及最近幾次的投票，無效票與空白票都確確實實達到180萬張，這代表了，儘管塞西政權想盡辦法大規模動員支持他的選民，沉默無聲的反對派仍透過票匭表達出自己的意見。

文 ● C. Steuer

❶ 編注：穆爾西遭軍方政變、逮捕入獄，罪名是間諜罪。2019年6月17日出庭應訊時昏厥倒地死亡。

❷ 編注：即世俗主義（政教分離）國家，相較於宗教治國的神權國家而言。

土耳其：
憑藉電視劇成為中東領導者？

土耳其的電視劇在全球銷量上僅次於美國，這個位於小亞細亞半島的國家希望透過生產電視劇來增強自己的軟實力。這些電視劇在土耳其的傳統勢力範圍之外播映，並在過去十年間變得愈來愈受歡迎。土耳其總統艾爾多安（Recep Tayyip Erdoğan，2014 年就任）領導的政府，深知螢幕上的能見度有利於土耳其在國際舞台上取得一席之地，因此當局力圖規範這些電視劇的內容。

短短幾年間，土耳其就成為全球電視產業數一數二的領頭羊（參見圖1）。2008 年，土耳其電視劇出口總值為 1,000 萬美元；2018 年，該產業部門的出口總值高達 3.5 億多美元，而土國政府更期盼 2023 年，出口總值能提升到 10 億美元。由於土耳其電視劇一集固定 90 分鐘，且一季都是三十幾集，所以該國的電視劇有個優勢，那就是提供比美國或歐洲電視劇還多 2～4 倍的內容長度。尤其是《銀》（Gümüs）這部 100 集的愛情肥皂劇在全球播出後，吸引了全球 8,500 萬名觀眾，讓類似南美肥皂劇的土耳其羅曼劇在國際上大獲成功。

土耳其連續劇最先是在中東取得成功，然後擴展到巴爾幹地區和東歐國家（參見圖2），讓土耳其在斬獲愈來愈大的外交和文化影響力。阿拉伯聯合大公國播放《銀》之後，據統計，赴土耳其旅遊的阿聯觀光客增加超過 30%。2011 年，全球有超過 5 億人收看了歷史劇《輝煌世紀》（Magnificent Century），這部劇使土耳其連續劇打進了拉丁美洲和亞洲市場。

用電視劇包裝民族主義，意在主導阿拉伯世界

漸漸地，土耳其的國家電視劇不僅在土國周邊受到歡迎，更遠遠超越國界，虜獲全球觀眾，而土耳其在 2000 年代取得的政治、經濟和社會成功，也成為國家電視劇的內容核心。這些大受歡迎的土耳其連續劇基本上是「以文化傳統為依歸」，同時「強調土耳其經濟模式的成功」。儘管其中涉及傳統保守的穆斯林家庭生活與愛情，但由於電視劇能將土耳其文化和歷史的特色與現代社會相連結，因此仍獲得廣泛觀眾的喜愛。

這些連續劇在刻劃日常生活場景和各種風俗習慣的同時，也大量加入了成功社會的象徵，比如昂貴的汽車、名牌衣衫、豪宅等。此外，穆斯林女性在電視劇中擁有各種樣貌，包括戴面紗或者沒戴面紗的、很少參與宗教活動或者非常虔誠的、城市人或鄉村人，她們皆以當代伊斯蘭社會的化身亮相登場。透過上述的方式操作，土耳其影集在不同傳統的穆斯林國家同樣大獲成功。而穆斯林的齋戒月是一年中收視的巔峰期，也是電視台營利的關鍵時刻。

然而，隨著 2011 年的議會選舉❶和土耳其政治大轉彎、朝專制邁進後，土耳其連續劇的生態也發生變化。媒體遭遇國家更強勢的內容干預和操控，政治辯論、圓桌論壇或時論節目逐漸讓位給歷史影集。這些影集重現了鄂圖曼帝國（Empire Ottoman，1299～1923 年）的光輝時刻，以及土耳其與遜尼派在中東的領導地位。負責監督視聽娛樂的政府機關自詡是執政當局的價值觀捍衛者，要確保影集內容與當局倡導的方向一致。2016 年 7 月，土耳其發

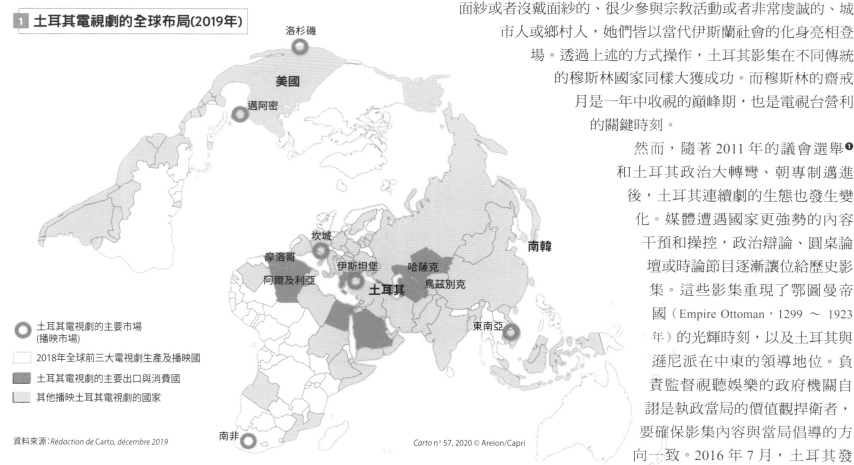

1 土耳其電視劇的全球布局(2019年)

洛杉磯
美國
邁阿密
坎城
摩洛哥
伊斯坦堡
阿爾及利亞
哈薩克
土耳其
烏茲別克
南韓
東南亞
南非

- ○ 土耳其電視劇的主要市場（播映市場）
- □ 2018年全球前三大電視劇生產及播映國
- ■ 土耳其電視劇的主要出口與消費國
- ▨ 其他播映土耳其電視劇的國家

資料來源：Rédaction de Carto, décembre 2019

Carto n° 57, 2020 © Areion/Capri

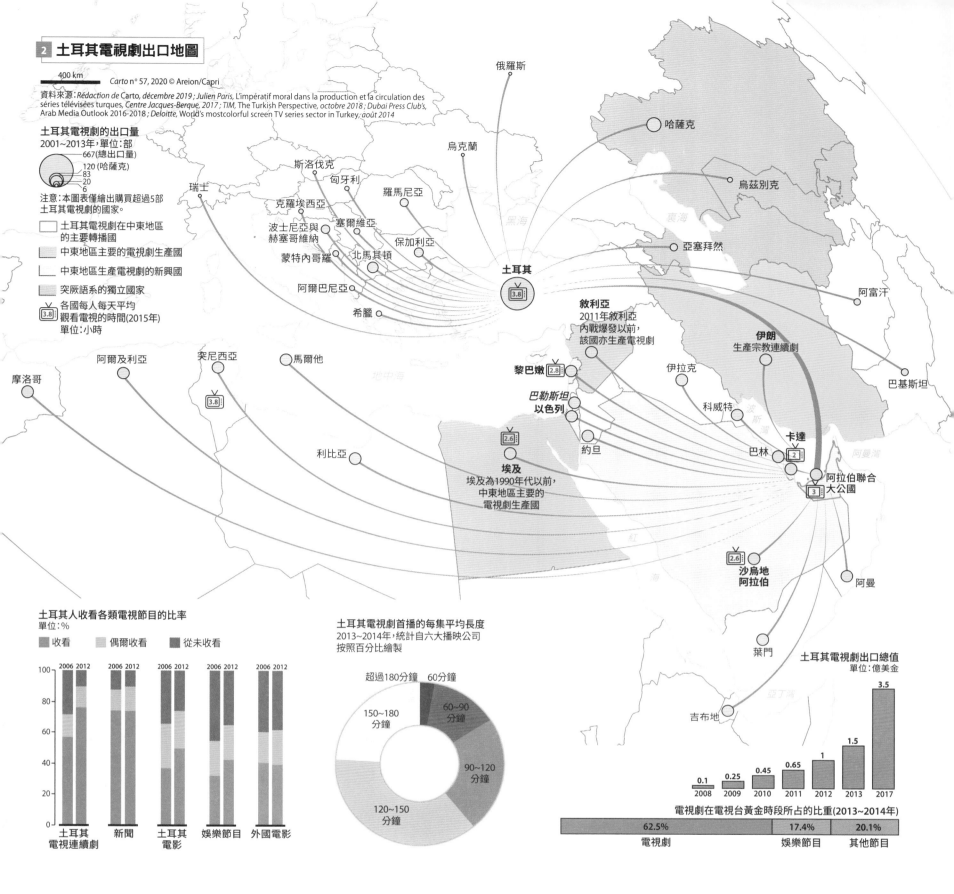

生政變未遂，更加強了政府對上述的監控以及民族主義論述的比重。近年來，土耳其電視劇愈來愈少提到西方的事物，女性角色也逐漸變得更符合保守主義的理想。儘管土耳其長期以來一直以「能夠融合伊斯蘭教、民主、資本主義和現代化的『土耳其模式』」作為國家拓展勢力的軟實力，但土國已改變立場，推廣另一種得天獨厚，足以替代西方，影響阿拉伯－穆斯林世界的文化模式。

沙烏地阿拉伯資金雄厚，自製電視劇挑戰土耳其

豈料，土耳其的軟實力在競逐以阿拉伯國家為主要受眾的視聽市場時，遇上了強勁的對手。埃及、卡達和沙烏地阿拉伯都有自製的連續劇，而卡達與沙烏地阿拉伯在口袋深度與播送能力方面都優於土耳其。

2018 年 3 月，中東和北非最大的廣播電視台，坐擁 4 億觀眾、以全阿拉伯世界為受眾的沙烏地阿拉伯集團「中東廣播中心」（Middle East Broadcasting Center, MBC）旗下的頻道，撤換了六部土耳其影集，播送他們自製的內容（主要是在齋戒月期間）。卡達和沙烏地阿拉伯以此向中東和北非人民宣示其領導地位，並歌頌宣揚其道德、宗教和社會願景。

文 • N. Rouiaï

❶ 編注：2011 年議會選舉由艾爾多安領導的宗教保守執政黨獲得勝利。

AFRICA
非洲篇

蘇丹人民抗議軍事政變
2021年10月30日，英國倫敦的蘇丹人社群「蘇丹政治力量聯盟」
（Alliance of Sudanese Political Forces）在英國首相官邸前抗議蘇丹軍
方發動政變，擔憂母國將再度走上軍事獨裁之路。
（©Shutterstock/Koca Vehbi）

摩洛哥：
以農業與貿易攻占非洲大陸的野心

摩洛哥一方面維繫著與歐盟的深厚關係，另一方面也在外交及對外貿易上推動多極化（multi-polarisation）。該國始終念茲在茲的一大展望，便是在非洲增加自身影響力，而其中兩個最有力的槓桿是食品和物流業。

摩洛哥的地理位置得天獨厚，因此打算藉著投資陸運和海運物流部門，來進一步增強其戰略地位。除了持續加強相關基礎建設（如港口、機場、鐵路和公路等），摩洛哥也積極建立符合國際標準的區域平台，以支持本國的產業發展。當局的各項投資裡有很大一部分挹注於被稱為「南方諸省」的西撒哈拉（Western Sahara），其位置介於摩洛哥北部（該國經濟重心）與撒哈拉以南地區之間。挹注資金合計共 14 億歐元，部分用於大西洋達克拉港（Dakhla Atlantique，參見圖 2）的建設工程，這個港口的主要功能是處理當地的漁業資源，希望達到每年出口 70 萬噸漁產品的目標。

從摩洛哥北部丹吉爾港（Tanger Med）的港務綜合設施，便可看出摩洛哥的戰略野心。該港乃是非洲的門戶，為連接摩洛哥和歐洲直布羅陀海峽的海上航路提供了大陸縱深。歐洲與非洲藉由丹吉爾港的銜接而更加靠近彼此，無怪乎中國一帶一路的觸角也延伸到摩洛哥海岸。丹吉爾港還銜接非洲的第一條高速鐵路（train Al-Boraq），通往卡薩布蘭加（Casablanca）及其運輸量升級後的港口。同時，摩洛哥也在整個非洲大陸強化物流方面的合作，甚至在 2018 年為非洲運輸和物流組織聯盟（African Union of Transport Organizationsand Logistics, UAOTL）揭牌。

食品業是摩洛哥進軍非洲大陸的重要槓桿，藉由「綠色摩洛哥」（Maroc Vert）計畫，該國派遣乳製品生產、畜牧、水資源管理等各個領域的摩洛哥專家到非洲各地（如布吉納法索、加彭、尼日等國）。非洲的農業很少使用肥料，因此肥料對摩洛哥來說是一個尚待開發的潛力市場，尤其對摩洛哥國有磷酸鹽公司（Office Chérifien des Phosphates, OCP）而言更是如此，該公司至今已經簽訂許多開設分公司的協議，好比在衣索比亞建造一座肥料工廠。預計 2022 年，這座工廠將生產超過 250 萬噸肥料，讓衣索比亞在肥料方面達到自給自足，甚至能透過吉布地和索馬利蘭的港口出口剩餘的化肥。

搶占西非農產品貿易市場

自 2000 年以來，摩洛哥對非洲各國的農產品出口每年平均成長 13%。儘管新鮮食品也有所成長，但出口仍以加工產品（占 84%）為主，品項包括麵粉、粗磨穀粒、粗粒小麥粉、咖啡、茶與乳酪，糧食方面則有超過半數是出口新鮮魚類和罐頭（參見圖 1）。

2017 年，摩洛哥食品在非洲的前十大出口對象，有五個位在西非。為了銷出自家蔬果，摩洛哥必須仰賴與象牙海岸的夥伴關係，在丹吉爾港特別辦公室（Tanger Med Special Agency, TMSA）的支持下，摩洛哥預計將在象

Carto n° 55. 2019 © Areion/Capri
資料來源：*Club Déméter. MAROC L'agriculture pour le développement et pour l'action internationale. mars 2019*

1 摩洛哥的農產品國際貿易地圖

2016年摩洛哥出口的主要蔬果
單位：占蔬果出口總量的比例（%）

- 其他莓果 1.1
- 草莓（新鮮或冷凍）3.9
- 新鮮甜瓜、西瓜、木瓜 6.5
- 豆角 7.6
- 柑橘類 33.1
- 辣椒 9.5
- 蕃茄 28.1
- 10.2

英國 59億　比利時 38億　荷蘭 54億　法國 568億　德國 70億　西班牙 588億　葡萄牙 38億　義大利 114億　土耳其 69億

2018年摩洛哥農產食品企業的主要非洲市場
注意：摩洛哥菸草公司（Société marocaine des tabacs）、摩洛哥農業合作社（COPAG）、摩洛哥啤酒公司（Société des brasseries du Maroc）的發展方針乃是以整個非洲大陸為目標。

- Cosumar（糖的精煉、包裝和銷售）
- Centrale Danone（牛奶及其衍生產品的加工）
- Sanam Agro（生產農業食品、小型深海魚罐頭）
- Lesieur Cristal（油品的研磨與精煉、家事用及沐浴用肥皂的生產）
- Alf Sahel（生產複合飼料）
- Les Eaux minérales d'Oulmès（開發烏萊瑪盆地的礦泉水源）
- Yellowrock（穀物和豆類的進出口）
- Unimer（製造食品與沙丁魚罐頭）

摩洛哥　利比亞　茅利塔尼亞　馬利　塞內加爾　尼日　布吉納法索　查德　幾內亞　賴比瑞亞　貝南　奈及利亞　象牙海岸　喀麥隆　赤道幾內亞　剛果　加彭　安哥拉　馬達加斯加　模里西斯　南非

2017年摩洛哥主要出口市場
單位：摩洛哥貨幣（MAD）
（對歐洲的出口占摩洛哥出口總額的71%）

接受摩洛哥直接投資的主要國家

注意：本圖表只標示摩洛哥直接投資超過4,000萬MAD的國家。

1,000 MAD = 92歐元
（2020年7月9日的匯率）

牙海岸的阿必尚港（Abidjan，西非第一大港，2017年時的貨物吞吐量為2,250萬噸）建立一個銷售蔬果的物流平台。

憑藉在農產方面的專業，摩洛哥以新鮮蔬菜、冷藏／冷凍蔬菜，以及罐頭蔬菜、乾燥蔬菜等產品，提升了出口的潛力。雖然該國的農產品在西非市場的占比至今仍相當低微（3.6%），但摩洛哥的農業貿易擴張戰略還有一張王牌，那就是國內各銀行（如BMCE、Attijariwafa、BCP等）在西非設立的分行。這些銀行分行坐擁西非將近30%的市場，讓摩洛哥企業得以簡化許多行政與財務手續。

反過來說，摩洛哥市場也可能為西非國家帶來大發利市的

機會，尤其是可可（進口自西班牙與荷蘭）、咖啡及其相關產品（僅13%來自西非，25%來自印尼，17%來自越南）。打破與上述國家的單邊貿易，無疑是摩洛哥向其他非洲國家提出的內部聯盟重大挑戰，尤其自2019年7月非洲大陸自由貿易區（African Continental Free Trade Area, AfCFTA）啟動以來，更是如此。

文 • S. Abis et M. Brun

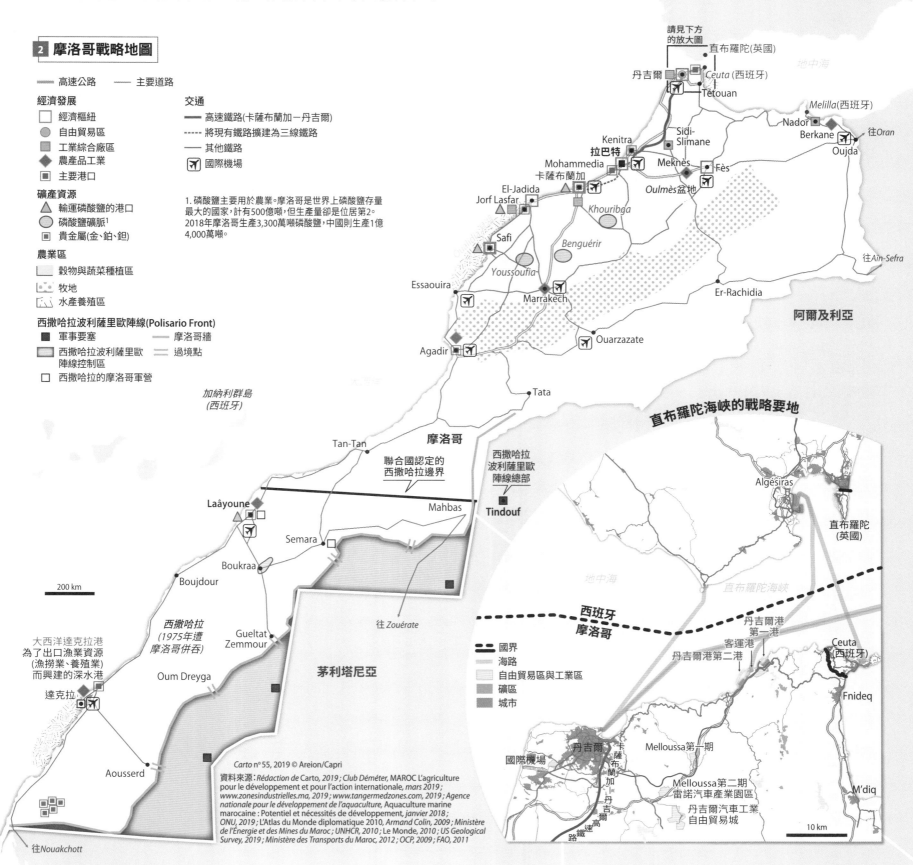

2 摩洛哥戰略地圖

―― 高速公路　　―― 主要道路

經濟發展
- □ 經濟樞紐
- ○ 自由貿易區
- ■ 工業綜合廠區
- ◆ 農產品工業
- ▣ 主要港口

礦產資源
- △ 輸運磷酸鹽的港口
- ○ 磷酸鹽礦脈[1]
- ▣ 貴金屬（金、鉑、鈀）

農業區
- ▢ 穀物與蔬菜種植區
- ▨ 牧地
- ▧ 水產養殖區

西撒哈拉波利薩里歐陣線(Polisario Front)
- ■ 軍事要塞
- ―― 摩洛哥牆
- ▨ 西撒哈拉波利薩里歐陣線控制區
- ═ 過境點
- □ 西撒哈拉的摩洛哥軍營

交通
- ―― 高速鐵路（卡薩布蘭加－丹吉爾）
- ┈ 將現有鐵路擴建為三線鐵路
- ―― 其他鐵路
- ✈ 國際機場

1. 磷酸鹽主要用於農業。摩洛哥是世界上磷酸鹽存量最大的國家，計有500億噸，但生產量卻是位居第2。2018年摩洛哥生產3,300萬噸磷酸鹽，中國則生產1億4,000萬噸。

地中海

請見下方的放大圖　　直布羅陀(英國)

丹吉爾　　Ceuta (西班牙)

Tétouan

Melilla(西班牙)

Nador　　往Oran

Kenitra　　Sidi-Slimane　　Berkane

拉巴特　　Meknès　　Fès　　Oujda

Mohammedia　　Oulmès盆地

卡薩布蘭加

El-Jadida　　Khouribga

Jorf Lasfar

往Aïn-Sefra

Safi　　Benguérir

Youssoufia

Essaouira　　Marrakech　　Er-Rachidia

阿爾及利亞

Ouarzazate

Agadir

加納利群島(西班牙)

Tata

摩洛哥

Tan-Tan

聯合國認定的西撒哈拉邊界

西撒哈拉波利薩里歐陣線總部

直布羅陀海峽的戰略要地

Algésiras

Laâyoune　　Mahbas

Tindouf

Semara

直布羅陀(英國)

Boukraa

200 km

Boujdour

地中海

直布羅陀海峽

西班牙

摩洛哥

大西洋達克拉港為了出口漁業資源（漁撈業、養殖業）而興建的深水港

西撒哈拉(1975年遭摩洛哥併吞)

Gueltat Zemmour

往Zouérate

丹吉爾港第一港

客運港

Ceuta (西班牙)

丹吉爾港第二港

達克拉

茅利塔尼亞

國界
海路
自由貿易區與工業區
礦區
城市

Oum Dreyga

Fnideq

國際機場

丹吉爾

卡薩布蘭加

Melloussa第一期

Aousserd

Melloussa第二期
雷諾汽車產業園區

M'diq

丹吉爾汽車工業自由貿易城

10 km

Carto n°55, 2019 © Areion/Capri

資料來源：*Rédaction de Carto, 2019 ; Club Déméter, MAROC L'agriculture pour le développement et pour l'action internationale, mars 2019 ; www.zonesindustrielles.ma, 2019 ; www.tangermedzones.com, 2019 ; Agence nationale pour le développement de l'aquaculture, Aquaculture marine marocaine : Potentiel et nécessités de développement, janvier 2018 ; ONU, 2019 ; L'Atlas du Monde diplomatique 2010, Armand Colin, 2009 ; Ministère de l'Énergie et des Mines du Maroc ; UNHCR, 2010 ; Le Monde, 2010 ; US Geological Survey, 2019 ; Ministère des Transports du Maroc, 2012 ; OCP, 2009 ; FAO, 2011*

往Nouakchott

突尼西亞：如履薄冰的非洲民主典範

2019 年 7 月 25 日，突尼西亞總統艾塞布西（Beji Caid Essebsi，2014 年就任）病逝。儘管該國成功避免繼任之爭帶來的暴力衝突，選出總統大位的繼承者並確保國家運作延續，然而，對於 2019 年 10 月 13 日入主迦太基宮（Carthage Palace，總統官邸）的新任領導人來說，眼前的挑戰仍然浩繁而重大。

在憂慮緊繃的氣氛下，26 名總統候選人只有不到兩個星期的時間（2019 年 9 月 2～14 日）來說服選民投票支持他們。選民會於 9 月 15 日參加第一輪總統大選的投票，然後在 10 月 6 日參加國會選舉。儘管上述種種讓突國公民、候選人與政黨措手不及，最後還是由保守派政治人物薩伊德（Kais Saied）於 2019 年 10 月 13 日的第二輪總統大選中上位，保住了突尼西亞的政治現狀。

遊走在危機與轉機之間的民主

本次大選中，通過選委會審核的候選人足足是 2014 年的三倍，進而引發以民主為題、前所未有的公開辯論，激化突國民主的活力。突尼西亞當局至今仍然信守 2011 年的保證，並將這些保證寫入 2014 年 1 月 26 日的《突尼西亞憲法》：透過「打擊壓迫、不公義和貪汙腐敗」，「實現革命、自由和尊嚴的目標」。該國同時也持續推動新政，以保障基本自由和婦女權利，例如：2017 年，政府撤消禁止突尼西亞女性與非穆斯林結婚的禁令；2018 年則呼應反對繼承權不平等的示威活動，啟動一項改革繼承法的計畫。公民社會議題亦愈來愈受到大眾矚目，如捍衛 LGBT 社群的權利就是一例。由此看來，與馬格里布地區（Maghreb）❶的鄰國相比，突尼西亞這個「例外之國」的民主進程是成功的。

然而，突國的政治情勢複雜又動蕩，體制仍在不停變化。當初因 2010 年末到 2011 年初的茉莉花革命（Jasmine Revolution）而誕生的政黨，如今要不是已經解體，就是變得有權有勢。比如由前總統艾塞布西於 2012 年成立、並在 2014 年國會選舉中獲勝的突尼西亞呼聲黨（Nidaa Tounes），在 2015 年經歷了一次重大分裂，直到被納入國家聯盟陣營（National Coalition bloc）才得以維持第二大政治勢力的地位。這次分裂也促使祝福突尼斯黨（Tahya Tounes）在 2019 年 4 月成立，伊斯蘭復興運動黨（Ennahda Movement）則成為人民代表大會，即突尼西亞國會的第一大黨。政黨版圖漸趨破碎是動蕩的源頭，予人一盤散沙、短視近利之感。2019 年 10 月 6 日的突尼西亞議會選舉結果即為明證，本次選舉沒有任何一黨取得明確多數。在 217 個席次中，前三大黨伊斯蘭復興運動黨、突尼西亞之心黨（Heart of Tunisia）、民主潮流黨（Democratic Current）僅分別獲得 52 席、38 席和 22 席，而執政黨的勢力也遭到削弱，比如突尼西亞呼聲黨只贏得 3 個席次。新總統薩伊德則是無黨籍人士，在人民代表大會中沒有黨派作為後盾。此外，在沒有憲法法庭的情況下，原本應該注重規範權力分立的憲法，變得得以根據事件和利益做出不同詮釋。

1 突尼西亞經濟面面觀

2017年貿易進口品項
進口總值：201億美元

工業、資訊與技術材料 24%
金屬 9.5%
車輛 8.1%
藥品、化妝品、化學製品 7.4%
塑膠製品
蔬果
碳氫化合物（石油、天然氣等）14%
食品
紙張
精密儀器
植物油
其他
紡織品 10%

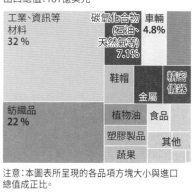

2017年貿易出口品項
出口總值：161億美元

工業、資訊等材料 32%
碳氫化合物（石油、天然氣等）7.1%
車輛 4.8%
鞋帽
精密儀器
金屬
紡織品 22%
植物油
食品
塑膠製品
其他
蔬果

注意：本圖表所呈現的各品項方塊大小與進口總值成正比。

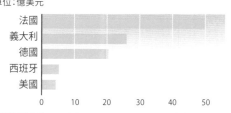

2017年突尼西亞主要的貿易進口國
單位：億美元

法國
義大利
德國
西班牙
美國

0　10　20　30　40　50

2017年突尼西亞主要的貿易出口國
單位：億美元

法國
義大利
中國
德國
土耳其

0　10　20　30　40

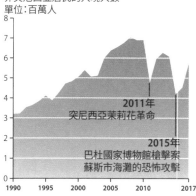

Bizerte
Tabarka
ARIANA
BIZERTE
突尼斯省
突尼斯
JENDOUBA
MANOUBA
BEN AROUS
NABEUL
BÉJA
Nabeul
LE KEF
ZAGHOUAN
Hammamet
SILIANA
Hergla
KAIROUAN
SOUSSE
Monastir
KASSERINE
Kairouan
MONASTIR
MAHDIA
Mahdia
SIDI BOUZID
SFAX
GAFSA
Djerba島
TOZEUR
Tozeur
GABÈS
KÉBILI
MÉDENINE
TATAOUINE

各省失業率
2019年第二季的數據
24～28.7%(Tataouine)
18～23.9%
15～17.9%
低於11%

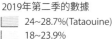 觀光勝地
…… 省界

外國旅客造訪突尼西亞人數
非突尼西亞居民的入境人數
單位：百萬人

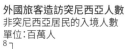

2011年
突尼西亞茉莉花革命

2015年
巴杜國家博物館槍擊案
蘇斯市海灘的恐怖攻擊

1990　1995　2000　2005　2010　2017

資料來源：*Rédaction de Carto, 2019 ; Institut national de la statistique de Tunisie, Indicateurs de l'emploi et du chômage, août 2019 ; MIT Media Lab*, Observatory of Economic Complexity, 2019

Carto n° 56, 2019 © Areion/Capri

在經濟與安全的夾縫間尋求希望

　　新任總統與人民代表大會共同面臨諸多重大挑戰。首先是經濟方面，根據官方數據，突國的失業率居高不下（參見圖1），2020年第一季為15.1%，尤其是剛畢業的年輕人，失業率更高達28%。2020年初，突國的經濟呈現負成長（-1.7%），甚至低於茉莉花革命前的水準。2020年6月，突國的通貨膨脹率為5.8%，貨幣大幅貶值。然而，不僅商業環境讓人缺乏信心，突尼西亞各地也存在嚴重的不平等，南部和內陸地區遭到邊緣化。突國當局唯有正面迎戰人民對於經濟和社會問題不斷加劇的憤怒與絕望，才能實現茉莉花革命的種種希望。

　　突國的第二個挑戰則是社會安全。不論是2015年的巴杜國家博物館（Bardo National Museum）槍擊案、蘇斯市（Sousse）的恐怖襲擊、突尼斯總統衛隊巴士的爆炸案，或是2019年6月的攻擊事件，都具體反映出潛在恐怖主義威脅的嚴重性（參見圖2）。這些潛伏的威脅出自許多因素，首先，利比亞境內持續不斷的武裝衝突，以及薩赫爾地區（Sahel）❷的走私活動，皆導致突國東部和南部邊界難以控制。再者，許多過去前往伊拉克或敘利亞加入ISIS的突尼西亞人，從中東戰場返國後，紛紛在突尼西亞境內建立起小型的恐怖主義組織，然而，對於該如何處置這些返國聖戰士，突國政府並沒有明確的政策規定。此外，突國境內還有數量龐大的「新原教旨主義」（Neo-Salafist）青年，他們不太參與政治，卻很容易走向極端，特別是在茉莉花革命後，政治論述百花齊放的環境下。然而，儘管存在種種不確定的因素，突尼西亞的民主制度仍然日趨完善。從這場自由公開的選舉可以看出，突尼西亞的未來充滿了希望❸。

文 ● C. Braccini

❶編注：非洲西北部濱地中海地區，多指摩洛哥、阿爾及利亞、突尼西亞和利比亞四國。
❷編注：非洲北部撒哈拉沙漠、中部蘇丹草原地區之間的地區。
❸編注：2022年3月30日，總統薩伊德宣布解散國會，譴責國會決議撤銷其命令是意圖政變。此舉引發外界擔憂突尼西亞民主倒退，重回獨裁之路。

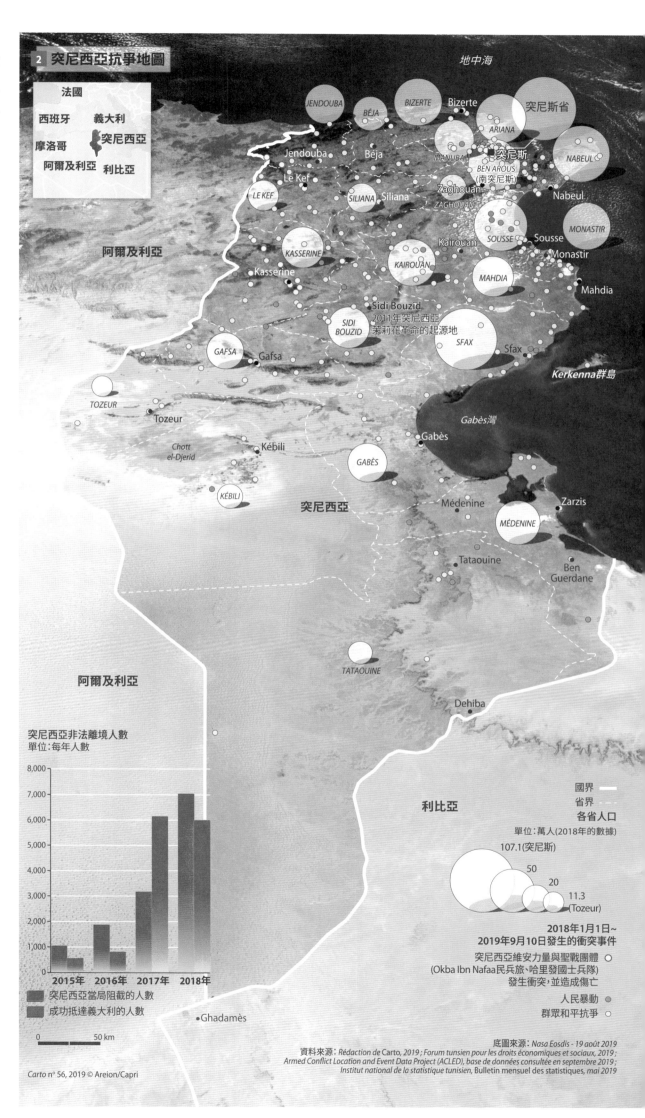

2 突尼西亞抗爭地圖

地中海

法國
西班牙　義大利
摩洛哥　突尼西亞
阿爾及利亞　利比亞

阿爾及利亞

突尼西亞

阿爾及利亞

利比亞

Kerkenna群島

Gabès灣

突尼西亞非法離境人數
單位：每年人數

8,000
7,000
6,000
5,000
4,000
3,000
2,000
1,000
0

2015年　2016年　2017年　2018年

突尼西亞當局阻截的人數
成功抵達義大利的人數

國界
省界
各省人口

單位：萬人（2018年的數據）
107.1(突尼斯)
50
20
11.3 (Tozeur)

2018年1月1日~2019年9月10日發生的衝突事件
突尼西亞維安力量與聖戰團體
(Okba Ibn Nafaa民兵旅、哈里發國士兵隊)
發生衝突，並造成傷亡
人民暴動
群眾和平抗爭

資料來源：*Rédaction de Carto, 2019 ; Forum tunisien pour les droits économiques et sociaux, 2019 ; Armed Conflict Location and Event Data Project (ACLED), base de données consultée en septembre 2019 ; Institut national de la statistique tunisienne, Bulletin mensuel des statistiques, mai 2019*

底圖來源：*Nasa Eosdis - 19 août 2019*

Carto n° 56, 2019 © Areion/Capri

0　　　50 km

薩赫爾地區：
西非的恐怖主義新溫床

2019 年底，在馬利和布吉納法索爆發的恐怖攻擊事件，讓薩赫爾地區動蕩不安的緊張情勢浮上檯面。一座座村莊遭到摧毀、平民淪為受害者、地方政府軟弱無力……打擊武裝團體的戰鬥陷入困境，聖戰士帶來的威脅更可能蔓延到整個西非。種種情勢引發外國勢力介入是否有效的議論，最後終於在 2020 年 1 月促成「薩赫爾聯盟」（Coalition for the Sahel）正式啟動。

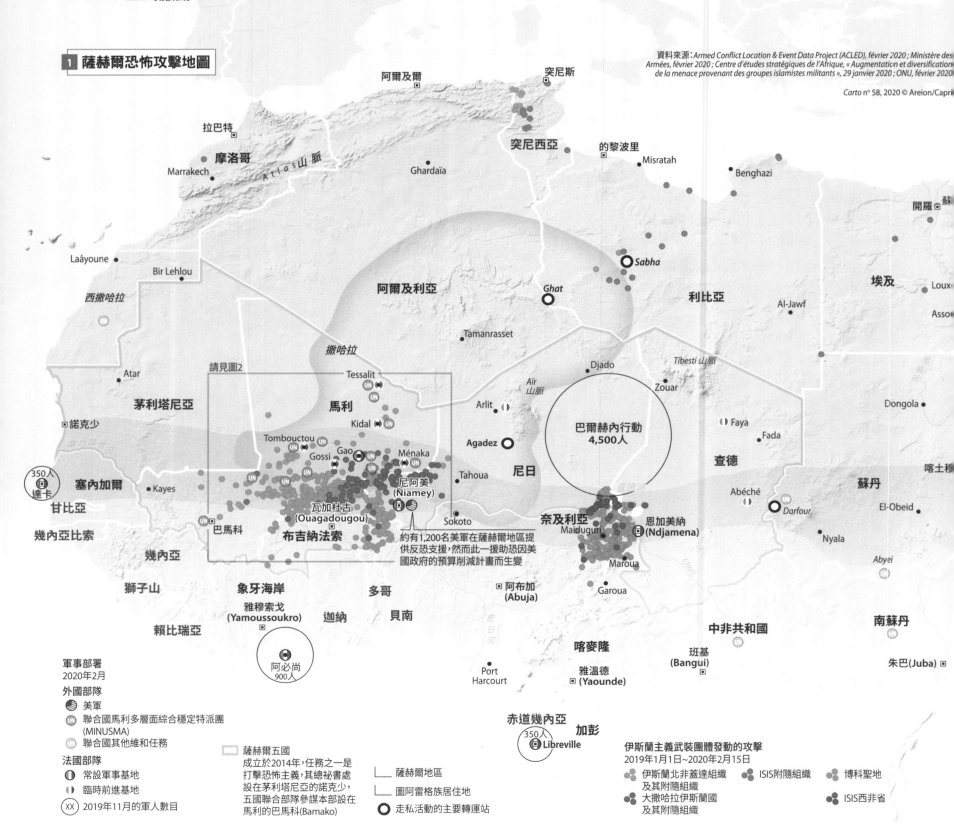

1 薩赫爾恐怖攻擊地圖

資料來源：Armed Conflict Location & Event Data Project (ACLED), février 2020 ; Ministère des Armées, février 2020 ; Centre d'études stratégiques de l'Afrique, « Augmentation et diversification de la menace provenant des groupes islamistes militants », 29 janvier 2020 ; ONU, février 2020

Carto n° 58, 2020 © Areion/Capri

2019 年 11 月 2 日，一名法國士兵在馬利遭到殺害。同年 12 月的聖誕節，布吉納法索發生聖戰士恐攻，導致 42 人死亡。2020 年 1 月，布吉納法索再度發生恐攻。這些事件提醒人們，面臨複雜難解的經濟、人道和安全困境的國家非常脆弱。

互為因果的恐怖主義與經濟困境

　　薩赫爾地區聚集了許多武裝團體，是破壞國家安定的主因。2019 年 5 月，在馬利、尼日與布吉納法索至少存在七個聖戰團體，包括信仰捍衛者（Ansar Dine）、伊斯蘭北非蓋達組織（Al-Qaeda in the Islamic Maghreb）和大撒哈拉伊斯蘭國（Islamic State in Greater Sahara, ISGS），另有四個非聖戰組織，如阿札瓦德地區（Azawad）的圖阿雷格族（Tuareg）叛軍❶（參見圖 1）。聖戰組織企圖將伊斯蘭觀點強加給當地居民，並致力於逼退該地區的國家軍隊。他們可能會以主持正義的姿態涉入部族之間的爭端，例如馬利北部的圖阿雷格族，或馬利中部的富拉尼族（Fulani）之間的爭端皆是如此。暴力頻仍，再加上中央政府予人有罪不罰、不公正、缺乏效率的印象，讓上述的武裝團體得以長久在當地立足。

　　薩赫爾除了安全威脅，還要加上經濟不穩定的困境。當地的經濟成長率相對來說並不差，卻因為恐怖主義的關係而脆弱難當。據世界銀行統計，2019 年馬利的經濟成長率為 5%，尼日為 5.8%，布吉納法索則為 5.7%。然而，當地的貧窮率（每天生活費少於 1.9 美元的人口）卻居高不下：2019 年，馬利的貧窮率為 41.3%，尼日為 41.5%。其實，安全與經濟問題緊密相關，經濟上的匱乏促使更多人加入、進而壯大聖戰組織與武裝團體，於是貧困成為溫床，讓安全威脅逐漸坐大。因此，短期來看，以武裝力量應對此一安全威脅似乎是必要的，但從長遠來看，單以軍隊來應付上述情形恐怕力有未逮。

邊境走私對國家公權力的考驗

　　薩赫爾地區的各國邊界難以控管，導致區域內外的危險情勢加劇。聖戰士往來遊走，否認各國主權，視地理與政治分界為無物，甚至還有一些源自布吉納法索的武裝團體往西非擴張，對非洲西岸國家造成威脅。這些武裝團體之所以往南移動，部分原因是出於地理位置，因為布吉納法索是連接北非（茅利塔尼亞、馬利和尼日）和西非國家（貝南、象牙海岸、迦納和多哥）的十字路口。比如 2018 年 11 月，新原教旨主義恐怖組織伊斯蘭後衛（Jama'at Nasr al-Islam wal Muslimin）的主要領導者就曾號召支持者前往西非（不包括茅利塔尼亞）加入聖戰。除此之外，沿海國家的

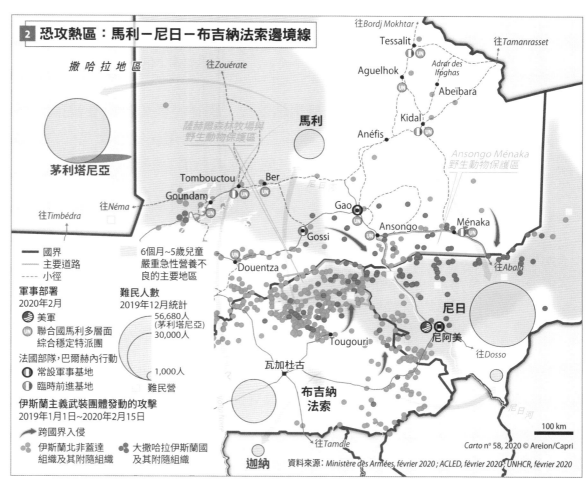

2 恐攻熱區：馬利－尼日－布吉納法索邊境線

撒哈拉地區

薩赫喬森林牧場與野生動物保護區

往Zouérate　往Bordj Mokhtar　往Tamanrasset

Tessalit　Adrar des Ifoghas

Aguelhok　Abeïbara

馬利　Kidal

Anéfis

Ansongo Ménaka 野生動物保護區

茅利塔尼亞

Tombouctou　Ber

Goundam

往Timbédra　往Néma

Gao

Gossi　Ansongo　Ménaka

Douentza　　往Abala

尼日

Tougouri　尼阿美　往Dosso

瓦加杜古

布吉納法索

往Tamdie

迦納

100 km

圖例	
━━ 國界	6個月~5歲兒童嚴重急性營養不良的主要地區
━━ 主要道路	
---- 小徑	

軍事部署 2020年2月
美軍
聯合國馬利多層面綜合穩定特派團
法國部隊，巴爾赫內行動
常設軍事基地
臨時前進基地

難民人數 2019年12月統計
56,680人（茅利塔尼亞）
30,000人
1,000人
難民營

伊斯蘭主義武裝團體發動的攻擊 2019年1月1日~2020年2月15日
跨國界入侵
伊斯蘭北非蓋達組織及其附隨組織
大撒哈拉伊斯蘭國及其附隨組織

Carto n° 58, 2020 © Areion/Capri
資料來源：Ministère des Armées, février 2020 ; ACLED, février 2020 ; UNHCR, février 2020

結構性脆弱（某些地區發展不足、國家存在感薄弱），再加上多哥和幾內亞於 2020 年 2 月、象牙海岸於同年 10 月舉行總統大選導致的不穩定和分歧，恐怕也會成為聖戰組織擴張的契機。

　　漏洞百出的邊界也助長了走私活動，像是尼日不僅要面對難民的問題，還要應對以馬利與利比亞為目的地的走私問題。走私的貨物不僅有黃金和毒品，武器也是其中之一，讓人民深受其害。根據非政府組織「武裝衝突地點與事件數據計畫」（Armed Conflict Location and Event Data Project, ACLED）的統計，2019 年 12 月，馬利發生了 31 起針對平民的暴力行為，尼日有 14 起，布吉納法索則有 22 起。國家公權力不彰更加深人民有罪不罰的感受，根據聯合國的統計，2019 年 5 月底，馬利北、中部僅有 31% 的公務員堅守崗位（2018 年 12 月的數據為 34%）。

　　2013 年起，在巴爾赫內行動（Operation Barkhane，又稱新月形沙丘行動）的反聖戰士框架下，法國在馬利、布吉納法索和尼日部署了兵力；義大利、德國和美國也派遣部隊前往薩赫爾地區；另外還有歐盟軍隊、聯合國維和部隊，以及薩赫爾五國（G5 Sahel）❷的武裝部隊（參見圖 1、2）。然而，外國勢力介入愈頻繁，其效果卻愈讓人質疑。2020 年 1 月，法國總統馬克宏（Emmanuel Macron）與茅利塔尼亞、馬利、尼日、布吉納法索和查德等國的領導人，在波城（Pau）敲定了新的打擊聖戰士行動框架「薩赫爾聯盟」。該聯盟與介入中東的軍事聯盟不同，並不會獲得美國的軍事協助，而且美國事實上正計畫撤出在非洲部署的部隊。

文 ● C. Braccini

---

❶ Andrew Lebovich, « Mapping Armed Groups in Mali and the Sahel », European Council on Foreign Relations, mai 2019.

❷ 編注：集團五國為布吉納法索、查德、馬利、茅利塔尼亞和尼日。

茅利塔尼亞：民主表象下的專政與奴役

茅利塔尼亞是動蕩的薩赫爾地區裡，難得不受恐怖主義侵擾的避風港。1960 年獨立以來，該國經歷了五次政變，終於在 2019 年 6 月迎來兩位民選總統的首次權力移轉。然而，此一民主上的勝利，並不足以讓人忽略茅利塔尼亞與新任國家元首所面對的諸多社會和經濟挑戰。

◉基本資料

正式國名
茅利塔尼亞伊斯蘭共和國

國家元首
加祖瓦尼
（2019年就任）

面積
1,030,700平方公里
（世界排名第30位）

官方語言
阿拉伯語

首都
諾克少

2021 年人口
476萬人

人口密度
每平方公里5人

貨幣
烏吉亞(MRO)

歷史
茅利塔尼亞是連接馬格里布地區（多數居民為阿拉伯化的柏柏人）和撒哈拉以南非洲的橋梁。1920~1960年間，茅國曾是法國的殖民地。在經歷幾十年的軍事獨裁後，2007年，第一位民選、非軍人總統阿卜杜拉希(Sidi Ould Cheikh Abdallahi)上位。次年，他被阿濟茲將軍推翻，後者於2009年當選茅國總統。

2020 年人均 GDP
（以購買力平價計算）
5,390美元

2019 年人類發展指數 (HDI)
0.546
（排名第157位）

2019 年 6 月 22 日，150 萬茅利塔尼亞人出門投票，以決定誰來接手總統大位。自 2009 年上台執政、已經做滿兩屆總統任期的阿濟茲（Mohamed Ould Abdel Aziz），依據憲法規定不得再競選連任，而他欽定的繼承者，前參謀總長（任期 2008 ～ 2018 年）暨國防部長（任期 2018 ～ 2019 年）加祖瓦尼（Mohamed ould Ghazouani）將軍，則在 62.6% 的投票率下，獲得 52% 的選票，於第一輪投票中勝出。然而，部分候選人拒絕接受這樣的結果，進而引發了首都諾克少（Nouakchott）與第二大城努瓦迪布（Nouadhibou）的示威活動。

支離破碎的反對陣營

相較於執政黨在國民議會 157 個席次中占 97 席、以「爭取共和聯盟」（Union for the Republic, UPR）為中心形成霸權集團，反對陣營十分分散，分別處於社群、宗教和意識形態等各個領域。儘管茅國內政部在選舉前夕解散了 76 個於前幾次選舉中未能獲得 1% 選票的政黨，茅利塔尼亞的政治地景中仍有 28 個政黨存在。其中由進步力量聯盟（Union of the Forces of Progress, UFP）、民主力量聯盟（Rally of Democratic Forces, RFD）和全國民主變革聯盟（National Union for Democratic Change, UNAD）等政黨合力支持的總統候選人，僅獲得 2.4% 的選票。而隸屬於穆斯林兄弟會的伊斯蘭主義政黨「全國改革與發展聯盟」（Tewassoul, RNRD）是第二大黨，擁有 14 個國會議席，在總統大選中獲得 17.8% 的選票，遭反奴隸鬥士阿貝德（Biram Dah Abeid）以些微之差擊敗（得票率 18.6%）。

勝選的加祖瓦尼可說是得益於前任總統阿濟茲的政治遺產。2000 年代，茅利塔尼亞仍是以阿爾及利亞為中心的伊斯蘭北非蓋達組織的進擊目標；然而在 2011 年以後，茅利塔尼亞卻再也沒有發生任何恐攻事件。這樣的成功乃是茅國在法國、美國與沙烏地阿拉伯的物資與行動支持下，重整了武裝部隊的成果。茅國政府於 2017 年 1 月與沙烏地阿拉伯簽署軍事合作協議，沙國甚至計畫在諾克少建立一座軍事基地。不單是維護國家安全，這個面積是法國 1.5 倍（台灣的 28 倍）的國家也採取積極開發邊境領土的政策，以支持牧業經濟發展，將人口留在當地。此外，茅利塔尼亞與馬利之間有道 2,237 公里長的沙漠邊界，因此茅國收容了大多數的馬利難民（據聯合國統計，至 2021 年 6 月已有 67,810 人），幾乎所有的馬利難民都在姆貝拉難民營（The M'bera camp）避難。

被不平等與奴役問題弱化的經濟

雖然茅利塔尼亞的 GDP（2020 年為 79 億美元）自 2000 年以來已經成長四倍，但與人口增長（2020 年為 2%）相比，經濟成長仍顯不足（2020 年經濟成長率為 -1.8%）。茅國經濟主要仰賴自然資源的開發與利用。2018 年，農業和漁業持續提供超過一半的就業機會，占 GDP 的 24.4%，而此一比例有望隨著 2018 年夏天，茅國與塞內加爾簽署漁業協議，使兩國的海上邊界獲得穩定和平而有所提升。該國的採礦業則受全球礦價下跌影響而失去動力，不過仍然貢獻茅利塔尼亞 1/3 的 GDP。據統計，2018 年黃金、銅和鐵的生產，占該國出口的 52%。此外，隨著新產業部門漸趨成熟，茅國經濟也全力邁向多樣化，這些新部門包括電信業，以及 2016 年發現的離岸天然氣田「Tortue」的開採計畫（參見圖 1）。此一經濟策略也獲得運輸基礎建設的支持，好比 2016 年 6 月啟用的諾克少機場，而在 2017 年，茅國通過與西非經濟共同體（Economic Community of West African States, ECOWAS）15 個成員國共同簽署建立自由貿易區的結盟協議，對經濟發展更是一大助力。

儘管如此，新總統仍必須重新凝聚茅國支離破碎的社會。茅利塔尼亞 2019 年的人類發展指數為 0.546（在 189 個國家中排名第 157 位），31% 的人口生活在貧窮線以下。該國有一半人口是城市居民，而貧困人口卻主要集中在城市。此外，茅國主要有三個社群：控制軍隊、行政部門和經濟領域的阿拉伯的柏柏人（Arab-Berber）、撒哈拉以南非洲裔的茅利塔尼亞人，以及身為奴隸後裔的哈拉廷人（Haratin），社群間的不平等現象至今仍十分常見。塔亞（Maaouya Ould Sid'Ahmed Taya）政權於執政期間（1984 ～ 2005 年）實行的國家種族主義在 1989 年達到巔峰，大約 6 萬名茅利塔尼亞黑人遭強制驅逐到塞內加爾和馬利，而這段歷史所造成的傷口始終沒有癒合。雖然茅利塔尼亞在 1981 年廢除奴隸制度（茅國為世界上最後一個廢奴的國家），甚至在 2007 年，將奴役他人定為犯罪，然而奴隸問題卻沒有消失，在 2018 年仍有 9 萬茅國人民，也就是總人口的 2%，受到奴役的戕害。

文 • T. Meyer

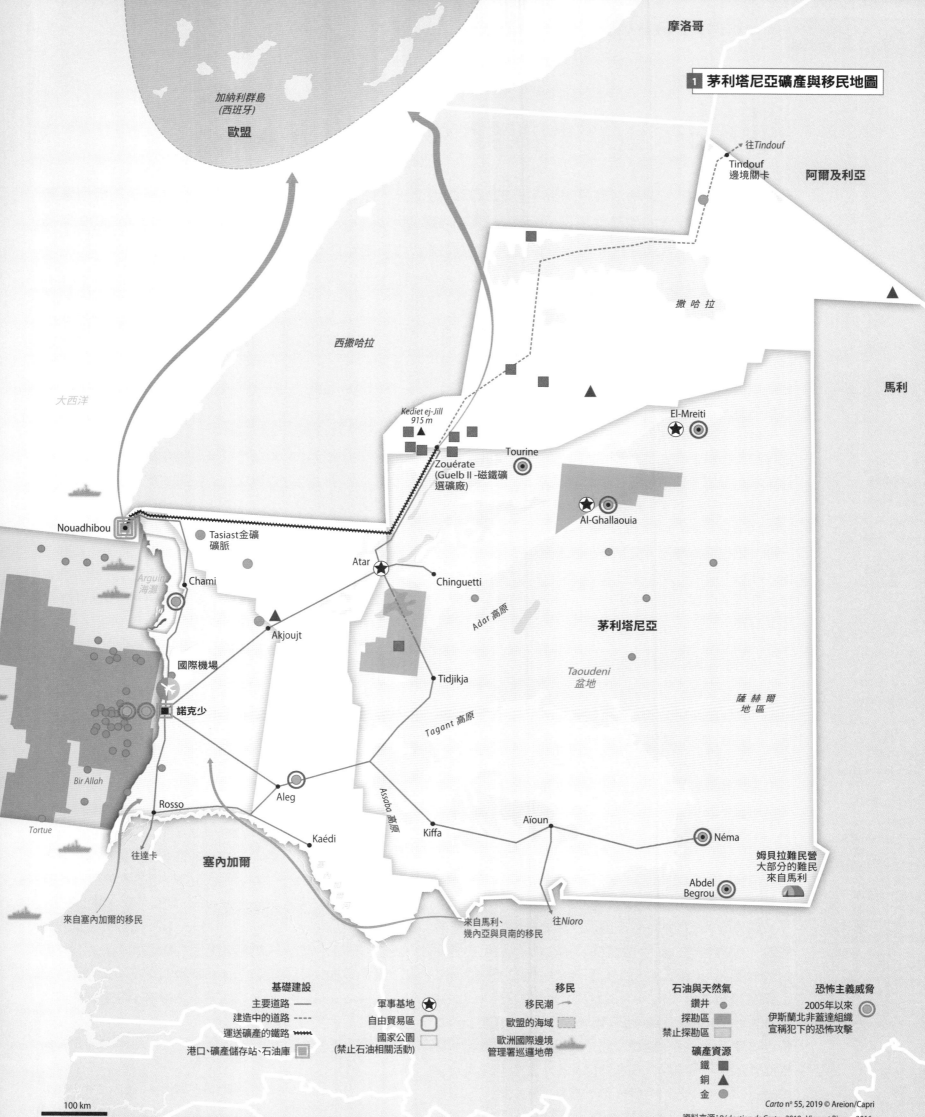

摩洛哥

阿爾及利亞

馬利

加納利群島
(西班牙)

歐盟

往*Tindouf*

Tindouf
邊境關卡

撒哈拉

西撒哈拉

大西洋

Kediet ej-Jill
915 m

El-Mreiti

Tourine

Zouérate
(Guelb II -磁鐵礦
選礦廠)

Al-Ghallaouia

Nouadhibou

Tasiast金礦
礦脈

Atar

Chinguetti

茅利塔尼亞

Arguin
海灣

Chami

Adar 高原

Taoudeni
盆地

薩赫爾
地區

Akjoujt

國際機場

Tidjikja

諾克少

Tagant 高原

Bir Allah

Rosso

Assaba 高原

Aleg

Aïoun

Tortue

往達卡

塞內加爾

Kaédi

Kiffa

Néma

姆貝拉難民營
大部分的難民
來自馬利

來自塞內加爾的移民

來自馬利、
幾內亞與貝南的移民

往*Nioro*

Abdel
Begrou

基礎建設		移民	石油與天然氣	恐怖主義威脅
主要道路	軍事基地 ★	移民潮	鑽井 ●	2005年以來
建造中的道路 ----	自由貿易區	歐盟的海域	探勘區 ■	伊斯蘭北非蓋達組織
運送礦產的鐵路	國家公園	歐洲國際邊境	禁止探勘區 ■	宣稱犯下的恐怖攻擊
港口、礦產儲存站、石油庫	(禁止石油相關活動)	管理署巡邏地帶	礦產資源	
			鐵 ■	
			銅 ▲	
			金 ●	

100 km

Carto nº 55, 2019 © Areion/Capri

資料來源：*Rédaction de Carto, 2019 ; Vincent Bisson, 2016 ;*
Société mauritanienne des hydrocarbures et de patrimoine minier, 2018 ; « Mauritanie : le champ offshore de pétrole de Chinguetti joue toujours le yo-yo », maghreb-info.com, 24 mars 2014 ; The Worldwide incidents tracking system, 2009 ; Armelle Choplin, 2009

迦納：曾經的奴隸，今日的主人

十五到十八世紀，迦納沿海是美洲主要的奴隸來源之一。隨著國內經濟蒸蒸日上，迦納希望能吸引這些當年被迫離開故土的奴隸後裔回到母國。總統阿庫佛阿多（Nana Akufo-Addo，2017 年就任）宣布 2019 年為「回歸之年」，以此迎接有意歸國的移民，也冀望以此讓迦納成為非洲新興的繁榮熱點。

這十五、六年以來，迦納除了是非洲經濟舞台的模範生，也是全球經濟數一數二表現優異的國家。這個位於西非的英語系國家面積不大（23 萬 8,533 平方公里），自 1957 年獨立以來，就被象牙海岸、布吉納法索和多哥（均為法語系國家）所環繞。迦納的經濟活力旺盛，各項亮麗的指標都值得引以為傲，年均經濟成長率介於 5 ～ 14% 之間，2005 ～ 2017 年平均成長率為 6.8%。只要國際原物料市場表現良好，該國有許多自然資源足以保證收入穩定，像是可可（迦納為世界第二大可可生產國，年產量約 85 萬噸，僅次於象牙海岸）和黃金（迦納是非洲最大的黃金生產國，2018 年產量約 130 噸，排在蘇丹和南非之前）。石油產量也頗為豐富，儘管比起奈及利亞這樣的石油大國，迦納不過是每天生產約 20 萬桶的小生產國，然而憑藉新發現的離岸油田（參見圖 1），迦納石油產業的前景相當看好。

故土的呼喚與機會的誘惑

正是在這樣的有利情勢下，當代泛非主義（pan-Africanism）❶暨非洲國家擺脫前殖民強權、獲致獨立的新旗手——阿庫佛阿多總統，宣布 2019 年為「回歸之年」。在這個自 1990 年代以來就一直維持穩定的國家，政黨輪替乃是天經地義之事，唯一缺少的就是投資者和企業家來幫助當地經濟起飛。迦納人口（2020 年的統計約是 3,107 萬）大多數居於城市，且年齡層偏低（40% 的人口低於 15 歲），人口成長快速（每年 2.2%）。然而，該國的中堅族群仍較傾向移民離開迦納，每年淨遷移率（人口遷入率減去遷出率所得之值）約為負 5 萬人。

長久以來，迦納一直面臨人民因貧窮境況而逃離的問題，而這無疑正是「回歸之年」邀請離散於世界各地的迦納裔人民回國的原因。然而，儘管這個「回歸之年」主要邀請的是散居海外的迦納人（2017 年估計大約 85 萬 7,600 人），卻也同樣牽涉到幾個世紀以來被迫登上奴隸船的奴隸後代。換句話說，此一回歸故土的倡議，其目標群眾包含非裔美國人和加勒比海人，其中有些人是受到祖先的土地和迦納今後提供的機會所吸引而來。迦納當局希望倚靠這些海外移入的人才強化本國的經濟動能，因為這群人具有創業精神，在國外接受教育，致力於投入最有前途的創新產業部門，諸如資訊、通信、可

再生能源、電子商務等等。根據估計，2015 年有 3,000 名美國人在迦納定居，主要是在首都阿克拉（Accra），他們取得迦納國籍的手續也相對簡便。但與同區域之間的移民相比，區區 3,000 人仍顯得微不足道，2017 年計有 91,000 名多哥人移居迦納。

振興經濟不能只靠情懷

「回歸之年」說穿了只是一種公關手法，不過是象徵性的行動。其主要用意在於表明非洲不僅是一塊人口遷徙之地（非洲的外移人口有 70% 以上是在非洲境內移動），也可以是接受海外移民的重鎮。2019 年，迦納舉辦許多歡慶活動、會議和展覽以慶祝此一盛事，更替「回歸之年」增添一抹觀光色彩。2019 年同時也是第一個非洲奴隸踏上北美土地的 400 週年紀念（1619 年，他抵達了今日美國維吉尼亞州的詹姆斯鎮〔Jamestown〕）。

然而，客觀來看，迦納的發展模式和吸引海外人才的成功，距離發展兼容經濟（inclusive economy）❷還有一大段路。對於這個仍是全球數一數二貧窮的非洲國度來說，必須面臨的挑戰實在太多。貧困的北部和生產力較高的南部沿海地區之間有道難以跨越的鴻溝，導致貧窮率（每天生活費少於 1.9 美元的人口）高居不下，在 2012 ～ 2016 年間呈現上升趨勢。2016 年貧窮率為 13.3%，也就是大約有 380 萬的貧窮人口。此外，迦納的人類發展指數也不盡理想（2019 年為 0.611，世界排名第 138 位），且進步相當緩慢，預期壽命（64.1 歲）也偏低。迦納的生育率依然很高，2015 ～ 2020 年間，平均每名女性生育 4 個孩子，而吉尼係數（Gini coefficient，數值愈高代表年所得分配愈不均）也相當高（2016 年為 0.43），反映出經濟成長的成果並未以公平的方式重新分配。迦納的農業仍然占將近 20% 的 GDP，且在經濟上是一個脆弱又不平等的食租國家（rentier state）❸，既缺乏工業生產設備，也受制於全球市場的規則。

文 • É. Janin

❶ 編注：非洲的民族主義思潮，呼籲非洲各國在政治上融合，主要聚焦在非洲各族群的共通點之上。
❷ 編注：又稱包容性經濟，旨在將社會弱勢納入企業價值鏈體系，以兼顧社會福祉與獲益的經濟模式為目標。
❸ 編注：意指國家的主要收入來自外來財源，如石油等天然資源或是外國援助，而非國內的稅收。

◉基本資料

正式國名
迦納共和國

國家元首
阿庫佛阿多
（2017 年就任）

面積
238,533平方公里
（世界排名第83位）

官方語言
英語

首都
阿克拉

2020 年估計人口
3,107萬人

人口密度
每平方公里130人

貨幣
席迪（GHS）

歷史
在十五世紀歐洲人到來前，迦納帝國是西非繁榮的貿易之地。十八世紀，英國人將荷蘭人和葡萄牙人逐出這塊土地，並稱此地為黃金海岸。迦納於1957年在恩克魯瑪（Kwame Nkrumah）的領導下獲得獨立，恩克魯瑪自此擔任總統，直到1966年遭政變推翻，軍方隨後執政至1970年。

2020 年人均 GDP
（以購買力平價計算）
5,744美元

2019 年人類發展指數（HDI）
0.611(排名第138位)

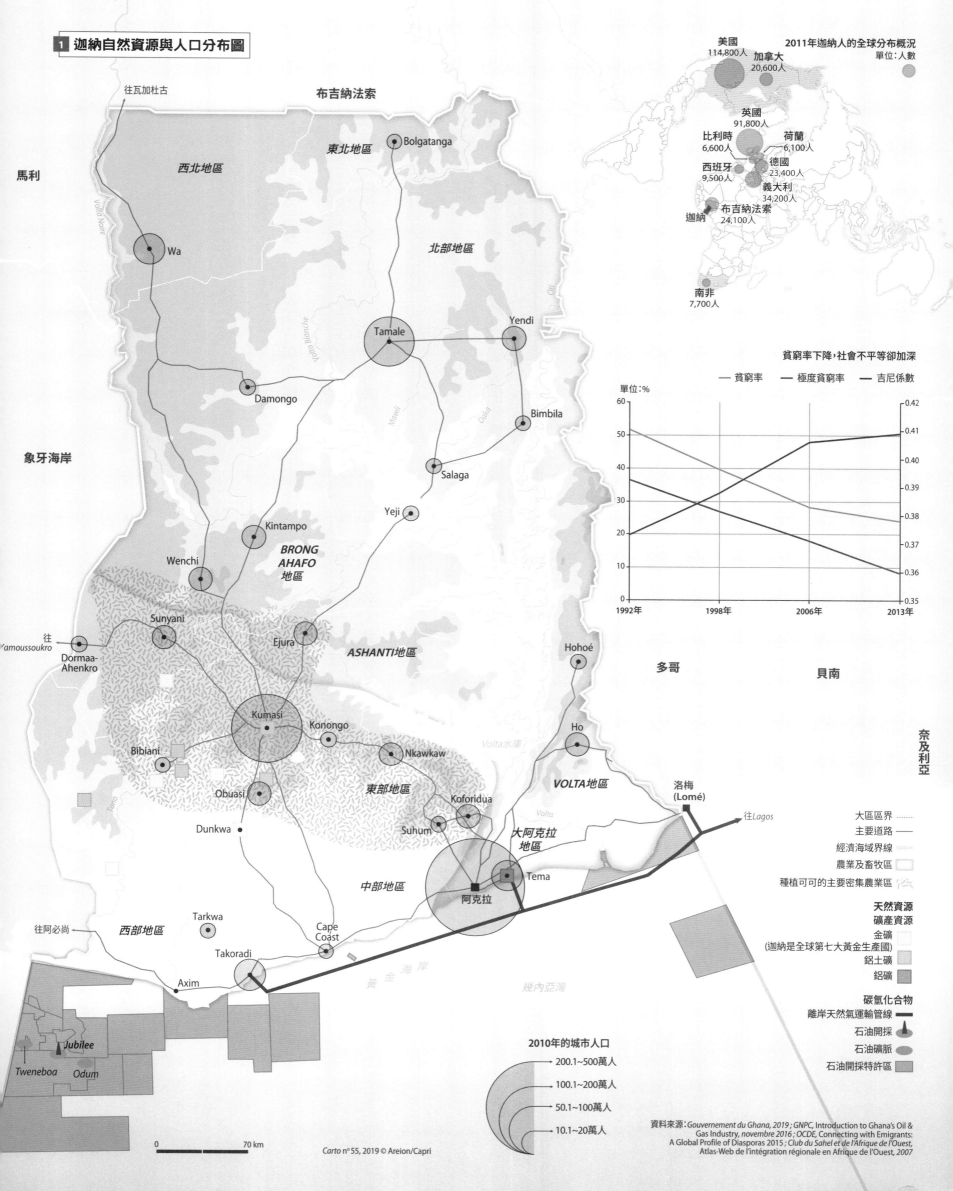

往瓦加杜古

布吉納法索

馬利

象牙海岸

西北地區

東北地區
Bolgatanga

北部地區

Wa

Damongo

Tamale

Yendi

Bimbila

Salaga

Yeji

Kintampo

Wenchi

BRONG
AHAFO
地區

往amoussoukro

Sunyani

Dormaa-
Ahenkro

Ejura

ASHANTI地區

Hohoé

Kumasi

Konongo

Bibiani

Nkawkaw

東部地區

Ho

VOLTA地區

多哥

貝南

2011年迦納人的全球分布概況
單位：人數

美國
114,800人

加拿大
20,600人

英國
91,800人

比利時
6,600人　荷蘭
6,100人

西班牙
9,500人　德國
23,400人

義大利
34,200人

布吉納法索
24,100人

迦納

南非
7,700人

貧窮率下降，社會不平等卻加深

— 貧窮率　— 極度貧窮率　— 吉尼係數

單位：%

1992年　1998年　2006年　2013年

奈及利亞

Obuasi

Dunkwa

中部地區

Koforidua

Suhum

大阿克拉
地區

Tema

阿克拉

Tarkwa

西部地區

Cape
Coast

Takoradi

Axim

黃　金　海　岸

幾內亞灣

洛梅
(Lomé)

往Lagos

往阿必尚

Jubilee

Tweneboa

Odum

0　　　70 km

Carto nº 55, 2019 © Areion/Capri

2010年的城市人口

200.1~500萬人

100.1~200萬人

50.1~100萬人

10.1~20萬人

大區區界 ....
主要道路 ——
經濟海域界線
農業及畜牧區
種植可可的主要密集農業區

天然資源
礦產資源
　金礦
（迦納是全球第七大黃金生產國）
　鋁土礦
　鋁礦

碳氫化合物
離岸天然氣運輸管線 ━▶
石油開採
石油礦脈
石油開採特許區

資料來源：*Gouvernement du Ghana, 2019；GNPC, Introduction to Ghana's Oil &
Gas Industry, novembre 2016；OCDE, Connecting with Emigrants:
A Global Profile of Diasporas 2015；Club du Sahel et de l'Afrique de l'Ouest,
Atlas-Web de l'intégration régionale en Afrique de l'Ouest, 2007*

2018年各大區人口
單位：萬人

363（達卡區）

大區區界 ----

2016年各大區的貧窮率
單位：占人口的比例
54.8~78.5%
34.7~54.7%
26~34.6%

70
15
5

經濟與基礎建設
工業自由貿易區 ○
主要道路
鐵路
物流走廊
海路
主要港口
次要港口

2016年各大區的醫院數量
3間以上
2間
1間

2016年各大區就學率
超過82%
70~81.9%
56~69.9%
48~55.9%

Carto nº 53, 2019 © Areion/Capri

資料來源：*www.sigstat.ansd.sn, 2019 ; Agence nationale de la statistique et de la démographie du Sénégal, La population du Sénégal en 2018, février 2019 ; F. Bost (dir.), Atlas mondial des zones franches, La Documentation française, 2010*

塞內加爾：
經濟與政治穩健發展的雙贏模式

2019 年 2 月 28 日，薩爾（Macky Sall）在第一輪塞內加爾總統大選中以 58.26% 的得票率勝出。儘管各選舉觀察團沒有發現任何違規行為，並肯定此次的和平選舉，反對派仍然拒絕接受選舉結果，但並未向憲法法庭提出上訴。

2017 年，塞內加爾的 1,585 萬居民中，有 668 萬人登記成為註冊選民，其中 442 萬人在 2019 年的總統大選裡投了票，使投票率達到 66.27%，與 2012 年的總統大選相比增加 14.7%，且情勢對執政聯盟較為有利。早在 2017 年 7 月的國會選舉中，執政的「希望團結聯盟」（Benno Bokk Yakaar, BBY）便囊括近半數選票（49.5%）和 165 個國會議席中的 125 席。2016 年 3 月，包括「總統任期從七年縮短為五年」及「強化反對派角色」在內的 15 項憲法修正公投，同樣以達 62.5% 的支持率通過。

塞內加爾的政治反對陣營相對來說十分扎實且結構分明。在希望團結聯盟之外，另有 12 個政黨在塞內加爾國民議會中擁有席次，其中又以擁有 19 席的塞內加爾獲勝聯盟（Gagnante Wattu Senegaal）、擁有 7 席的塞內加爾協議聯盟（Mankoo Taxawa Senegaal）以及擁有 3 席的團結與集合黨（Parti de l'Unité et du Rassemblement）為主要政黨。除了保守派政黨「塞內加爾道德工作與家族愛國者」（PASTEF）的黨魁桑科（Ousmane Sonko）以外，薩爾在本次總統大選中的其他三名對手：塞克（Idrissa Seck）、倪仰（Madické Niang）和以撒（Issa Sall）都分屬於反對派三大政黨。

薩爾在經濟方面的政績是他本次勝選的一大助力。2014 年，塞內加爾當局通過了「新興塞內加爾計畫」（Plan for an Emerging Senegal, PES），這項發展建設行動方案乃是一個投資龐大的重大工程計畫，其目標是在 2035 年，讓塞內加爾成為西非經濟的強勢動能。已著手的工程包括位於首都達卡（Dakar）東南方 32 公里處的新城市迪安尼究（Diamniadio）、一座新的國際機場，以及一條連結首都和這些基礎建設的區域快速列車。2014 年，塞內加爾的經濟成長率為 4.3%，2018 年更高達 6.8%，這是塞國連續第四年經濟成長超過 6%。塞國之所以能達成這些破紀錄的成長，一方面是因為新興塞內加爾計畫引發的效應，促進公共投資並刺激私部門的經濟活動；另一方面則是由於良好的天氣狀況和相對低廉的石油價格有益於農業發展，而塞國的農業部門擁有全國 52.8% 的勞動人口，GDP 貢獻更達到 16%（2017 年數據）。

儘管良好的經濟情勢使得塞內加爾的貧窮率下降 4 ～ 7%，然而該國的貧窮率仍然高於 40%。根據世界銀行數據，2011 年塞國有 38.5% 的人口每天僅靠 1.9 美元生活。2019 年，在聯合國人類發展指數排名中，塞內加爾在 189 個國家裡則排名第 168 位。此外，剛畢業的社會新鮮人失業問題也依然嚴重，2017 年底，20 ～ 24 歲和 25 ～ 29 歲的畢業生中，分別有 19.5% 和 17.5% 的人找不到工作。

文 ● N. Rouiaï

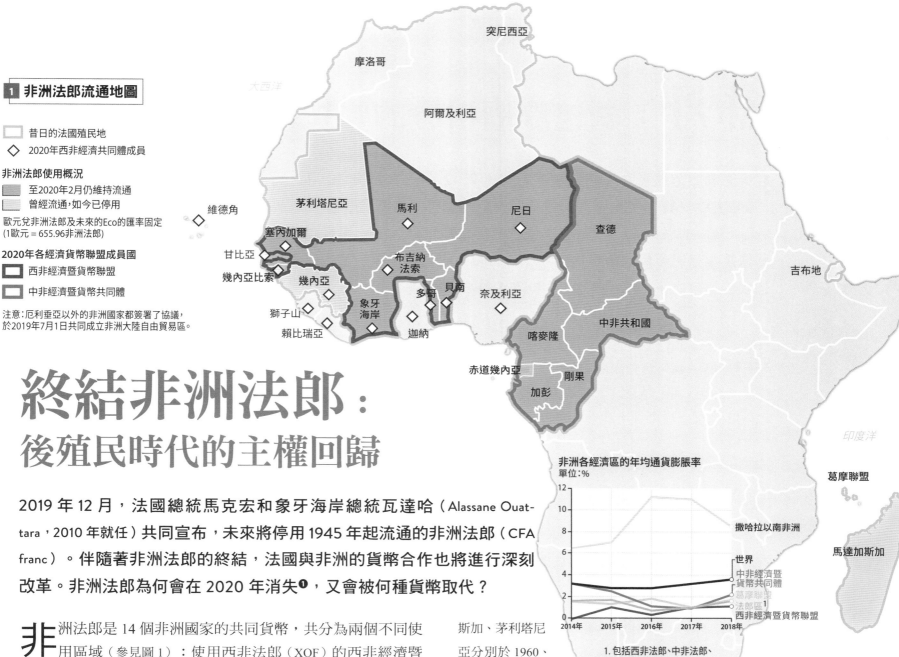

1 非洲法郎流通地圖

- ☐ 昔日的法國殖民地
- ◇ 2020年西非經濟共同體成員

非洲法郎使用概況
- ▨ 至2020年2月仍維持流通
- ▧ 曾經流通，如今已停用

歐元兌非洲法郎及未來的Eco的匯率固定
(1歐元 = 655.96非洲法郎)

2020年各經濟貨幣聯盟成員國
- ☐ 西非經濟暨貨幣聯盟
- ☐ 中非經濟暨貨幣共同體

注意：厄利垂亞以外的非洲國家都簽署了協議，於2019年7月1日共同成立非洲大陸自由貿易區。

突尼西亞・摩洛哥・阿爾及利亞・維德角・茅利塔尼亞・塞內加爾・甘比亞・幾內亞比索・獅子山・賴比瑞亞・幾內亞・馬利・布吉納法索・多哥・貝南・象牙海岸・迦納・奈及利亞・尼日・查德・中非共和國・喀麥隆・赤道幾內亞・剛果・加彭・吉布地・葛摩聯盟・馬達加斯加

大西洋・印度洋

非洲各經濟區的年均通貨膨脹率
單位：%

撒哈拉以南非洲・世界・中非經濟暨貨幣共同體・葛摩聯盟・法郎區[1]・西非經濟暨貨幣聯盟

1. 包括西非法郎、中非法郎、葛摩法郎、太平洋法郎。

2014年 2015年 2016年 2017年 2018年

600 km

資料來源：*Rédaction de Carto, février 2020；Banque de France*, Rapport annuel de la zone franc 2018, *octobre 2019*
Carto n° 58, 2020 © Areion/Capri

終結非洲法郎：
後殖民時代的主權回歸

2019 年 12 月，法國總統馬克宏和象牙海岸總統瓦達哈（Alassane Ouattara，2010 年就任）共同宣布，未來將停用 1945 年起流通的非洲法郎（CFA franc）。伴隨著非洲法郎的終結，法國與非洲的貨幣合作也將進行深刻改革。非洲法郎為何會在 2020 年消失❶，又會被何種貨幣取代？

非洲法郎是 14 個非洲國家的共同貨幣，共分為兩個不同使用區域（參見圖 1）：使用西非法郎（XOF）的西非經濟暨貨幣聯盟（West African Economic and Monetary Union, UEMOA）和使用中非法郎（XAF）的中非經濟暨貨幣共同體（Central African Economic and Monetary Community, CEMAC）。然而，非洲法郎自問世以來便引起許多辯論。使用非洲法郎確實有其優勢，因為該貨幣先後與法郎、歐元掛勾，並由外匯存底擔保，儲備金一半集中於法國國庫，可藉此保證西非和中非的經濟穩定。由於匯率固定，非洲法郎足以鞏固國際市場的信心，鼓勵各方對使用該貨幣的地區進行投資，同時還能限制通貨膨脹，防止非洲各國隨意印鈔，此外更有助於促進非洲法郎區內部的貿易往來。

然而，法國與其前殖民地之間的貨幣合作卻引發批評。對一些人來說，這分明就是「法屬非洲」的延續——這個概念意指法國本土與其曾經征服的領土之間的後殖民時代連結。在這種視角之下，非洲法郎等同於變相限制如今已是獨立國家的主權，「法郎」這個貨幣名稱正揭示了法國政府的影響力並未遠去。

在非洲法郎的諸多象徵意義之外，人們譴責的還有此一貨幣模稜兩可的經濟效果。與強勢貨幣歐元掛勾，實際上也讓非洲法郎成為商業上的障礙，使貿易條件惡化。儘管非洲法郎能提高進口貨品的競爭力，同時卻也傷害到貨品的出口，因而拖累當地的工業生產。不過，非洲之所以面臨各種艱辛困境，原因絕不止這一項因素。放棄了非洲法郎的國家（幾內亞、馬達加斯加、茅利塔尼亞分別於 1960、1972 與 1973 年棄用非洲法郎），其經濟狀況與使用非洲法郎的國家其實差不多，這就證明了非洲法郎不是非洲唯一的經濟障礙。

既然非洲法郎業已宣告落幕，那麼原使用國接下來要解決的就是金融、經濟和政治問題了。替代的新貨幣「Eco」原本預計於 2020 年發行❶，國際貨幣基金組織也贊成此一演變，然而這是否代表這些非洲國家就此與過去一刀兩斷？原則上是的，因為除了象徵意義的改變外，此項以新換舊的貨幣改革還規定外匯存底必須從法國回歸非洲，如此一來，非洲的自主權便能獲得增長，因為法國將退出貨幣管理機關，僅維持擔保者的角色。不過，新貨幣在一開始還是會與歐元掛勾，以降低新貨幣劇烈貶值或資本外流的風險。此一舉措激怒了奈及利亞，因為奈國自 1987 年以來，就一直在西非經濟共同體中提倡 Eco 貨幣的計畫，卻長期遭法國「視而不見、繞道而行」。奈國指責法國當局儘管表面上有意願改變，卻仍試圖維持該國監護者的地位。

文 • C. Loïzzo

❶編注：已推遲至 2027 年發行。

蘇丹：麵包漲價引發的阿拉伯之春

在經濟和政治嚴重蕭條的困境下，2018 年 12 月～ 2019 年 10 月之間，蘇丹爆發了規模空前的抗議活動（參見圖 1）。爆發的主因是蘇丹政府決定將麵包價格調漲三倍，從 2 歐分調漲到 6 歐分[1]。巴希爾（Omar Hassan Ahmad al-Bashir）自 1989 年發動軍事政變奪權以來一直是該國強人，然而在 2009 年，海牙國際刑事法院指控巴希爾在蘇丹達佛地區（Darfur）犯下戰爭罪、反人類罪和種族滅絕罪，並起訴了巴希爾。在這樣的指控之下，巴希爾於 2019 年 4 月 11 日遭轟下台。

◎ 基本資料

正式國名
蘇丹共和國

國家元首
柏罕（Abdel Fattah al-Burhan，過渡軍事委員會主席，後於2019年改任主權委員會主席至今）

面積
1,861,484平方公里
（世界排名第17位）

官方語言
阿拉伯語、英語

首都
喀土穆

2020 年人口
4,385萬人

人口密度
每平方公里24人

貨幣
蘇丹鎊（SDG）

歷史
蘇丹古稱努比亞，是法老王的國度。從十九世紀初到1956年蘇丹獨立以前，該國主要由埃及和英國支配。獨立後，由於並未建立聯邦制國家，蘇丹境內衝突不斷，其中又以南方最為嚴重。經歷漫長的蘇丹內戰後，南蘇丹於2011年獲得主權，成為獨立國家。

2020 年人均 GDP
（以購買力平價計算）
4,142美元

2019 年人類發展指數（HDI）
0.510
（排名第170位）

事實上，蘇丹人民的憤怒可以追溯到 2018 年 1 月。當時，蘇丹貨幣崩潰，政府無力進口基本生活必需品。然而，蘇丹人民十分仰賴進口物資維持生存，因為該國儘管土地肥沃，農業卻掌握在一眾政治大老手中，這些大人物紛紛以出口高粱、小米、花生和芝麻牟求私利。此外，自從 2011 年 7 月南蘇丹脫離蘇丹獨立以來，蘇丹幾乎失去所有石油資源，導致每年的通貨膨脹率將近 70%。另一方面，全國約有 20% 的人口處於失業狀態，而在 1989 ～ 2019 年間，人口更從 2,000 萬成長到 4,281 萬（儘管有 1,250 萬南蘇丹人民離開）。短短一代人的時間裡，由於農村人口外流和戰亂地區的難民湧入，蘇丹首都喀土穆（Khartoum）的人口成長五倍之多，成為一個擁有 500 萬居民的複合都市。美國 1997 年對蘇丹實施的貿易禁運亦讓情勢雪上加霜，而儘管貿易禁運已於 2017 年 10 月撤銷，預期的復甦卻並未出現。

無懼鐵腕，反抗專制的人民意志

不只是經濟，蘇丹在政治方面也同樣慘不忍睹。儘管當局終結了南方無休無止的蘇丹內戰（1983～2005 年），然而卻付出 1/4 的國土作為代價。此外，還有西南部達佛地區（2003 年起）、南部南科爾多凡（South Kurdufan）和東南部藍尼羅州（Blue Nile state，2011 年起）的三場武力衝突仍未平息，而無論是大學、政黨、工會還是媒體，整個社會都深受其害。蘇丹無比龐大的安全機關因此占據了最高額的政府預算，其下除了軍隊和警方以外，還包含強大的情報部門（國家情報及安全局〔National Intelligence and Security Service, NISS〕）和各支民兵部隊。

儘管在蘇丹示威的同時，大多數中東政權已重新壓制住民間社會，有些人依然將 2018 ～ 2019 年蘇丹的示威活動解釋為遲來的「阿拉伯之春」。還有一些人認為，這是繼 1964 年推翻阿布德（Ibrahim Abboud，1958 ～ 1964 年掌權）和 1985 年結束獨裁者尼邁里（Gaafar Nimeiry，1969 ～ 1985 年掌權）的統治之後，人民再一次為了推翻專制政權而挺身而出。

這次抗議活動影響的範圍比過去更廣泛，涉及 35 個

城市、15 個州（全國共 18 個州），社會基礎也更廣大。2011 ～ 2013 年，挺身示威、反抗政府的是那些富裕、受過教育的年輕人，而 2016 年起，進行改革、組織大型罷工運動的則是各職業工會。到了 2019 年，領導反抗運動的是蘇丹專業人員協會（Sudanese Professionals Association），該協會成功發表了一份《自由及變革宣言》（Declaration of Freedom and Change），不僅要求巴希爾下台，還要求當局與南部各州達成和平協議，並建立一個為期四年的技術人員政府。集結數個武裝運動團體和政黨的「Nidaa al-Sudan 聯盟」，還有政黨聯盟「全國共識力量」（National Consensus Forces），全都簽署了此一宣言。這份宣言清楚傳達出直搗問題核心的意志：蘇丹的問題核心就在於貪汙腐敗的政治體制，以碾碎邊緣為代價，將所有的權力和財富都集中於中央。

強權衰落，被軍隊拋棄的獨裁者

2019 年 2 月 22 日，巴希爾宣布解散政府，並下令全國進入為期一年的緊急狀態，然而軍隊並不支持，導致巴希爾在 4 月 11 日遭到解職。巴希爾之所以能夠統治蘇丹長達三十年，主因便是背後有軍隊、安全機關、商人和穆斯林兄弟會這四股聯合掌控國家的勢力支持。然而，隨著巴希爾的政黨「國家議會黨」（National Congress Party, NC）內部出現分歧，這位總統的政治基礎也一點一滴流失。許多觀察家認為，軍隊的立場已經從完全效忠這位遭廢黜的總統逐漸轉為保持中立，甚至在某些情況下還會站在抗議者那一邊。就連國家情報及安全局對人民反抗運動也採取中立的立場，情治官員更公開批評當局的經濟治理。

埃及、沙烏地阿拉伯、卡達等區域盟友的支持無法為巴希爾護航，致使巴希爾最終遭到囚禁。近年來，中國等強權國家在蘇丹投資了數十億美元，因為對中國和俄羅斯來說，蘇丹是通往非洲的戰略門戶；而美國和歐盟的立場則是希望蘇丹建立強而有力的政權，以遏阻動盪局勢引發的難民潮奔赴歐洲，或是成為新恐怖主義的據點。另一方面，蘇丹於 2019 年 3 月 16 日宣布已收到

阿拉伯國家聯盟（League of Arab States, LAS）其下阿拉伯貨幣基金（Arab Monetary Fund, AMF）出借的 3 億美元（2.64 億歐元，折合台幣約 91 億）。這筆貸款無疑成為滿足示威者經濟訴求的及時雨，然而並不足以終止這場面對壓迫仍然百折不撓的人民運動。示

威者極力要求蘇丹政府屏棄軍人統治，並審判舊政權的每一位掌權者。

文 ● N. Petitjean

❶編注：1 歐元等於 100 歐分（centime），折合台幣 1 歐分約是 0.34 元。

1 蘇丹人民示威地圖

東非的消費者物價漲勢
單位：%　　■ 2018年　● 2017年

南蘇丹　188%
蘇丹　104%
埃及
利比亞
衣索比亞
厄利垂亞
索馬利亞
肯亞
中非共和國
烏干達
查德
吉布地

蘇丹宣稱擁有哈拉伊卜三角區（Halaib Triangle)的主權，實際上卻是由埃及治理

沙烏地阿拉伯
沙烏地阿拉伯承諾提供蘇丹一項30億美元的援助計畫

往Bérénice
哈拉伊卜三角區　哈拉伊卜
往Assouan
埃及
Wadi Halfa
Dal I
Nubia沙漠
紅海
尼羅州
蘇丹港
Kerma
Dongola　Kajbar　Dagash　Morgat　Shereiq
北方州
紅海州
Shirri
Méroé　Méroé
Atbara
反抗執政當局的示威浪潮於2018年12月19日由此開始
Ed-Damer
Shendi
KASSALA州
Sabaloka
厄利垂亞
喀土穆州
Omdurman
Burri
喀土穆　Kassala　往阿斯瑪拉(Asmara)
Jebel Aulia
Halfaaljadidah　Khashm el-Giroa
GEZIRA州
Wad Madani
北科爾多凡州
Gedaref
達佛地區
Sennar
Sennar
GEDAREF州
El-Fasher
El-Obeid　Kosti　Rabak　往Gondar
西達佛州　西科爾多凡州　Singa
Alnuhud　Ummru　SENNAR州
Nyala
白尼羅州
Roseires
南科爾多凡州
Addillini
藍尼羅州
Adduayn
往Malakal　衣索比亞
Kadugli
往Birao
南達佛州
ABYEI
往Malakal
往Aweil　往Wau
南蘇丹

州界
主要道路
欠缺維護的道路或小徑
鐵路
示威抗議的密集程度
2018年12月19日～
2019年4月26日
強
中
弱

2019年4月的衝突區情勢
2011年以來新增的國界
達佛地區
難民營
國內流離失所者的營地

2018年自然資源概況
大壩
水壩興建計畫
獲灌溉的農業地帶
碳氫化合物(石油等)礦脈
石油開採區
石油運輸管線
規劃中的石油運輸管線
煉油廠

利比亞
利比亞沙漠
查德
北達佛州
中非共和國

0　　　　　200 km

資料來源：Rédaction de Carto, avril 2019；ACLED, avril 2019；« Au Soudan, les dessous d'une transition périlleuse », in Le Monde, 25 avril 2019；« One of Africa's Most Fertile Lands Is Struggling to Feed Its Own People », in Bloomberg, 2 avril 2019；FAO, avril 2019；EIA, Country Analysis Brief: Sudan and South Sudan, 5 mars 2018；AICD, Sudan's Infrastructure: A Continental Perspective, juin 2011

Carto n° 53, 2019 © Areion/Capri

坦尚尼亞：備受爭議的非洲「模範生」

坦尚尼亞相對於其它非洲國家來說並不廣為人知，這無疑是因為該國政治穩定，也沒有重大的公共衛生災禍。然而，這個主要仰賴觀光業發展的國家卻由於所在區域情勢緊張，以及前總統馬古富利（John Magufuli，任期 2015 ～ 2021 年）❶的獨裁專政而日漸疲弱。坦尚尼亞是否會因此失去非洲「模範生」的地位？

◎基本資料

正式國名
坦尚尼亞
聯合共和國

國家元首
薩米婭·蘇盧胡·
哈桑(Samia Suluhu
Hassan，2021年就
任)

面積
947,300平方公里
(世界排名第32位)

官方語言
史瓦希里語、英語

首都
杜篤馬(Dodoma)

2021 年人口
6,210萬人(7月)

人口密度
每平方公里66人

貨幣
坦幣(TZS)

歷史
坦噶尼喀(今坦尚尼亞大陸部分)在1885～1918年經歷德國殖民，其後在1919~1961年成為英國的保護區，直到1961年獨立；桑吉巴群島於1963年成為主權國家，於1964年與先行獨立的坦噶尼喀共組坦尚尼亞。朱利葉斯·尼雷爾(Julius Nyerere)是1964年的第一任民選總統，於1985年退出政壇。該國每5年舉行一次總統選舉。

2020 年人均 GDP
(以購買力平價計算)
2,780美元

2019 年人類發展指數 (HDI)
0.529
(排名第163位)

坦尚尼亞自 1961 年獨立至今，除了 1978 ～ 1980 年與烏干達的衝突以外，幾乎逃過了所有政變、族裔關係緊繃與邊界衝突等劫數。該國位於大湖地區（Great Lakes）❷，在 1964 年建國，由印度洋上的桑吉巴島（Zanzibar）和昔日稱為坦噶尼喀（Tanganyika）的大陸領土合併而來。坦尚尼亞同時秉持多邊主義（multilateralism）、泛非主義和第三世界主義（Third Worldism），這三重意識型態來自該國的「國父」，亦即 1964 ～ 1985 年擔任總統的尼雷爾（Julius Nyerere）。

坦尚尼亞獨立時制定的內政指導方針長期以來奠基於以下三點：一、組成一個基督教、伊斯蘭教和泛靈論（Animism）的多信仰國家（該國有 130 多支民族）。二、集權於一個強大的政黨，亦即 1964 年就已存在的革命黨（Revolutionary Party, CCM）。三、經濟上的平等主義，不過在過去三十年來，自由主義逐漸成為主流。

逐漸走向極端的政治體制

雖然該國每次總統大選都能和平地權力交接，朝野在內政方面也多有共識，但是身為革命黨要員的馬古富利卻決定打破歷屆原則，強硬施行更嚴厲的改革，包括打擊貪汙腐敗、減少公共赤字、解僱高階公務員等。隨之而來的是政權變得更為極端，不僅開始限制個人自由、中止反對派報紙發行、監控社交網絡，更出現推翻家庭計畫、歧視同性戀者和白化症患者、綁架和企圖暗殺政治反對派、掠奪少數民族馬賽人（Maasai）的土地等情況。世界銀行、美國和歐盟為此對坦國多次發出警告，甚至暫停對坦尚尼亞的部分援助和發展建設計畫。

區域地緣政治環境不穩定，更讓坦尚尼亞惡化的內部情勢雪上加霜。肯亞危殆不安（恐怖攻擊）、鄰國種族和政治情勢緊繃（導致蒲隆地與剛果難民湧入坦國邊境的難民營）、桑吉巴島（97% 人口為穆斯林）的領土收復主義（Irredentism，又稱民族統一主義）和基本教義派（Fundamentalism，又稱原教旨主義）興起，在在威脅著經濟面也同樣脆弱的坦尚尼亞失去穩定性。

儘管位居印度洋畔的坦國在非洲的經濟成長率算得上首屈一指（年平均經濟成長率為 5 ～ 7%），坦尚尼亞的經濟動能實際上來自 2000 年初以來實施的諸多投資計畫，特別是在公路和鐵路基礎建設方面。坦尚尼亞在 1960、

1970 年代走上了毛主義（Maoism）式的社會主義道路，此後即成為中國在非洲投資的一大橋頭堡，而上述的鐵路、公路等現代化政策得以實現，便是基於坦國與中國之間共享意識形態下的歷史連結。

與瀕危物種同樣脆弱的經濟收入

坦尚尼亞的經濟主要奠基於三種產業：農業、礦業與觀光業。農業生產集中在茶葉和棉花上，2018 年占 GDP 的 22.4%；採礦業則占 GDP 的 25.4%，長期以來皆以黃金、鑽石和寶石為主，不過未來將以開採坦國藏量豐富的碳氫化合物（石油、天然氣、煤炭）為導向。儘管坦尚尼亞的對外貿易以中國、印度和阿拉伯聯合大公國為大宗，但該國 1/3 的貿易卻是以同屬東非共同體（East African Community, EAC）的鄰國為對象。然而，真正讓坦國加入全球化一環的還是觀光業。吉力馬札羅山（Kilimanjaro）、恩戈羅恩戈羅火山口（Ngorongoro Crater）、維多利亞湖（Lake Victoria）、坦噶尼喀湖（Lake Tanganyika）和馬拉威湖（Lake Malawi）、東非大裂谷（Great Rift Valley）等自然景點（參見圖1），還有野生動物保護區、海灘、桑吉巴島的阿拉伯穆斯林文化遺產，在 2017 年為該國吸引約 150 萬名國際遊客，帶來 24 億美元的收入。但是，由於氣候異常、瀕危物種頻繁遭到盜獵，以及地緣政治情勢的風險，坦尚尼亞的觀光業仍然相當脆弱。

2020 年坦國舉行國會選舉與總統大選，國內政治的緊繃情勢反映出殘酷的社會現實，令人不禁想起非洲各國往往難以逃離的「發展不良模式」。坦尚尼亞的都市化程度低（2020 年，該國城市居民占總人口的 35.2%），人口快速成長（2020 年的人口成長率為 2.9%）恐怕會讓各種不平等和種族間的衝突變得更加嚴重。儘管 2010 年至今，坦國的人均 GDP 成長近一點五倍（2020 年統計為 2,780 美元），人類發展指數卻仍過低（2019 年為 0.529，世界排名第 163 位）。此外，貧窮率（2018 年為 49.4%）雖然有所下降，坦國經濟仍高度仰賴政府開發援助（official development assistance，ODA，已開發國家對開發中國家的經濟援助）。

文 • É. Janin

❶ 譯注：前總統約翰·馬古富利 2015 年上台執政，於 2020 年 10 月 25 日的總統選舉勝選連任；2021 年 3 月 17 日馬古富利心臟病發逝世，由副總統薩米婭·蘇盧胡·哈桑繼任總統。
❷ 譯注：指東非大裂谷周邊、包含維多利亞湖等七大湖的地帶。

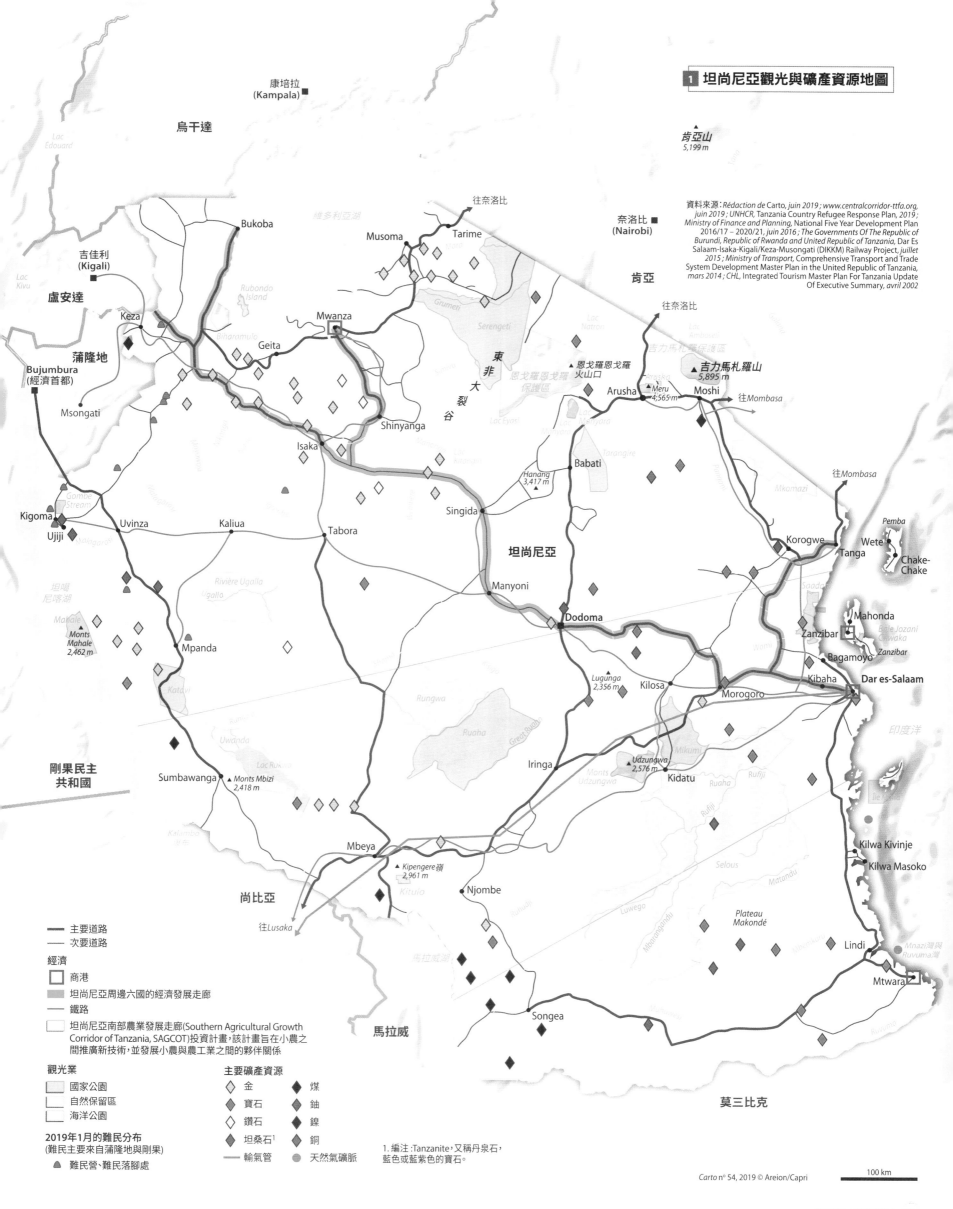

肯亞山
5,199 m

資料來源：*Rédaction de Carto, juin 2019; www.centralcorridor-ttfa.org, juin 2019; UNHCR, Tanzania Country Refugee Response Plan, 2019; Ministry of Finance and Planning, National Five Year Development Plan 2016/17 – 2020/21, juin 2016; The Governments Of The Republic of Burundi, Republic of Rwanda and United Republic of Tanzania, Dar Es Salaam-Isaka-Kigali/Keza-Musongati (DIKKM) Railway Project, juillet 2015; Ministry of Transport, Comprehensive Transport and Trade System Development Master Plan in the United Republic of Tanzania, mars 2014; CHL, Integrated Tourism Master Plan For Tanzania Update Of Executive Summary, avril 2002*

烏干達
康培拉
(Kampala)

盧安達
吉佳利
(Kigali)

蒲隆地
Bujumbura
(經濟首都)

剛果民主
共和國

坦尚尼亞

肯亞
奈洛比
(Nairobi)

東非大裂谷

吉力馬札羅山
5,895 m

尚比亞

馬拉威

莫三比克

圖例

主要道路
次要道路

經濟

□ 商港

坦尚尼亞周邊六國的經濟發展走廊

鐵路

□ 坦尚尼亞南部農業發展走廊(Southern Agricultural Growth Corridor of Tanzania, SAGCOT)投資計畫，該計畫旨在小農之間推廣新技術，並發展小農與農工業之間的夥伴關係

觀光業

□ 國家公園
□ 自然保留區
□ 海洋公園

2019年1月的難民分布
(難民主要來自蒲隆地與剛果)

▲ 難民營、難民落腳處

主要礦產資源

◇ 金　　　　◆ 煤
◈ 寶石　　　◈ 鈾
◇ 鑽石　　　◈ 鎳
◈ 坦桑石¹　　◈ 銅
━ 輸氣管　　● 天然氣礦脈

1. 編注：Tanzanite，又稱丹泉石，藍色或藍紫色的寶石。

Carto n° 54, 2019 © Areion/Capri

100 km

南非：難以跨越的種族隔離遺毒

2019 年 4 月，在南非慶祝實行非種族主義民主二十五週年之際，白人與黑人之間的深刻不平等如今仍烙印在南非境內，比如說土地分配的不平等，在 2019 年 5 月 8 日南非大選即成為一大關鍵議題。土地問題複雜且充滿爭議，體現出南非在對抗種族隔離政策（1948～1991 年）遺留的問題上必須面對的困難。

南非是世界上數一數二不平等的國家，根據官方統計，2015 年，南非黑人家庭的平均收入仍然比白人家庭低 5 倍。儘管該國在政策方面相當積極，種種差距在種族隔離制度所定義的「種族」群體之間仍然十分明顯。根據南非農業土地改革及鄉村發展部（Rural Development and Land Reform）2018 年的數據，白人（占 5,500 萬總人口的 8%）仍然擁有 72% 的土地，而黑人（占總人口的 81%）只擁有 4% 的土地（參見圖 1）。除了量的不平等，還要加上質的不平等，因為黑人往往繼承的是昔日稱為「家園」（homeland，後改稱班圖斯坦〔bantoustan〕）的保留區貧瘠土地。這些劃界起於十七世紀，當時數個歐洲殖民經濟強權在南非的土地上劃出保留區，到了二十世紀初由南非政府正式確立。

依照種族區分的土地與農業結構

南非的農業是二元結構：一邊是商業化、現代化的農業，由幾萬名白人農場主和大企業把持平均占地 1,300 公頃的巨型農場；另一邊則是非洲農業，由黑人小農耕種平均占地僅 2 公頃多的微型農地。前者之所以能充分灌溉廣大的耕作地帶，並密集耕作蔬菜、栽培果樹與甘蔗等作物，全仰賴大量的公部門補貼和容易取得的生產要素，像是土地、幾乎免費的水、成本低廉的黑人勞動力；而後者主要生產糧食，生產效率低，兩者的生產力差距可謂天差地遠。

「白人來的時候，我們有土地，他們有聖經。我們閉了幾秒鐘的眼睛，當我們再次睜開眼睛，他們有了土地，我們有了聖經。」開普敦聖公會大主教戴斯蒙・屠圖（Desmond Tutu）的這番話清楚揭示，這種掠奪自殖民時期起就深深扎根於南非。南非最初是受荷蘭人殖民，然後由英國人接手，並在 1913 年的《土地法》（Native Lands Act）劃定非洲人保留地的範圍，而 1936 年的《信託和土地法》（Native Trust and Land Act）又將 1913 年的法條補充完整，將 1,510 萬公頃的土地，也就是僅占南非 13% 面積的土地分配給非白人人口，就此開啟白人和非白人之間土地資源的分配不平等。1948～1994 年間執政的南非國民黨（National Party）透過 1950 年的《種族區域法》（Group Areas Act）將黑白隔離系統化，從此這部法律便成為有利於白人少數群體的南非種族隔離制度基石。

因此，自 1994 年開始，領導南非民族解放的政黨，即曼德拉（Nelson Mandela，1918～2013 年）的政黨「非洲民族議會」（African National Congress, ANC），便將修正不平等的惡法作為優先事項，並寫入 1996 年的《南非共和國憲法》（Constitution of the Republic of South Africa）。當局的土地改革志在於 15 年內將 30% 遭掠奪的土地重新分配；然而，據有關部門統計，2018 年時，這些土地僅有 4.2% 歸還給昔日的擁有者，5.9% 則以金錢作為補償。土地移轉進度緩慢的原因很多，像是土地所有權制度相當複雜、土地追索案的調查曠日廢時、土地移轉的手續需出於自願，以及對「土地移轉恐會傷害白人農業競爭力」的擔憂，畢竟白人農業是由白人保守派利益遊說團體所掌控。更何況，辛巴威土地改革的前車之鑑仍歷歷在目：辛巴威於 2000 年發動的土地改革即奠基於強行剝奪白人農場主的土地，結果引發重大的糧食危機、鄉村地區的極端暴力衝突，以及外國直接投資崩潰。

土地問題一向是南非的重大挑戰，而自從遭非洲民族議會開除黨籍的馬勒馬（Julius Malema）於 2013 年成立極左派政黨「經濟自由鬥士」（Economic Freedom Fighters, EFF）以來，土地問題更是再度成為政治辯論的焦點。馬勒馬遭人斥責是民粹主義分子，他主張剝奪白人的土地並不給予補償，因而引起保守派、甚至是川普（時任美國總統）的不安，而此一爭端也再次體現出南非的土地問題具有高度爭議性。

因醜聞與裙帶失去民心的執政黨

雖然南非現任國家元首拉瑪佛沙（Cyril Ramaphosa，2018 年就任）承諾會加速改革，但他迄今繳出的成績單令人失望，這是南非人民對非洲民族議會失去信任的原因之一。此外，非洲民族議會深陷好幾起貪汙腐敗的醜聞，又遭前總統朱瑪（Jacob Zuma，任期 2009～2018 年）執政時期裙帶關係大行其道所拖累，在 2019 年 5 月 8 日的大選中得票率跌破 60% 大關（400 個席次僅贏得 230 席，比該黨上屆國會席次少了 19 席），相較於民主聯盟（Democratic Alliance，DA，得票率 20.7%，84 席）和經濟自由鬥士（得票率 10.7%，44 席，比上一屆多了 19 席），非洲民族議會的勢力出現空前衰退。儘管這場並不輝煌的勝利不妨礙現任總統於 5 月 25 日獲得連任（南非總統由國會選出），然而選舉結果卻突顯出南非社會日益緊繃的情勢。在這個自 2008 年以來不斷面臨重大困難的新興國家，土地問題無論在經濟、社會或政治上皆已無可迴避、亟需處理，但是卻一直懸而未決。根據官方統計，2014 年，南非 18.9% 的人口每天生活費在 1.9 美元以下；2020 年第一季，失業率更高達 30.1%，尤其女性（32.4%）比男性（28.3%）受到的影響更大。

文 • C. Loïzzo

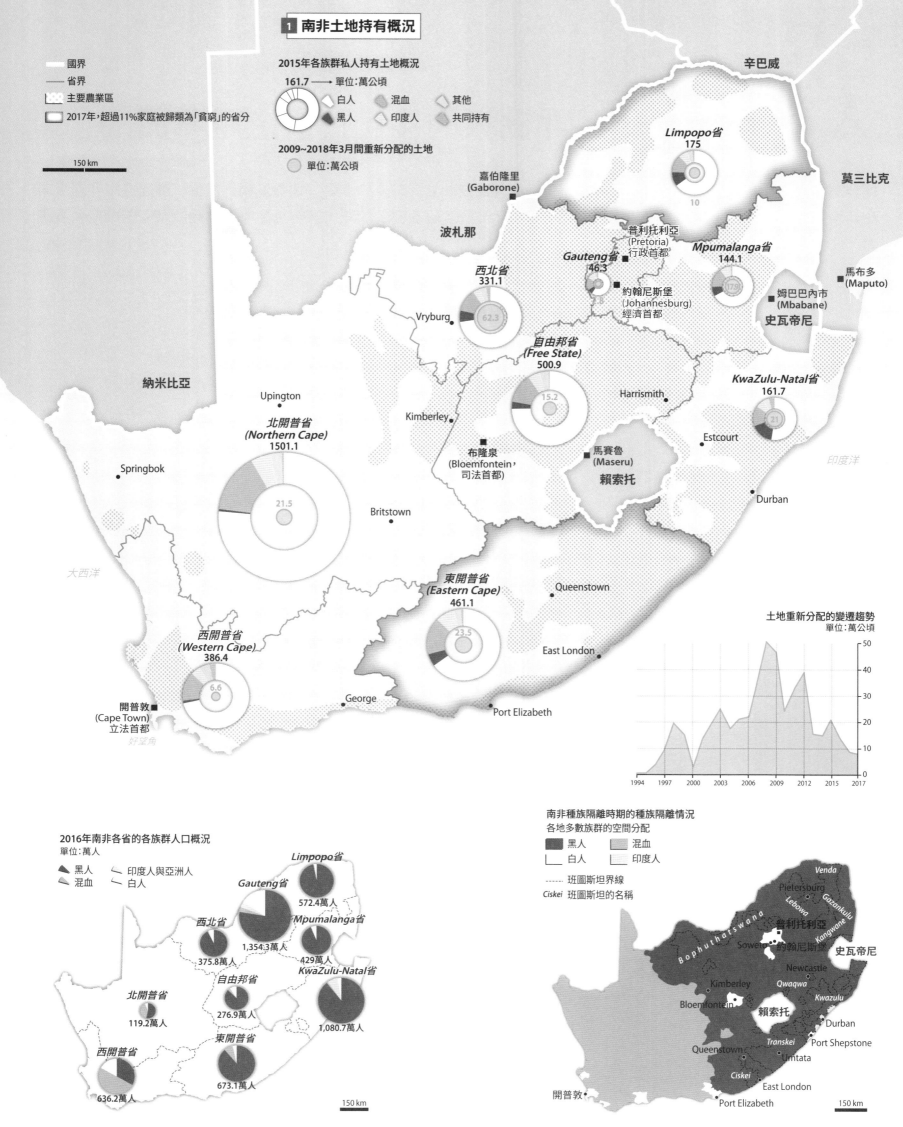

1 南非土地持有概況

2015年各族群私人持有土地概況

161.7 ➞ 單位：萬公頃

◇ 白人　◇ 混血　◇ 其他
◆ 黑人　◇ 印度人　◆ 共同持有

2009~2018年3月間重新分配的土地

○ 單位：萬公頃

圖例
- ─── 國界
- ─── 省界
- 主要農業區
- 2017年，超過11%家庭被歸類為「貧窮」的省分

150 km

辛巴威

嘉伯隆里
(Gaborone)

莫三比克

波札那

普利托利亞
(Pretoria)
行政首都

Limpopo省
175
10

Mpumalanga省
144.1
17.9

馬布多
(Maputo)

Gauteng省
46.3

姆巴巴內市
(Mbabane)
史瓦帝尼

約翰尼斯堡
(Johannesburg)
經濟首都

西北省
331.1
62.3

Vryburg

納米比亞

自由邦省
(Free State)
500.9
15.2

Harrismith

KwaZulu-Natal省
161.7
21

Upington

Kimberley

Estcourt

印度洋

北開普省
(Northern Cape)
1501.1
21.5

布隆泉
(Bloemfontein，
司法首都)

馬賽魯
(Maseru)
賴索托

Durban

Springbok

Britstown

東開普省
(Eastern Cape)
461.1
23.5

Queenstown

East London

大西洋

西開普省
(Western Cape)
386.4
6.6

George

Port Elizabeth

開普敦
(Cape Town)
立法首都

好望角

土地重新分配的變遷趨勢
單位：萬公頃

（1994 1997 2000 2003 2006 2009 2012 2015 2017）

2016年南非各省的各族群人口概況
單位：萬人

◗ 黑人　　印度人與亞洲人
◗ 混血　　白人

Limpopo省
572.4萬人

Gauteng省
1,354.3萬人

西北省
375.8萬人

Mpumalanga省
429萬人

KwaZulu-Natal省
1,080.7萬人

北開普省
119.2萬人

自由邦省
276.9萬人

東開普省
673.1萬人

西開普省
636.2萬人

150 km

南非種族隔離時期的種族隔離情況
各地多數族群的空間分配

▨ 黑人　　▨ 混血
⌐ 白人　　▨ 印度人

- ⌐⌐⌐⌐ 班圖斯坦界線
- *Ciskei* 班圖斯坦的名稱

Venda
Pietersburg
Lebowa
Gazankulu
Bophuthatswana
Kangwane
普利托利亞
Soweto
約翰尼斯堡
史瓦帝尼
Newcastle
Kimberley
Qwaqwa
Kwazulu
Bloemfontein
賴索托
Durban
Queenstown
Transkei
Port Shepstone
Ciskei
Umtata
East London
開普敦
Port Elizabeth

150 km

Carto n° 54, 2019 © Areion/Capri

資料來源：*Rédaction de Carto, juin 2019*；« L'enjeu crucial des terres sud-africaines », in Le Monde, 21 janvier 2019；Department of Rural Development and Land Reform, Land Audit Report, novembre 2017 et Annual Statistical Report for Selected Service Delivery Programmes of the Department of Rural Development And Land Reform Compiled, mars 2018；Statistics South Africa, General household survey 2016, 31 mai 2017；Parliament of South Africa, Land Redistribution in South Africa, 28 septembre 2016

人口大遷徙：非洲人的移民首選還是非洲？

從非洲各國之間密集而多樣的移民可觀察到，南非國家彼此之間的人口移動，在數量和比例上，都超過南非國家向北非國家的人口移動。非洲大陸的境內移民不僅揭示非洲各國面臨的困難，同時也證明了個體所擁有的動能和適應力。

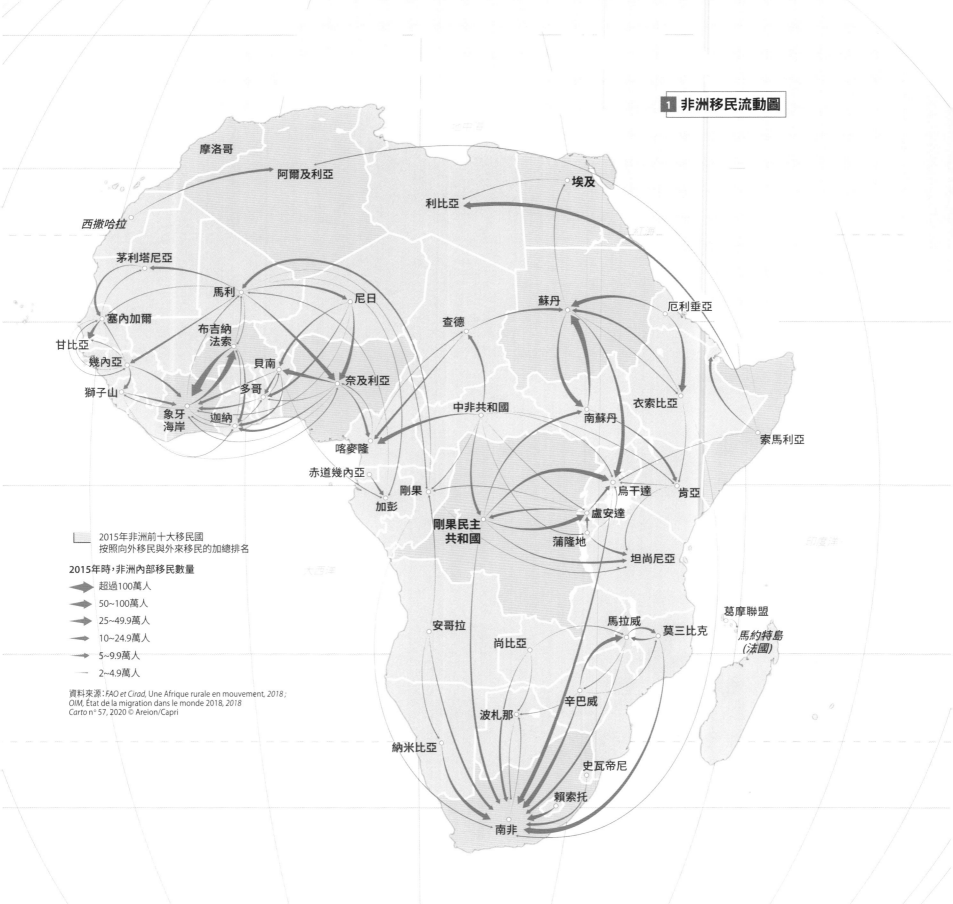

1 非洲移民流動圖

2015年非洲前十大移民國
按照向外移民與外來移民的加總排名

2015年時，非洲內部移民數量
- 超過100萬人
- 50~100萬人
- 25~49.9萬人
- 10~24.9萬人
- 5~9.9萬人
- 2~4.9萬人

資料來源：*FAO et Cirad, Une Afrique rurale en mouvement, 2018；*
OIM, État de la migration dans le monde 2018, 2018
Carto n° 57, 2020 © Areion/Capri

歐洲對於非洲移民總會產生「一群非法入境者，他們唯一的目的就是要抵達歐盟」這樣的既定印象。然而，若從區域整體情勢來觀察這些人口移動，就會發現非洲移民裡有 70 ～ 85% 其實是落腳在另一個非洲國家，奔赴歐洲的非洲移民潮僅是少數。

從非洲移民到非洲

在非洲大陸境內存在著各式各樣的人口移動，其中一些是很久以前就存在了，這些人永久定居於異鄉，數量估計約為 2,000 萬。比如有好幾百萬來自剛果民主共和國（以下稱民主剛果）的剛果人生活在鄰近的烏干達、安哥拉和坦尚尼亞，也有一些生活在南非、加彭、摩洛哥和莫三比克等國（參見圖 1）。這是一場以整個非洲大陸為目的地的離散（diaspora）。索馬利亞人、塞內加爾人、奈及利亞人和蘇丹人也紛紛遷徙至非洲大陸的許多國家。從收容移民的情況來看，外籍公民超過 100 萬人的非洲國家有南非、象牙海岸、烏干達、奈及利亞、衣索比亞和肯亞，且其中大多數是非洲裔。如今非洲聯盟（African Union, AU）各成員國正在考慮建立類似申根區的非洲自由移動區（2018 年時，各國簽署了相關的議定書，2019 年底開始研擬一本通用的「非洲聯盟護照」）。

儘管部分人口會在距離遙遠的國家之間遷徙，但大多數的移民活動都不脫鄰近國家的範圍。比如，85% 在西非經濟共同體內的移民，都是在共同體內部遷徙，鄰國之間的人口流動相當頻繁。

在非洲各國，無論是大都會還是小城鎮，都可以看到外國人的蹤影。他們參與在地的商業活動，經營雜貨店、廉價餐館和美髮沙龍，就如同剛果人（參見圖 2），促進了許多城市庶民街區日常生活的活力與繁榮。如尚比亞、烏干達等國，甚至制定了讓外國人、特別是難民有機會獲得土地的政策；而在象牙海岸和塞內加爾河谷等地，一些外國農民的聚落也已經發展了幾十年；此外，就連鄉村地帶也有移民存在。移民定居的國家情勢各有不同，儘管部分地區暴力和排外事件頻仍，許多移民依然是在安全的環境中打造新生活，與當地居民相處融洽。

比起難民，更多的是受過中高等教育的經濟移民

無論是在年齡、性別（女性占很大比例）、原居住地（向外移民的都市人口比鄉村居民還多），抑或是社會地位、職業身分等方面，在非洲各國間遷徙的移民都非常多元，也有愈來愈多離開母國的人具備中等教育的水準，甚至受過高等教育。確實，合法移民也好，非法移民也罷，要離開故土就需要各種形式的資本。例如，從民主剛果遷移到法國的馬約特島，如果是非法移民的話，中間需經歷長達兩個月的跋山涉水，並付出相當於 1,300 歐元的花費。

大約 2/3 的非洲境內移民都是為工作而移居，所以落腳於南非、象牙海岸（2014 年的人口普查顯示外國人口占 1/4）或奈及利亞等經濟實力強大非洲國家的人數非常多。2011 年以前，有將近數十年的時間，利比亞的工地和工廠僱用了數十萬非洲人，直到 2011 年利比亞戰爭爆發，利比亞才轉變為移民的過境國，而這些都必須透過觀察長期以來的人口流動才能理解。此外，也不能忽略以下兩種移民：學生的跨國移動和跨國商貿族群的遷徙，好比塞內加爾的穆斯林懋立兄弟會（Muslim Mouride）即屬於後者。

聯合國指出，非洲國家在 2018 年接納了大約 700 萬難民。大多數非洲國家境內都有難民，例如肯亞收容索馬利亞難民，民主剛果周圍的國家收容該國難民，喀麥隆收容奈及利亞和中非共和國難民，查德收容蘇丹難民等。要知道，儘管非洲南方的國家最為貧窮，接收全世界絕大多數難民的卻也是這些國家。

文 • C. Fournet-Guérin

2 2018年民主剛果的僑民分布

民主剛果僑民的分布概況
- 聯合國難民署列入統計的正式難民
- 個人移民、自行取得居留身分的難民、尋求庇護者或其他種類的移民(工作移民、學生等)
- 擁有大量民主剛果僑民的城市剛果人對當地經濟及文化活動皆有貢獻

民主剛果難民
民主剛果難民來源地
單位:占總人口的比例
- 22.1~57.2%
- 8.51~22%
- 2~8.5%
- 少於2%

衝突地帶
社群／游擊隊之間的衝突

200 km

資料來源：*Catherine Fournet-Guérin, décembre 2019；ONU, 2018；HCR, 2018 Carto n° 57, 2020 © Areion/Capri*

俄羅斯重返非洲：
隱藏在軍工業布局下的真實企圖

2019 年 10 月 23 ～ 24 日的俄羅斯－非洲高峰會明確透露出以下訊息：俄羅斯將重返非洲。我們必須謹慎看待這樣的訊息，因為「俄羅斯重返非洲」乃是奠基於獨特的動能之上，這股動能主要來自蘇聯的遺產、普丁時代軍事－工業集團的動員，以及俄羅斯在全球化浪潮下受國際制裁影響的經濟重組之路。

1945 ～ 1990 年之間，40 多萬名非洲學生在以蘇聯為主的東方社會主義陣營深造，這項事實提醒了我們，莫斯科當局與部分非洲國家的關係深厚[1]。俄羅斯總統普丁所說的俄羅斯「重返」非洲，指的就是上述的歷史連結。1991 年，隨著蘇聯解體，非洲不再位列俄國的優先事項，蘇聯大使館相繼關門，蘇聯顧問也一個個離開非洲的總理府。1990 年代的俄羅斯在蘇聯解體的巨大衝擊，以及與前蘇聯衛星國關係重組的情勢之下，將注意力從對外經營轉向自身。

普丁親信布局中非，開啟俄非新雙邊關係

一直到 2000 年代，俄羅斯在非洲才稍微有捲土重來之勢。不過除了軍火工業以外，俄羅斯與非洲的雙邊經濟交流仍然稀微。2000 年代以來，俄羅斯對於非洲外交政策的論述就沒有改變過，主要理念有二：一、非洲與俄羅斯從蘇聯時代以來就一向親近。二、俄羅斯並未殖民非洲，而是建基於實用主義和不干預主義的合作模式，提供非洲在西方和影響力日漸增長的中國之外的另一個選項。

俄羅斯重返非洲的具體形式是什麼呢？並非簡單粗暴的行動，而是集中在幾項雙邊關係上，且大致可以區分為新舊兩種類型。一方面，柏林圍牆雖然早已倒塌，但有些關係從來沒有真的中斷。例如安哥拉便一直與俄羅斯保持著密切聯繫，而蘇丹與俄羅斯的歷史關係雖然被 2019 年的革命所動搖，但俄羅斯顧問依然協助了蘇丹政變後的過渡性軍政府。

另一方面是近年來，俄羅斯以軍火和能源產業為主導，與非洲各國建立了新的雙邊關係（參見圖 1）。中非共和國即是招來眾人議論的一例。2017 年 10 月，在參與「紅蝴蝶行動」（Operation Sangaris，2013 ～ 2016 年）的法軍從中非共和國撤出一年後，俄羅斯與中非的關係突飛猛進。其中穿針引線的是中非共和國總統圖瓦德拉（Faustin-Archange Touadéra，2016 年就任），兩國在他的主導下逐漸變得更加緊密，俄羅斯派出軍事和非軍事顧問至中非，並獲得國際軍火銷售禁運的豁免權（法國也獲得這項豁免）。普丁的親信普里格欽（Evgueni Prigozhin）在其中擔任了非常關鍵的角色，由於他的私人軍事公司華格納集團（Wagner Group）在中非部署了軍隊，就如同該公司在烏克蘭、敘利亞和利比亞所為，所以普里格欽透過礦業公司 Lobaye Invest 投資鑽石貿易，不僅能獲得中非當局的擔保，在某些情況下還能與當地軍閥合作，可說是違反旨在根除血鑽石的「慶伯利進程」（Kimberley Process）。2018 年 10 月，3 名調查此事的俄羅斯記者遭到暗殺，更反映出其中牽涉利益之龐大。

俄國將跳脫西方制裁，統領非洲大陸？

俄羅斯維繫上述雙邊關係的重點，即是強化使自身受益的雙邊貿易。非洲擁有關鍵資源，正在尋找新的合作夥伴，而俄羅斯則急需出路來應對西方制裁。然而，比起其他國家，俄羅斯仍然落後一大截。儘管莫斯科是撒哈拉以南非洲國家的主要軍火供應國（2014 ～ 2018 年，莫斯科在此一市場的占比為 28%，領先中國的 24%），俄羅斯－非洲的雙邊貿易卻停滯不前，遠遠落後於中國、法國、美國和土耳其與非洲的貿易關係。

俄羅斯軟實力才剛重新起步，但學術連結仍然是俄羅斯回歸非洲的策略裡數一數二成功的面向。比如在馬達加斯加的政壇，因為歷史因素，本就存在一群講俄語的菁英，這讓俄羅斯干預馬達加斯加選舉變得方便許多。然而，以非洲整體而言，這批俄語菁英在各個國家機器裡已經逐漸老去、遭到邊緣化，勢必要培養新一代人才，然而在俄羅斯深造的撒哈拉以南非洲學生僅約兩萬餘人，因為俄羅斯的高等教育資源無法媲美前殖民強權法國和英國，也敵不過財力雄厚、能提供各項獎學金計畫的新競爭對手中國與土耳其。

在「俄羅斯重返非洲」的表象下，是俄羅斯對非洲日益增長的干預，這是俄羅斯軍事－工業重新部署的一環，藉此把利潤最豐厚的一塊保留給俄羅斯私部門裡的關鍵產業。然而，在那些冠冕堂皇的說詞中沒有提及的是俄羅斯真正的企圖（雖然至今仍在起步階段），亦即整合自身在非洲零散瑣碎、缺乏協調的各種行動，轉變為非洲大陸的區域領導者。

文 • T. Chabre

西撒哈拉
大西洋
茅利塔尼亞
維德角
塞內加爾
甘比亞
幾內亞比索
幾內亞
獅子山
象牙海岸
賴比瑞亞

[1] Monique de Saint Martin, Grazzia Scarfo Ghellab et Kamal Mellakh (dir.), Étudier à l'Est : Expériences de diplômés africains, Karthala-FMSH, 2015

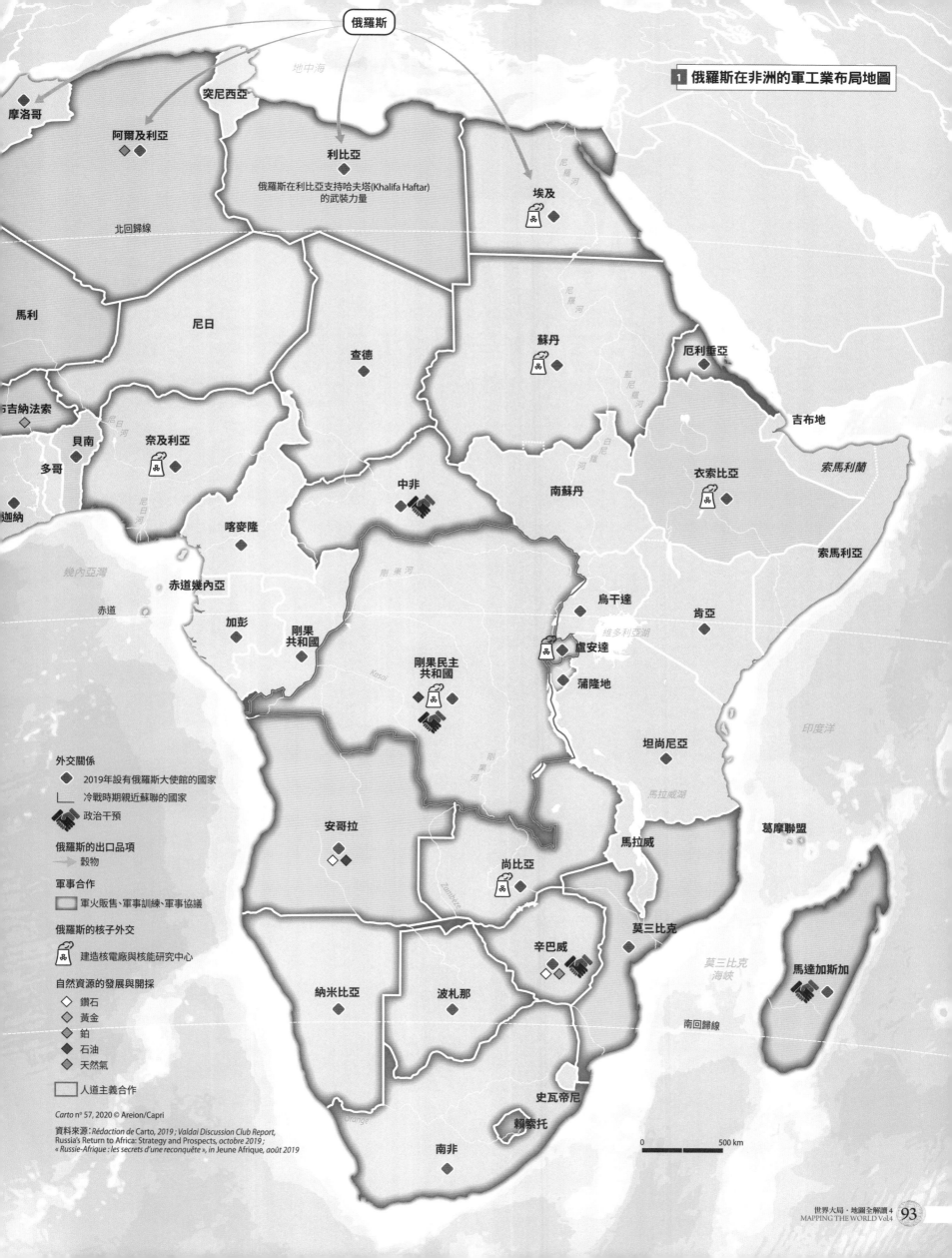

俄羅斯

摩洛哥

突尼西亞

阿爾及利亞

利比亞

俄羅斯在利比亞支持哈夫塔(Khalifa Haftar)
的武裝力量

埃及

北回歸線

馬利

尼日

查德

蘇丹

厄利垂亞

吉布地

布吉納法索

貝南

奈及利亞

衣索比亞

索馬利蘭

多哥

中非

南蘇丹

迦納

喀麥隆

索馬利亞

幾內亞灣

赤道幾內亞

赤道

加彭

剛果
共和國

烏干達

肯亞

盧安達

蒲隆地

坦尚尼亞

印度洋

剛果民主
共和國

葛摩聯盟

外交關係

◆ 2019年設有俄羅斯大使館的國家

⌐ 冷戰時期親近蘇聯的國家

🤝 政治干預

安哥拉

尚比亞

馬拉威

莫三比克

俄羅斯的出口品項

➤ 穀物

軍事合作

☐ 軍火販售、軍事訓練、軍事協議

辛巴威

莫三比克
海峽

馬達加斯加

俄羅斯的核子外交

☢ 建造核電廠與核能研究中心

自然資源的發展與開採

◇ 鑽石
◇ 黃金
◇ 鉑
◆ 石油
◇ 天然氣

納米比亞

波札那

南回歸線

☐ 人道主義合作

史瓦帝尼

Carto n° 57, 2020 © Areion/Capri

賴索托

資料來源：*Rédaction de Carto, 2019 ; Valdai Discussion Club Report,
Russia's Return to Africa: Strategy and Prospects, octobre 2019 ;
« Russie-Afrique : les secrets d'une reconquête », in Jeune Afrique, août 2019*

南非

0   500 km

ASIA
亞洲篇

香港反送中

2019年7月1日是香港回歸22周年紀念日，超過五十萬「黑衣人」在這一天走上街頭，從維多利亞公園遊行至金鐘，要求港府回應反送中訴求。（©Shutterstock/Jimmy Siu）

伊斯蘭教在亞洲：
激進派擴張，亞洲恐成為ISIS未來根據地？

2019 年的復活節，激進組織 ISIS 在斯里蘭卡發動攻擊事件；同年 4 月，印尼總統大選期間掀起宗教爭議；穆斯林族群在印度和緬甸則遭受不當對待……伊斯蘭教在亞洲頻頻引發質疑聲浪，究竟這種宗教的起源、儀式與力量是什麼？

2010 年，印度次大陸國家的穆斯林僅有 5 億 728 萬人（含巴基斯坦、印度、孟加拉、斯里蘭卡、尼泊爾、不丹、馬爾地夫）❶，東南亞國家（印尼、馬來西亞、菲律賓、泰國、緬甸）則有 2 億 3,257 萬人，其中印尼占了 2 億 484 萬人，使其成為全球信徒人數最多的穆斯林大國。然而，由於地理距離（遠離聖地）與文化距離（不諳阿拉伯文），再加上伊斯蘭教傳入前當地即存在的宗教（印度教、佛教）具有根深柢固的影響力，儀式上又融混各種宗教傳統，使得亞洲伊斯蘭教的重要性不時受到忽視。儘管如此，2019 年 4 月 21 日發生於斯里蘭卡的恐怖攻擊突顯出一項重要事實：相較於僅 20% 穆斯林人口居住的阿拉伯國家，多達 62.1% 穆斯林人口居住的亞洲，極端思想正逐漸擴張。

不過，亞洲的情況相當多元：有些國家以穆斯林為大宗（印尼、巴基斯坦、孟加拉），有些國家的穆斯林則是少數族群（印度、菲律賓），有的甚至相當稀少（不丹僅 7,000 人，相當於 2010 年總人口的 1%）；有些國家的當權者嚴厲鎮壓穆斯林（如緬甸政府對待羅興亞人〔Rohingya people〕），也有些國家能在政治與宗教之間取得平衡，例如印尼將伊斯蘭教定為官方宗教，同時對其他宗教

信仰抱持寬容的態度，而巴基斯坦則是伊斯蘭共和國。

亞洲是全世界伊斯蘭教傳入時間最晚的地區，傳教途徑主要是貿易（參見圖 1）。雖然哈里發奧斯曼（Uthman，644 ～ 656 年在位）於西元約 650 年時即首次派遣使節前往中國傳教，然而直到十一世紀之後，阿拉伯商人才深入印度大陸。在伊斯蘭教向外傳播的過程中，宣揚寂靜主義（quietism）❷且對其他信仰抱持寬容態度的蘇菲教派（Sufism）逐漸茁壯，並形成眾多相互歧異的宗教儀式。馬來亞（Malaya）與馬來群島（Malay Archipelago）❸的伊斯蘭教帶有濃厚的薩滿教（Shamanism）色彩，卻沒有捨棄印度人崇拜神格化君王的各種儀式與重要的印度史詩，例如《摩訶婆羅多》（Mahabharata）與《羅摩衍那》（Ramayana）。中國的回族則會讓婦女擔任「阿訇」（穆斯林教師）、主持禱告並教授《可蘭經》（主要是在清真女寺中工作）。然而，在兩次世界大戰之間，伊斯蘭教在政治上取得舉足輕重的影響力。早期的大型組織利用其政治影響力來動員反殖民力量，如印尼的伊斯蘭聯盟（Sarekat Islam，或譯回教聯盟）。而現在，不論在泰國南部的北大年（Pattani）或是中國新疆，伊斯蘭教依舊不放棄追求自治的意志。衝突頻仍的大環境使得伊斯蘭教成為教徒歸屬感的來

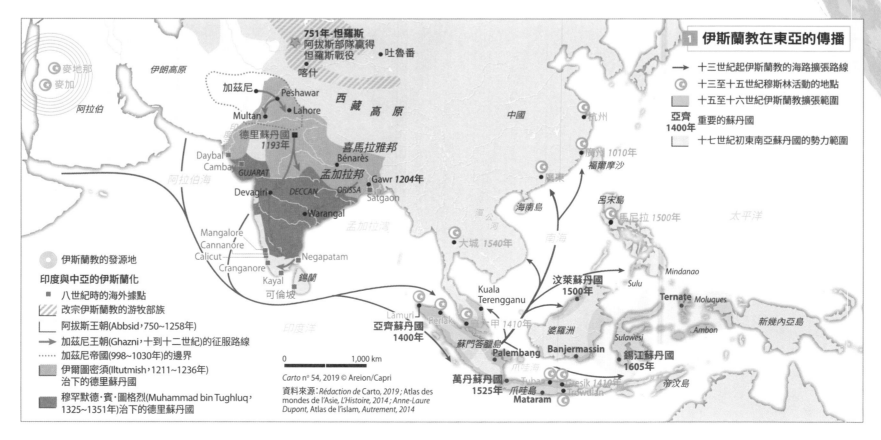

1 伊斯蘭教在東亞的傳播

- → 十三世紀起伊斯蘭教的海路擴張路線
- Ⓒ 十三至十五世紀穆斯林活動的地點
- 十五至十六世紀伊斯蘭教擴張範圍
- 亞齊 1400年 重要的蘇丹國
- 十七世紀初東南亞蘇丹國的勢力範圍

伊斯蘭教的發源地

印度與中亞的伊斯蘭化
- ■ 八世紀時的海外據點
- ▨ 改宗伊斯蘭教的游牧部族
- — 阿拔斯王朝(Abbsid，750～1258年)
- → 加茲尼王朝(Ghazni，十到十二世紀)的征服路線
- ⋯⋯ 加茲尼帝國(998～1030年)的邊界
- 伊爾圖密什(Iltutmish，1211~1236年)治下的德里蘇丹國
- 穆罕默德‧賓‧圖格烈(Muhammad bin Tughluq，1325~1351年)治下的德里蘇丹國

Carto nº 54, 2019 © Areion/Capri

資料來源：*Rédaction de Carto, 2019*；*Atlas des mondes de l'Asie, L'Histoire, 2014*；*Anne-Laure Dupont, Atlas de l'islam, Autrement, 2014*

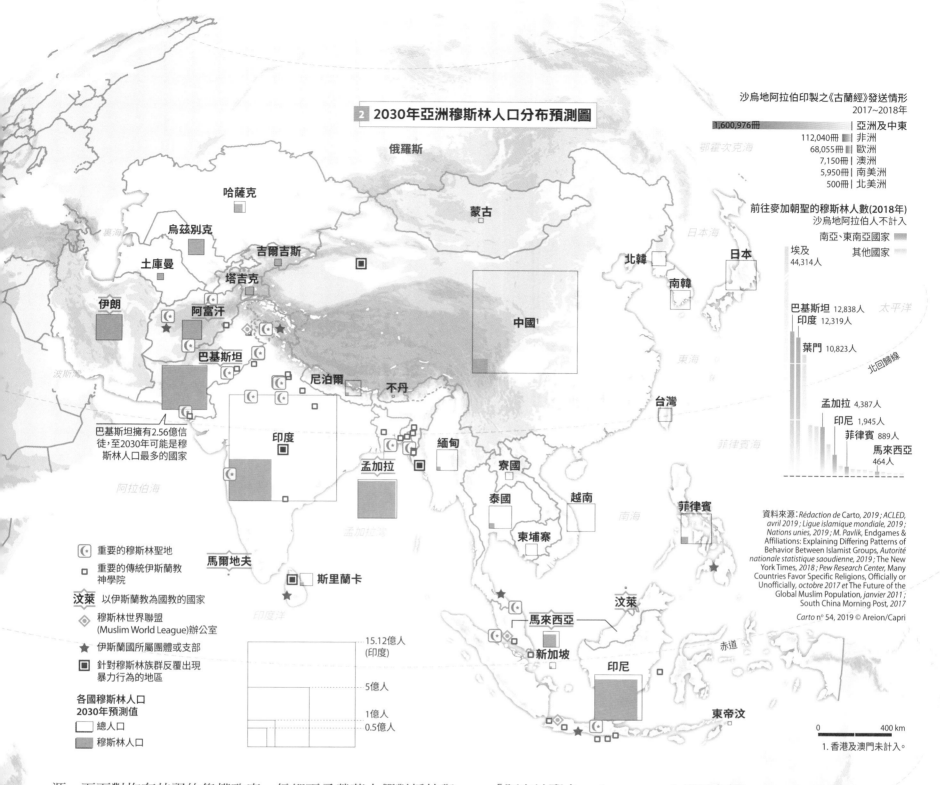

2 2030年亞洲穆斯林人口分布預測圖

沙烏地阿拉伯印製之《古蘭經》發送情形
2017~2018年

1,600,976冊	亞洲及中東
112,040冊	非洲
68,055冊	歐洲
7,150冊	澳洲
5,950冊	南美洲
500冊	北美洲

前往麥加朝聖的穆斯林人數(2018年)
沙烏地阿拉伯人不計入

南亞、東南亞國家　　其他國家

埃及 44,314人

巴基斯坦 12,838人
印度 12,319人
葉門 10,823人

孟加拉 4,387人
印尼 1,945人
菲律賓 889人
馬來西亞 464人

資料來源：*Rédaction de Carto, 2019 ; ACLED, avril 2019 ; Ligue islamique mondiale, 2019 ; Nations unies, 2019 ; M. Pavlik*, Endgames & Affiliations: Explaining Differing Patterns of Behavior Between Islamist Groups, *Autorité nationale statistique saoudienne, 2019 ;* The New York Times, *2018 ; Pew Research Center,* Many Countries Favor Specific Religions, Officially or Unofficially, *octobre 2017 et* The Future of the Global Muslim Population, *janvier 2011 ;* South China Morning Post, *2017*

Carto n° 54, 2019 © Areion/Capri

圖例：
- ☪ 重要的穆斯林聖地
- □ 重要的傳統伊斯蘭教神學院
- **汶萊** 以伊斯蘭教為國教的國家
- ◇ 穆斯林世界聯盟 (Muslim World League)辦公室
- ★ 伊斯蘭國所屬團體或支部
- ■ 針對穆斯林族群反覆出現暴力行為的地區

各國穆斯林人口 2030年預測值
- □ 總人口
- ▨ 穆斯林人口

15.12億人 (印度)
5億人
1億人
0.5億人

巴基斯坦擁有2.56億信徒，至2030年可能是穆斯林人口最多的國家

0　　　　400 km

1. 香港及澳門未計入。

源，而面對抱有歧視的集權政府，信仰更承載著人們對抵抗與解放的期盼。各種緊張對立使穆斯林和當地的佛教徒（緬甸）或印度教徒（印度）之間的嫌隙愈來愈深，因此對政府而言，掌控伊斯蘭教便顯得至關重要，更何況宗教問題也會牽動經濟及地緣政治。

以亞洲為跳板，聖戰士將捲土重來？

　　觀察指出，保守主義及極端伊斯蘭主義的勢力有增長之勢，部分原因來自ISIS在東南亞的擴張。除了ISIS自封的哈里發國（Caliphate）在敘利亞與伊拉克遭到擊潰外，蘇聯－阿富汗戰爭（Soviet–Afghan War，1979～1989年）帶來的影響也是極端主義分子出現在亞洲的原因。在這場戰爭中，以伊斯蘭教的力量抵抗集權政府的意志轉而在另一種意識形態中找到歸宿，亦即「聖戰」（Jihad）。1993年，激進組織伊斯蘭祈禱團（Jemaah Islami-yah）在印尼成立，許多蘇阿戰爭退役軍人回到泰國和菲律賓後亦成立了武裝團體，如1991年在菲律賓南部民答那峨穆斯林自治區（Autonomous Region in Muslim Mindanao）霍洛市（Jolo）成立的

「阿布沙耶夫」（Abou Sayyaf）即是一例。

　　2000～2010年間，東南亞與中亞的伊斯蘭激進勢力逐漸向全球擴張，如從前的蓋達組織、現在的ISIS，便重拾當年渺茫的希望，意欲打造無遠弗屆的聖戰主義。2014年起，大批來自高加索國家的戰士加入ISIS，中亞各國從此不得不面對聖戰士歸國帶來的威脅。ISIS向亞洲擴張的企圖昭然若揭，例如印尼政府每個月都會破獲新的ISIS組織網絡。考量到未來穆斯林人口在亞洲各國的變化（參見圖2），這些發展更是令人憂心。

　　不過，激進主義轉向亞洲發展有其局限。雖然不免受到威脅，但從政治與經濟的角度來看，亞洲國家已不像1980年代時那樣脆弱，蓋達組織或ISIS的後繼者將很難趁虛而入，就此坐大。

文 • C. Braccini

---

❶ Pew Research Centre, *The Future of the Global Muslim Population: Projection for 2010-2030*, 2011.01.

❷ 編注：主張信徒應抽離世俗，在靜默、被動的狀態下與神交流。

❸ 編注：馬來亞指馬來西亞半島地區，又稱西馬。馬來群島則指位於太平洋和印度洋之間的2萬多個東南亞群島，範圍橫跨印尼、菲律賓、馬來西亞（東馬）、汶萊、新加坡、東帝汶等國。

印度－巴基斯坦：
衝突再起，戰事一觸即發？

2019 年 2 月 26 日，印度空軍轟炸巴基斯坦；翌日，巴國則以擊落一架飛越其領空的印度飛機作為回應，這是兩國自 1971 年印巴戰爭（Indo-Pakistani War）以來的首次衝突。隨著衝突升溫，印度次大陸上這兩個系出同源的宿敵正式開戰的可能性也再度提高，令人擔憂該區域將陷入劇烈動盪。

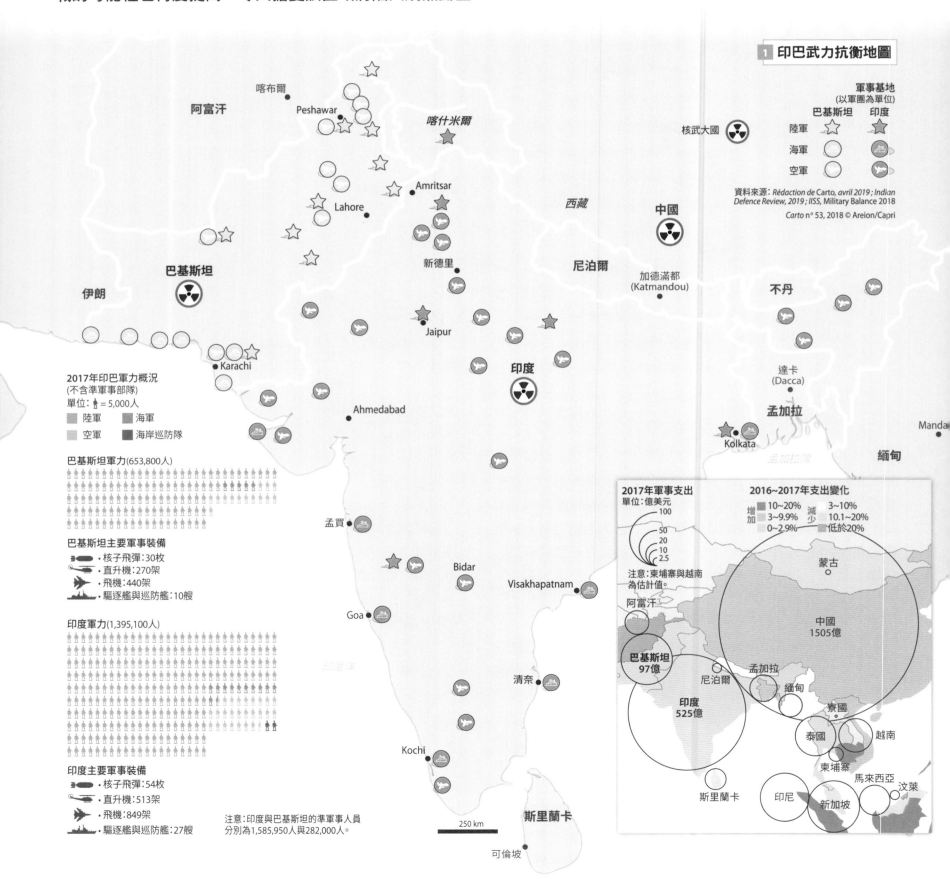

1 印巴武力抗衡地圖

軍事基地
（以軍團為單位）
	巴基斯坦	印度
陸軍	☆	★
海軍	○	
空軍	○	

資料來源：*Rédaction de Carto, avril 2019；Indian Defence Review, 2019；IISS, Military Balance 2018*

Carto n° 53, 2018 © Areion/Capri

核武大國

2017年印巴軍力概況
（不含準軍事部隊）
單位：1人 = 5,000人
陸軍　海軍
空軍　海岸巡防隊

巴基斯坦軍力（653,800人）

巴基斯坦主要軍事裝備
核子飛彈：30枚
直升機：270架
飛機：440架
驅逐艦與巡防艦：10艘

印度軍力（1,395,100人）

印度主要軍事裝備
核子飛彈：54枚
直升機：513架
飛機：849架
驅逐艦與巡防艦：27艘

注意：印度與巴基斯坦的準軍事人員分別為1,585,950人與282,000人。

250 km

2017年軍事支出
單位：億美元
100
50
20
10
2.5

2016~2017年支出變化
增加	10~20%	減少	3~10%
	3~9.9%		10.1~20%
	0~2.9%		低於20%

注意：柬埔寨與越南為估計值。

阿富汗
巴基斯坦 97億
尼泊爾　孟加拉
緬甸
印度 525億
寮國
泰國　越南
柬埔寨
斯里蘭卡　印尼　新加坡　馬來西亞　汶萊
蒙古
中國 1505億

地圖標示地名：
阿富汗　喀布爾　Peshawar　喀什米爾　西藏　中國
巴基斯坦　Lahore　Amritsar　新德里　尼泊爾　加德滿都(Katmandou)　不丹
伊朗　Jaipur　印度　達卡(Dacca)
Karachi　孟加拉　Manda
Ahmedabad　孟加拉灣　緬甸
孟買　Bidar　Visakhapatnam
Goa　Kolkata
清奈
Kochi　斯里蘭卡　可倫坡

在巴基斯坦 ISIS 組織「穆罕默德軍」（Jaish-e-Mohammad）宣稱在喀什米爾（Kashmir）犯下自殺式攻擊的 12 天後，印度軍方發動反擊，摧毀穆罕默德軍在巴拉克特鎮（Balakot）附近的恐怖分子據點。由於自殺式攻擊造成 40 名印度準軍事人員當場喪命，印度政府決定採取武裝反擊。然而，在此之前的類似事件大多循外交途徑解決。例如 2001 年，穆罕默德軍曾攻擊新德里的國會大廈，印度當局雖派遣軍隊至印巴邊界，但並未跨越作為兩國分界的印巴控制線（Line of Control），亦不曾派出戰鬥機。2008 年，巴基斯坦的 ISIS 組織「虔誠軍」（Lashkar-e-Taiba）在孟買市發動 60 小時的連續攻擊，造成 166 人喪命，當時印度政府亦放棄採取軍事行動。

以武裝反擊掩蓋經濟問題

事實上，2019 年 2 月 26 日印度政府發動武裝反擊時，距離至關重要的全國大選已不到兩個月。依據印度的議會制度，總理通常也身兼「人民院」（Lok Sabha，即下議院）多數黨的黨魁，而該年 4 月 11 日～ 5 月 19 日間，9 億選民均可前往投票，選出新的國會。以強硬有力的論述建立起政壇形象的印度總理莫迪（Narendra Modi，2014 年就任）在本次大選賭上了他的政治前途，他所屬的印度人民黨（Bharatiya Janata Party, BJP）在 2014 年大選中取得絕對多數席次，然而自 2016 年 11 月政府廢除 87% 的流通鈔票以來，印度經濟景況變得更加嚴峻，其中又以鄉村地區最受打擊。雖然政府採取這項粗暴且倉卒的決策是為了打擊貪腐與逃漏稅，但印度經濟也因此遭受劇烈衝擊，因為大多數人民完全仰賴現金支付。此舉導致莫迪在印度幾個關鍵邦的政治支持度下降，所以這位印度教國族主義兼民粹主義者才會在 2019 年 2 月 14 日的攻擊事件後，選擇訴諸軍事力量，藉此鞏固權威並贏得民眾支持。最終在 2019 年的大選中，印度人民黨於 542 席中取得 303 席，也就是說，縱使印度面臨諸多經濟難題，該黨仍然增加了 21 席。

喀什米爾：如羊毛般密集的軍事部署

2017 年，不含準軍事人員（158 萬人）的話，印度擁有 139 萬名現役軍人（參見圖1），在全世界軍事人力資源排名第二，僅次於中國的 203 萬人。2018 年，印度編列 579 億美元的國防預算，占 GDP 的 2.1%，為世界排名第五，僅次於美國（6,433 億美元）、中國（1,682 億美元）、沙烏地阿拉伯（829 億美元）及俄羅斯（631 億美元）。巴基斯坦的軍力雖然遠遠不及，但相較於預算與人口數，該國國防經費的占比更高。2018 年，巴基斯坦政府撥給國防預算近 110 億美元的經費，相當於 3.6% 的國內生產毛額，而且儘管巴國人口是鄰國的 1/7（2017 年巴國人口為 1 億 9,700 萬，印度則為 13 億 3,000 萬），其現役軍人卻有 65 萬 3,800 人，相當於印度員額的一半。

另一方面，印、巴皆擁有彈道飛彈，也有能力部署核子武器。印度擁有九種作戰飛彈，射程在 150 ～ 5,000 公里之間；巴基斯坦的彈道飛彈系統則由中國協助打造。不過巴國雖已發展出長程飛彈，其核武卻只能進行短程攻擊。自從 1947 年 8 月 15 日以印度教徒為大宗的印度宣布獨立，並與信奉伊斯蘭教的巴基斯坦分裂以來，這塊次大陸上的衝突拉鋸從未止息。然而，即使有三次戰爭在前（分別發生於 1947 年 10 月～ 1948 年 12 月、1965 年 8 ～ 9 月、1971 年 12 月），雙方仍是在取得核武（印度於 1974 年，巴基斯坦於 1998 年）之後才相互忌憚。印巴兩國都不樂見直接衝突發生，儘管如此，衝突失控且持續升溫的可能性，以及政府對核武的監控不當，對兩國與區域安全都構成重大威脅。

人口以穆斯林為主的喀什米爾地區最能突顯印巴之間的種種對立，也使得該地成為各種衝突的震央。這裡是全世界軍武部署密度最高的地區之一，自 1947 年以來，由於兩國各自宣稱擁有喀什米爾的主權，導致此地成為印巴紛爭的主要角力場（參見圖2）。爭端伊始至今，在印度的加穆及喀什米爾邦（Jammu and Kashmir，2019 年 10 月另分出拉達克〔Ladakh〕行政區），軍人與起義的喀什米爾人之間爆發的衝突事件已造成至少 7 萬人死亡、8 千人失蹤。

文● N. Rouiaï

2 喀什米爾衝突地圖(2019年2月)

SIND 地區名
歷史上的喀什米爾領土範圍
印巴控制線(LOC)
1949~1972 年間的印巴停火線
隔離牆（設有電網與地雷的邊界）

聯合國駐印度和巴基斯坦軍事觀察組（UNMOGIP）駐地
主要道路
次要道路
兩地有鐵路相通
兩地有巴士相通
2018 年的邊界關卡
營運中
已關閉
其他通道

阿富汗
往喀什
紅其拉甫口岸
Thui An 山口　Darkot 山口
Chumar Khan 山口
Shandur 山口　Dadarili 山口
KHYBER-PAKHTUNKHWA
Gilgit
GILGIT-BALTISTAN
由巴國占領，但印度宣稱為其領土
中國
Siachen 冰川
阿克塞欽(AKSAI CHIN)
由中國占領，但印度宣稱為其領土
2019 年 2 月 26 日，一架印度飛機侵入巴基斯坦領空
Babusar 山口
2019 年 2 月 14 日，伊斯蘭國組織「穆罕默德軍」發動自殺式攻擊
巴拉克特
加穆及喀什米爾邦
Muzaffarabad
Peshawar
Zoji 山路
由印度占領，但巴國宣稱為其領土
往喀布爾
Srinagar
伊斯蘭馬巴德
Chumathang
Banihal 山路
巴基斯坦
加穆
HIMACHAL PRADESH
吉爾吉特
120 km
Lahore
Amritsar
印度
Faisalabad
Wagah-Attari
旁遮普省
旁遮普邦
往Karachi
往新德里

1. 自由喀什米爾(Azad Kashmir)：由巴基斯坦實質控制的區域。
2. 2019 年 10 月 31 日，拉達克由加穆及喀什米爾邦分離出來，另立為聯邦屬地。

Carto n° 53, 2019 © Areion/Capri
資料來源：《Crise indo-pakistanaise sur le Cachemire : ce que l'on sait》, in La Croix, 1er mars 2019 ; ONU, 2017

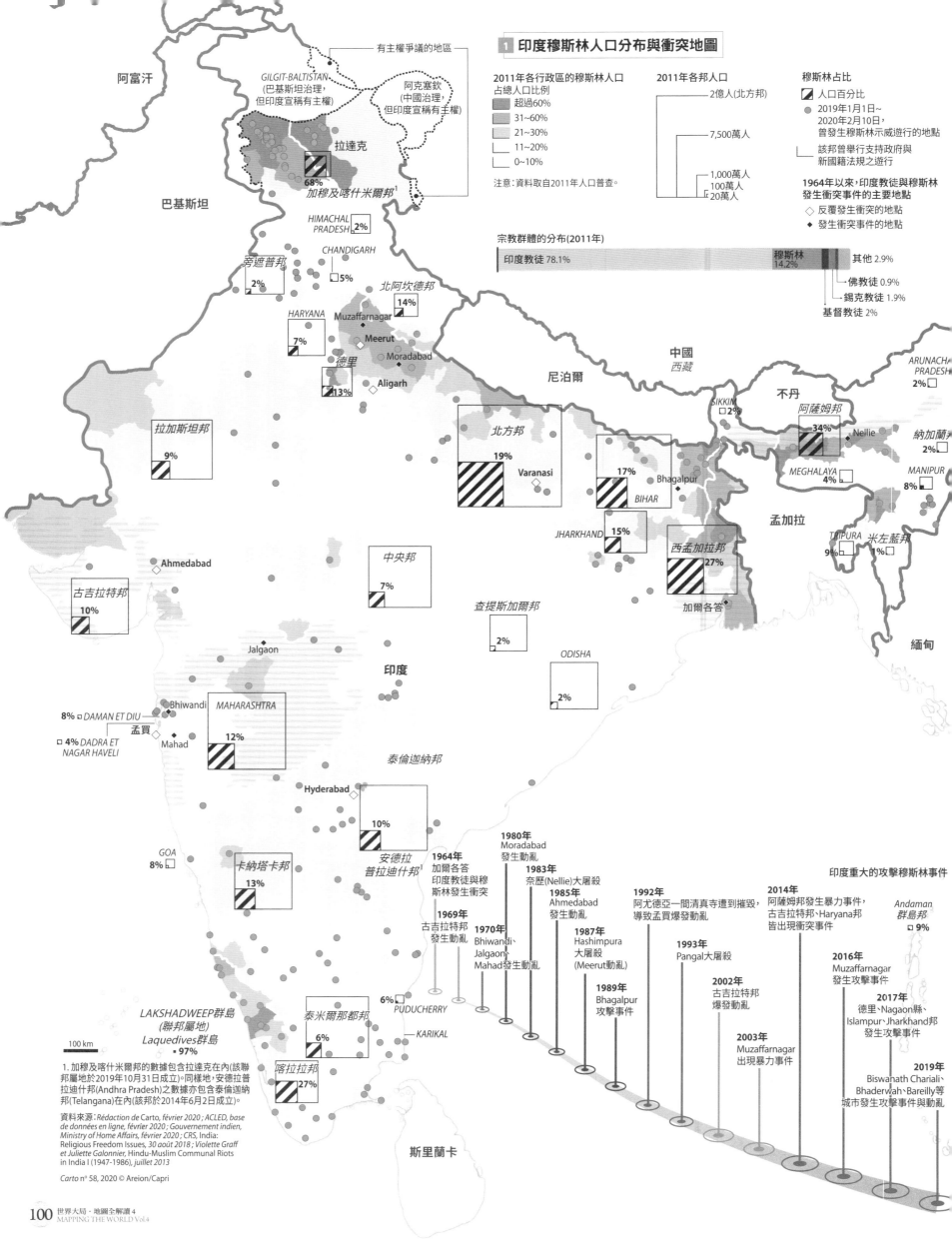

1 印度穆斯林人口分布與衝突地圖

2011年各行政區的穆斯林人口
占總人口比例
- 超過60%
- 31~60%
- 21~30%
- 11~20%
- 0~10%

注意：資料取自2011年人口普查。

2011年各邦人口
- 2億人(北方邦)
- 7,500萬人
- 1,000萬人
- 100萬人
- 20萬人

穆斯林占比
- 人口百分比
- 2019年1月1日~
  2020年2月10日，
  曾發生穆斯林示威遊行的地點
- 該邦曾舉行支持政府與
  新國籍法規之遊行

1964年以來，印度教徒與穆斯林
發生衝突事件的主要地點
- 反覆發生衝突的地點
- 發生衝突事件的地點

宗教群體的分布(2011年)
印度教徒 78.1%　　穆斯林 14.2%　　其他 2.9%
- 佛教徒 0.9%
- 錫克教徒 1.9%
- 基督教徒 2%

阿富汗

GILGIT-BALTISTAN
(巴基斯坦治理，
但印度宣稱有主權)

有主權爭議的地區

阿克塞欽
(中國治理，
但印度宣稱有主權)

拉達克

巴基斯坦

加穆及喀什米爾邦[1] **68%**

HIMACHAL PRADESH **2%**

旁遮普邦 **2%**

CHANDIGARH **5%**

北阿坎德邦 **14%**

HARYANA **7%**

Muzaffarnagar
Meerut
Moradabad

德里 **13%**

Aligarh

拉加斯坦邦 **9%**

中國
西藏

尼泊爾

北方邦 **19%**

Varanasi

17%
Bhagalpur
BIHAR

JHARKHAND **15%**

不丹

SIKKIM **2%**

阿薩姆邦 **34%**
Nellie

ARUNACHAL PRADESH **2%**

納加蘭邦 **2%**

MEGHALAYA **4%**

MANIPUR **8%**

西孟加拉邦 **27%**
加爾各答

孟加拉

TRIPURA **9%**
米左藍邦 **1%**

中央邦 **7%**

查提斯加爾邦 **2%**

ODISHA **2%**

緬甸

Ahmedabad

古吉拉特邦 **10%**

Jalgaon

印度

MAHARASHTRA **12%**

8% DAMAN ET DIU
孟買
Bhiwandi
Mahad
4% DADRA ET NAGAR HAVELI

泰倫迦納邦

Hyderabad

10%
安德拉
普拉迪什邦[1]

GOA **8%**

卡納塔卡邦 **13%**

100 km

LAKSHADWEEP群島
(聯邦屬地)
Laquedives群島 **97%**

1. 加穆及喀什米爾邦的數據包含拉達克在內(該聯
邦屬地於2019年10月31日成立)。同樣地，安德拉普
拉迪什邦(Andhra Pradesh)之數據亦包含泰倫迦納
邦(Telangana)在內(該邦於2014年6月2日成立)。

資料來源：*Rédaction de Carto, février 2020 ; ACLED, base
de données en ligne, février 2020 ; Gouvernement indien,
Ministry of Home Affairs, février 2020 ; CRS, India:
Religious Freedom Issues, 30 août 2018 ; Violette Graff
et Juliette Galonnier, Hindu-Muslim Communal Riots
in India I (1947-1986), juillet 2013*

Carto n° 58, 2020 © Areion/Capri

泰米爾那都邦 **6%**

PUDUCHERRY **6%**

KARIKAL

喀拉拉邦 **27%**

Andaman
群島邦 **9%**

斯里蘭卡

印度重大的攻擊穆斯林事件

1964年
加爾各答
印度教徒與穆
斯林發生衝突

1969年
古吉拉特邦
發生動亂

1970年
Bhiwandi、
Jalgaon、
Mahad發生動亂

1980年
Moradabad
發生動亂

1983年
奈歷(Nellie)大屠殺

1985年
Ahmedabad
發生動亂

1987年
Hashimpura
大屠殺
(Meerut動亂)

1989年
Bhagalpur
攻擊事件

1992年
阿尤德亞一間清真寺遭到推毀，
導致孟買爆發動亂

1993年
Pangal大屠殺

2002年
古吉拉特邦
爆發動亂

2003年
Muzaffarnagar
出現暴力事件

2014年
阿薩姆邦發生暴力事件，
古吉拉特邦、Haryana邦
皆出現衝突事件

2016年
Muzaffarnagar
發生攻擊事件

2017年
德里、Nagaon縣、
Islampur、Jharkhand邦
發生攻擊事件

2019年
Biswanath Chariali、
Bhaderwah、Bareilly等
城市發生攻擊事件與動亂

印度新法上路：
總理帶頭公然違憲，民主開倒車

2019 年 12 月 11 日，印度通過一項針對公民身分的新法規，將宗教因素納為取得國籍的條件、排除穆斯林的申請資格，明顯違背明訂於憲法中的政教分離與平等原則。在這個以伊斯蘭教為第二大宗教的國家，印度教民族主義（Hindu Nationalism）是否已開始侵害印度的自由與宗教多元性？

印度 2019 年通過的《公民法修正案》（Citizenship Amendment Act）修正了 1955 年的舊法。舊法規定兩種取得印度公民身分的資格：一種是根據出生和直系尊親屬，另一種是長期且持續居住在印度。新法則進一步規定，所有 2015 年以前，從孟加拉、巴基斯坦或阿富汗入境的印度教、錫克教（Sikhism）、佛教、耆那教（Jainism）、帕西族（Parsis）❶和基督教徒難民，亦可取得國籍。印度當局表示，制定此一法規是基於這些族群在原本的國家可能遭受嚴重宗教迫害，而之所以排除穆斯林，是因為上述三個國家既然是以伊斯蘭教為國教，信徒應該不會遭受迫害。

在印度教國家願景下消失的民主

新法的首要問題就是與印度憲法相牴觸。憲法明訂印度為「主權獨立、社會主義、政教分離的民主共和國」，與 1947 年從過去的英屬印度帝國分離出來、成立伊斯蘭共和國的巴基斯坦不同。因此，以宗教作為取得印度公民身分的依據便是違憲。第二個問題則在於政府否認鄰國穆斯林所遭受的壓迫，例如 2017 年起，成千上萬的羅興亞人從緬甸逃往孟加拉，暫居於科克斯巴扎爾（Cox's Bazar）一帶的難民營中，而孟加拉當局自 2019 年 12 月起便在這些營區外圍架設有刺鐵絲網；在巴基斯坦與斯里蘭卡，阿赫邁底亞派（Ahmadis）穆斯林、俾路支人（Baloch）與泰米爾人（Tamil）被趕盡殺絕；而中國則對維吾爾族實施關押政策。

印度是全世界人口第二多的國家，依據 2011 年的普查，共有 12 億 1 千萬人口❷，其中 14.2% 為穆斯林，相當於 1 億 7,224 萬人，印度教徒則有 9 億 6,625 萬人（參見圖 1）。自從印度人民黨在 2014 年大選掀起民族主義海嘯，並將莫迪拱上總理大位以來，對穆斯林周而復始的暴力攻擊也隨著變本加厲。

莫迪以極右派印度教準軍事組織「國民志願服務團」（Rashtriya Swayamsevak Sangh）勢力踏入政壇，而印度政府想建立一個印度教國家（Hindu Rashtra）的企圖，從 2019 年的數項決策中已可見其輪廓，《公民法修正案》更是其中的代表。這些決策包括：當年 8 月，印度軍隊進占以穆斯林為主要人口的喀什米爾地區並宣布合併；同月，190 萬印度人從阿薩姆邦（Assam）的公民名冊上除名，其中多數為穆斯林；11 月，最高法院決議允許印度教徒在阿尤德亞（Ayodhya）蓋印度教廟宇，然而在 1992 年，此地的激進民族主義分子摧毀當地清真寺，引燃印度現代史上最慘烈的一場族群衝突，造成 900 ～ 2,000 人死亡，其中大多數為穆斯林。除此之外，莫迪及內政部長夏哈（Amit Shah）還發表大量仇視穆斯林的言論。

新法引起反對聲浪，地方首長力抗中央

《公民法修正案》通過後十天內，由穆斯林、印度教徒、賤民（dalit）及其他族群人士組成的示威活動在印度全國遍地開花。這個法案除了引起反對黨與大批人民撻伐外，好幾個邦也早早宣布拒絕施行。印度於 2020 年 4 月～ 2021 年 2 月進行全國人口普查時，喀拉拉邦（Kerala，位於西南部）的共產黨籍民選首長甚至拒絕執行，以免這些數據助長宗教歧視，而且是在地方議會通過決議、認定新制違憲之後，才下了這樣的決策。雖然同樣持反對立場的旁遮普邦（Punjab，位於西北部）也跟進，但地方政府並無權力阻止聯邦法律施行，最後只能藉由行政手段達成消極抵抗的目的，因此最高法院收到了大量的違憲聲請。

面對各方抗議，印度中央政府頒布戒嚴令，在多個地區禁止舉行超過四人的集會，並切斷這些地區的通訊網路。無視這些禁令的抗議者則遭到鎮壓，截至 2019 年 12 月底，北方邦的死亡人數已達 27 人，另有超過 5 千人遭到預防性羈押。這些決策加深了印度國內的種種裂痕，因為原本的種姓制度就已經帶有各種壓迫機制，而扼殺獨立新聞業與數位媒體、架空司法權、使異議者噤聲等作為更早已侵蝕印度的民主根基，此舉無疑讓情勢雪上加霜。

文 ● N. Rouiaï

---

❶ 編注：居住在印度次大陸的祆教（Zoroastrianism）教徒。
❷ 編注：根據世界銀行統計，2020 年印度共有 13 億 8 千萬人。

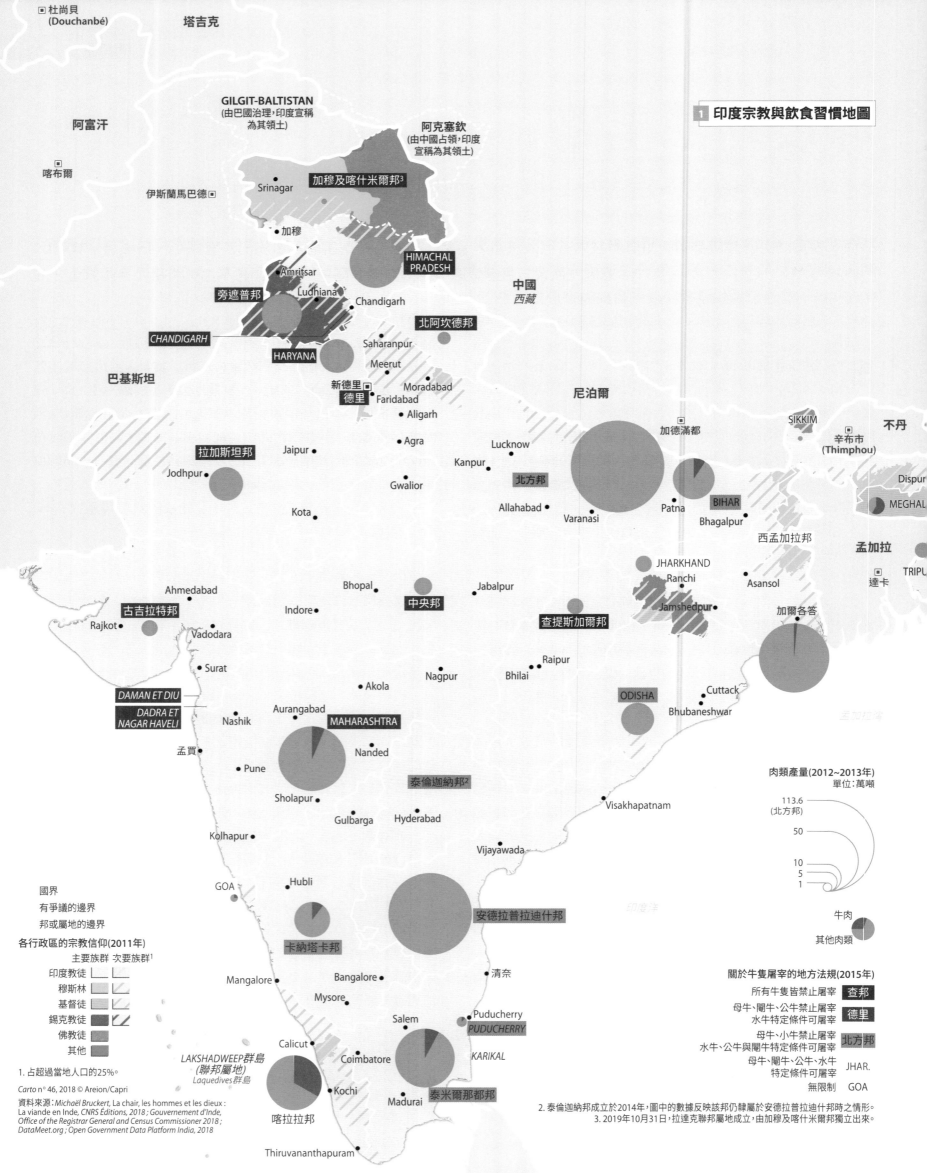

1 印度宗教與飲食習慣地圖

肉類產量(2012~2013年)
單位：萬噸

113.6
(北方邦)
50
10
5
1

牛肉
其他肉類

國界
有爭議的邊界
邦或屬地的邊界

各行政區的宗教信仰(2011年)
主要族群　次要族群[1]
印度教徒
穆斯林
基督徒
錫克教徒
佛教徒
其他

1. 占超過當地人口的25%。

關於牛隻屠宰的地方法規(2015年)
所有牛隻皆禁止屠宰　查邦
母牛、閹牛、公牛禁止屠宰
水牛特定條件可屠宰　德里
母牛、小牛禁止屠宰
水牛、公牛與閹牛特定條件可屠宰　北方邦
母牛、閹牛、公牛、水牛
特定條件可屠宰　JHAR.
無限制　GOA

2. 泰倫迦納邦成立於2014年，圖中的數據反映該邦仍隸屬於安德拉普拉迪什邦時之情形。
3. 2019年10月31日，拉達克聯邦屬地成立，由加穆及喀什米爾邦獨立出來。

Carto n° 46, 2018 © Areion/Capri

資料來源：Michaël Bruckert, La chair, les hommes et les dieux : La viande en Inde, CNRS Éditions, 2018 ; Gouvernement d'Inde, Office of the Registrar General and Census Commissioner 2018 ; DataMeet.org ; Open Government Data Platform India, 2018

102 世界大局·地圖全解讀 4
MAPPING THE WORLD Vol.4

印度神聖母牛：
傳統宗教vs.社經轉型，「母牛大戰」正式開打！

自從 2014 年 5 月莫迪就任總理以來，在印度教極端分子與宗教弱勢團體之間，母牛成為具高度爭議性的社會政治議題。印度這個新興國家在經歷社會經濟變遷之際，為了迎合印度教民族主義者與新德里當權保守派的利益，一場貨真價實的「母牛大戰」即將開打。

印度教徒視母牛為萬事萬物最初的孕育者，是多產與滋養的象徵。在十億信奉此宗教的印度人日常生活中，母牛是神聖事物與種種禁忌的核心。

然而，隨著印度人民黨（亦即莫迪領導的政黨）在近期的全國大選（2014 年、2019 年）與區域選舉（2016 ～ 2017 年）相繼獲勝，母牛也受到極端民族主義者利用，成為政治操作的工具。極端民族主義者守護母牛的神聖性，打算藉此邊緣化、汙名化宗教少數群體，包括穆斯林、基督徒、耆那教徒、佛教徒等。

在印度人民黨執政的邦，將活的母牛送去屠宰場遭到嚴格禁止，飼主必須照顧牠們直到老死（參見圖 1）。曾由莫迪擔任行政首長（2001 ～ 2014 年）的古吉拉特邦（Gujarat）即被視為印度教民族主義的「實驗室」——在該邦，不論以合法或非正式管道屠宰母牛都是明文禁止的，違者可處無期徒刑。在人口最多的北方邦（2017 年人口約 2 億 2 千萬），不僅地下屠宰場遭到關閉，印度教極端分子更組成民兵追殺肉品販售者與消費者，於 2017 年間造成數十人喪命，其中多數為穆斯林。

哪個地方的母牛最潔淨與神聖？

這些圍繞著母牛產生的社會文化衝突，其實反映出兩種族群的對立：一方是素食主義者（占印度人口的 30%），素食主義是印度教認同的一部分，因此也與潔淨與神聖性相連結；另一方則是肉食主義的支持者，尤其是吃牛肉的人，而肉食是新成形的社會習慣。有些高級種姓（如婆羅門）拒絕一切含有肉類的食物，以表示信仰虔誠。在泰米爾那都邦（Tamil Nadu）首府清奈（Chennai）婆羅門所居住的街區裡，人們嚴格遵守素食主義，禁止開設肉鋪或非素食餐館。這種建立神聖區域的做法可確保街區潔淨，並在空間上將社會群體區隔開來，亦即將賤民及其他宗教族群隔絕在外。不過對於極端印度教徒來說，這麼做也是因為他們反對飲食世俗化，所以也抗拒想成為肉食者的欲望（尤其是中上階層）。

雖然飲食轉型（亦即增加肉類攝取）還未能證實是一個舉國皆然的觀念（印度全國每人每年僅攝取約 5 公斤肉類，其中牛肉占 1.7 公斤，而美國則為 100 公斤，法國為 66 公斤），但受到飲食習慣西化與都市化的影響[1]，印度最主要的肉類消費者皆為高所得階層。不過他們大多只能食用雞鴨禽類，例如當地的麥當勞便禁止使用牛肉為食材，大麥克也被以雞肉或火雞肉製成的「大君麥克」（Maharaja Mac）取代。然而，雖然牛肉的消費反映出社會階級，文化因素亦不可忽視：食用牛肉最多的，是不吃豬肉的穆斯林。弔詭的是，在社會與文化習慣讓印度陷入「母牛大戰」的同時，這個國家也是全世界最大的牛肉出口國之一（來源為水牛肉），與巴西、美國與澳洲並駕齊驅。

神聖母牛不容小覷的經濟力

8 千萬頭左右的印度母牛終歸有其商業利益。首先，母牛為這個全球第二大牛奶生產國（僅次於美國）產出牛奶，2015 年產量為 7,370 萬噸。隨著經濟開放與經濟民族主義（economic nationalism）興起，母牛的衍生產品也成為印度經濟發展的領頭羊。例如人們重拾傳統的阿育吠陀療法，將牛尿收集起來製成藥品、按摩油或保養乳霜販售。母牛的尿每公升價值 1 ～ 2 歐元（約台幣 33 ～ 66 元），比汽油更昂貴。牛糞也成為肥料、清潔劑、肥皂製造商收購的對象，甚至化妝品業者也來分一杯羹（可以改善膚質）。業者利用時下的「有機風潮」，大力宣揚這些所謂天然製品的好處。此外，北印度「印地語區」（Hindi Belt）出現愈來愈多稱為「牛庇護所」（gaushalas）的巨型養牛場，而這些養牛場皆享有邦政府的大筆補助。印度政府亦為研究中心與實驗室提供資金，希望證明「牛療」（即使用母牛產品醫治疾病，尤其是對抗癌症）的效果。

拖著沉重的文化包袱又想加入全球化浪潮，在這個被撕裂的當代印度社會裡，母牛成為社會經濟價值的角力場。

文 ● É. Janin

---

[1] Michaël Bruckert, *La chair, les hommes et les dieux : La viande en Inde*, CNRS Éditions, 2018.

地圖標示：ARUNACHAL PRADESH、nagar、阿薩姆邦、納加蘭邦、MANIPUR、米左藍邦、緬甸、daman 群島、ANDAMAN 群島、Nicobar 群島

吉爾吉斯：
打得國家原形畢露的總統大戰

吉爾吉斯是一個人口不多的小共和國（國土面積為 19 萬 9,951 平方公里，2020 年有 659 萬人口），位居中亞內陸，為群山環繞。這個低調的國家在 2019 年夏天遭遇嚴重的政治危機，觀察家稱之為「總統大戰」，而此次的緊張事態反映出吉爾吉斯的重重病灶。

◎基本資料

正式國名
吉爾吉斯共和國

國家元首
札帕羅夫（Sadyr Zhaparov，2021年1月就任總統）

面積
199,951平方公里
（世界排名第88位）

官方語言
吉爾吉斯語、俄語

首都
比斯凱克（Bishkek）

2021 年人口
634萬人

人口密度
每平方公里32人

貨幣
索姆（KGS）

歷史
十五世紀，吉爾吉斯的突厥人來到如今成為其國家的土地，後來先後為烏茲別克（1709~1876年）及俄國所統治，於1926年成為蘇維埃共和國，直到1991年才宣布獨立，成為獨立國家國協的一員。

2020 年人均 GDP（以購買力平價計算）
4,965美元

2019 年人類發展指數 (HDI)
0.697
（排名第120位）

2019 年 8 月 8 日，吉爾吉斯前總統阿坦巴耶夫（Almazbek Atambayev，任期2011～2017年）在自宅被國家特種部隊逮捕，隨後遭指控意圖發動政變。阿坦巴耶夫於 2017 年因為憲法規定總統任期 6 年期滿而卸任，卻遭人詬病在其後兩年間依然遙控政府。前總理（任期 2016～2017 年）熱恩別科夫（Sooronbay Jeenbekov，2017 年以 54.7% 的得票率當選）是他的繼任者，熱恩別科夫指控他公開批評並謀畫推翻自己，好以救火隊之姿順勢上位。為此，國會在 2019 年 6 月取消這位前總統的豁免權，司法也就貪汙情事對其展開調查，然而多次傳喚出庭無果，因此動用武力到阿坦巴耶夫家將之逮捕。2020 年 6 月，他因貪汙被判處 11 年 2 個月徒刑，財產充公。

與獨裁「兼容並蓄」的混合式民主

吉爾吉斯經常被視為中亞最民主的共和國，相較於周邊國家（哈薩克、烏茲別克、土庫曼、塔吉克）自 1991 年獨立以來紛紛走上獨裁政權與個人崇拜之路，吉爾吉斯一直是個異數。在 2017 年的總統大選中，該國政權也順利地和平轉移。

不過吉爾吉斯的民主轉型並不徹底，不僅多數決制度流於表面，言論自由、尊重少數等民主價值的實行亦是如此。該國因此發生過兩次人民起義，先是在 2005 年，當時的總統阿卡耶夫（Askar Akayev，任期 1990～2005 年）因獨裁與用人唯親等不當行徑，再加上國民認為議會選舉舞弊，遭「鬱金香革命」（Tulip Revolution）驅趕下台。而後在 2010 年，巴基耶夫（Kurmanbek Bakiev，任期 2005～2010 年）也因為社會動亂、物價上漲、種族衝突引發的人民抗爭而遭驅逐出境。

後繼者不論是歐坦貝耶娃（Roza Otunbayeva，任期 2010～2011 年）的臨時政府，或阿坦巴耶夫總統任內，吉爾吉斯的狀況都幾乎沒有改善，表面上依舊是議會制的民主政體，卻無法徹底擺脫獨裁濫權的領導者文化。熱恩別科夫就是一個最佳範例，他打著致力改革與反貪腐的旗幟，一心想要達成國家現代化，所使用的手段卻十分極端。

盛產黃金與藍金，GDP 卻在全球吊車尾？

這場政治風暴反映出吉爾吉斯共和國的諸多弱點，亦即集內陸國家、地形限制、低度開發等缺陷於一身。經濟上，吉爾吉斯是全球 GDP 最低的國家之一（根據世界銀行統計，2019 年為 89 億美元），2016 年的貧窮率為 25.4%，外債則為 37 億美元❶。農業占吉爾吉斯全國總財富的 20%（參見圖 1），

然而除了黃金（全球第 34 大生產國，2018 年產量為 22.1 噸）和水資源以外，這個高山國家（90% 領土位於海拔 1,500 公尺以上的山區）擁有的自然資源不多。吉爾吉斯對中亞的水資源配置具有關鍵影響力，並擁有蘇維埃時期為水力發電而興建的眾多水壩與水庫。海外吉爾吉斯人匯回國內的資金也是國民的經濟後盾，相當於 GDP 的 1/3。

除了不利發展的經濟環境，吉爾吉斯還要面臨種族之間的矛盾。首都比斯凱克（Bishkek）所處的北部地區，都市化程度較高，也較為繁榮，阿坦巴耶夫即出身於此。相對地，熱恩別科夫則來自南部，當地以農業經濟為主，同時也是少數民族與烏茲別克人、塔吉克人的居住地。雖然近年來種族問題似乎有所改善，然而在強人角力下，種族紛爭仍可能淪為政治工具，使吉爾吉斯陷入動亂。

哈薩克

往TO

往俄羅斯

塔什干
(Tashkent)

烏茲別克

Namar

飢餓草原

SARVAK
(塔吉克)

Fergha
盆地

KAIRAGATCH
(塔吉克)

Samarcande

往塔什干

KALATCHA
(烏茲別克)

塔吉克

往

Suluktu

BATKEN

Batken

VORUKH
(塔吉克)

Sokh(烏茲
99%為塔吉

塔吉克

往巴基斯坦及
高加索山區

杜尚貝
(Dushanbe)

圖例

- ── 國界
- ---- 設有地雷的邊界
- ▢ 他國飛地
- ---- 州(oblast)界
- ★ 俄國軍事基地

- ── 主要道路
- ── 中亞發展廊道
- ◇ 規畫中的物流中心
- ···· 鐵路

Ferghana盆地的主要出入口(2018年)
- ── 開放
- ╫ 關閉

主要水壩(2019年)
- ▨ 現有水壩
- ▨ 興建中的水壩

- ▨ 蘇聯時期開關的生態農業區（針對該區土地利用的可能性及限制有一套特定的規畫）
- ⬡ 金礦

2017年海關手續的費用與耗時
進口貨物所需費用及準備通關文件與流程所費時間

	費用	時間
哈薩克	670美元	233小時
吉爾吉斯	120美元	26小時
塔吉克	643美元	117小時
烏茲別克	570美元	208小時

資料來源：*Rédaction de Carto, octobre 2019 ; Asian Development Bank, Kyrgyz Republic: Improving Growth Potential, septembre 2019 ; The Central Asia Regional Economic Cooperation, 2019 ; European Parliamentary Research Service, Connectivity in Central Asia, avril 2019 ; The International Trade Administration, Kyrgyz Republic - Mining Industry Equipment, février 2019 ; ERA institute, « Uzbekistan's Pivot to Regional Engagement », 14 novembre 2018 ; FAO, Aquastat, 2019 ; Isabella Damiani, « Ferghana : les étapes d'une matérialisation frontalière entre intention et réalité », in L'Espace Politique, 2013 ; « Une bataille pour le contrôle de l'eau », in Courrier international, 28 juin 2010 ; Emmanuel Gonon et Frédéric Lasserre, « Une critique de la notion de frontières artificielles à travers le cas de l'Asie centrale », in Cahiers de géographie du Québec, vol. 47, n° 132, 2003 ; ONU, 2010 ; Revue de presse*

Carto n° 56, 2019 © Areion/Capri　底圖來源：*Nasa Eosdis - 6 août 2019*

吉爾吉斯主要貿易夥伴(2016~2017年)

進口
哈薩克	俄羅斯	中國	其他
13.2%	26.3%	35%	25.5%

出口
哈薩克	俄羅斯	烏茲別克	其他
24.8%	20.1%	12.2%	42.9%

吉爾吉斯主要資金來源
單位：億美元
- ▨ 海外國民匯款
- ▢ 外國直接投資
- ▨ 國際發展援助

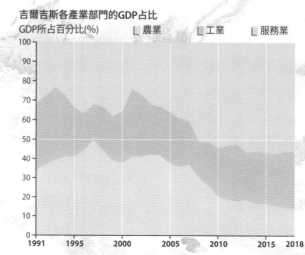

俄羅斯發生經濟危機，77%海外國民匯款來自俄羅斯

吉爾吉斯各產業部門的GDP占比
GDP所占百分比(%)
- ▨ 農業
- ▨ 工業
- ▢ 服務業

吉爾吉斯位處於火藥味濃厚的區域（與塔吉克交界處經常發生小規模衝突，ISIS組織則出現於山區，還有來自阿富汗的毒品走私），至今依然是俄羅斯監控的對象，而俄國不願見到它的「衛星國家」在2019年夏天的政治危機之後又逼近內戰爆發邊緣。普丁與「總統大戰」的雙方都有相當好的交情，因此相較於美軍基地已於2014年關閉，俄國在比斯凱克附近仍有一座軍事基地。不過，即使俄國在地緣戰略上握有主導權，身為串聯起「新絲路」重要節點之一的吉爾吉斯，與其最大的貿易夥伴中國亦保持良好的關係。

文 • É. Janin

❶編注：根據世界銀行，吉爾吉斯2020年GDP為77億3千萬美元，外債為40億美元。根據吉爾吉斯政府公布之數據，2019年貧窮率為20.1%，2020年則為25.3%。

糧食新絲路：
改變世界農業經濟體系的權力關係

直到 2005 年前後，中國都還能餵飽全世界最龐大的一群人口，且不至於影響全球糧食平衡。然而自此以後，其糧食自給率及連帶提高的糧食依賴程度已成為中國經濟與政治的絆腳石，而這正是中國藉由「新絲路」計畫試圖改善的問題。

近年來，由於有限的產量無法追上高漲的消費量（參見圖1），中國在達成各項糧食自給的目標上遇到嚴重阻礙，因為這個國家必須滿足全球 18.5% 的人口（根據聯合國統計，2019 年中國占全球 77.1 億人口中的 14.3 億），但擁有的可耕地卻不及全球的 9%，而都市化發展快速與生活水準提升又促使飲食需求在品質與數量上皆有所提升。

中國人的飯碗要端在自己手上

數千年來，中國領導人都將穩定糧食供給視為首要任務之一，而政府機關也努力達成這個目標。從「中國人的飯碗任何時候都要牢牢端在自己手上」和「我們的飯碗應該主要裝中國糧」這類口號便可看出，這個國家總是在宣示掌控糧食供給的意志。中國政府對歷史上曾發生過的饑荒依然記憶猶新，最近的兩次即發生在二十世紀，而美國在韓戰（1950～1953 年）期間對中國發布禁運令也對其糧食供給造成衝擊。

基於糧食調控有其地緣政治與經濟上的意義，中國政府大力宣揚其農業如何高速發展，產量如何極速大增，並自 2000 年起實施強勢農業政策並提高補助，使得中國的農業由課稅的對象轉變為補助的對象。

然而，這種做法對於環境保護與貿易來說卻是一條死路，因為中國不僅面臨水資源有限、水質不佳與農地劣化的障礙，同時也變得高度仰賴農產品進口。2018 年，中國的糧食貿易逆差高達 600 億美元，在經年累月之下，中國已成為世界最大的黃豆進口國（占全球黃豆貿易量的 2/3），同時也是最大的稻米、乳製品、牛肉、羊肉等食品進口國。經濟合作暨發展組織預測，未來十年間，中國的穀物貿易逆差將會持續擴大。

把全世界的業主都變成中國人

2014 年，為穩定糧食調控，中國政府推出包含兩大方向的新政策。其一，國內的供給在質與量上都要依據長期需求來調節。其二，適度開放進口以滿足特定產品之需求，同時減少國內環境衝擊，而為了確保糧食供應，須逐漸提高中國資本對進口食品的控制力。

在 2005 年前後，中國政府曾為鼓勵國內投資而提出「建設國際化大都市政策」，而透過中國國家主席習近平（2012 年就任）於 2013 年推出的「新絲路」計畫，此一政策宛如重獲新生。新絲路計畫成為國家對外政策的指導架構，目的是讓中國與世界其他國家的連結更加緊密。這項政策啟動後，很快就產生巨大的影響力，從南美洲、中東、非洲、歐洲到大洋洲，幾乎全球各地都加入了新絲路計畫。截至 2019 年末，已有 124 國與 29 個國際組織與北京簽署合作條約，加入此一計畫。

藉由這些合作關係，中國得以實施新的農業策略，意即避免過度依賴國際市場及某些中國視為競爭對手的國家（如美國），逐步提高中資的控制力，以保障國內糧食供給。換句話說，中國不僅要投資食品工業產業鏈的所有環節（生產、加工、物流、研究），同時也從世界各國截長補短。

舉例來說，中國企業開始開墾俄羅斯土地（種植穀物及黃豆）；投資開發湄公河流域（寮國、柬埔寨）與東南亞國家（生產橡膠、蔗糖、木薯、玉米、高粱等）；進口中亞的棉花、水果和畜產品；進口巴西的肉類，並投資巴西基礎建設及開發土地，而巴西則保證售出農產品（主要為黃豆）給中國；收購大洋洲國家的畜產品事業（奶類及肉類）；投資歐洲、美國、大洋洲、南美洲的加工業（乳製品工廠、屠宰場）；收購種子公司，如先正達（Syngenta）一類的國際性貿易商……等等。不到十年間，中國在農業領域的投資成長了十倍之多，每年已超過 30 億美元（參見圖2）❶。

迄今巴西已成為中國最大的農產品與食品供應國，尤其是黃豆與肉類，進口額占總額的 1/4，超越美國，而美國對中國出口量則自 2013 年起削減，後來更由於美中兩大強權的貿易戰而持續下滑。印度以外的亞洲國家則保持第三大供應區的地位（以蔬果產品為主），其後則是歐洲與大洋洲，主要輸出肉類及飲料類產品。

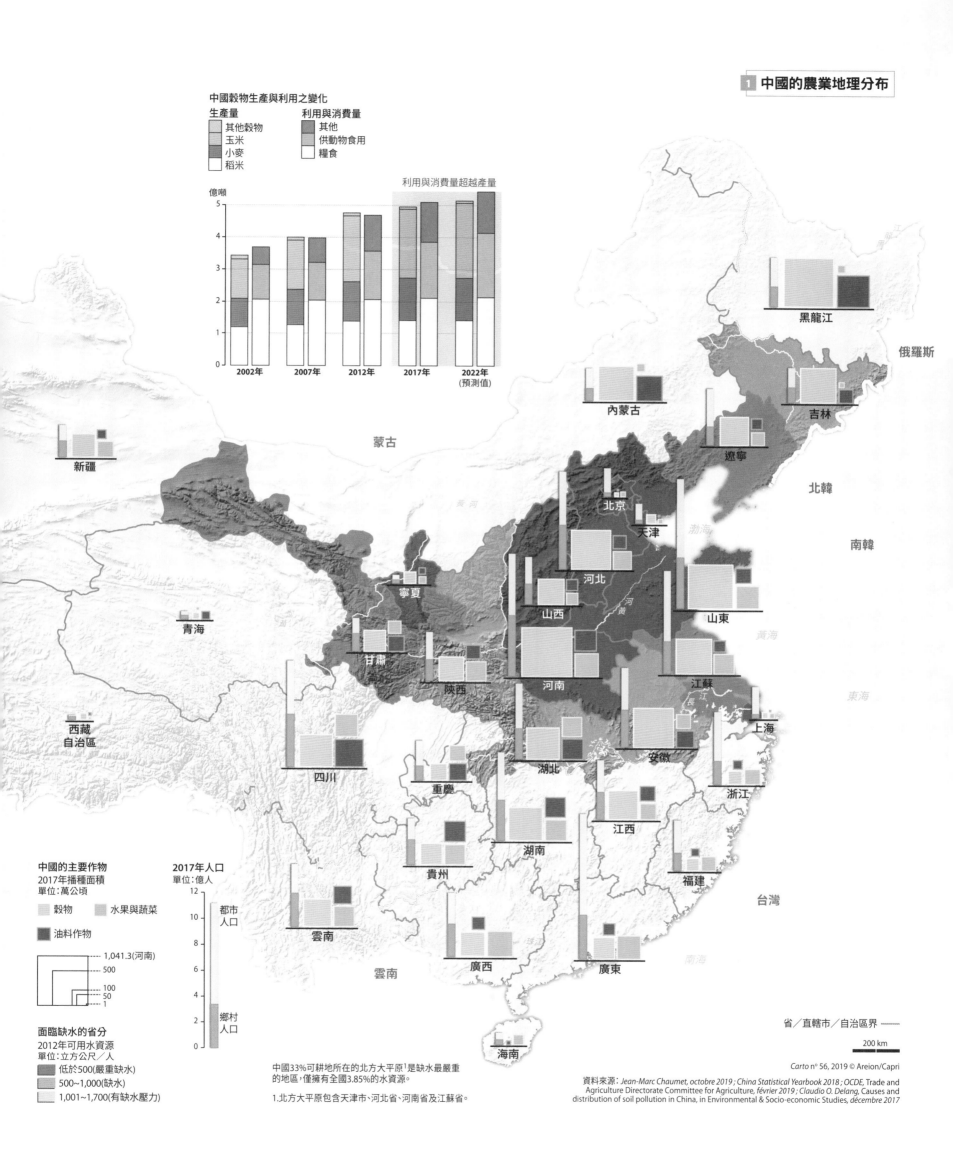

中國穀物生產與利用之變化

生產量
其他穀物
玉米
小麥
稻米

利用與消費量
其他
供動物食用
糧食

利用與消費量超越產量

億噸

2002年　2007年　2012年　2017年　2022年(預測值)

中國的主要作物
2017年播種面積
單位：萬公頃
穀物　水果與蔬菜
油料作物

1,041.3(河南)
500
100
50
1

面臨缺水的省分
2012年可用水資源
單位：立方公尺／人
低於500(嚴重缺水)
500~1,000(缺水)
1,001~1,700(有缺水壓力)

2017年人口
單位：億人
都市人口
鄉村人口

省／直轄市／自治區界 ———

200 km

中國33%可耕地所在的北方大平原[1]是缺水最嚴重的地區，僅擁有全國3.85%的水資源。

1.北方大平原包含天津市、河北省、河南省及江蘇省。

Carto n° 56, 2019 © Areion/Capri

資料來源：*Jean-Marc Chaumet, octobre 2019 ; China Statistical Yearbook 2018 ; OCDE*, Trade and Agriculture Directorate Committee for Agriculture, *février 2019 ; Claudio O. Delang*, Causes and distribution of soil pollution in China, in Environmental & Socio-economic Studies, *décembre 2017*

2 中國在全球糧食市場的布局

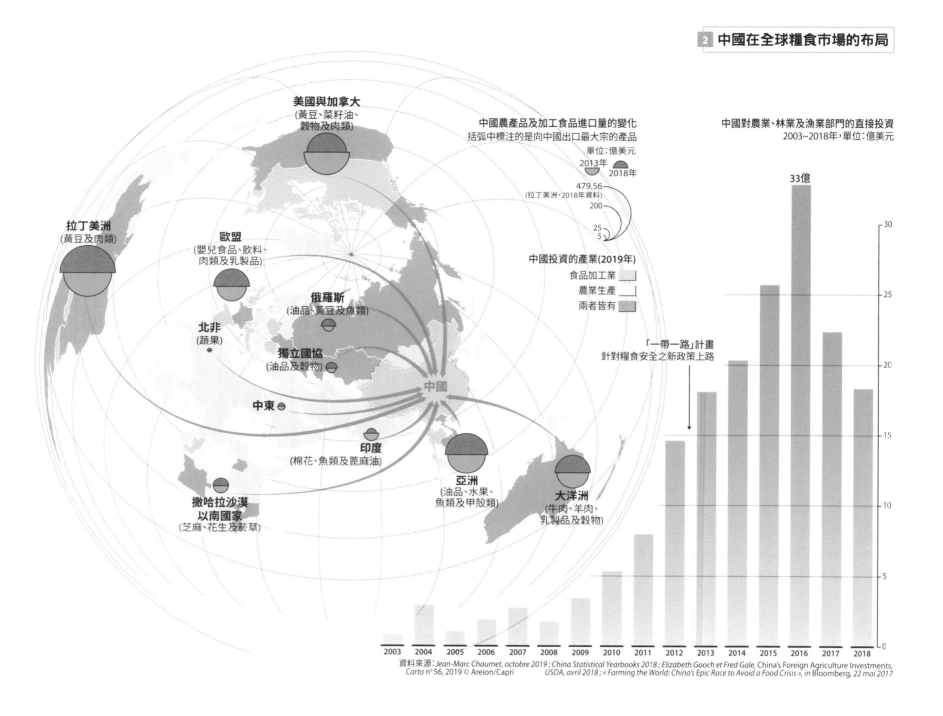

中國農產品及加工食品進口量的變化
括弧中標注的是向中國出口最大宗的產品
單位：億美元

中國對農業、林業及漁業部門的直接投資
2003~2018年，單位：億美元

美國與加拿大
（黃豆、菜籽油、穀物及肉類）

拉丁美洲
（黃豆及肉類）

歐盟
（嬰兒食品、飲料、肉類及乳製品）

俄羅斯
（油品、黃豆及魚類）

北非
（蔬果）

獨立國協
（油品及穀物）

中國

中東

印度
（棉花、魚類及蓖麻油）

亞洲
（油品、水果、魚類及甲殼類）

大洋洲
（牛肉、羊肉、乳製品及穀物）

撒哈拉沙漠
以南國家
（芝麻、花生及菸草）

中國投資的產業(2019年)
食品加工業
農業生產
兩者皆有

「一帶一路」計畫
針對糧食安全之新政策上路

33億

資料來源：*Jean-Marc Chaumet, octobre 2019*；*China Statistical Yearbooks 2018*；*Elizabeth Gooch et Fred Gale, China's Foreign Agriculture Investments, USDA, avril 2018*；«*Farming the World: China's Epic Race to Avoid a Food Crisis*», *in Bloomberg, 22 mai 2017*
Carto n° 56, 2019 © Areion/Capri

不過，中國對外投資的目的也包括增進特定區域的生產，例如非洲，此舉有助於穩定當地與世界的糧食安全，從而穩定中國的糧食安全，並提高其「軟實力」。非洲產品的占比因此相對有限，僅占中國農產品進口額的 3%。

讓出口國依賴進口國的新權力關係

中國在糧食方面的進口與投資造成兩大影響。首先，中國企業握有愈來愈多的進口食品及其附加價值。乳品、豬肉和牛肉固然是利用外國的當地資源所生產，但業主是中國人的情形愈來愈普遍。其次，中國對進口農產品的依賴也可能反過來造成出口國的依賴，甚至徹底改變國際農業經濟體系的權力關係。例如，巴西和阿根廷等國家對中國輸出的農產品占比，有時高到出口商可能會成為策略槓桿（strategic leverage）**❷**的操作對象，

因而遭遇無法進入中國市場的威脅。

如果中國這套新政策的糧食調控目標皆順利實現，運作至今的國際貿易型態可能會因此改變，進而影響全球市場，而全球農業經濟體系的權力關係也會完全不同。如何讓中國人吃飽，將成為二十一世紀最重大的課題之一。

文● J.-M. Chaumet

---

❶ 這些數字低於實情，因為外界很難精確掌握中國對外農業計畫的全貌。

❷ 編注：策略槓桿的作用力取決於企業在市場上的機動性，以及策略性變動後帶來的利潤回報。

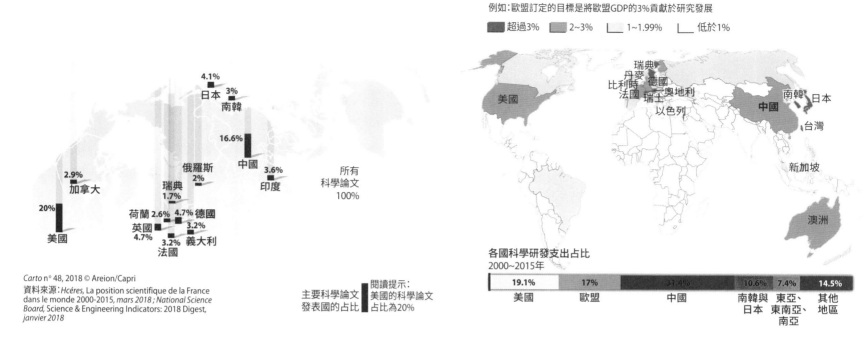

1 全球科學論文發表與研究發展比較圖

2015年全球科學論文發表概況

日本 4.1%
南韓 3%
中國 16.6%
印度 3.6%
俄羅斯 2%
瑞典 1.7%
荷蘭 2.6%
德國 4.7%
英國 4.7%
義大利 3.2%
法國 3.2%
加拿大 2.9%
美國 20%

所有科學論文 100%

主要科學論文發表國的占比

閱讀提示：美國的科學論文占比為20%

Carto n° 48, 2018 © Areion/Capri
資料來源：Hcéres, *La position scientifique de la France dans le monde 2000-2015, mars 2018 ; National Science Board*, Science & Engineering Indicators: 2018 Digest, janvier 2018

2015年各國的科學內研發支出總額
研究發展強度
（研發支出占GDP百分比）
例如：歐盟訂定的目標是將歐盟GDP的3%貢獻於研究發展

■ 超過3%　■ 2~3%　□ 1~1.99%　□ 低於1%

美國
瑞典
丹麥
比利時　德國
法國　瑞士　奧地利
以色列
中國
南韓　日本
台灣
新加坡
澳洲

各國科學研發支出占比
2000~2015年

美國	歐盟	中國	南韓與日本	東亞、東南亞、南亞	其他地區
19.1%	17%	31.4%	10.6%	7.4%	14.5%

科學大躍進：
中國超級電腦實力輾壓全球？

美中爭奪全球第一經濟強權的戰爭，如今也延燒到科學界。法國研究暨高等教育評量高級委員會（Haut Conseil de l'évaluation de la recherche et de l'enseignement supérieur, Hcéres）的資料❶顯示，中國正緊追在稱霸世界的美國身後，於新的戰略領域中嶄露鋒芒。

1980 年，中華人民共和國發表的科學論文僅占全球的 1%，到了 2015 年已達到 16.6%（美國則占 20%，參見圖1）。整體而言，亞洲國家科學實力的排名在 2000～2015 年間大幅躍進：中國由世界第 8 名上升至第 2 名，印度由第 12 名上升至第 6 名，南韓由第 14 名上升至第 9 名，伊朗由第 20 名上升至第 16 名。名次退後的只有日本，由第 2 名下降至第 5 名，而許多歐美國家的排名也下滑了。究其原因並非發表數減少所致，而是和新興經濟體的活躍有關。例如法國的科學研究發表數量在 2000～2015 年間增加 40%，全球排名卻由第 5 名下降至第 7 名。

在所有科學領域中，中國在數學方面表現最為出色。2002 年，中國的論文發表數量超越德國，接著在 2003 年趕過法國，終於在 2012 年搶下美國的寶座。2015 年，中國人在數學領域的發表量占全球的 19%，美國人則占 16%。

同樣地，2015 年中國在科學研究發展方面投入了 4,088 億美元，成為該領域積極度第二高的國家，僅次於美國（兩國研發支出分別占全球總額的 21% 及 26%）❷。在 2000～2015 年間，中國的研發支出平均每年成長 18%，是美國（4%）的 4 倍。此外，

中國勞工的教育水準也逐步成長。2000～2014 年間，具備科學或工程高等教育文憑的人數從 35 萬 9 千人增加至 165 萬人，同時期的美國則從 48 萬 3 千人增加至 74 萬 2 千人。

事實上，中國的產業發展也愈來愈多元。數年前還局限於組裝作業的工廠，如今生產的卻是高科技產品，包括民航飛機，如中國商用飛機有限責任公司製造的 C919；還有超級電腦，如 2016 年世界最強大的電腦「神威·太湖之光」❸。醫學領域的研究同樣獲得大量挹注。聯合國指出，到了 2050 年，中國超過 65 歲的人口將占總人口的 25%，而其中超過 80% 的健康問題會與慢性病有關。對此，中國於 2016 年發表第一項計畫，要在 2030 年以前整合其醫療對策並改善國家衛生體系。2017 年，中國政府又宣布已針對 11 種疾病建設 32 間臨床醫學研究中心，並預計在 2021 年以前達成 100 間的目標。

文 ● N. Rouiaï

❶ Hcéres, *La position scientifique de la France dans le monde 2000-2015*, 2018.03.
❷ National Science Board, *Science & Engineering Indicators:2018 Digest*, 2018.01.
❸ 編注：2021 年 11 月排名第一的超級電腦是日本的富岳（Fugaku），神威·太湖之光排名第四。超級電腦的全球排名每年分別於 6 月、11 月各公布一次。

新太空競賽：
登陸月球背面！中國的征服太空計畫

2019 年 1 月 3 日，中國宣布已成功讓棉花種子在月球上發芽。這是人類首次在地球以外的星球進行生物實驗，而在此一全球矚目的事件發生不過兩週前，中國才剛成為第一個登陸月球背面的國家。

匯集中國 1948 年以來 45 年研究心血，中國國家航天局（China National Space Administration, CNSA）於 1993 年成立，至今雖然遠不如美國國家航空暨太空總署（National Aeronautics and Space Administration, NASA）與歐洲太空總署（European Space Agency, ESA）那麼知名，然而其企圖心愈來愈顯而易見。1956 年，正值冷戰期間，美國與蘇聯展開激烈的太空競賽，而距離蘇聯的史普尼克一號（Sputnik 1）發射還有一年的時間，毛澤東（1949 ～

1976 年執政）決定要開發中國的彈道飛彈。跌跌撞撞地摸索數年之後，在俄羅斯的協助下，中國終於在 1970 年成功發射政治宣傳衛星「東方紅一號」，可從太空發送中國國歌的訊號。然而，一直到進入二十一世紀，中國才真正成為太空大國（參見圖 1）。2003 年 10 月 16 日，楊利偉成為第一位搭乘「神舟五號」環繞地球的中國航天員（taikonaut）❶。接著在 2008 年 9 月 27 日的「神舟七號」任務，翟志剛成為中國第一位進行艙外活動的航天員。之後中國更接二連三地取得太空成就，從 2011 年首度發射太空站「天宮一號」，到 2019 年 1 月嫦娥四號探測器首度登陸月球背面，並進行太空生物實驗。

野心勃勃的月球移民基地

與其他太空大國不同，北京政府對於挹注太空計畫的人力與經費多寡始終守口如瓶，也不會在政府財務報表上列出研發投資的金額，但是中國的企圖心十分強烈，中國共產黨也自信滿滿地對外誇耀。北京政府計畫在 2030 年以前完成一座月球基地，先讓機器人進駐，再供人類居住。為了如期

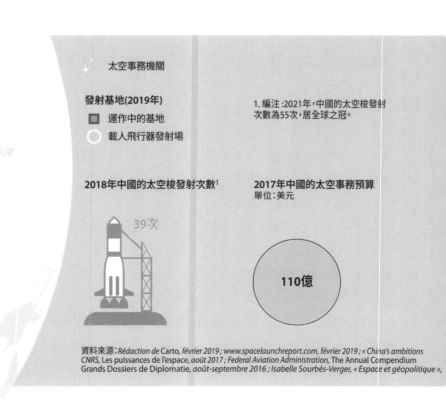

太空事務機關

發射基地（2019年）
■ 運作中的基地
○ 載人飛行器發射場

1. 編注：2021年，中國的太空梭發射次數為55次，居全球之冠。

2018年中國的太空梭發射次數[1]

39次

2017年中國的太空事務預算
單位：美元

110億

資料來源：*Rédaction de Carto, février 2019; www.spacelaunchreport.com, février 2019; « China's ambitions* CNRS, Les puissances de l'espace, *août 2017; Federal Aviation Administration, The Annual Compendium* Grands Dossiers de Diplomatie, *août-septembre 2016; Isabelle Sourbès-Verger, « Espace et géopolitique »,*

實現目標，北京航空航天大學甚至打造一個模擬基地，以測試人類在月球長期居住的實際情形。

2018 年 2 月，時任美國總統的川普宣布不再對國際太空站（International Space Station, ISS）提供資金，於是中國從此又多了另一項目標，那就是要在 2022 年建成一座龐大的可住人太空站，以接下國際太空站的位子。國際太空站人員預定於 2024 年起逐步撤出，但也可能延役至 2030 年。未來的「天宮太空站」雖然比國際太空站小，卻可望成為中國第一個開放國際合作的太空站，也讓中國成為唯一擁有太空站的國家❷。

除了盟國蘇聯的援助以外，中國的航太技術發展幾乎自外於任何國家。這種獨力發展的現況，主要與美國對中國發展太空計畫的態度有關。美國建立了一套規範，禁止國防相關產品與服務販賣給第三國。這項《國際武器貿易條例》（International Traffic in Arms Regulations, ITAR）頒布於 1976 年，正值冷戰時期。到了 1999 年，一份報告指出，美中航太科技貿易發展已對美國的國家安全造成威脅，因此航太科技也被納入管制對象。從此以後，中國實際上便遭排除於大多數的國際科學與科技計畫之外。不過，在中國取得登陸月球背面等成就之後，NASA 已正式表達合作意願，希望能促成兩國天文學家互相交流。

大國太空競賽究竟在爭什麼？

中國不僅在太空中扳回一城，在地球上，美國的霸權也開始消退，多極體系興起，而北京是其中的要角。畢竟太空競賽不只是一場科學的較量，更是集經濟、地緣政治、地緣戰略利益與象徵意義於一體的角力。從經濟的觀點來看，發展航太科技可望帶來獲利豐厚

的經濟前景，所有產業都能雨露均霑。若是從地緣戰略的觀點來看，掌握航太科技則是各國建構軍事實力的基本要素。從衛星導航到反彈道飛彈偵測系統，再到無人機及飛彈導引系統、觀測衛星、竊聽衛星通訊、加密通訊系統等，都是現代軍隊高度重視的軍事設備與技術。最後，從地緣政治與象徵意義的觀點來看，如果一個國家在科學研究與技術發展上，表現出與其他國家競爭的態勢，或取得主導地位，便能在世界舞台上受到矚目，有助其強化軟實力，在國際往來上也能擁有更多外交籌碼。

文 ● N. Rouiaï

---

❶ 編注：中國「航天員」的專屬英文名稱，將「astronaut」的前半改為「taiko」，即「太空」的漢語拼音。

❷ 編注：2021 年 4 月 29 日，中國已成功發射「天河號」核心艙，預計於 2022 年底前發射「問天號」和「夢天號」實驗艙，完成天宮太空站的三艙建置。

1 中美太空競賽

太空事務機關

發射基地(2019年)
■ 運作中的基地
○ 不再執行載人任務的基地

1. 編注：2021年，美國的太空梭發射次數為43次，僅次於中國。

瓜加林(Kwajalein)環礁
馬紹爾群島(大洋洲)

2018年美國的太空梭發射次數[1]
29次

2017年美國的太空事務預算
單位：美元
191億

馬紹爾群島(大洋洲)
聖誕島(澳洲)

北極海

阿拉斯加
Anchorage

科迪亞克
(Kodiak)

加拿大

Seattle

舊金山

范登堡
(Vandenberg)

洛杉磯

美國太空港
(Spaceport America，
未來執行商業太空飛行任務的基地)

底特律
芝加哥

波士頓
紐約
華盛頓
瓦普勒斯島
(Wallops)

美國國家航空
暨太空總署
(NASA)

美國

卡納維爾角甘迺迪太空中心
(Cap Canaveral
Centre spatial
Kennedy)

邁阿密

太平洋

墨西哥

古巴

牙買加

貝里斯
瓜地馬拉　宏都拉斯
薩爾瓦多　尼加拉瓜

in space are growing », in The Economist, janvier 2018 ; www.france-science.org, août 2017 ;
of Commercial Space Transportation: 2016, janvier 2016 ; « Géopolitique de l'espace », in Les
L'Information géographique, 2/2010, vol. 74　　Carto n°52, 2019 © Areion/Capri

中國數位科技：
與政府相愛相殺的數位巨頭BATX

為了鞏固國際地位，保障國家安全與未來發展，並展現優越的現代化程度與科技、經濟成果，中華人民共和國亟欲在數位領域站上第一位。隨著幾家中國企業成長為全球性集團，北京政府此一目標已告成功。

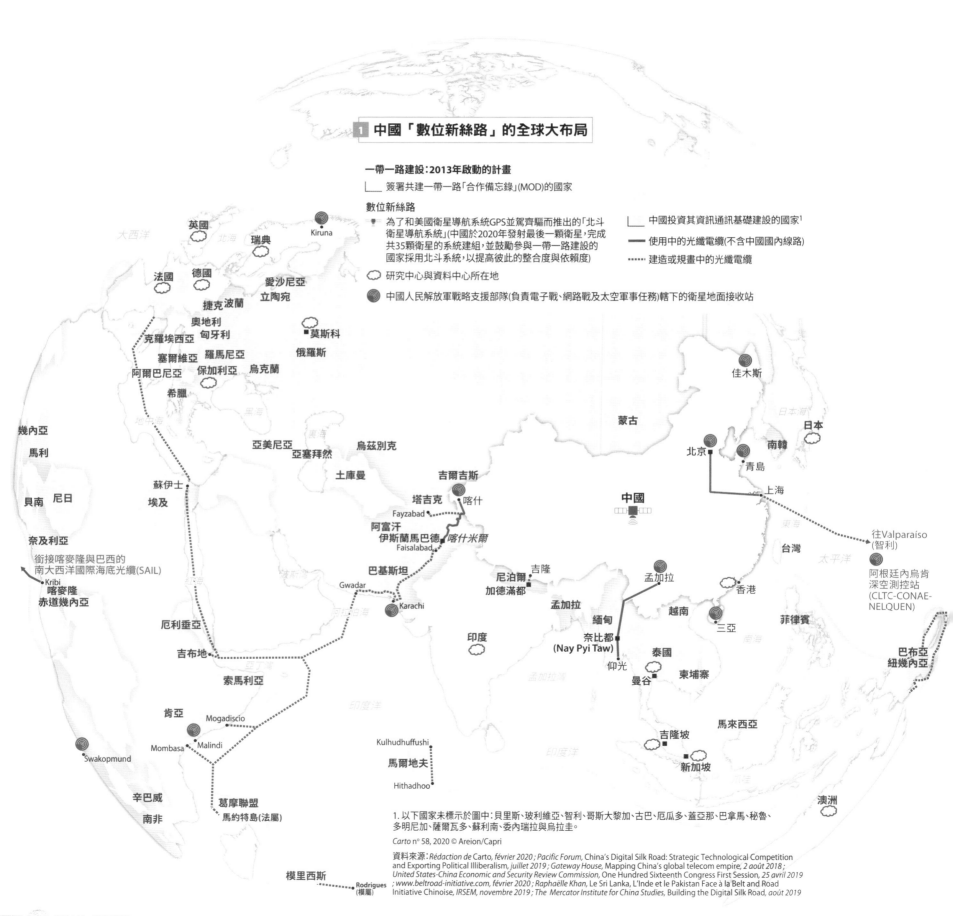

1 中國「數位新絲路」的全球大布局

一帶一路建設：2013年啟動的計畫

└── 簽署共建一帶一路「合作備忘錄」(MOD)的國家

數位新絲路

● 為了和美國衛星導航系統GPS並駕齊驅而推出的「北斗衛星導航系統」(中國於2020年發射最後一顆衛星，完成共35顆衛星的系統建組，並鼓勵參與一帶一路建設的國家採用北斗系統，以提高彼此的整合度與依賴度)

○ 研究中心與資料中心所在地

◉ 中國人民解放軍戰略支援部隊(負責電子戰、網路戰及太空軍事任務)轄下的衛星地面接收站

└── 中國投資其資訊通訊基礎建設的國家[1]

── 使用中的光纖電纜(不含中國國內線路)

‥‥‥ 建造或規畫中的光纖電纜

1. 以下國家未標示於圖中：貝里斯、玻利維亞、智利、哥斯大黎加、古巴、厄瓜多、蓋亞那、巴拿馬、秘魯、多明尼加、薩爾瓦多、蘇利南、委內瑞拉與烏拉圭。

Carto n° 58, 2020 © Areion/Capri

資料來源：*Rédaction de Carto, février 2020* ; Pacific Forum, China's Digital Silk Road: Strategic Technological Competition and Exporting Political Illiberalism, *juillet 2019* ; Gateway House, Mapping China's global telecom empire, *2 août 2018* ; United States-China Economic and Security Review Commission, One Hundred Sixteenth Congress First Session, *25 avril 2019* ; www.beltroad-initiative.com, *février 2020* ; Raphaëlle Khan, Le Sri Lanka, L'Inde et le Pakistan Face à la Belt and Road Initiative Chinoise, *IRSEM, novembre 2019* ; The Mercator Institute for China Studies, Building the Digital Silk Road, *août 2019*

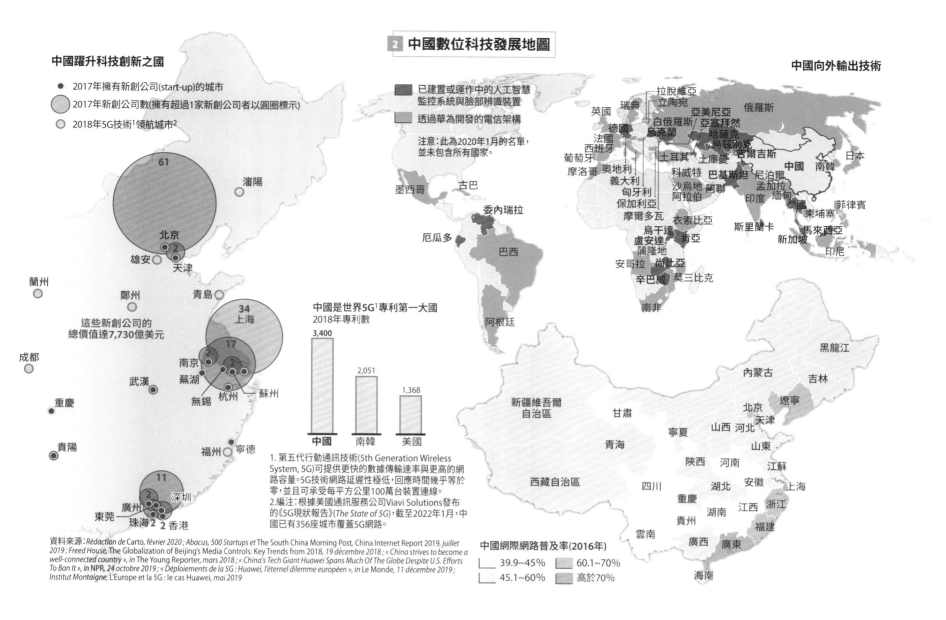

中國躍升科技創新之國

● 2017年擁有新創公司(start-up)的城市
○ 2017年新創公司數(擁有超過1家新創公司者以圓圈標示)
○ 2018年5G技術¹領航城市²

已建置或運作中的人工智慧監控系統與臉部辨識裝置

透過華為開發的電信架構

注意:此為2020年1月的名單,並未包含所有國家。

中國向外輸出技術

這些新創公司的總價值達7,730億美元

中國是世界5G¹專利第一大國
2018年專利數

中國	南韓	美國
3,400	2,051	1,368

1. 第五代行動通訊技術(5th Generation Wireless System, 5G)可提供更快的數據傳輸速率與更高的網路容量。5G技術網路延遲性極低,回應時間幾乎等於零,並且可承受每平方公里100萬台裝置連線。
2. 編注:根據美國通訊服務公司Viavi Solutions發布的《5G現狀報告》(The State of 5G),截至2022年1月,中國已有356座城市覆蓋5G網路。

資料來源:Rédaction de Carto, février 2020; Abacus, 500 Startups et The South China Morning Post, China Internet Report 2019, juillet 2019; Freed House, The Globalization of Beijing's Media Controls: Key Trends from 2018, 19 décembre 2018; « China strives to become a well-connected country », in The Young Reporter, mars 2018; « China's Tech Giant Huawei Spans Much Of The Globe Despite U.S. Efforts To Ban It », in NPR, 24 octobre 2019; « Déploiements de la 5G : Huawei, l'éternel dilemme européen », in Le Monde, 11 décembre 2019; Institut Montaigne, L'Europe et la 5G : le cas Huawei, mai 2019

中國網際網路普及率(2016年)

39.9~45%　　60.1~70%
45.1~60%　　高於70%

領導全球的各家巨頭企業正面臨「BATX」的競爭,也就是百度(Baidu)挑戰谷歌,阿里巴巴(Alibaba)挑戰亞馬遜,騰訊(Tencent)挑戰臉書,小米(Xiaomi)則對上蘋果與三星(Samsung)。此外,同樣強勁的中國企業還有滴滴出行(對上Uber)、華為(通訊業)與京東(電商業)。雖然 BATX 仍然落後於美國的競爭對手,亦即「GAFAM」五大企業❶,但是這幾家企業的活力與成長之快速依然令人咋舌。中國逐漸成為幾個關鍵領域的全球實驗室,包括 5G、行動通訊裝置與人工智慧的大規模應用(其中之一便是用以懲罰「偏差行為」的社會信用體系)。中國的數位技術已進入全國普及化的階段,投入的業者愈來愈多,專利數也不斷增加(參見圖2)。

與政府審查相愛相殺的企業巨頭

上述數位發展的背後存在一套審查機制,此機制幾近完全排除美國及國內其他競爭者,導致西方企業主導的數位世界,與主要以華語使用者為對象的中國數位圈之間,產生了巨大的文化差異(依據華語使用者的數量即可得知後者的產業規模,其中多數業者在中國和海外中國人社群以外,便鮮為人知或極少人使用)。兩者的差距也促使人們開始思索,中國亟欲發展為新興數位強權的真正用意何在。

為了保障國家安全,中國必須在技術與財富上與世界第一強權(即美國)匹敵,這也是為什麼這些中國網路公司看起來都「似曾相識」。基於這樣的考量,中國共產黨發布各項命令,

終結毛澤東時期(1949～1976年)的鎖國政策,轉而致力於實現鄧小平(任期1978～1992年)推動的改革,並恢復與世界各國的往來。鄧小平的改革核心思想在於,中國若不推動現代化,將無法在各個戰略領域皆遙遙領先的西方國家與蘇聯勢力下存活。要達成現代化,就必須提升科技水準,而要達成這個目的,就需要一套政策來引入外國投資並建立良好的培訓制度,如今數位領域的成就便是這套政策結出的果實之一。不僅如此,這套政策也使中國政府得以掌控國家與社會的共識。從這個角度來看,BATX 的成就便值得商榷,因為這些企業的壯大來自配合中央政府行事,其發展一方面受惠於政府策略,同時亦受當局牽制。

隨著這些猶如美國同業翻版的私人企業巨頭崛起,中國開始發展各項高階基礎建設(超級電腦、高速伺服器網絡、雲端技術),並將網路科技進一步與國家安全體系結合(人民解放軍擁有 2 萬名專門負責網路作戰的人員)。以充足的人力資源作為發展後盾,中國因此成為第一流的資訊強國(參見圖1),而這是 20 年前的中國所做不到的。美中在數位產業的各方對抗不只是單純的模仿與競爭,更催生出一套具有強烈政治色彩的獨特行事作風。這些政治色彩反映出中國政府相信監控帶來的種種好處,若中共企圖在各方面維持政權不墜,監控技術便可助其一臂之力。

文●J.-M. Huissoud

❶編注:即谷歌(Google)、蘋果(Apple)、臉書(Facebook,2021 年 10 月母公司改名 Meta)、亞馬遜(Amazon)、微軟(Microsoft)。

香港反送中：戳破地方自治的謊言

2019 年夏天，一場示威抗爭讓 200 萬香港人湧上這座繁忙都會的各大交通要道，也讓世界最重要的機場之一癱瘓數日。一項允許將人犯移送中國的爭議性法案引發港人憂心，認為現有的相對自治恐將日漸消失。

◎基本資料

中國

正式國名
中華人民共和國

國家元首
習近平
(2013年就任國家
主席)

面積
9,596,960平方公里
(世界排名第4位)

官方語言
中文

首都
北京

2020 年人口
14億人

人口密度
每平方公里146人

貨幣
人民幣

2020 年人均 GDP
(以購買力平價計
算)
17,211美元

香港

正式名稱
香港特別行政區

行政首長
林鄭月娥
(2017年就任)

面積
1,104平方公里

官方語言
中文、英語

2020 年人口
748萬人

人口密度
每平方公里6,775人

貨幣
港幣

2020 年人均 GDP
(以購買力平價計
算)
59,238美元

2019 年 2 月，香港特別行政區政府提出一項法案，希望修改引渡規定，將所有北京政府認定「有逃亡之虞」的人移送至中國。在說明條文時，特首林鄭月娥（2017 年就任）提及一樁悲慘的社會事件，以證明修法之必要。2018 年，香港女學生潘曉穎在台灣遭男友殺害，這名年輕人逃至香港後承認犯行，但當地司法機關欠缺必要的權限，無法對一起由外國人在境外犯下的謀殺案進行審判。同時，由於香港與台灣之間沒有引渡協議，香港法院也無法將被告送回原籍法院審理。這起司法案件被當作論證基礎，用以主張台灣和中國之間有必要建立引渡協議——雖然台灣實質上是獨立國家，仍遭中國認為是其所屬的一省。

步步進逼的北京政府

雖然香港行政當局保證這項法律不會導致政治異議人士遭到引渡，抗爭者仍擔心香港人民漸漸受到中國司法體制的箝制，而商界則害怕修法會破壞香港金融環境的吸引力，因為經濟與司法的穩定乃是香港最大的優勢之一。始自 2019 年夏天的一連串抗爭，歷經數月的緊張對立，直到 2020 年初仍未平息，而其規模之大，反映出香港人愈來愈關注中國對香港內政的干預（參見圖 1）。

香港原為英國殖民地（1841 ～ 1941 年、1945 ～ 1997 年），自 1997 年回歸中國後，被劃為特別行政區。依據相當於特區憲法的《基本法》，香港享有高度自治，不僅擁有獨立的司法權，思想自由、言論自由、遊行示威之自由都受到憲法保障。直到 2047 年，香港的特殊地位告終之前，北京當局理應僅就外交與國防事務有決策權。

香港歷史上不乏社會抗爭與政治運動，例如 1966 年，英國殖民政府決定將天星小輪（Star Ferry）的票價調漲 25%，因而引爆嚴重抗爭，在當時這條航線是連接港島與大陸的唯一交通方式。九七回歸後，抗議事件愈來愈多，像是 2003 年，民眾發起大規模抗議，迫使特首董建華（任期1997 ～ 2005 年）放棄一項針對國家安全的法案，因為輿論認為這項法案將戕害自由。又如 2012 年，面對排山倒海的抗議聲量，特首梁振英（任期 2012 ～ 2017 年）放棄其「愛國教育」計畫。而 2014 年秋天則有成千上萬

名抗議人士占據公共空間，要求實施直接普選，最終形成泛民主派的占領中環運動（後稱「雨傘運動」）。

1 香港反送中抗爭地圖

圖例		
═══ 高速公路	▨ 都市用地	▢ 工業區
── 道路	▨ 軍事用地	▢ 經濟特區管理線[1]
海下 城鎮名	▨ 港區	★ 2019年泛民主派遊行示威的主要地點(3～8月)
寶安區 區名	▨ 機場區	▨ 主要的抗爭行動據點
──── 廣深港高速鐵路	▢ 公園／森林區	

1. 編注：此管理線已於2018年裁撤。深圳經濟特區成立之初，範圍僅包括今羅湖、福田、南山、鹽田4區，2010年納入寶安、龍崗2區，但並未裁撤舊有經濟特區管理線，直至2018年方正式裁撤。

資料來源：《 Pékin accentue ses menaces sur Hongkong 》, in Le Monde, 7 août 2019 ; « History of Hong Kong protests: riots, rallies and brollies », in South China Morning Post, 4 juillet 2019 ; « Hong Kong profile - Timeline », in CNN, 24 juin 2019 ; Thierry Sanjuan, Atlas de la Chine, Autrement, 2012 ; ISEMAR, Les ports de Chine, septembre 2007

捍衛本土認同，我是「香港人」！

除了抨擊中國一再插手香港內政，香港人的本土認同也變得更為強烈。在 2014 年 9 ～ 12 月的「雨傘運動」失敗後，「本土派」興起且日漸茁壯，其基本主張即是保護香港的認同與自主。香港大學於 2019 年 1 ～ 6 月間進行的一項研究顯示，大多數（52.9%）的香港市民認為自己是「香港人」，而認為自己是「中國人」的僅占 10.8%，反觀 1997 年剛回歸時，認同為中國人的占比是 18%，2008 年則多達 38.6%，是統計數字的最高點❶。而在各個群體中，年輕人對中國與特區政府執政的不信任感最為強烈。2019 年 6 月 15 日～ 7 月 6 日，亦即反送中抗爭最激烈的時期，有 4 名年紀在 21 ～ 35 歲之間的香港人自殺，留下

支持民主、反對送中法案的遺言。雖然該法案在 2019 年 7 月「壽終正寢」，抗爭卻並未因此平息，隨著 2020 年 6 月港版《國安法》的公布，反對運動捲土重來。

香港年輕人的政治意識愈來愈強，又身陷巨大的經濟與社會困境中，中國政府若是一再收緊控制，可能會使香港陷入混亂。從地緣政治的觀點來看，這對中國也是極高的賭注，因為北京政府一心想收回的台灣，隨時都緊盯著香港政治與社會的風吹草動。

文 ● N. Rouiaï

---

❶ 此項調查可於以下網站查詢：www.hkupop.hku.hk/english/popexpress/ethnic/eidentity/halfyr/datatables.html

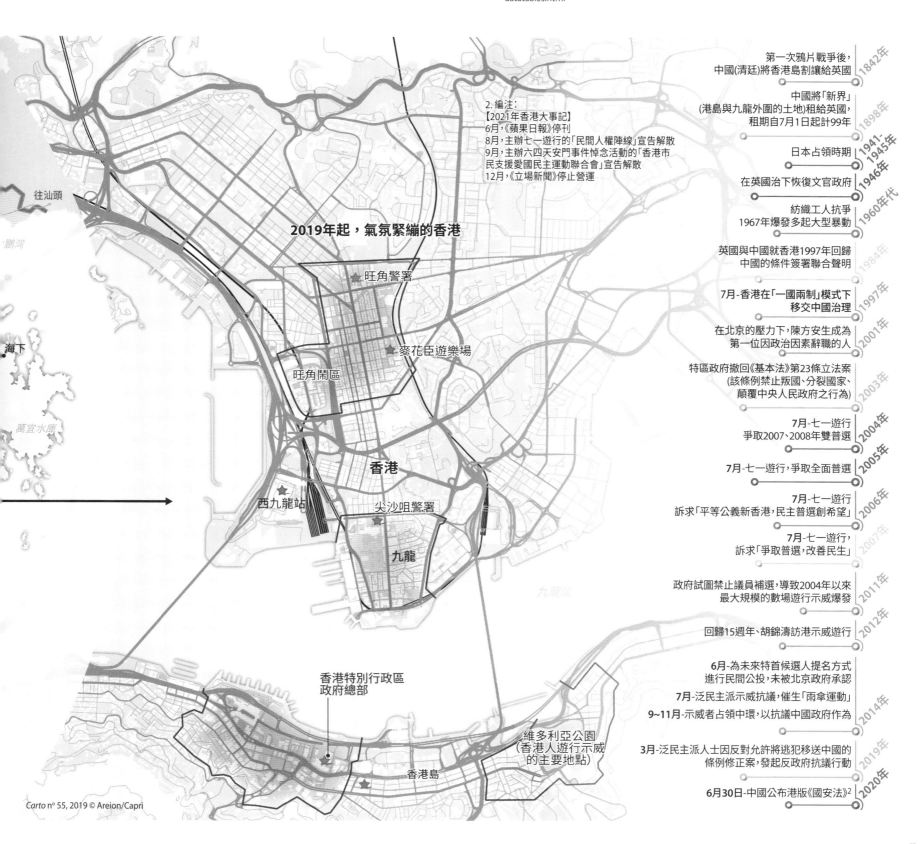

2.編注：
【2021年香港大事記】
6月，《蘋果日報》停刊
8月，主辦七一遊行的「民間人權陣線」宣告解散
9月，主辦六四天安門事件悼念活動的「香港市民支援愛國民主運動聯合會」宣告解散
12月，《立場新聞》停止營運

2019年起，氣氛緊繃的香港

旺角警署
麥花臣遊樂場
旺角鬧區
香港
西九龍站
尖沙咀警署
九龍
香港特別行政區政府總部
維多利亞公園
（香港人遊行示威的主要地點）
香港島

往汕頭
海下
萬宜水庫

Carto n° 55, 2019 © Areion/Capri

第一次鴉片戰爭後，中國(清廷)將香港島割讓給英國 | 1842年
中國將「新界」(港島與九龍外圍的土地)租給英國，租期自7月1日起計99年 | 1898年
日本占領時期 | 1941–1945年
在英國治下恢復文官政府 | 1946年
紡織工人抗爭1967年爆發多起大型暴動 | 1960年代
英國與中國就香港1997年回歸中國的條件簽署聯合聲明 | 1984年
7月-香港在「一國兩制」模式下移交中國治理 | 1997年
在北京的壓力下，陳方安生成為第一位因政治因素辭職的人 | 2001年
特區政府撤回《基本法》第23條立案(該條例禁止叛國、分裂國家、顛覆中央人民政府之行為) | 2003年
7月-七一遊行爭取2007、2008年雙普選 | 2004年
7月-七一遊行，爭取全面普選 | 2005年
7月-七一遊行訴求「平等公義新香港，民主普選創希望」 | 2006年
7月-七一遊行，訴求「爭取普選，改善民生」 | 2007年
政府試圖禁止議員補選，導致2004年以來最大規模的數場遊行示威爆發 | 2011年
回歸15週年、胡錦濤訪港示威遊行 | 2012年
6月-為未來特首候選人提名方式進行民間公投，未被北京政府承認 / 7月-泛民主派示威抗議，催生「雨傘運動」 / 9~11月-示威者占領中環，以抗議中國政府作為 | 2014年
3月-泛民主派人士因反對允許將逃犯移送中國的條例修正案，發起反政府抗議行動 | 2019年
6月30日-中國公布港版《國安法》[2] | 2020年

島國台灣：
中美拉鋸下的獨立難題

2019 年 1 月 2 日，在《告台灣同胞書》發布滿四十週年之際，中國國家主席習近平大力重申必要時將以武力達成兩岸統一的目標。從北京政府的觀點來看，兩岸局勢再度緊繃是因為中美之間出現地緣政治摩擦，而北京與台北的關係也有所惡化。

◉ **基本資料**

正式國名
中華民國

國家元首
蔡英文
（2016年就任總統）

面積
36,197平方公里

官方語言
中文

首都
台北

2021 年人口數
2,337萬人

人口密度
每平方公里645人

貨幣
新台幣

歷史
1542年葡萄牙人來到此地，揭開歐洲人在台灣活動的序幕，而後西班牙人與荷蘭人先後到來，直到1662年鄭成功領軍來台，控制台灣。1895~1945年間，台灣受日本統治；二戰結束後，1949年中華人民共和國在海峽對岸成立，國民黨人遷入台灣，並宣稱中華民國在此存續。國民黨實施威權統治，直到1996年首次舉行總統公民直選為止。

2021 年人均 GDP
（以購買力平價計算）
62,530美元

雖然台灣獨立是事實，但官方並未正式主張過，更鮮少得到承認。國民黨在國共內戰（1927～1937年、1945～1950 年）中戰敗後，蔣介石於 1949 年將中華民國政府遷移至台灣，毛澤東則在北京宣布成立中華人民共和國。自此以後，這兩個國家各自都主張代表中國，並宣稱擁有對方領土的主權。1992 年，台灣海峽兩岸的代表達成協議，同意「一個中國」原則，為雙方立場定調。雖然九二共識不會改變台灣的主權利益，但是一中原則的地緣政治與外交意涵對台灣是不利的。由於一個國家在聯合國只能擁有一席，而「中國」的席次自 1971 年以來便屬於中華人民共和國所有，使得中華民國的身影無法在各個國際組織出現。

「統」、「獨」，或是「維持現狀」？

2016 年蔡英文當選台灣總統（2020 年 5 月連任），有利於台灣正式宣布獨立，台北與北京的關係也因而急速降溫。中國切斷一切與台灣的官方往來，言詞也更加強硬，甚至再度重申以武力達成兩岸統一的可能性。雖然最終發生軍事危機的機率很低，但亦非完全不可能。多年來，北京當局反覆強調只要不談獨立，一切都有協商餘地，然而，如果台灣單方面宣布獨立，便可能引發軍事行動。

整體而言，自 1996 年以來，已經習慣民主政治的台灣人對統一沒有太大的興趣。2018 年 10 月，還有好幾場要求舉辦獨立公投的遊行出現在台北街頭，規模前所未見。然而，在數週後的地方選舉中，執政的民主進步黨遭遇嚴重挫敗，親中的中國國民黨、即主要在野黨則大獲全勝。不過，此次選舉結果不能做單一解讀，因為選票反映的未必是人民希望政府改變地緣政治立場，反而可能是表達對於內部社會經濟問題的不滿（經濟困境、年金改革、工時問題等）。

中美拉鋸戰裡的台灣角色

從中國國家主席習近平對台灣的最新軍事論調，可以看出中國在地緣政治棋局中處於上風。隨著北京使出各種手段孤立台灣，中華民國的國際能見度日漸萎縮。2016 年以來，台灣已失去 8 個邦交國，2021 年僅 14 個國家還承認中華民國。在非洲，只有史瓦帝尼（Eswatini，原史瓦濟蘭）承認台灣的主權；而在南美洲，巴拉圭是唯一與台灣維持正式外交關係的國家。

中國對台態度之所以轉趨強硬，與中美關係高度緊繃也有所關聯。美國雖然在 1979 年與台灣斷交，但承認一中原則之餘，美國依然是台灣的主要盟友，不僅是最大的貿易夥伴之一，也是唯一販售武器給台灣的國家，而中國向來把台灣當作對美國施壓的工具。隨著川普政府與蔡政府愈走愈近，再加上 2019 年 1 月 28 日，美國政府控告中國企業華為及其旗下數個子公司，以及華為首席財務官孟晚舟，美中貿易戰進入白熱化階段，台灣於是在與之無關的這場對抗中也占了一席之地。

雖然中國與台灣之間的地緣政治情勢如此緊張，但從兩岸經貿交流來看，實情卻遠更為複雜。2021 年，台灣與中國（不含香港）之間的貿易額高達 2,083 億 8 千萬美元（較 2020 年成長 25.5%，參見圖 1），銷往中國的出口貨物占比為 25%。而台灣在中國的投資額也有增加趨勢，據中國商務部統計，2019 年共有 5,252 筆投資案，較前一年成長 6.9%[1]。此外，雖然北京政府自 2016 年起，限縮核發前往台灣觀光的通行證數量，但 2019 年仍有 271 萬中國人前往台灣（2015 年則有 420 萬人次），而台灣亦有 404 萬人前往中國，主要以商務、投資為目的，這也是另一項指標，顯示兩岸之間的經貿關係仍穩如泰山。

文 ● N. Rouiaï

---

[1] 編注：2020 年，台商投資案件數共 5,105 件，下降 2.8%。另根據台灣經濟部投審會，2021 年核准對中國投資案件數為 423 件，較前一年少 52 件。

台灣的國際處境

■ 2019年承認台灣為主權國家者(與台灣有正式邦交)
■ 2018年台灣的主要貿易夥伴

中國
台灣

吉里巴斯
(2019年斷交)
諾魯
馬紹爾群島
吐瓦魯
日本
索羅門
(2019年斷交)
帛琉
美國
中華人民
共和國
瓜地馬拉
尼加拉瓜
(2021年斷交)
貝里斯
宏都拉斯
海地
聖克里斯多福
及尼維斯聯邦
聖露西亞
聖文森
歐盟
梵蒂岡
巴拉圭
東南亞
國家協會
(ASEAN)
史瓦帝尼

------- 直轄市/縣/鄉鎮市邊界
----- 中國的台灣海峽隧道計畫
◯ 主要港區
◌ 主要經濟發展區
■ 主要工業區
生態旅遊觀光區
主要海上交通航線

資料來源:Rédaction de Carto, février 2019 ; The Bureau of Foreign Trade, février 2019 ; www.marinetraffic.com, février 2019 ; « La Chine parviendra-t-elle à récupérer Taïwan ? », in Le Figaro, 14 janvier 2019 ; Council for Economic Planning and Development of the Executive Yuan, Strategic Plan for National Spatial Development Summary, juin 2010; 10708 村里戶數、單一年齡人口,內政部戶政司;村里界圖(TWD97_121分帶),內政部國土測繪中心

台灣人口主要分布於西部

馬祖列島
(連江縣)

金門列島

馬祖列島
(連江縣)

往上海、日本

福州

平潭

人口密度
每平方公里人數

■ 少於25人
■ 25~50人
■ 50~100人
■ 100~250人
■ 250~500人
■ 500~1,000人
■ 1,000~2,500人
■ 2,500~5,000人
■ 5,000~10,000人
■ 10,000~25,000人
■ 25,000~50,000人
■ 多於50,000人

中華人民
共和國

基隆市
桃園空港
台北市
桃園市 新北市
新竹市
新竹縣
宜蘭縣 南方澳
苗栗縣
台中市
仁愛鄉
花蓮縣 花蓮市
彰化市
台灣
彰化縣
南投縣
雲林縣
嘉義市
嘉義縣
台南市
台東縣
高雄市
屏東縣
屏東市
台東市 綠島
高雄港區

澎湖群島

綠島

蘭嶼

廈門 金門縣 ← 金門本島

澎湖
國家
風景
區

馬公市
澎湖群島

太平洋

南海

呂宋海峽

台灣與中國的貿易往來演變 (不含香港)
單位:億美元

■ 出口額
■ 進口額

往波灣國家、歐洲

1,259億
1,024億

1,000
900
800
700
600
500
400
300
200
100
0

1990-1996 97 98 99 00 01 02 03 04 05 06 07 08 09 10 11 12 13 14 15 16 17 18 19 20 21

50 km

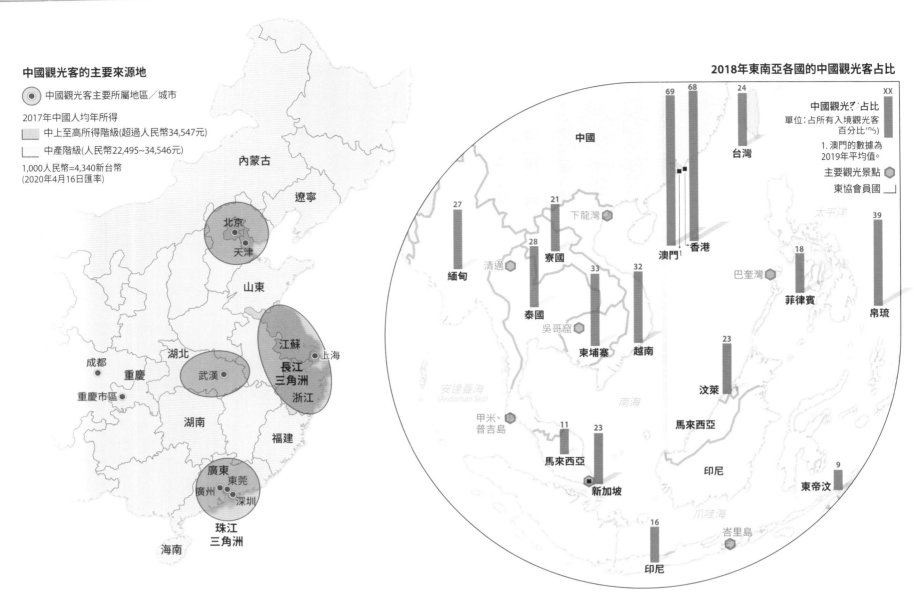

中國觀光客的主要來源地

● 中國觀光客主要所屬地區／城市

2017年中國人均年所得
中上至高所得階級(超過人民幣34,547元)
中產階級(人民幣22,495~34,546元)

1,000人民幣=4,340新台幣
(2020年4月16日匯率)

2018年東南亞各國的中國觀光客占比

中國觀光客占比
單位:占所有入境觀光客
百分比(%)

1. 澳門的數據為
2019年平均值。

主要觀光景點
東協會員國

COVID-19大流行:
疫情燒掉東南亞592億人民幣?

歷經法越戰爭(1946～1954年)與越戰(1961～1975年)之後,東南亞這片擁有深厚文化與豐饒資源的土地,從征戰之地變成了觀光熱區。1970年代,美國人和歐洲人開始來此旅遊,接著日本人也加入觀光行列。進入二十一世紀後,以中國人為主的亞洲遊客也紛紛來到東南亞,使當地觀光業蓬勃發展。然而,2019年底,從中國傳出的COVID-19在全球大流行,導致這座觀光搖錢樹大為萎縮。

越南下龍灣(Ha Long Bay)、柬埔寨吳哥窟、菲律賓愛妮島巴奎灣(Bacuit)的白沙海灘與碧藍海水、印尼峇里島的稻田……東南亞對中國遊客的吸引力在於距離很近,語言隔閡既不構成問題,又能體驗極為不同的異國風情,從69%的中國旅客會在東南亞國家待上5～7天即可見一斑。他們最主要的目的是跟著一開始就知道團費價格的旅行團,好好放鬆一下,忘卻忙碌的都市生活。到東南亞自由行的中國人相對較少,2017年僅有21%屬於自由行,跟團旅客則占47%。此外,如果參加旅行團,還可以達成出國一趟玩2～3個國家的目的。

中國:全世界最大的觀光客輸出國

2018年,踏入東南亞國家協會(Association of Southeast Asian Nations,ASEAN,以下簡稱東協)成員國大門的1億3,526萬旅客中,有36.7%來自東協內部,而來自中國的旅客則獨占21.5%,且人數也有顯著的成長。2016年入境東協國家的中國旅客為2,030萬人次,2017年為2,528萬人次,2018年則為2,911萬人次。北京政府樂見國民前往東協國家旅遊,因為這能讓中國獲得外交與政治上的有力槓桿。2019年4月,第二屆新絲路論壇在中國首都舉行,由此便可一窺在聯合國從旁支持下,中國在東南亞的發展計畫。

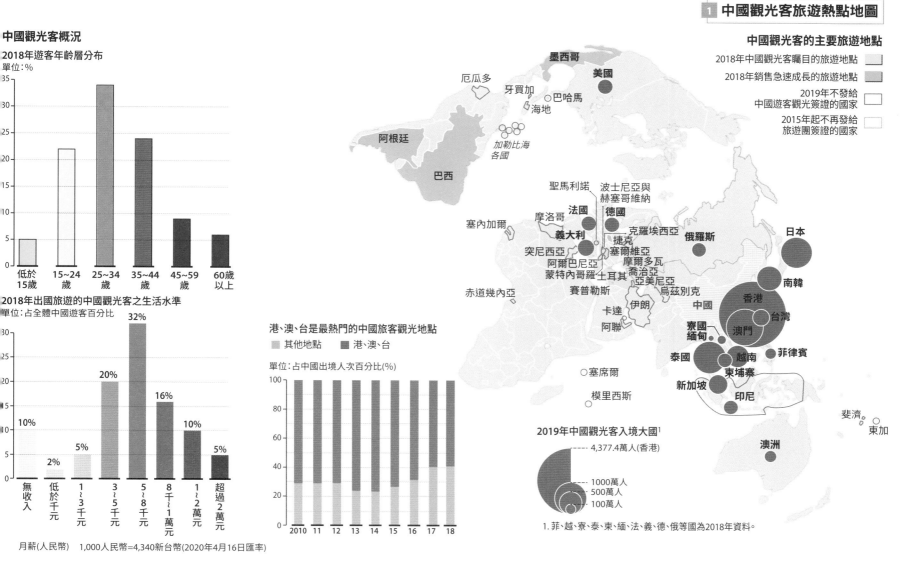

中國觀光客概況

2018年遊客年齡層分布
單位：%

低於15歲 / 15~24歲 / 25~34歲 / 35~44歲 / 45~59歲 / 60歲以上

2018年出國旅遊的中國觀光客之生活水準
單位：占全體中國遊客百分比

10%、2%、5%、20%、32%、16%、10%、5%

無收入 / 低於千元 / 1~3千元 / 3~5千元 / 5~8千元 / 8千~1萬元 / 1~2萬元 / 超過2萬元

月薪（人民幣）　1,000人民幣=4,340新台幣（2020年4月16日匯率）

港、澳、台是最熱門的中國旅客觀光地點
■ 其他地點　■ 港、澳、台
單位：占中國出境人次百分比(%)

2010 11 12 13 14 15 16 17 18

資料來源：*Rédaction de Carto, avril 2020 ; Asian Development Bank, The Economic Impact of the COVID-19 Outbreak on Developing Asia, ADB Briefs, n° 128, 5 mars 2020 ; Wikipedia, Chinese ¨passport, avril 2020 ; World Tourism Organization et China Tourism Academy, Guidelines for Success in the Chinese Outbound Tourism Market, 2019 ; China Statistical Yearbook 2018*

1 中國觀光客旅遊熱點地圖
中國觀光客的主要旅遊地點
- 2018年中國觀光客矚目的旅遊地點
- 2018年銷售急速成長的旅遊地點
- 2019年不發給中國遊客觀光簽證的國家
- 2015年起不再發給旅遊團簽證的國家

2019年中國觀光客入境大國[1]
- 4,377.4萬人（香港）
- 1000萬人
- 500萬人
- 100萬人

1. 菲、越、寮、泰、柬、緬、法、義、德、俄等國為2018年資料。

Carto n° 59, 2020 © Areion/Capri

2017～2018年間，亞洲國家是中國人的旅遊首選，有多達61.25%的中國旅客到訪，略勝於歐洲的占比（60.6%）。隨著COVID-19在全球大流行，東南亞的經濟遭受嚴重威脅，因為中國政府暫時禁止旅行團出團，也建議人民不要出國。雖然過去曾發生的兩波大規模傳染病流行（2002～2003年的SARS，以及2009年的H1N1）亦對東南亞經濟造成衝擊，然而，2020年的衝擊恐怕異常劇烈，因為過去十年間，中國遊客已成為全球觀光客的主力。事實上，中國已是全世界最大的觀光客輸出國，例如2019年，中國有1億4,970萬人出國旅遊，遠高於德國的1億850萬人與美國的9,260萬人。

如同外界的印象，47%的中國觀光客認為出國最重要的就是購物。數據也證實熱愛購物的中國人出手最為大方，光是中國人的消費就占2018年全球觀光支出的20%，其基本花費平均為1,850美元。他們偏好的目的地多在亞洲，如香港、澳門、台灣、泰國、南韓、日本和越南。如果不將港澳台等「領土的一部分」計算在內，則泰國是中國觀光客的最愛（參見圖1）。

592億人民幣就此蒸發不見

經濟風險足以解釋東協國家為何在發布SARS-CoV-2（新型冠狀病毒）感染率時如此小心翼翼，然而，許多東協國家與中國（即COVID-19發源地）接壤，且多數國家不是公衛體系簡陋，就是十分匱乏，而生活在貧窮線以下的病患出現流感症狀時也不會就醫。在這樣的情形下，泰國遲至2020年3月26日才宣布進入公衛緊急狀態，並禁止外國人入境，與寮國、柬埔寨、馬來西亞之間的陸路邊境檢查站也宣布關閉，僅允許貨車通行。此外，入境者必須持有工作許可與「適航證明」（Fit to Fly Certificate，亦即依規定進行PCR檢測為陰性），才能入境泰國。

美國哈佛大學流行病動態研究中心（Center for Communicable Disease Dynamics）表示，從統計數字來看，東南亞在2020年3月的感染率不可能如此之低，僅有少量病例。由於在經濟層面影響甚鉅，對印尼、泰國與柬埔寨政府提供的疫情相關數字需抱持高度懷疑，這些國家深知如果少了中國遊客，各個觀光景點便會空無一人。以泰國為例，失去中國觀光客將造成75億歐元（約人民幣592億、台幣2,522億）的經濟損失。就在泰國宣布進入緊急狀態數週後，2020年4月17日，東南亞的確診人數即一飛沖天，印尼達5,516例，泰國達2,700例，柬埔寨則達122例[1]。

文 ● E. Galland

❶編注：據世界衛生組織統計，截至2022年5月20日止，東南亞確診數近5,806萬。

菲律賓：中國非法移工進軍博弈產業

大批在博弈產業工作的中國人移入馬尼拉，此一現象在當地引發各種質疑，而在「建設、建設、再建設」（Build, Build, Build）計畫之下，中國與菲律賓之間的外交和經貿關係日益緊密，更加深人們的疑慮。不可否認，中國移工帶來經濟收益，但也導致許多紛擾。

1 馬尼拉新博弈天堂(2019年12月)

MALABON
NAVOTAS
CALOOCAN
QUEZON CITY
馬尼拉
馬尼拉灣
岷倫洛區
（歷史悠久的中國城）
SAN JUAN
MADALUYONG
PASIG
聖安東尼奧
馬加智
PATEROS
PASAY
SM亞洲購物中心
(SM Mall of Asia)
為亞洲最大的
購物中心之一
新濠天地
晨麗
馬尼拉雲頂世界
TAGUIG
岡田
Pearl Plaza
線上代理
投注平台
馬尼拉
國際機場
PARAÑAQUE

馬尼拉
菲律賓

圖例：
— 主要幹道
— 次要幹道
— 道路
— 大馬尼拉（馬尼拉都會區）範圍
— 市鎮分界
軍事用地
房屋已被拆除或即將拆除的區域
工業區
購物／商業／娛樂區
地鐵與購物中心共構
商業中心區
熱門購物中心區
商場及辦公大樓密集區

博弈產業
主要娛樂城（Entertainment City，結合賭場及娛樂設施的場所）
娛樂城建設計畫
線上博弈平台
在賭場或客服中心工作的中國勞工宿舍區

1 km

底圖來源：OpenStreetMap, décembre 2019
資料來源：Catherine Guéguen, décembre 2019；
Rédaction de Carto, décembre 2019
Carto n° 57, 2020 © Areion/Capri

菲國博弈產業集中在馬尼拉灣一帶，僱用近 20 萬中國勞工。這些中國勞工的移動與澳門博弈產業衰退並轉向菲律賓有關，由於中國禁止代理投注，中國博弈業者便紛紛轉移到這類行業存在已久的菲律賓。

由國家做莊的賭博新天堂

菲國博弈產業的背後存在一個國營機構，亦即成立於 1976 年的菲律賓娛樂博彩公司（Philippine Amusement and Gaming Corporation, PAGCOR）。這間公司完全由政府經營，由菲律賓總統府直接指揮，其職責為管控、核准及發放經營牌戲賭博、彩票賭博及賭場之執照。博弈產業所得將挹注於社會基金，以促進國家發展，而菲律賓娛樂博彩公司也必須協助推廣這個群島國家的觀光業。然而，自 2008 年起，政府允許外國博弈公司來菲投資，菲律賓娛樂博彩公司不再壟斷產業，但依舊負責核發許可。馬尼拉自此登上國際博弈界的舞台，試圖與澳門、馬來西亞、新加坡，甚至是拉斯維加斯及澳洲競爭。2017 年 6 月，菲律賓娛樂博彩公司的職權擴大，從此得以與外國企業簽訂合資夥伴協議。對當時的菲國經濟來說，這項政策無疑開啟一條獲利之路，因為博弈產業的所得在 2012 年還只有 19 億美元（參見圖 2），到了 2018 年卻已提升至 35 億美元。

馬尼拉灣的賭場愈來愈多，代表 2000 年代初期推動的計畫已有所成。這一帶共有四家大型複合式賭場，包括新濠天地（City of Dreams）、岡田（Okada）、晨麗（Solaire）與馬尼拉雲頂世界（Resorts World Manila，參見圖 1）。隨著博弈型態推陳出新、線上博弈出現，新的博弈公司也紛紛成立，而龐大的空間需求也導致馬加智（Makati，馬尼拉大都會中心商業區）的市郊地帶開始大興土木。舉例來說，位在聖安東尼奧巴朗蓋❶（Barangay San Antonio）的「Techzone 大樓」便是中國年輕移工的生活重心。由於賭場員工也會住在工作地點附近，一些小型中國城便逐漸成形，而在機場周邊的購物商場也開始轉型，如 Pearl Plaza 就是一例。隨著賭場群落在此蓬勃發展，整個大都會區的購物中心或商辦空間都可能為博弈產業所用。

「相輔相成」的經濟力與犯罪率

由於無法在當地找到會說華語的員工，菲國轉而從中國招

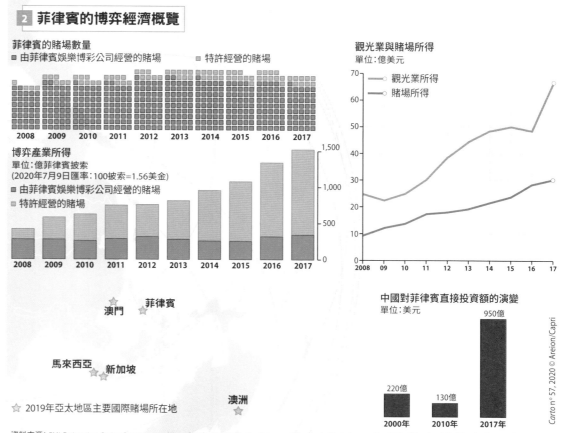

2 菲律賓的博弈經濟概覽

菲律賓的賭場數量
■ 由菲律賓娛樂博彩公司經營的賭場　■ 特許經營的賭場
2008 2009 2010 2011 2012 2013 2014 2015 2016 2017

博弈產業所得
單位：億菲律賓披索
（2020年7月9日匯率：100披索＝1.56美金）
■ 由菲律賓娛樂博彩公司經營的賭場
■ 特許經營的賭場
2008 2009 2010 2011 2012 2013 2014 2015 2016 2017

觀光業與賭場所得
單位：億美元
—— 觀光業所得
—— 賭場所得
2008 09 10 11 12 13 14 15 16 17

澳門　菲律賓
馬來西亞　新加坡
澳洲
☆ 2019年亞太地區主要國際賭場所在地

中國對菲律賓直接投資額的演變
單位：美元
220億 2000年
130億 2010年
950億 2017年

資料來源：FMI, Estimating Casino Revenues and Transfers for the Philippine Balance of Payments Statistics, octobre 2018 ; China Statistical Yearbook 2018, décembre 2019

Carton n° 57, 2020 © Areion/Capri

募人力，掀起一股移工潮。中國人前往菲律賓的動能，主要是基於2005年成立的「東協加三」（即東協十國加上日本、南韓、中國）合作機制，該機制讓中國國民可在入境東協成員國時取得 30 日觀光簽證，並在境內自由移動。2018 年，以觀光簽證入境菲國的中國人即多達 120 萬人次。不過，鑽簽證漏洞的情形十分常見，而且一些位在菲律賓的仲介商會打著「保證薪資優渥」的口號，從中國大學生中招募博弈產業員工。此外，這些中國受僱者理應取得外國人工作許可，但如此一來，雇主就得向政府納稅。為減少博弈產業的非法勞動情形，自 2018 年 8 月起，菲國政府開始加強對勞動部門與稅務部門的稽查。

非法勞動的問題引發不少風波，例如 2018 年 8 月，《新京報》指出，中國勞工在線上賭博平台的勞動條件值得高度關注，並將博弈產業與奴隸制度相比。隔年則有菲國議員批評博弈產業不應出現在菲律賓戰略區域，這些民意代表要求關閉上述事業單位並加以限制，甚至要求只能在指定區域內經營博弈事業，以方便管控。菲國政府則提醒他們，博弈產業可以帶動國家經濟，更可活絡馬尼拉大都會區的產業活動。不過，隨著博弈產業「進口」的，還有非法產業與犯罪活動（性交易網絡、毆打傷害等），導致菲國當局為了阻止這些非法活動而疲於奔命。

文 • C. Guéguen

❶ 編注：巴朗蓋為菲律賓最基層的行政區，類似台灣的里。

泰國軍政府：打著公民的旗幟踐踏民權

2019 年 3 月 24 日，泰國舉行自 2014 年軍事政變後的首次國會選舉，大多數泰國人對軍方投下信任票，因此軍方在政界的門面「公民力量黨」（Palang Pracharat）奪下了 23.73% 的支持率與 116 席（共 500 席）。而曾經執政的「為泰黨」（Pheu Thai）雖然取得 137 席，勢力依然強大，但也輸掉了 128 席，其中大多數（80 席）落入新成立的「未來前進黨」（Future Forward）❶手中。此次投票結果讓泰國陷入更嚴重的社會分裂。

◉基本資料

正式國名
泰王國

國家元首
泰王拉瑪十世
（Rama X，2016年
即位）

面積
513,120平方公里
（世界排名第52位）

官方語言
泰語

首都
曼谷

2020 年人口
6,980萬人

人口密度
每平方公里136人

貨幣
泰銖（THB）

歷史
泰國歷史悠久，前身為暹羅，自1932年起為君主立憲國家。惟國王、軍隊與平民政府之間難以保持權力平衡，導致屢屢發生軍事政變，最近一次發生於2014年。在1946年即位的泰王拉瑪九世於2016年10月逝世，由其子拉瑪十世繼位。

2020 年人均 GDP
（以購買力平價計算）
18,236美元

2019 年人類發展指數（HDI）
0.777（排名第79名）

1932 年，在軍方的施壓下，擁有絕對權威的王室被迫制定泰國第一部憲法。六十年後的 1992 年 5 月，歷經多次示威與強力鎮壓後，軍方再次強迫王室與平民政府分享權力，而平民政府的領導者則是國會選舉多數黨推出的總理。2001 年，泰愛泰黨（Thai Rak Thai）的創始人塔信（Thaksin Shinawatra）就是因此而成為總理。剛勝選時，他曾推出一個社會安全計畫，試圖緩解 1997 年以來東南亞金融風暴造成的社會衝擊，然而，塔信最後卻因為自己建立的貪汙網絡而垮台。反對人士不滿他違法亂紀，為此成立人民民主聯盟（People's Alliance for Democracy），亦即黃衫軍；而為了對抗黃衫軍，支持塔信的力量也集結為「紅衫軍」（參見圖1）。

遙控政權，揮之不去的塔信陰影

2006 年，軍方再度掌握政權，不過選舉仍照常舉辦，而即使塔信本人已被判多項罪行而流亡海外，塔信創立的新政黨「為泰黨」依然屢屢大勝。2014 年 5 月 22 日，軍方發動自 1932 年以來的第十二次政變，成功取得國家大權，陸軍司令巴育將軍（Prayut Chan-ocha）成為總理。巴育在泰國人民眼中如同安定的保證，因為 2006 ～ 2014 年間，看著八位總理來來去去，人民已不堪其擾。

從 2019 年 3 月 24 日的選舉結果即可看出，由軍人組成的公民力量黨，其主要對手始終是由塔信遙控的為泰黨。即使 40 多歲、身價數百萬的富豪企業家塔納通（Thanathorn Juangroongruangkit）與年輕大學教授比亞卜（Piyabutr Saengkanokkul）創立並領導的未來前進黨打進了國會，也未能動搖此一態勢。未來前進黨是受到法國政黨「不屈法國」（La France insoumise）的啟發而

成立，他們希望能結束軍人執政，因此吸引了不少年輕族群。

那麼，在軍人執政五年之後，成果又是如何？經濟方面，巴育原本希望泰國能成為真正的數位中心，打算利用曼谷位在東南亞經濟廊道中央的優點來鞏固泰國的區域勢力，並啟動大型交通基礎建設計畫。不過這些政策都沒有成功，導致泰國的發展停滯不前。根據世界銀行的統計，泰國的經濟成長正在走下坡，由 2018 年的 4.1% 衰退到 2019 年的 2.4%。更重要的是，瑞士信貸銀行（Credit Suisse）的資料顯示，泰國已成為全世界貧富差距最大的國家，超越俄羅斯與土耳其（2018 年，泰國最富有的前 1% 人口〔約 50 萬人〕擁有全國 67% 的財富）。而在政治方面，反對聲音遭到長期壓制，根據人權觀察組織（Human Rights Watch）的統計，在巴育政權下，近 90 名記者與部落客被指控犯下叛國罪，約有 1,800 位民眾遭軍事法庭起訴。

1 泰國政經概況一覽

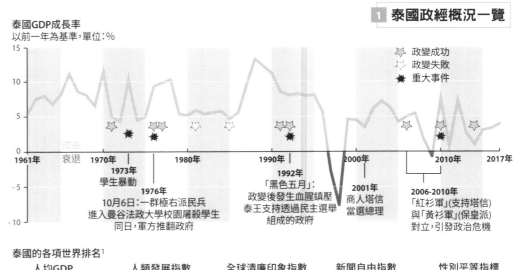

泰國GDP成長率
以前一年為基準，單位：%

政變成功
政變失敗
重大事件

1961年　衰退　1970年　1980年　1990年　2000年　2010年　2017年

1973年 學生暴動
1976年 10月6日：一群極右派民兵進入曼谷法政大學校園殘殺學生同日，軍方推翻政府
1992年「黑色五月」：政變後發生血腥鎮壓 泰王支持透過民主選舉組成的政府
2001年 商人塔信當選總理
2006-2010年「紅衫軍」（支持塔信）與「黃衫軍」（保皇派）對立，引發政治危機

泰國的各項世界排名[1]

人均GDP 以購買力平價計算（單位：美元）2018年	人類發展指數（HDI）2018年	全球清廉印象指數（Corruption Perception Index，CPI）2018年	新聞自由指數（Press Freedom Index）2018年	性別平等指標（Gender Equality Index）2018年
第73名 (19,228元)	第77名	第99名	第140名	第107名
總計189國	總計189國	總計180國	總計180國	總計187國

1. 編注：泰國2020年人均GDP為18,236美元，排行第88位（共238國）；2019年HDI排行第79位（共189國）；2021年CPI排行第110位、新聞自由指數排行第137位（共180國）。

資料來源：*Banque mondiale, 2019 ; Le Monde, 2019 ; Transparency International, 2019 ; PNUD, 2019 ; Reporters sans frontières, 2019 ; Asialyst.com, 2017*

Carto nº 53, 2019 © Areion/Capri

保證軍方掌權，弔詭的不平等選舉

　　巴育一上台便承諾將籌備選舉，而選舉也確實舉行了，只是許多執行方式都有利於當政者。2016 年，軍政府透過公投通過新的憲法，可依其所好控制政府組織。根據新憲法規定，參議院的 250 個席次由軍政府提名組成的委員會指定，而眾議院的 500 位議員則由一套複雜的選舉制度決定。此外，總理人選必須獲得超過半數國會議員的同意，亦即至少 376 票。換句話說，不同於以往，公民力量黨只需要取得 126 席即可控制整個國家，至於其他政黨組織（有資格參選的共 77 個），包括身為最大在野黨的為泰黨，則需要取得 376 席才能組閣。反對派之所以會在 2019 年 3 月 27 日成立由為泰黨領導的反軍政府聯盟，原因便在於此。

　　2019 年 6 月，巴育終於經由國會被推上總理大位，內閣也多數由軍人、特別是將軍所把持。2016 年即位的泰王拉瑪十世（Rama X），則於 2019 年 5 月正式加冕。這位國王始終不受人民愛戴，與活躍於政商界的軍方人士亦來往密切。COVID-19 疫情爆發之後，泰王甚至逃往德國，這雖然有損其聲譽，但卻無法撼動其地位，畢竟法律禁止人民批評王室。

　　今日泰國仍然是一個政治分裂的王國，一邊是民主派，集結眾多知識分子、北方與東北方的弱勢農民，以及部分都市年輕人；另一邊則是菁英派，集結保皇派、軍人與主要來自南部的大企業家（參見圖 2）。

文 ● N. Petitjean

❶ 編注：2020 年 2 月 21 日，未來前進黨遭泰國憲法法院裁定違反政黨法而遭到解散。

地圖標示

金三角
清萊 (Chiang Rai)
Ban Mai Nai Soi
Ban Mae Surin
清邁 (Chiang Mai)
Mae Rà Ma Luang
Lampang
Mae La Oon
Mae La
泰國最大的難民營：2019年3月共收容35,433人
往仰光
Umpiem
素可泰歷史遺蹟公園與古城
素可泰 (Sukhothai)
Phitsanulok
北部地區
緬甸
Nu Po
Ban Don Yang
Nakhon Sawan
泰國
Thung Yai-Huai Kha Khaeng 野生動物保護區
中部地區
大城歷史遺跡公園
大城 (Ayutthaya)
北碧 (Kanchanaburi)
Tham Hin
安達曼海
Ratchaburi
曼谷
Chonburi
Si Racha
Rayong
泰國灣
往中國
永珍 (Vientiane)
Nong Khai
Udon Thani
班清考古遺址 (Ban Chiang Archaeological Site)
東北部 (ISAN地區)
Khon Kaen
Nakhon Ratchasima
Ubon Ratchathani
東巴耶延山森林保護區 考艾山 (Dong Phayayen-Khao Yai Forest Complex)
素林 (Surin)
往 Siem Reap
越南
寮國
柬埔寨

龜島 (Ko Tao)
蘇美島 (Ko Samui)
克拉地峽 (Kra Isthmus)
Surat Thani
南部地區
Nakhon Si Thammarat
攀牙灣 (Phang Nga Bay)
甲米 (Krabi)
普吉島 (Phuket)
披披島 (Ko Phi Phi)
Trang
麗貝島 (Ko Lipe)
Hat Yai
北大年
Yala
往吉隆坡
Pasir Mas
往吉隆坡
馬來西亞
印尼
馬六甲海峽

圖例

泰國的貿易夥伴
2017年進口額與出口額，單位：億美元

進口額	出口額
中國	中國
美國	日本
日本	新加坡
馬來西亞	香港
香港	馬來西亞

國界 ——　　府界
地區分界 ····　　主要道路 ——
　　　　　　　鐵路 ┼┼┼

2015年人口密度
每平方公里人數
0 ———— 500

區域地緣政治
克拉運河(Kra Canal)未來的可能路線 ·····
東協成員國　馬來西亞
中國「一帶一路」相關基礎建設(現有或計畫中) ▬
主要海運航線

泰國內部矛盾
2019年忠於為泰黨的地區（該黨由自由派的民粹主義者塔信創立）☐
2019年3月緬甸難民營所在地 ⛺

農業
各府稻米產量
2017~2018年度收成
超過100萬頓 ▬　10~49.9萬頓
50~100萬頓 ▬　0~9.9萬頓

觀光業
主要觀光景點
2019年列入聯合國教科文組織世界遺產的景點
國際機場 ✈

外國觀光客的來源地
2018年曼谷兩座機場的各國入境人數占比

中國 58 % (320萬人)
其他 24 %
日本 3 %
南韓 4 %
印度 5 %
越南 6 %

Carto n° 53, 2019 © Areion/Capri

資料來源：UNESCO, 2019；UNHCR, 2019；ASEAN, 2019；Wikipedia, 2019 Thai general election, 2019；Bureau national de la statistique thaïlandaise, Key statistical data, 2019；Association of Thai Travel Agents, 2019；Le Monde, 2019；MIT Media Lab, The Observatory of Economic Complexity, 2019；flightradar.com, 2019；routard.com, 2019；Pithaya Pookaman, Thailand's Kra Canal: Economic and Geopolitical Implications, AsiaSentinel.com, juillet 2018；Mercator Institute for China Studies, Mapping the Belt and Road initiative : this is where we stand, juin 2018；Commission européenne, Global Human Settlement, 2015

0 ———— 100 km

Sulawes
(Célèbes

錫江 •
(Makassar)

Salay

Tanahjamp

東帝汶：
石油國來叩門，東協大門為何不開？

東帝汶自 2011 年起便申請加入東協，但至今仍未成為會員國。即使 2019 年 11 月初的第 35 屆東協高峰會所發表的宣言為東帝汶帶來希望，種種阻力依然未能消除。所幸，東帝汶擁有豐富的碳氫化合物資源，可作為該國經濟發展的後盾。

茼里島
(Bali)

Raba •

Denpasar •   • Taliwang

Sumbawa

Karuni •

Sumba

◎ **基本資料**

正式國名
東帝汶民主共和國

國家元首
古特雷斯(Francisco Guterres，2017年就任總統)

面積
14,874平方公里(世界排名第160位)

官方語言
葡萄牙語、德頓語 (Tetum)

首都
帝利

2021 年人口
136萬人

人口密度
每平方公里91人

貨幣
美元

歷史
東帝汶自1596年起受葡萄牙統治近400年，期間島嶼西部曾於1859年被割讓給荷蘭。二戰時短暫被日本占領，而後又於1945年重新成為葡萄牙殖民地，與此同時，印尼則走向獨立。東帝汶與雅加達當局之間衝突日深，最後於1975年遭印尼出兵入侵，戰爭持續至1999年舉行公投，東帝汶取得主權獨立為止。

2020 年人均 GDP
(以購買力平價計算)
4,141美金

2019 年人類發展指數 (HDI)
0.606
(排名第141名)

東帝汶加入東協不是「能不能」的問題，而是「早或晚」的問題。對這個年輕的國家而言(東帝汶於1999 年舉行公投，並在 2002 年正式宣布獨立)，東協同意其加入是很合理的，不僅是基於地理位置、與鄰國文化相近、政府態度積極等因素，從環境、教育、移民、打擊非法捕撈到經濟整合等議題，東協的工作重點也與東帝汶有關。加入東協之後，東帝汶將可參與關於區域議題的集體行動。

積極結交盟友的外交能手

雖然動作積極，但加入東協對東帝汶來說並非危及生死存亡的問題，因為他們一直持續耕耘與不同國家及地區的關係。該國的主要經濟發展夥伴為澳洲、歐盟、日本和葡萄牙，與太平洋地區的國家也透過許多共同關心事務建立起特殊的連結，尤其是環境議題。此外，由於殖民歷史的因素，東帝汶也是「葡萄牙語國家共同體」(Community of Portuguese Language Countries, CPLP)的成員。同時，東帝汶還發起了「G7+」計畫，這個組織聯合了20 個脆弱國家，於 2010 年成立，總部就設於東帝汶首都帝利(Dili)。不僅如此，中國與東帝汶的往來也愈見頻繁。

即使經濟發展並不在東協規定的四項入會標準之列，國家的經濟體質仍被各會員國視為關鍵要項。東協屢屢以經濟發展落差為由，遲遲不讓東帝汶加入，但是東帝汶其實擁有豐富的碳氫化合物資源，尤其是在帝汶海。該國於 2005 年成立的石油基金，到了 2019 年時價值已高達 160 億美元。雖然有預測指出，白玉溫丹油田(Bayu-Undan)，亦即東帝汶獨立以來主要的石油收入來源，將於 2022 年左右耗盡，但人們更關心的是尚未開採的外海礦藏(主要為天然氣)，亦即大日出油田(Greater Sunrise field，參見圖1)。

澳洲向來是東帝汶石油開採的主要夥伴，而兩國之所以能在 2018 年簽訂海上邊界協議，便是奠基於雙方為共同開採這座價值估計達 400 億美元的龐大礦藏所達成的新協定之上。不過，為了維護開採石油資源的主導權，東帝汶政府收購康菲石油公司(ConocoPhillips)與殼牌集團(Shell)的股份，自 2018 年起成為開發財團的大股東。此外，由於澳洲對大日出油田的發展方式提出種種要求，中國也有機會躍升為東帝汶的優先合作夥伴。

東帝汶的國家預算主要來自石油收入，因此政府也不得不視經濟多角化發展為首要任務之一，而且該國並不仰賴國際援助，外援在其總預算中占比極低。可即使東帝汶的人均 GDP 高於緬甸、柬埔寨、寮國與越南，該國生活在貧窮線以下的人口比例依然十分驚人(2016 年達到 30%)。

東南亞的民主模範生

東帝汶的政治相當穩定，根據經濟學人集團(The Economist Group)於 2018 年公布的全球民主指數，東帝汶在東南亞國家中名列前茅(參見圖2)，但這未必真的能為它在該區域帶來好處。與此同時，東帝汶與印尼付出極大的努力，希望兩國能修復關係並邁入正常化。歷史淵源讓兩國社會原就十分相似，在血緣、尤其是語言上也很相近，除此之外，從醫療到教育，乃至國防，兩國在各個領域都經常展開合作。東帝汶市場上的消費性商品極大一部分來自印尼，首都帝利擁有超過 50 家印尼企業(包含電信業、銀行業、營造業)。此外，東帝汶向東協提出入會申請的那一年(2011 年)，主席國就是印尼。

從提出申請的那一天起，東帝汶就在各個東協會員國設立大使館，外交與合作部部長也定期至各國拜會，種種作為都有利於東帝汶入會。然而，在 2019 年 10 月，普拉伯沃(Prabowo Subianto)受提名為印尼的國防部長，他曾被指控在印尼占領東帝汶時期(1975 ～ 1999 年)犯下種種迫害行為。此事不僅再度揭開東帝汶痛苦的歷史記憶，也可能對該國加入東協有所不利。

文 • C. Cabasset

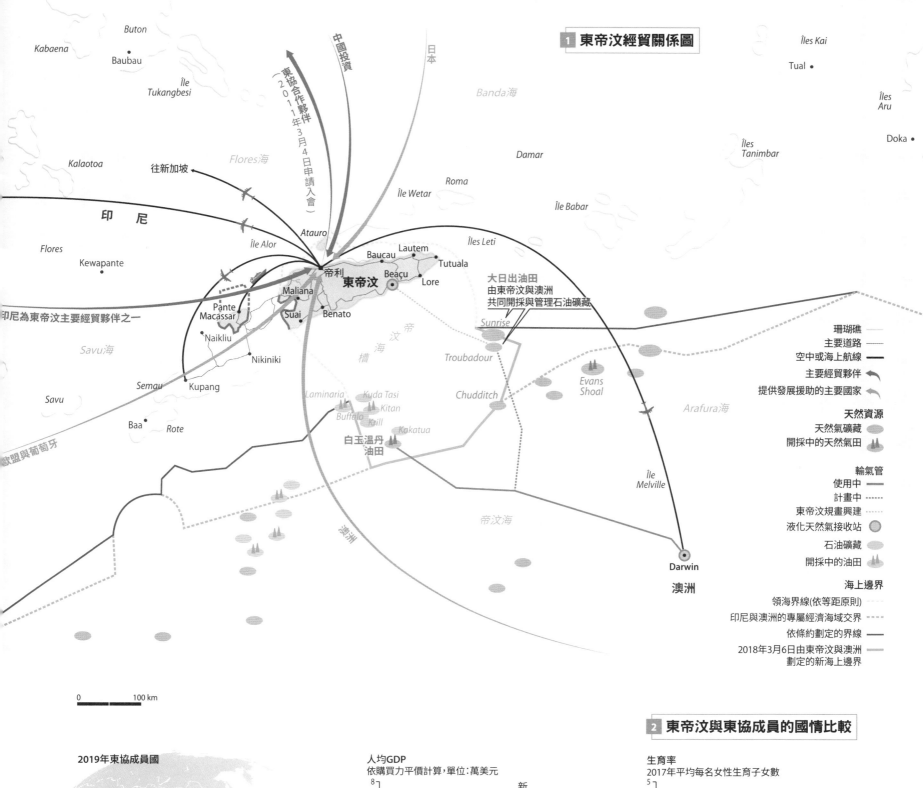

1 東帝汶經貿關係圖

Buton
Kabaena
Baubau
Île Tukangbesi
Banda 海
Îles Kai
Tual ●
Îles Aru
Doka ●
Îles Tanimbar

中國投資
日本
東協合作夥伴
（2011年3月4日申請入會）

往新加坡

Kalaotoa
Flores 海
Damar
Roma
Île Wetar
Île Babar
Îles Leti

印尼

Flores
Kewapante
Île Alor
Ataúro
Lautem
Baucau
Tutuala
Beaçu Lore
帝利 東帝汶
Maliana
Pante Macassar
Suai Benato
Naikliu
Nikiniki
Kupang

印尼為東帝汶主要經貿夥伴之一

歐盟與葡萄牙

Savu 海
Savu
Baa Rote
Semau

大日出油田
由東帝汶與澳洲
共同開採與管理石油礦藏

Sunrise
汶帝槽
海
Troubadour
Laminaria Kuda Tasi
Buffalo Kitan
Krill
Chudditch
Kakatua
白玉溫丹油田

Evans Shoal
Arafura 海

帝汶海

Île Melville

Darwin
澳洲

珊瑚礁 ──
主要道路 ──
空中或海上航線 ━━
主要經貿夥伴 ↘
提供發展援助的主要國家 ↘

天然資源
天然氣礦藏 ◯
開採中的天然氣田 ⛰

輸氣管
使用中 ──
計畫中 ┄┄
東帝汶規畫興建 ┄┄
液化天然氣接收站 ◎
石油礦藏 ◯
開採中的油田 ⛏

海上邊界
領海界線(依等距原則) ┄┄
印尼與澳洲的專屬經濟海域交界 ┄┄
依條約劃定的界線 ──
2018年3月6日由東帝汶與澳洲劃定的新海上邊界 ━━

0 ——— 100 km

2019年東協成員國

緬甸
泰國 越南 寮國
柬埔寨 菲律賓
汶萊
馬來西亞
新加坡
印尼

資料來源：*Christine Cabasset, Timor-Leste. Une démocratie qui s'affirme, une impasse politique qui se prolonge, L'Asie du Sud-Est 2019, IRASEC ; The Economist Group, 2019 ; Maritime Boundary Office, Timor-leste's Historic Conciliation on Maritime Boundaries in the Timor Sea, 30 août 2018 ; SCMP, « East Timor wants to tap oil and gas near Australia, so why is it courting China? », 3 août 2019 ; www.timorgap.com, 2019 ; www.laohamutuk.org, 2019 ; Banque mondiale, 2019 ; Didier Ortolland, Jean-Pierre Pirat, Atlas géopolitique des espaces maritimes, Technip, 2010*

2 東帝汶與東協成員的國情比較

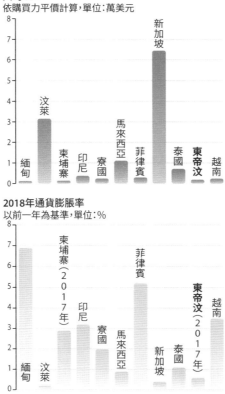

人均GDP
依購買力平價計算，單位：萬美元

汶萊
新加坡
緬甸 柬埔寨 印尼 寮國 馬來西亞 菲律賓 泰國 東帝汶 越南

生育率
2017年平均每名女性生育子女數

緬甸 汶萊 柬埔寨 印尼 寮國 馬來西亞 菲律賓 新加坡 泰國 東帝汶 越南

2018年通貨膨脹率
以前一年為基準，單位：%

柬埔寨(2017年)
菲律賓
印尼
寮國
緬甸 汶萊 馬來西亞 新加坡 泰國 東帝汶(2017年) 越南

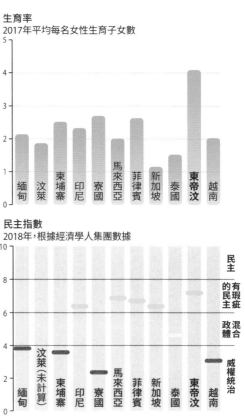

民主指數
2018年，根據經濟學人集團數據

10
民主
8
有瑕疵的民主政體
6
混合
4
威權統治
2
0

緬甸 汶萊(未計算) 柬埔寨 印尼 寮國 馬來西亞 菲律賓 新加坡 泰國 東帝汶 越南

AMERICAS
美洲篇

夏威夷珍珠港

珍珠港（Pearl Harbor）位於夏威夷歐胡島，鄰近首府檀香山，作為軍事基地的歷史十分悠久，自1899年至今已逾120年。圖中停泊的船艦為密蘇里戰艦（Missouri Battleship）。（©Shutterstock/ Ppictures）

魁北克：
加拿大唯一法語省為何舉足輕重？

2019 年 10 月 21 日舉行的加拿大聯邦大選中，追求主權獨立的魁北克政團（Bloc Québécois）繼 2011 年選舉失利後，終於重新在政治舞台上掙得一席之地。魁北克（Québec）與渥太華（Ottawa）當局的關係始終複雜難解，在加拿大各省中卻占有核心地位，其原因究竟為何？

在加拿大眾議院裡，只有一個黨心心念念著為全國十省中的一個省服務，那就是「魁北克政團」。2019 年 10 月，魁北克獨派人士重新在聯邦政治舞台上取得不容小覷的勢力，在眾議院分配給魁北克省的 78 席中拿下 32 席（總共 338 席，參見圖 1），成為眾議院第三大黨（前次選舉僅獲 10 席）。本次選舉結果突顯出加拿大唯一的法語省有其獨特之處，而該省在邦聯制度下的處境也相當複雜。

經濟移民帶來的成長與衰退

魁北克的重要性首先表現在經濟面。2019 年，魁北克的經濟表現居加拿大全國之冠，它是唯一 GDP 成長超過 2% 的省（2.6%），而全國 GDP 成長率為 1.7%。事實上，魁北克從 2017 年起便持續大幅成長，房地產市場活絡，失業率低（5% 左右），人口也相對年輕（2017 年生育率為平均每位婦女生育 1.54 名子女，多數人口低於 45 歲）。魁北克與加拿大的經濟發展密不可分，2015 年，魁北克超過 1/3 的出口商品是銷往其他省分，其中以出口安大略省（Ontario）為大宗（61%）。在國際貿易方面，有「美麗之省」（Belle Province）之稱的魁北克則與美國關係密切，2017 年外銷美國的商品占了 70%。此外，魁北克不僅第三部門❶與創新科技產業表現良好，礦業亦十分興盛。不過，這些經濟「依賴」也意味著「魁北克經濟奇蹟」必須打個折扣。

魁北克的人口活力是經濟繁榮的原因之一，2019 年人口數為 852 萬人，若與相鄰的安大略合計，兩省人口便占了全加拿大的 61.3%（官方數字為 3,779 萬人），GDP 則占全國 58%。然而，在 2017 年經濟大幅成長之前，魁北克的人口狀況其實相當棘手。移入人口讓魁北克的勞動年齡人口數再次成長，據統計，2017 年有 52,388 人移入此省，其中 57.8% 是經濟移民。中間偏右的勒格（François Legault，2018 年就任）領導的省政府預測，移入人口將會持續成長到 2022 年。儘管如此，對於魁北克而言，這並不是理想的人口狀況。2019 年，「美麗之省」的人口占全國 22.5%，但在 1971 年的占比則為 28%，換句話說，加國說法語的人口（此即魁北克最大的特點之一）減少了。2001 年，23% 的加拿大人以法語為母語，到了 2016 年卻降為 21.4%。雖然新移民是經濟成長的助力，但是移民也讓莫里哀（Molière，十七世紀法國劇作家）的名言錦句在魁北克愈來愈難聽見了。2001 ～ 2016 年間，以法語為母語的魁北克人口占比由 82% 下降為 79.1%。以魁北克省的經濟引擎蒙特婁（Montréal）為例，這個充滿魅力的國際性都市擁有 410 萬人口（指大蒙特婁都會區），然而如今當地只有不到一半的人口以法語為母語。

魁北克的「法式」堅持將把加拿大帶往何處？

長此以往，法語人口的萎縮將侵蝕魁北克獨特性的基礎，而政治活動上的獨特性也會受到動搖。2018 年 10 月的省級選舉中，獨派的魁人黨（Parti Québécois）再度失利，相較於 2014 年的 30 席、2012 年的 54 席，僅於 125 席中取得 9 席。而且此次選舉的主軸也不再是獨立議題，這可是四十年來前所未見。最終，魁人黨無人進入勒格的執政團隊。撇開這些不談，魁北克與其他省分之間始終有所隔閡，2019 年，魁北克通過一項政教分離法，導致聯邦政府與省政府之間陷入長期緊張。在這個以英美模式為主、更傾向自由主義的聯邦國家裡，魁北克是唯一希望採取「法式」政教分離原則❷的省分，由此，魁北克的孤立處境可想而知。

然而，魁北克是維繫整個聯邦的紐帶，對 1867 年獨立的加拿大而言，魁北克省與安大略省、新斯科細亞省（Nova Scotia）、新布藍茲維省（New Brunswick）是其誕生的搖籃，而正是這樣的魁北克，促使加拿大人不斷反思聯邦政府與各省之間的關係。2019 年 10 月的選舉也證明了這一點，由於握有 600 萬選民（全國共 2,610 萬人），魁北克有能力扭轉聯邦投票的結果。儘管「獨立與否」似乎不再是魁北克最重要的政治議題，但魁北克人與其他加拿大人成為同胞的基礎何在，對於構築加拿大這個國家依然至關重要。

文 ● J. Denieulle

❶ 編注：泛指非政府組織（NGO）與非營利組織（NPO）。
❷ 編注：法國為對抗天主教勢力干預，1905 年起實行政教分離（laïcité），禁止個人在醫院、學校等公共場合配戴宗教象徵物。

◎基本資料

加拿大

國家元首
女王伊莉莎白二世
（Elizabeth II，1952年登基）

總理
杜魯道
（Justin Trudeau，2015年就任）

面積
9,984,670平方公里
（世界排名第2位）

首都
渥太華（Ottawa）

2021 年人口
3,843萬人

人口密度
每平方公里4人

貨幣
加幣

2020 年人均 GDP
（以購買力平價計算）
46,611美元

魁北克

省長
勒格
（François Legault，2018年就任）

面積
1,667,712平方公里
（全國第2大省）

首府
魁北克市

2021 年人口
850萬人

人口密度
每平方公里7人

2019 年人均 GDP
（以購買力平價計算）
44,630美元

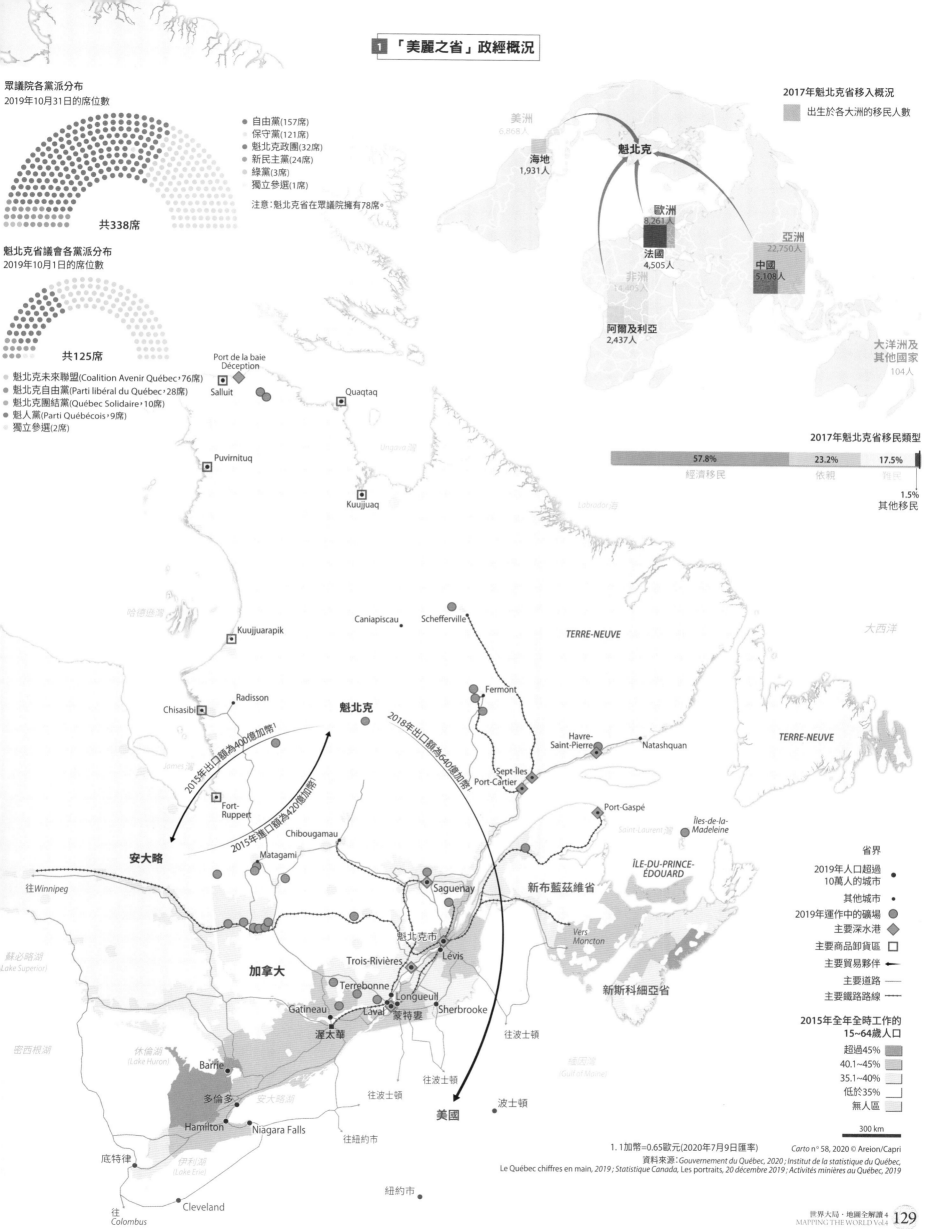

眾議院各黨派分布
2019年10月31日的席位數

- 自由黨(157席)
- 保守黨(121席)
- 魁北克政團(32席)
- 新民主黨(24席)
- 綠黨(3席)
- 獨立參選(1席)

共338席

注意：魁北克省在眾議院擁有78席。

魁北克省議會各黨派分布
2019年10月1日的席位數

共125席

- 魁北克未來聯盟(Coalition Avenir Québec，76席)
- 魁北克自由黨(Parti libéral du Québec，28席)
- 魁北克團結黨(Québec Solidaire，10席)
- 魁人黨(Parti Québécois，9席)
- 獨立參選(2席)

2017年魁北克省移入概況
出生於各大洲的移民人數

美洲
6,868人

海地
1,931人

歐洲
8,261人

法國
4,505人

魁北克

亞洲
22,750人

中國
5,108人

非洲
14,405人

阿爾及利亞
2,437人

大洋洲及
其他國家
104人

2017年魁北克省移民類型

57.8%	23.2%	17.5%
經濟移民	依親	難民

1.5%
其他移民

Port de la baie
Déception

Salluit

Quaqtaq

Puvirnituq

Ungava灣

Labrador海

Kuujjuaq

Kuujjuarapik

哈德遜灣

Caniapiscau

Schefferville

TERRE-NEUVE

大西洋

Radisson

魁北克

Fermont

Havre-
Saint-Pierre

Natashquan

TERRE-NEUVE

Chisasibi

2015年出口額為400億加幣1

2018年出口額為640億加幣1

Sept-Îles
Port-Cartier

Port-Gaspé

Îles-de-la-
Madeleine

Saint-Laurent灣

James灣

Fort-
Ruppert

2015年進口額為420億加幣1

Chibougamau

ÎLE-DU-PRINCE-
ÉDOUARD

安大略

Matagami

Saguenay

新布藍茲維省

蘇必略湖
(Lake Superior)

往Winnipeg

加拿大

魁北克市

Lévis

Trois-Rivières

Vers
Moncton

新斯科細亞省

密西根湖

休倫湖
(Lake Huron)

Terrebonne

Gatineau

Longueuil

Laval 蒙特婁

Sherbrooke

渥太華

Barrie

安大略湖

往波士頓

緬因灣
(Gulf of Maine)

多倫多

Hamilton

Niagara Falls

往波士頓

往波士頓

美國

波士頓

底特律

伊利湖
(Lake Erie)

往紐約市

紐約市

Cleveland

往Colombus

省界

2019年人口超過
10萬人的城市

其他城市

2019年運作中的礦場

主要深水港

主要商品卸貨區

主要貿易夥伴

主要道路

主要鐵路路線

2015年全年全時工作的
15~64歲人口

	超過45%
	40.1~45%
	35.1~40%
	低於35%
	無人區

300 km

1. 1加幣=0.65歐元(2020年7月9日匯率)

Carto n° 58, 2020 © Areion/Capri

資料來源：*Gouvernement du Québec, 2020* ; *Institut de la statistique du Québec,*
Le Québec chiffres en main, 2019 ; *Statistique Canada, Les portraits, 20 décembre 2019* ; *Activités minières au Québec, 2019*

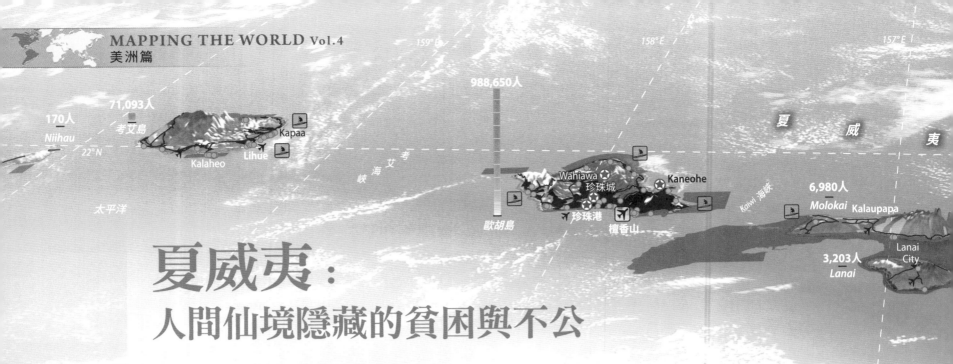

夏威夷：
人間仙境隱藏的貧困與不公

◎基本資料

美國

國家元首
拜登(Joe Biden，
2021年就任)

面積
9,833,517平方公里
(世界排名第3位)

2020 年人口
3億2,948萬人

人口密度
每平方公里34人

貨幣
美元

2020 年人均 GDP
(以購買力平價計
算)
63,593美元

夏威夷州

州長
伊藝(David Ige，
2014年就任)

面積
16,600平方公里

官方語言
英語、夏威夷語

首府
檀香山(Honolulu)

2020 年人口
146萬人

人口密度
每平方公里87人

2018 年人均 GDP
(以購買力平價計
算)
51,277美元

2019 年 8 月 21 日，夏威夷加入美國聯邦滿六十週年。夏威夷距離美國加州海岸約 4 千公里之遙，由 137 個島嶼組成，其中只有 7 個長期有人居住。夏威夷群島表面上是人間仙境，對觀光業的依賴與高昂物價卻與繁榮經濟形成強烈對比。

人類出現在夏威夷的確切時間，考古學家仍未有定論，一般認為在二至八世紀之間。隨著庫克船長（James Cook，1728～1779 年）第三次出航太平洋，歐洲人也在 1778 年闖入夏威夷群島，從此徹底改變此地的風貌。夏威夷先是成為重要的捕鯨港，後來遍地都是美國地主掌管的甘蔗園。1810 年，在西方人的軍事協助下，國王卡美哈美哈一世（Kamehameha I，1782～1819 年在位）統一了夏威夷群島，然而甘蔗園園主勢力日漸壯大，歷任繼位者皆不得不將統治權拱手讓人。1893 年，才登基不到兩年的女王利留卡拉尼（Lili'uokalani）被白人商界推翻，這些商人宣布成立夏威夷共和國，並提議成為美國的一部分。1898 年的美西戰爭更加快了合併的腳步，同年 7 月，夏威夷便以「領地」（territory）的地位併入美國，而領地在國會中僅有一席代表，沒有投票權，並由總統任命的州長擔任首長。

富也美軍，窮也美軍

1903 年，夏威夷議會提出晉升為「州」的請求。甘蔗園園主起初持反對意見，後來因為國會設立夏威夷蔗糖輸入美國本土配額制，也在 1934 年加入請求的行列。然而，由於支持種族隔離主義的南方議員打壓，加上二戰前當地日裔人口的忠誠度受到質疑，夏威夷遲遲無法成為聯邦的一員。直到 1958 年，藉著期中選舉的機會，一批北方的自由派議員進入國會，夏威夷才得以打開聯邦大門。1958 年 3 月，艾森豪總統（Dwight Eisenhower，任期 1953～1961 年）簽署命令，而夏威夷舉辦的公投也獲得 93% 的票數支持，讓夏威夷終於在 1959 年 8 月 21 日正式成為美國的一州。

2017 年，夏威夷州人口為 142 萬人，散布於 7 個島嶼，其中 2/3（98 萬 8,650 人）集中於首府檀香山所在的歐胡島（Oahu），其餘大多分布在夏威夷島（20 萬 381 人）、茂宜島（Maui，15 萬 3,911 人）與考艾島（Kauai，7 萬 1,093 人）。自從 1903 年美國海軍設置第一個長期駐軍基地以來，軍隊便成為夏威夷群島的經濟支柱。2017 年，美國在當地的國防支出占該州 GDP 的 9.8%，並提供近 8 萬 1,600 個工作機會。此外，夏威夷州共有 10 萬 6,630 名退役軍人，占總人口的 7.5%。不過，軍隊的存在並非只有好的一面，諸如 12 個軍事基地所占據的面積加重了群島土地不足的壓力、軍方人員彷彿生活在封閉的小圈圈裡等，都是外界詬病的問題。

多元種族只是口號？遭受打壓的原住民

夏威夷 2020 年 1 月的失業率為 2.7%，為全美最低，由此可看出在觀光業的成長帶動下，夏威夷的經濟正節節攀升。2018 年是觀光產業創下新高點的一年，遊客高達 995 萬人次，較前一年增加 5.9%。但其成長並非沒有局限，由於美國遊客占了 65%，夏威夷的經濟相對仰賴美國本土經濟的良好體質。此外，由於糧食 90% 依賴進口，導致食品價格不斷提高，且住房價格也是全美平均的 2.8 倍以上，夏威夷的生活開銷比其他州高了 25%，並持續上漲中。受到這些因素影響，夏威夷的人口在 2018 年再度下降，連續兩年如此，為 1959 年以來僅見。2017 年 12 月～ 2018 年 12 月間，夏威夷平均每天減少 10 位居民。值得注意的是，雖然 1/4 夏威夷人認為自己屬於多元種族，經濟成長卻並未對每個族群都帶來好處。夏威夷 2017 年的貧窮率為 10.3%，全美排名倒數第五，而夏威夷原住民的貧窮率卻高出一倍。

民主黨（Democratic Party）是統治夏威夷這片土地的主要政黨，自 1962 年以來便占據著州長的職位（2002～2010 年除外），而下議院（自 1954 年起）、上議院（自 1964

民航客機飛行時間
(2019年6月)

東京
(日本)　4,113公里
　　　　5小時　洛杉磯
檀香山　夏威夷
6,143公里
8小時

8,100公里
10小時40分　　4,442公里
　　　　　　　5小時20分
Papeete
(法屬玻里尼西亞)
雪梨
(澳洲)

太平洋

（ 美　國　領　土 ）

153,911人

Kahului
Wailuku
3,059 m
Kolekole
茂宜島

Kahoolawe

Alenuihah 海峽

2015年各種族人口[1]

604,474人	白人
352,100人	菲律賓人
310,595人	日本人
299,451人	夏威夷原住民
197,905人	中國人
48,863人	黑人及非裔美國人
47,394人	韓國人
35,554人	薩摩亞人(Samoans)
32,989人	美洲及阿拉斯加原住民
13,373人	越南人
28,847人	其他(來自馬紹爾群島、沖繩、關島、東加者)

主要島嶼　**歐胡島**
主要城市　**Hilo**

人口與基礎設施
2017年　　100,000人
各島人口　　0
Home Lands(信託給夏威夷原住民管理的區域和土地)
都市區
主要道路
國際機場
其他機場或飛行場
主要軍事基地

觀光業與自然環境
旅館
主要衝浪地點
海洋保護區
環礁

1. 認為自己屬於多種族者予以重複計算，因此總數會超過夏威夷群島總人口數(2015年為1,427,538人)。

Carto n° 54, 2019 © Areion/Capri

Monts Kohala

4,206 m
Mauna Kea

20° N

Mokuaweoweo
火山口
4,171 m
Mauna Loa

Kailua-Kona

Captain Cook

Hilo

200,381人

夏威夷島

156° E　　南角

0　　20 km

年起）也為該黨所掌握，分別占有 91% 與 96% 的席次。民主黨的崛起印證了工人運動在夏威夷的重要性以及日裔族群的影響力，不過也造成人民對民主政治冷感，如 2018 年的期中選舉只有 39.3% 的投票權人出門投票，即是一例。原住民族群承受的不平等待遇讓他們一再提出訴求，相較於美洲各原住民族都已得到承認，夏威夷原住民卻是全美唯一未受聯邦政府承認的原住民族。在這種情況下，一個由原住民組成的非官方委員會「夏威夷原住民會議」（Aha，或稱 Native Hawaiian Convention），在 2016 年 2 月投票通過第一份憲法草案。不過，社會運動人士對這項策略的意見仍有分歧。有人認為只有透過這個方法才能保證取得專屬原住民的援助計畫，但也有人認為制憲只是爭取獨立的煙霧彈。

文 ● T. Meyer

夏威夷與美國各州之比較(2017年)
● 夏威夷　● 全美平均值　● 其他州

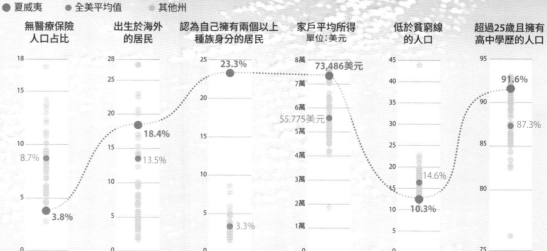

無醫療保險人口占比	出生於海外的居民	認為自己擁有兩個以上種族身分的居民	家戶平均所得 單位:美元	低於貧窮線的人口	超過25歲且擁有高中學歷的人口
8.7%	18.4%	23.3%	73,486美元	14.6%	91.6%
3.8%	13.5%	3.3%	55,775美元	10.3%	87.3%

資料來源: *State of Hawaii, Hawaii Facts & Figures, janvier 2019 et Demographic, Social, Economic, and Housing Characteristics for Selected Race Groups in Hawaii, mars 2018 ; flightradar24.com, 2019 ; Hawaii Statewide GIS Program, 2019 ; US Census Bureau, American FactFinder, 2019 ; Département de la Défense américain, Base Structure Report – Fiscal Year 2018 Baseline, 2019*

阿拉斯加：
充滿人類憧憬與夢想
的「最後邊境」

2019 年 1 月 3 日，阿拉斯加成為美國一州滿六十週年。這塊單獨位於北美大陸西北角、與加拿大及俄羅斯相鄰的土地，是美國領土最大的州，面積 171 萬平方公里，人口卻不到 74 萬人。

2010年阿拉斯加人口分布

黑人及非裔美國人 3.3%
阿拉斯加及美洲原住民 14.8%
亞洲人 5.4%
夏威夷及其他太平洋島嶼原住民 1%
白人 66.7%
其他種族 8.8%

2018年12月失業概況
各自治市鎮(borough)
超過15%
10~15%
6.4~9.9%
低於6.4%
(全美平均值為3.7%)

國界
專屬經濟海域
自治市鎮邊界
國家公園及保留區
主要渡輪航線
主要道路
鐵路

能源資源
儲油終站
石油精煉廠
輸油管
天然氣處理廠
煤礦
熱力發電廠(主要為火力發電)

各區人口密度
依據2010年人口普查
單位：每平方英里人數(1平方英里=2.59平方公里)
2,000~8,336.8人(Anchorage)
500~1,999.9人
88.4~499.9人
全美平均值為每平方英里88.4人→
20~88.3人
5~19.9人
1~4.9人

資料來源：alaska.gov, février 2019；www.asgdc.state.ak.us, février 2019；EIA, février 2019   Carto n° 52, 2019 © Areion/Capri

面積為法國本土三倍大（台灣的 48 倍）的阿拉斯加，不只是追尋野性大地的探險家憧憬之地，企盼一夜致富的勞工也對此地充滿幻想。從十八世紀末開始，這片「最後的邊境」便屬於帝俄所有，直到 1867 年，亞歷山大二世（Alexander II，1855～1881 年在位）以 720 萬美元（相當於現在的 1 億 2 千萬美元）賣給美國，阿拉斯加才轉移所屬。當時的阿拉斯加尚未開發，是獵人交易木材與毛皮之地。1896 年在加拿大的育空（Yukon）地區發現金礦以後，阿拉斯加的身價翻倍，淘金人潮自契爾庫山口（Chilkoot pass）兩側的美、加湧入。但熱潮並不持久，歷經軍方、財政部、海軍、聯邦機關的管轄，阿拉斯加依舊罕有人煙。1890 年，當地共有約 3 萬人口，其中大多數為原住民阿留申人（Unangan）。

1922 年蘇聯成立，其後二次大戰爆發，阿拉斯加在冷戰局勢下，更體現出重要的戰略價值，因為兩大強權只有在這裡才會跨越白令海峽（Bering Strait）彼此相接，俄國的大戴歐米德島（Big Diomede）與美國的小戴歐米德島（Little Diomede）相隔僅 3 公里。不過，真正改變阿拉斯加人文與經濟地理分布的是石油。自 1970 年代發現第一批石油礦藏以來，便吸引了大量來自美國各地的工人。據統計，1970 年阿拉斯加人口為 30 萬 382 人，到了 1990 年成長至 55 萬 43 人，2010 年為 71 萬 231 人，

2018 年為 73 萬 6,239 人。然而，各族群的比例卻顛倒過來，阿留申人變成少數族群（不到 15%），白人反倒變成強勢族群（占 66.7%）。隨著機動車輛與美國飲食文化傳入，原住民的傳統生活模式也漸漸改變。

與美國其他州相比，阿拉斯加有許多獨特之處，其中最重要的有兩項。首先，聯邦政府提供該州每位公民經濟補助，財源來自石油收入累積成立的基金，這使得阿拉斯加成為美國貧富差距最小的州之一。其次，阿拉斯加州議會由 60 名非專職議員組成，也就是說議員另有正職工作，因此議會會期只有 90 天。阿拉斯加政壇數十年來一直都傾向共和黨（Republican Party，在議會擁有 35 席，民主黨則有 23 席），只是在意識形態上略有不同：阿拉斯加人是極端自由主義者，他們對於個人財產與成就異常執著。

弔詭的是，「最後的邊境」並不是廣袤無邊的自然保育區，因為狩獵與自然資源開採（石油、天然氣、煤炭、黃金、鋅等）都是當地主要產業。此外，阿拉斯加的失業率甚高，2020 年 1 月為 6%，而全美失業率則為 3.6%。其中問題最嚴重的區域是庫西爾瓦克（Kusilvak）、斯卡威（Skagway）與迪納利（Denali），失業率都超過 16%。阿拉斯加對經濟發展的願景主要源自這塊土地能帶給人們什麼機會，而機會就代表財富。 文● G. Fourmont

孔子學院遍地開花：
拉丁美洲將成為中國後花園？

不過幾年之間，中國已成為拉丁美洲與加勒比海國家的主要金融與貿易夥伴。也因為如此，當地有不少國家加入中國全力推動的全球貿易與基礎建設計畫，亦即「新絲路」計畫。

長久以來被視為美國後花園的拉丁美洲與加勒比海國家，現已漸漸轉向中國。不過十年的時間，中國已成為拉美國家的第二大貿易夥伴，2000～2018年間的商品貿易額由120億美元成長到3,074億美元。

中國也是拉美國家的主要債權人，借出的金額已超過世界銀行與美洲開發銀行（Inter-American Development Bank, IDB）的融資額。中國在2008～2018年間放款超過1,530億美元，其中多數借給巴西與委內瑞拉。北京政府希望確保戰略資源足以供應國內需求，其中最重要的就是碳氫化合物、礦產與食品，因此88%的借款都與能源及基礎建設計畫有關。

依循這套策略，中國企業也開始打入新市場，例如不少位在亞馬遜叢林及巴塔哥尼亞高原（Patagonia）的水壩和水力發電廠都是由中國公司建造的。巴西、秘魯和委內瑞拉另有數千公里的中資鐵路正在建造，與此同時，2019年3月，中國與阿根廷也針對要在布宜諾斯艾利斯省阿土恰（Atucha）耗資80億美元興建核子設施一案進行磋商。這不會是中國在拉美的最後一個大型工程計畫，因為拉美地區已有15個國家加入「新絲路」計畫，而牙買加和秘魯也在2019年4月批准了合作意向書的內容。雖然當地商界張開雙臂歡迎這些計畫，人民與環保團體卻大加批評。

在拉美的科技領域也看得到中國的身影。例如，玻利維亞在2017年啟用的天然災害緊急應變系統，就是向北京政府借款，由中國企業設置的，而厄瓜多的公共場所監視系統也是由中國開發。委內瑞拉則是在2017年1月起推行的新版身分證件上使用中國科技❶，當地人民必須擁有這款「祖國卡」（Carnet de la patria）身分證才能享有政府發放的社會補助，但是人權運動者批評這張卡會被用來監視人民或侵犯隱私權。文化方面，

中國更透過與當地大學合作等方式成立「孔子學院」，以彌補缺乏文化影響力的問題。2019年8月，拉丁美洲共有43間孔子學院，其中10間在巴西。在這個長年受美國左右的地區，北京政府的勢力愈來愈強大，不僅如此，還大大超越了台灣的影響力，而台灣在全球僅存的友邦就位於拉丁美洲。

文 ● N. Rouiaï

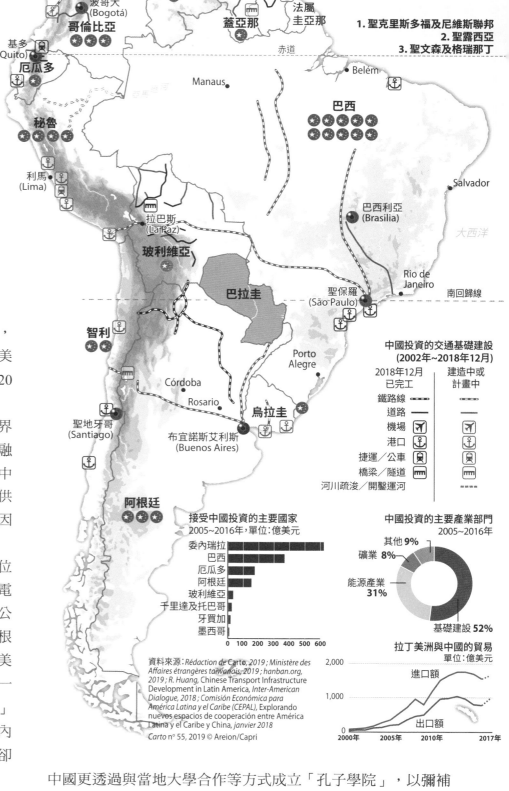

中國投資的交通基礎建設（2002年～2018年12月）

接受中國投資的主要國家 2005～2016年，單位：億美元

中國投資的主要產業部門 2005～2016年
其他 9%
礦業 8%
能源產業 31%
基礎建設 52%

拉丁美洲與中國的貿易 單位：億美元
進口額
出口額

資料來源：Rédaction de Carto, 2019；Ministère des Affaires étrangères taïwanais, 2019；hanban.org, 2019；R. Huang, Chinese Transport Infrastructure Development in Latin America, Inter-American Dialogue, 2018；Comisión Económica para América Latina y el Caribe (CEPAL), Explorando nuevos espacios de cooperación entre América Latina y el Caribe y China, janvier 2018

Carto n° 55, 2019 © Areion/Capri

外交關係(2019年8月情形)
2019年承認中華民國(台灣)的國家
台灣的經貿辦事處
孔子學院 2019年8月各國孔子學院數量（學院教授中文並推廣文化）
1. 聖克里斯多福及尼維斯聯邦
2. 聖露西亞
3. 聖文森及格瑞那丁

❶編注：此系統讓政府能透過身分證追蹤人民的社會、政治與經濟行為。

擱淺墨西哥：
中美洲移民可望而不可及的夢想之地

2019 年 6 月 7 日，墨西哥與美國就移民事務達成協議，墨西哥必須依約採取強力措施打擊偷渡組織，以減少進入美國的非法移民，否則將有可能遭受經濟制裁。對於數千名想逃離惡劣生活環境的中美洲人而言，墨西哥從此變成一條難以通過的狹道。

過去數十年間，愈來愈多中美洲移民加入墨西哥人的行列，每天都透過地下偷渡管道試圖進入美國領土。這些來自宏都拉斯、瓜地馬拉、薩爾瓦多的人想逃離家鄉難以忍受的生活條件，因為他們的國家深陷政治動盪、極度貧窮又長期不安定，始終無法完全擺脫從 1970 年代一直延續到 1990 年代初期的武裝衝突。在這段歲月裡，美國對宏都拉斯人、瓜地馬拉人和薩爾瓦多人來說，是最能安身立命的地方之一，而成功赴美的海外人士與留在國內的親友往往仍保持密切聯繫。不論是男是女，也不論是集體移民的家庭或無人陪同的未成年人，在這些渴望保命與改善生活的人們眼中，美國這片土地始終充滿吸引力。

聲勢浩大的偷渡「大篷車」

根據墨西哥研究機構「北方邊境學院」（Colegio de la Frontera Norte）的調查，每年從瓜地馬拉經陸路進入墨西哥的移民與尋求庇護者，人數約落在 20 ～ 40 萬之間。為了省下尋求偷渡組織協助的費用，也為了避免遇上墨西哥警察取締或神出鬼沒的犯罪集團勒索，有些人會爬上「野獸」（Bestia）的車頂。「野獸」是由多節貨車廂組成的列車，行經數條鐵路線，從瓜地馬拉邊界通往加州、亞歷桑那州與德州，行駛距離超過 3 千公里。由於這種長途旅行充滿危險，非政府組織「無國界人民」（Pueblos sin Fronteras）從 2010 年開始組織「大篷車」，也就是讓人們能組成隊伍，以步行、搭乘巴士或貨車的方式前進，有時隊伍人數可多達數千人，如此一來，移民就可對穿越墨國途中各種突發的危險預做準備。

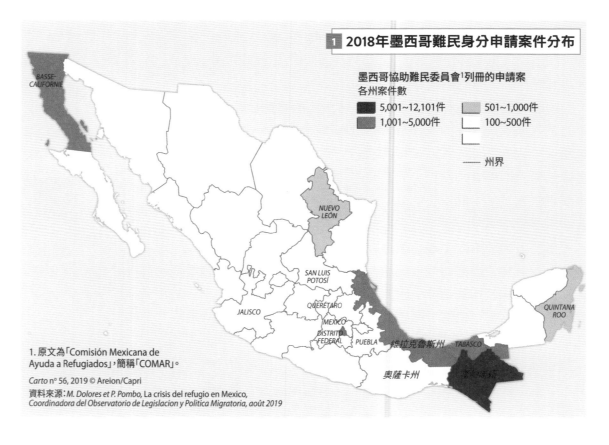

1 2018年墨西哥難民身分申請案件分布

墨西哥協助難民委員會[1]列冊的申請案
各州案件數

- 5,001~12,101件
- 1,001~5,000件
- 501~1,000件
- 100~500件

—— 州界

1. 原文為「Comisión Mexicana de Ayuda a Refugiados」，簡稱「COMAR」。

Carto n° 56, 2019 © Areion/Capri
資料來源：*M. Dolores et P. Pombo, La crisis del refugio en Mexico, Coordinadora del Observatorio de Legislacion y Politica Migratoria, août 2019*

在白宮看來，中美洲國家應該採取更積極的作為來管控前往美國的人流。近年來，墨西哥政府增加許多針對非法居留人士的監禁與驅逐措施（參見圖 2），然而，羅培茲（Andrés Manuel López Obrador）於 2018 年 12 月當選墨國總統時，便宣示要廢除前政府採行的壓迫性措施，而新的移民政策將尊重其人權，並保護他們在旅途中不受威脅。羅培茲上任後，便設置了新的安置機構收容移民，並發給人道簽證，使他們得以合法在墨西哥境內移動與工作。

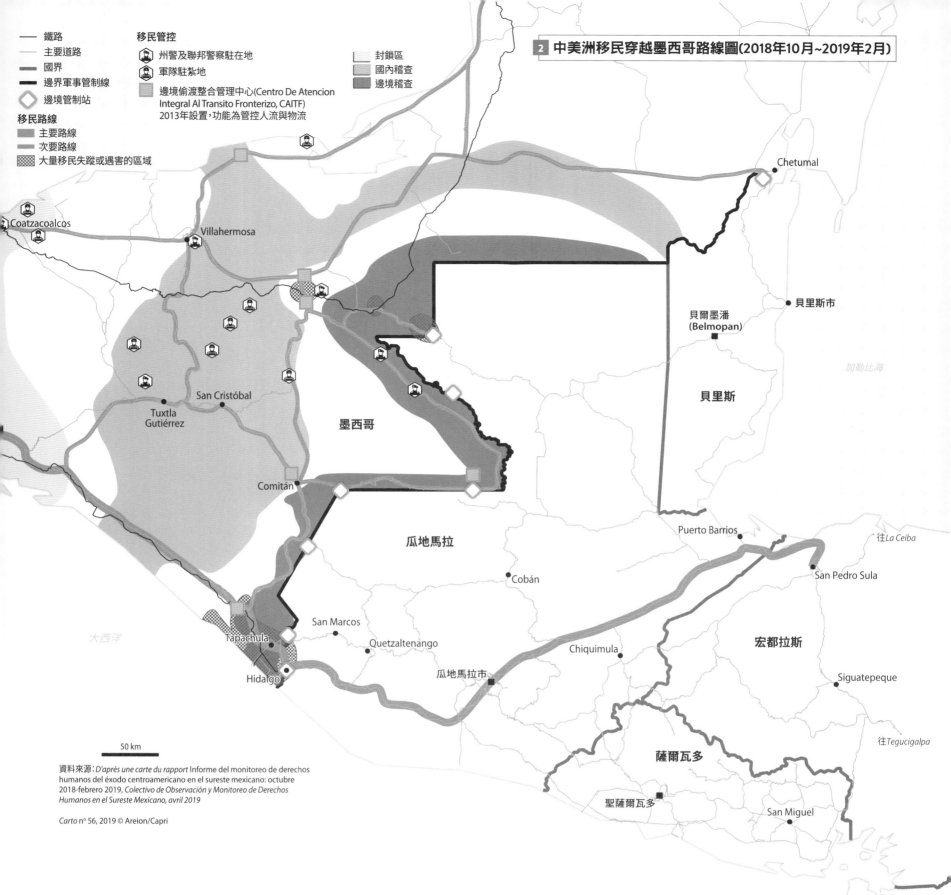

資料來源：D'après une carte du rapport Informe del monitoreo de derechos humanos del éxodo centroamericano en el sureste mexicano: octubre 2018-febrero 2019, Colectivo de Observación y Monitoreo de Derechos Humanos en el Sureste Mexicano, avril 2019

Carto n° 56, 2019 © Areion/Capri

2 中美洲移民穿越墨西哥路線圖(2018年10月~2019年2月)

圖例：
- 鐵路
- 主要道路
- 國界
- 邊界軍事管制線
- ◇ 邊境管制站

移民路線
- 主要路線
- 次要路線
- 大量移民失蹤或遇害的區域

移民管控
- 州警及聯邦警察駐在地
- 軍隊駐紮地
- 邊境偷渡整合管理中心(Centro De Atencion Integral Al Transito Fronterizo, CAITF) 2013年設置，功能為管控人流與物流

- 封鎖區
- 國內稽查
- 邊境稽查

無視國際公約？川普雷厲風行反移民

　　時任美國總統的川普總是將打擊非法移民掛在嘴上，墨國的新措施對他而言自然是不可接受的。2019 年 5 月，川普向墨西哥施壓，威脅要對所有墨國進口產品徵收 5% 的關稅❶。針對美國的各項要求，雙方於同年 6 月 7 日達成協議，而根據該協議所採取的第一波措施之一，便是在奧薩卡州（Oaxaca）與嘉帕斯州（Chiapas）部署 6 千名士兵，以阻擋移民的「大篷車」前進。當月被逮捕的移民共有 2 萬 9,153 人，是自 2001 年以來最高的單月紀錄。許多人被逮捕之後，立刻被送至拘留所或驅逐出境，完全不顧其母國是否正處於危機之中。根據瓜地馬拉政府的資料，2019 年 1 ～ 8 月之間共有 10 萬 2,314 名中美洲移民被送回瓜地馬拉，相較之下，2018 年同期只有 6 萬 2,746 人。

　　被擋在北方邊境的移民處境也沒有好到哪裡去，美國的政策完全無視各項國際公約，不允許從墨西哥入境、尋求庇護的難民在文件審查期間停留於美國境內。2019 年 1 ～ 7 月間，便有超過 1,800 名非法入境者被美國政府遣送出境。這些移民既無棲身之處又無工作機會，成天活在等待與不確定之中，所處的地區又是墨西哥惡名昭彰的危險地帶，充滿勒索、綁架甚至謀殺的風險。既然此路不通，選擇改向墨西哥政府申請庇護的人便愈來愈多，使墨西哥漸漸變成一個移民之國（參見圖1）。

文 ● D. Lagarde

❶ 2018 年，墨西哥向其最大貿易夥伴美國出口的商品價值達 3,460 億美元，而墨國 GDP 有三成來自出口。

失蹤人口：
由毒品與貧窮堆積而成的墨西哥無名塚

• 洛杉磯

2018 年 12 月 1 日，墨西哥總統羅培茲在就任之際宣布將成立一個調查委員會，以查明 2014 年 9 月在格瑞羅州（Guerrero）阿約辛納帕（Ayotzinapa）發生的 43 名學生失蹤案。他的目標是讓這個為犯罪組織所苦的國度從此不再有貪汙，失蹤案件的犯人也不再總是逍遙法外。

失 蹤案件是墨西哥人揮之不去的惡夢，根據 2018 年末墨西哥國家調查委員會的統計，十年內全國共有 4,0180 人失蹤[1]。這個人數已經頗為驚人，且呈現成長趨勢，卻未能反映現實情況。根據估計，10 個案例中只有 2 例的家人會選擇報案，因為他們認為政府往往與毒梟勾結，恐怕不會保護他們。多數失蹤案件都和幫派成員之間的綁架與暗殺有關，然而欲前往美國的宏都拉斯、瓜地馬拉與薩爾瓦多移民，在過境墨西哥時也會成為毒販的獵物。毒販會囚禁他們以達到勒索取財的目的，或是逼迫他們販毒，如果不肯服從就會遭到殺害。此外，還有一種情況也愈來愈嚴重，那就是失蹤的年輕女性、甚至是女孩，最終成為人口販賣或是戀童犯罪網絡的受害者。

窮到只剩毒品？暴力行為背後的不平等

腐蝕整個國家的毒品販賣就是上述現象的源頭，其主要成因有三。首先是貧窮（2016 年 46% 人口深陷其中）[2]與嚴重的社會不平等，全國 36% 的財富都集中在 1% 最富有的人手上。其次，腐敗的中央政府只知道以暴制暴，已完全失去威信。最後，墨西哥位處大陸樞紐，前有全球最大的毒品消費市場美國，後有毒品生產大國。

在這樣的背景下，由於政府毫無作為，失蹤者家屬便成立了數十個協會以自力救濟，而「El Solecito」就是其中之一。「El Solecito」是 2016 年由一群母親成立的區域性組織，共有超過 200 名來自維拉克魯斯州（Veracruz）的會員，該州的失蹤人口居全國之冠（3,600 人）。2017 年，這個團體在維拉克魯斯市北方找到拉丁美洲最大的祕密墓地（埋了 295 個頭骨與數千具遺骸），因而聲名大噪。

為了杜絕受害者家屬在全國各地數百個亂葬崗苦苦翻找的境況，「援助失蹤者行動」（Mouvement pour nos disparus）連同其他幾個公民團體合力施壓，終於在兩年後的 2017 年 10 月，成功讓議會通過一項關於非自願失蹤的法案。現在，強迫失蹤屬於沒有時效限制的罪行，而且可判處重刑，公務員涉案可判處最高 60 年徒刑，一般人最高則可判處 50 年。如果被害人是兒童、婦女、身障人士、人權運動人士或記者，法官還可以將刑罰加重 1/2。然而，條文雖是通過了，還需要落實才可見效。

以暴制暴政策下的犧牲者

透過「尋找失蹤者」計畫（A dónde van los desaparecidos），一群記者組織起來，調查並確認無名塚的所在位置[3]。在他們的努力下，自前總統卡德隆（Felipe Calderón，任期 2006～2012 年）於 2006 年發動反毒戰爭到 2016 年為止，這群記者在墨西哥 24 州一共找到 1,978 處無名塚，從中挖出 2,884 具遺體，還有不知屬於多少名死者的數千塊殘骸。這些受害人中只有 1,738 人的身分得以確認，因為這些屍體往往先經焚燒或浸過酸液才被埋入地下，而且挖掘和運送的過程也可能導致損傷，或者由於政府機關的保存不當而損壞。換言之，挖掘遺體的行動亟需制定標準流程，畢竟找到的墳塚愈來愈多，例如 2007 年在 5 個州內找到 10 個祕密墓地，2010 年則在 14 個州裡找到 105 個，2011 年在 20 個州裡找到 375 個……到了 2016 年，已在 24 個州裡找到 1,978 個無名塚（參見圖 1）。

羅培茲反對前幾任總統宣揚的武力對抗思維（因其反使犯罪組織化整為零，而且據資料顯示，2006 年以來已造成 10～20 萬人喪命），他打算反向操作，讓國會通過特赦法，赦免沒有犯下法定重罪的毒販，希望能打開與販毒集團和平對話的契機[4]。與此同時，羅培茲也與國會聯手，推動大麻合法化，希望讓販毒集團無法再透過大麻營利。不過他最期盼的是建立一套大刀闊斧的社會政策，徹底斬斷啃食國家根基的犯罪問題。這套政策以有效打擊貧窮為目標，因為貧窮始終是毒販手中最好用的王牌。

文 • N. Petitjean

[1] 編注：根據墨國政府 2021 年 11 月公布之數據，失蹤人口已高達 9,5121 人。
[2] 編注：根據世界銀行數據，2020 年，墨西哥有 43.9% 人口生活水準低於法定貧窮線。
[3] 該計畫可於線上查詢：https://adondevanlosdesaparecidos.org
[4] Vincent Levesque, «L'influence des cartes de la drogue au Mexique : le nouveau gouvernement face a son plus grand defi», IRIS, 2018.12.13.

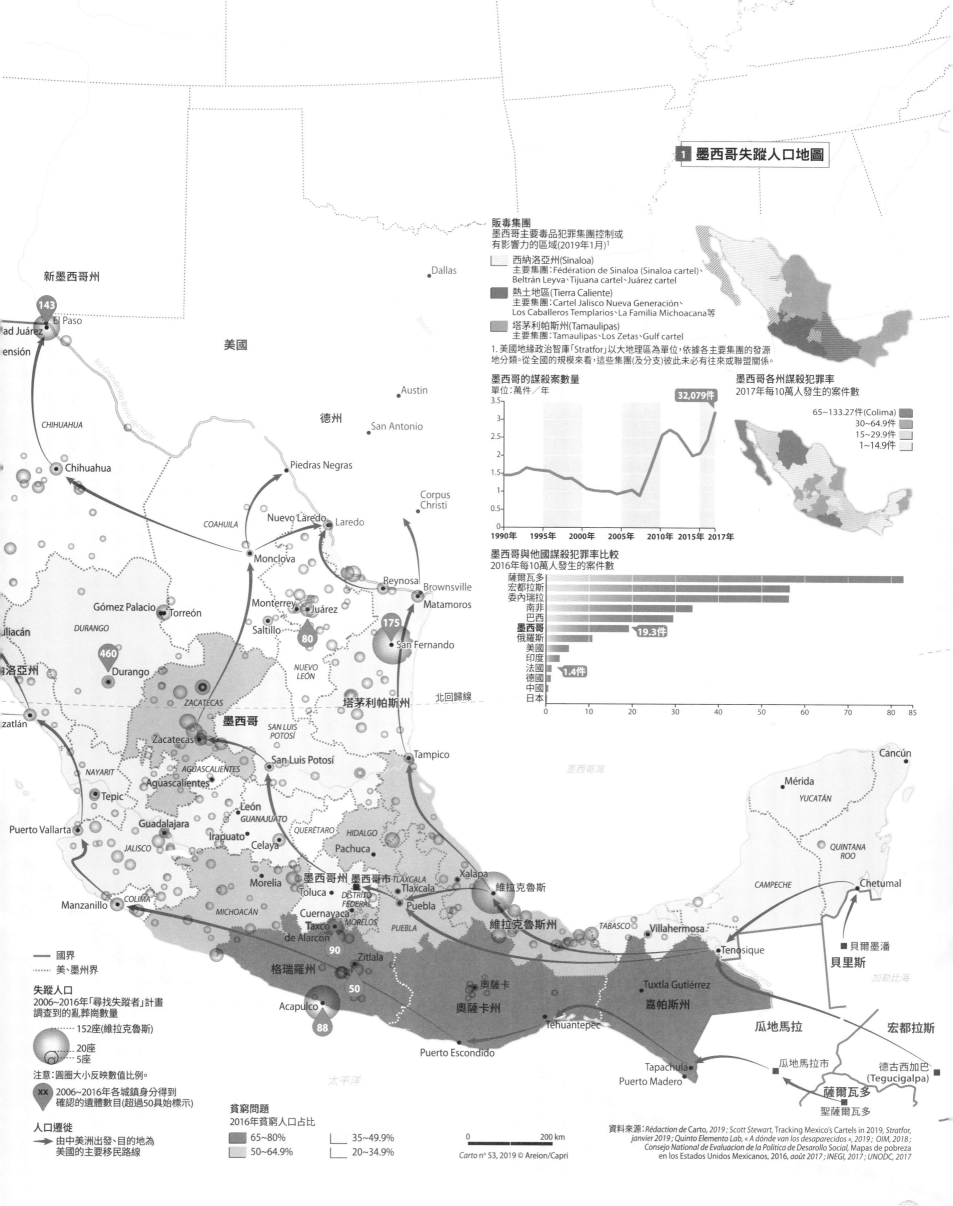

販毒集團
墨西哥主要毒品犯罪集團控制或
有影響力的區域(2019年1月)[1]

西納洛亞州(Sinaloa)
主要集團:Fédération de Sinaloa (Sinaloa cartel)、
Beltrán Leyva、Tijuana cartel、Juárez cartel

熱土地區(Tierra Caliente)
主要集團:Cartel Jalisco Nueva Generación、
Los Caballeros Templarios、La Familia Michoacana等

塔茅利帕斯州(Tamaulipas)
主要集團:Tamaulipas、Los Zetas、Gulf cartel

1. 美國地緣政治智庫「Stratfor」以大地理區為單位,依據各主要集團的發源
地分類。從全國的規模來看,這些集團(及分支)彼此未必有往來或聯盟關係。

墨西哥的謀殺案數量
單位:萬件／年

32,079件

墨西哥各州謀殺犯罪率
2017年每10萬人發生的案件數

65~133.27件(Colima)
30~64.9件
15~29.9件
1~14.9件

墨西哥與他國謀殺犯罪率比較
2016年每10萬人發生的案件數

薩爾瓦多
宏都拉斯
委內瑞拉
南非
巴西
墨西哥 19.3件
俄羅斯
美國
印度
法國
德國 1.4件
中國
日本

新墨西哥州

143 El Paso

美國

德州 Dallas

Austin

San Antonio

Corpus Christi

Chihuahua

Piedras Negras

CHIHUAHUA

COAHUILA

Nuevo Laredo Laredo

Monclova

Reynosa Brownsville

Gómez Palacio

Torreón

Monterrey Juárez Matamoros

DURANGO

Saltillo

80

175

San Fernando

460

Durango

NUEVO LEÓN

北回歸線

ZACATECAS

塔茅利帕斯州

墨西哥

SAN LUIS POTOSÍ

Zacatecas

NAYARIT

AGUASCALIENTES

San Luis Potosí

Tampico

墨西哥灣

Cancún

Mérida

Tepic

Aguascalientes

León

GUANAJUATO

YUCATÁN

Puerto Vallarta

Guadalajara

Irapuato

QUERÉTARO

HIDALGO

QUINTANA ROO

Celaya

Pachuca

CAMPECHE

Chetumal

JALISCO

Morelia

Xalapa

維拉克魯斯

墨西哥州 墨西哥市 TLAXCALA

Toluca Tlaxcala

貝爾墨潘

Manzanillo COLIMA

MICHOACÁN

DISTRITO FÉDERAL

Puebla

維拉克魯斯州

貝里斯

Cuernavaca MORELOS

PUEBLA

TABASCO Villahermosa

加勒比海

Taxco de Alarcón

90

Zitlala

Tenosique

格瑞羅州

50

奧薩卡

Tuxtla Gutiérrez

嘉帕斯州

Acapulco

奧薩卡州

瓜地馬拉

宏都拉斯

88

Tehuantepec

Puerto Escondido

太平洋

Tapachula 瓜地馬拉市

德古西加巴 (Tegucigalpa)

Puerto Madero

薩爾瓦多

聖薩爾瓦多

國界

..... 美、墨州界

失蹤人口
2006~2016年「尋找失蹤者」計畫
調查到的亂葬崗數量

152座(維拉克魯斯)
20座
5座

注意:圓圈大小反映數值比例。

2006~2016年各城鎮身分得到
確認的遺體數目(超過50具始標示)

人口遷徙
由中美洲出發、目的地為
美國的主要移民路線

貧窮問題
2016年貧窮人口占比

65~80%
50~64.9%
35~49.9%
20~34.9%

0   200 km

資料來源:Rédaction de Carto, 2019; Scott Stewart, Tracking Mexico's Cartels in 2019, Stratfor, janvier 2019; Quinto Elemento Lab, « A dónde van los desaparecidos », 2019; OIM, 2018; Consejo National de Evaluacion de la Politica de Desarollo Social, Mapas de pobreza en los Estados Unidos Mexicanos, 2016, août 2017; INEGI, 2017; UNODC, 2017

Carto n° 53, 2019 © Areion/Capri

薩爾瓦多：帶領國家走向「勝利」！
在推特擁有百萬追蹤者的新總統

墨西哥

2019 年 2 月 3 日，薩爾瓦多人選出布格磊（Nayib Bukele）擔任他們的新總統。布格磊曾是「馬蒂民族解放陣線」（Farabundo Martí National Liberation Front, FMLN）的幹部，他在選舉中以支持政黨輪替、具有獨立精神的形象，要讓國家告別把持政壇三十年的傳統黨派。這些傳統黨派對於長期盤踞國內，腐蝕外交、社會與經濟生態的暴力問題始終無計可施。

◎ 基本資料

正式國名
薩爾瓦多共和國

國家元首
布格磊

面積
21,041平方公里
（世界排名第153位）

官方語言
西班牙語

首都
聖薩爾瓦多

2020 年人口
649萬人

人口密度
每平方公里308人

貨幣
美元

歷史
薩爾瓦多是古代馬雅人的活動範圍，歷史豐富且悠久，十六世紀因未抵擋西班牙人侵略而成為殖民地。十九世紀初歷經多次革命，中美洲聯邦共和國在1824年成立，薩爾瓦多也是其中一邦。1841年，薩國獨立。從1931年到1984年首次舉辦總統選舉為止，薩國一直處於軍事獨裁統治下，於1980~1992年間更陷入內戰。

2020 年人均 GDP
（以購買力平價計算）
8,420美元

2019 年人類發展指數（HDI）
0.673
（排名第124位）

自從薩爾瓦多內戰（1979～1992年）結束後，反對派的馬克思主義武裝團體轉型為政黨，薩國政壇從此便由兩股勢力把持。首先是「國家共和聯盟黨」（Nationalist Republican Alliance，ARENA，1989～2009 年執政），領導政府二十年，之後則是由另一個政黨馬蒂民族解放陣線執政，為期十年。然而，在2019 年 2 月的選舉中，從第一輪就以 53.5% 得票率贏過馬蒂民族解放陣線的，卻是所謂另類黨派（但屬於保守派）所推出的候選人。年紀輕輕的布格磊（1981 年生）是「國家團結聯盟黨」（Grand Alliance for National Unity，GANA，西文縮寫意為「勝利」）的掌旗者，曾於 2015～2018 年間以馬蒂民族解放陣線的黨員身分擔任首都聖薩爾瓦多市市長。

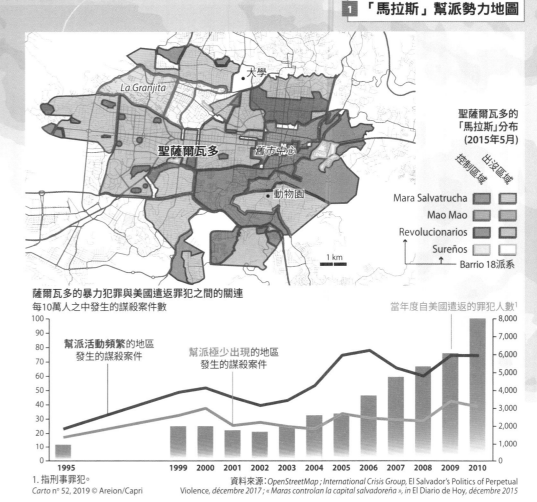

1 「馬拉斯」幫派勢力地圖

大學
La Granjita
聖薩爾瓦多
舊市中心
動物園

聖薩爾瓦多的「馬拉斯」分布（2015年5月）

控制區域　出沒區域

Mara Salvatrucha
Mao Mao
Revolucionarios
Sureños
Barrio 18派系

1 km

薩爾瓦多的暴力犯罪與美國遣返罪犯之間的關連
每10萬人之中發生的謀殺案件數

當年度自美國遣返的罪犯人數[1]

幫派活動頻繁的地區發生的謀殺案件

幫派極少出現的地區發生的謀殺案件

1995　1999　2000　2001　2002　2003　2004　2005　2006　2007　2008　2009　2010

1. 指刑事罪犯。
Carto n° 52, 2019 © Areion/Capri

資料來源：OpenStreetMap；International Crisis Group, El Salvador's Politics of Perpetual Violence, décembre 2017；« Maras controlan la capital salvadoreña », in El Diario de Hoy, décembre 2015

左右政治與經濟，
暴力黑幫「馬拉斯」勢力龐大

布格磊對傳統教育的批判與新穎的作風（使用社群網路、用蘋果創始人賈伯斯〔Steve Jobs〕的風格上台介紹政見）為他贏得民眾、尤其是年輕人的支持。此外，他也主張設立反貪腐機關，這個政見非常切合時事，因為 2018 年薩國的兩位前總統才遭指控挪用公款。然而，國家共和聯盟黨在國會占相對多數，擁有 84 席中的 37 席，馬蒂民族解放陣線則擁有 23 席，而國家團結聯盟黨只有 10 席，這樣的權力關係恐使新總統不易推行政策，再加上本屆議員於 2018 年 5 月就職，任期為 3 年，也可能造成不利。

與中美洲鄰國相比，薩爾瓦多的經濟十分缺乏競爭力，經濟成長率（2019 年為 2.4%）明顯低於其他國家（例如瓜地馬拉為 3.9%）。薩爾瓦多的鄰居在經歷 2008 年的金

融風暴後都已成功重振榮景，然而薩爾瓦多卻依然深陷貧窮（參見圖 2）。儘管薩國弱勢人口獲得公共衛生和教育服務的情形有所改善，貧富差距也有所減緩，可過去十年間，經濟成長對於減緩貧窮境況僅有微薄的幫助。2016 年，薩國的貧窮人口占 31%[1]，處於極度貧窮的人口則占 10%。貧窮的肇因主要是暴力犯罪，在國家共和聯盟黨與馬蒂民族解放陣線之間的內戰（約造成 10 萬人喪命）結束後，薩爾瓦多的政治依舊是一部由暴力寫下的歷史。名為「馬拉斯」（Maras）的殘暴武裝幫派持續鞏固他們在各個城鎮的勢力（參見圖 1），其成員約在 6～7 萬間，而全國有 1/12 的人口在經濟上仰賴他們。暴力犯罪造成的損失相當於 16% 的 GDP，其中以勒索企業主乃至街頭小販為大宗。2016 年，薩爾瓦多雖未處於戰爭之中，卻榮登全球謀殺率最高的國家之一，只能在

2017 年 1 月 11 日淒涼地慶賀兩年來首度沒有發生謀殺案的一天。

身為美洲最小的國家，對外關係對薩國至關重要，然而暴力問題影響之劇，使得新總統必須重新思考對策。2018 年，薩爾瓦多出口額為 63 億美元（咖啡、織品、糖），進口額則為 112 億美元，其中 11 億為能源資源。薩國出口貨物 41.9% 銷往美國，進口貨物則有 30.1% 來自美國。不過兩國在移民問題上關係十分緊繃，自 1990 年代以來，成千上萬的薩爾瓦多人為逃離暴力與貧窮而進入美國。2018 年 1 月，川普政府拒絕延續 2001 年實施的政策，這項政策曾幫助 20 萬薩爾瓦多人在美國境內安居與工作；此外，美國也開始進行大規模遣返。移民美國的海外人口對於薩國經濟十分重要，2017 年，他們匯回國內的金額超過 50 億美元，相當於 20.3% 的 GDP。世界銀行指出，許多薩爾瓦多人的生活是靠著這些匯款才得以維持在貧窮線之上。美國政府更威脅薩爾瓦多，如果他們無法阻止移民的「大篷車」，就要切斷用於打擊馬拉斯的經濟援助。川普的威脅讓人很難不感到諷刺，畢竟大家都知道，這幾個大幫派就是在美國洛杉磯的監獄與街道上誕生的。

賭上 2 億 5 千萬的膽識
宏都拉斯

暴力分子深植於薩國經濟體系中，他們征斂部分 GDP，癱瘓城鎮運作與社會發展，令外國投資者卻步，使人民逃離家園，也讓薩國的對外關係因此更加艱困。隨著在推特上擁有 210 萬追蹤者❷、期盼擺脫舊有政黨輪替模式的年輕新總統上任，他的新式作風也許能為薩爾瓦多歷任領導人皆無法克服的挑戰找到全新的解決之道。

有「拉丁美洲的小拇指」之稱的薩爾瓦多，在 2017 年 3 月 29 日成為第一個關閉國內金屬礦場的國家，讓國內一時之間鬧得雞飛狗跳。然而，對於聖薩爾瓦多當局來說，這種產業會危害環境與人民健康，因此關閉有其必要。此外，這個地震與火山爆發頻繁的國家在環太平洋礦業開曼群島公司（Pac Rim Cayman LLC）面前也顯得特別強硬（以勝利之姿），這間公司因薩國政府基於環保理由拒絕發給開採許可，要求賠償 2 億 5 千萬美元❸。要領導薩爾瓦多，這樣的膽識是必須的。

文 ● J. Desrousseaux

❶ 編注：根據世界銀行統計，薩爾瓦多 2020 年有 26.2% 人口生活水準低於法定貧窮線。
❷ 編注：截至 2022 年 5 月，布格磊的推特追蹤人數已達 396 萬。
❸ 編注：2016 年 10 月，經由國際投資爭端解決中心（International Centre for Settlement of Investment Disputes, ICSID）仲裁，判決薩國勝訴。

2 薩爾瓦多貧窮地圖

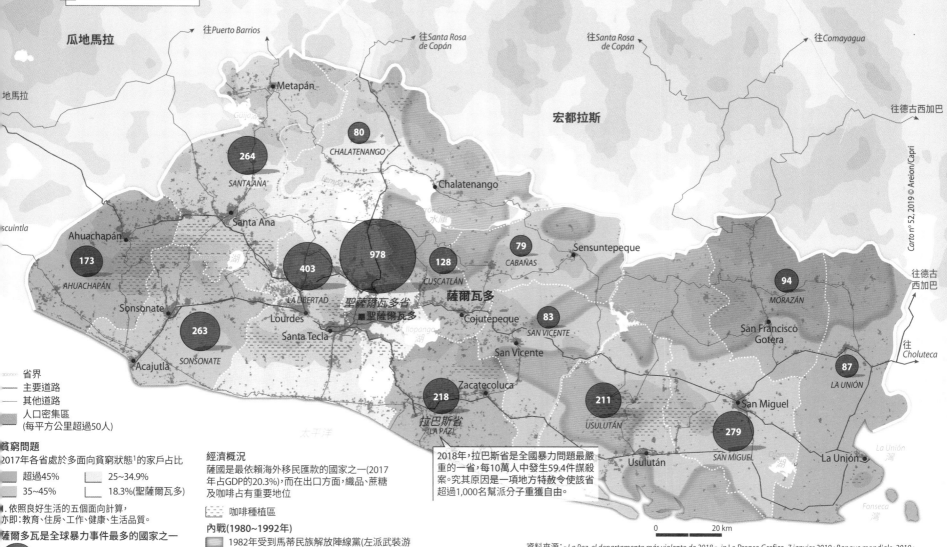

2018年，拉巴斯省是全國暴力問題最嚴重的一省，每10萬人中發生59.4件謀殺案。究其原因是一項地方特赦令使該省超過1,000名幫派分子重獲自由。

省界
— 主要道路
— 其他道路
　人口密集區
（每平方公里超過50人）

貧窮問題
2017年各省處於多面向貧窮狀態¹的家戶占比
　超過45%　　25~34.9%
　35~45%　　18.3%(聖薩爾瓦多)
1. 依照良好生活的五個面向計算，
亦即：教育、住房、工作、健康、生活品質。

薩爾瓦多瓦是全球暴力事件最多的國家之一
　2018年各省謀殺案件數

經濟概況
薩國是最依賴海外移民匯款的國家之一(2017年占GDP的20.3%)，而在出口方面，織品、蔗糖及咖啡占有重要地位
　咖啡種植區

內戰(1980~1992年)
　1982年受到馬蒂民族解放陣線黨(左派武裝游擊隊)控制的地區，桑契斯總統(Sánchez Cerén，任期2014~2019年)即出身於此一組織

0　　20 km

資料來源：« La Paz, el departamento más violento de 2018 », in La Prensa Grafica, 7 janvier 2019 ; Banque mondiale, 2019 ; Observatory of Economic Complexity, consulté en janvier 2019 ; Consejo Salvadoreño del Café, 2018 ; International Crisis Group, El Salvador's Politics of Perpetual Violence, décembre 2017 ; Dirección General de Estadística y Censos, Encuesta de Hogares de Propósitos Múltiples 2017, mai 2018 ; BBC, mai 2018 ; Commission européenne, Global Human Settlements, 2015

飢餓古巴：
美國禁運令下的糧食危機與黑市經濟

美國政府在川普領導期間加重對古巴的制裁，然而，在勞爾・卡斯楚（Raúl Castro，任期 2008 ～ 2018 年）下台後的經濟改革時期，這座島嶼需要的是開放，以回應人民最為重要的基本需求：吃飽。

自 1962 年以來，強大鄰國加諸的貿易與金融禁令便壓得古巴喘不過氣，而美國的目的就是迫使古巴人民（2019 年共 1,133 萬人）起而反抗 1959 年至今的社會主義政權。由於地理上相鄰，美國自然成為古巴的主要食品供應源，一旦失去來自美國的農產品，古巴為了餵飽人民，便不得不轉向其他合作夥伴。

古巴的地緣政治處境直接影響人民的餐盤。1991 年蘇聯垮台，過去使古巴人得以正常生活的蘇聯補助也隨之停止，導致古巴陷入史無前例的經濟蕭條，又稱「特殊時期」（1991 ～ 1994 年）。古巴 GDP 因此下滑 35%，而主要靠經濟互助委員會（Comecon，簡稱「經互會」，由東歐的前蘇聯衛星國家加上蒙古國與越南所組成）支撐的對外貿易也崩潰了。另一方面，這個國家也為生產力低落的計畫經濟所苦。重重問題加上農業積弱不振，使得古巴長期且高度仰賴外國供給（參見圖 1）。

完全依賴進口的糧食困境

在這個島上，政府即是經濟的計畫者，儘管勞爾・卡斯楚在總統任內推動改革，試圖讓古巴社會一點一點向資本主義市場開放，國家經濟依然掌控在中央政府手中。糧食供給作為關乎政權存續的戰略產業，亦未能擺脫此一框架，而政府必須透過國有企業，從全世界取得食物以供應古巴人民，因為即使在收成較佳的年度，島上的糧食產量也僅能達到消費量的 30%。

以古巴人大量食用的小麥為例，基於地理位置與欠缺投資，古巴不生產小麥，而且未來至少在短期內也無法生產，因此這種構成國家糧食安全基礎的穀物必須完全依賴進口。儘管美國是全球最大的小麥生產國之一，但古巴既受其制裁，便不可能從美國取得貨源。除此之外，在金融封鎖下，古巴無法取得信貸，又長期缺乏資金，也無力向美國購買農糧產品。

為了取得珍貴的小麥，古巴只能轉向歐洲。每年由古巴食品進口公司 Alimport（國營企業，負責確保全國糧食供應）進口的軟質小麥約有 80 萬噸，其中超過半數來自法國。2010 年以前，法國小麥占古巴進口小麥的比例可達 90%，直到後來古巴政府決定增加貿易夥伴，以確保糧食供應無虞，法國小麥的比例才逐漸降低。儘管如此，法國依然特別受到哈瓦那當局看重。最初，法國與古巴的關係會大幅拉近，是由於古巴受到「特殊時期」經濟重創的緣故，而法國的穀物出口商只能跟古巴外貿及

投資部指導的國營企業合作，因此，要讓法國小麥持續出口到古巴，政治關係與經濟外交手段便成為關鍵。

國家配給不足，地下黑市興起

即使政府努力維持糧食供給，古巴人依然無法擺脫美國禁運的苦果。雖然人民可使用費德爾・卡斯楚（Fidel Castro，1926 ～ 2016 年）自 1963 年起推行的糧票本（libreta）取得基本糧食，但是在 2018 年，食物依然占據家庭支出的 85%。為了解決國家配給不足的問題，人民經常不得不求助於黑市，然而黑市的價格會隨著需求增加水漲船高。糧食供給對古巴當政者而

1 古巴農產地圖

2015年，哈瓦那40公里外的「超級巨港」馬里艾建成，此一工程規模極為龐大，突顯出古巴想要成為加勒比海樞紐港的企圖心。然而，馬里艾一直無法贏過其他區域性的大型樞紐港，主因便是美國自 1962年以來實施的禁運。

墨西哥灣

哈瓦那
馬里艾（Mariel）
Güines
ARTEMISA
MAYAB
24.
24
35.1 PINAR DEL RÍO
Pinar del Río
Batabanó

Nueva Gerona
5.7 Santa Fe
青年島（ISLA DE LA JUVENTUD）

2016年各省人口
單位：萬人
▨ 鄉村人口　▨ 都市人口

213.1萬人（哈瓦那）
34.2萬人（Holguín）

── 省界
▨ 港口
◇ 馬里艾 特別開發區

2019年主要高速公路概況
── 使用中
┄┄ 興建中或規畫中

2019年碳氫化合物生產概況
⚗ 運作中的油田（離岸油井）
🏭 精煉廠

資料來源：Jérémy Denieulle, 2019；Déméter, 2019；Office des statistiques de Cuba, 2019；Union Cuba-Petróleo, 2019

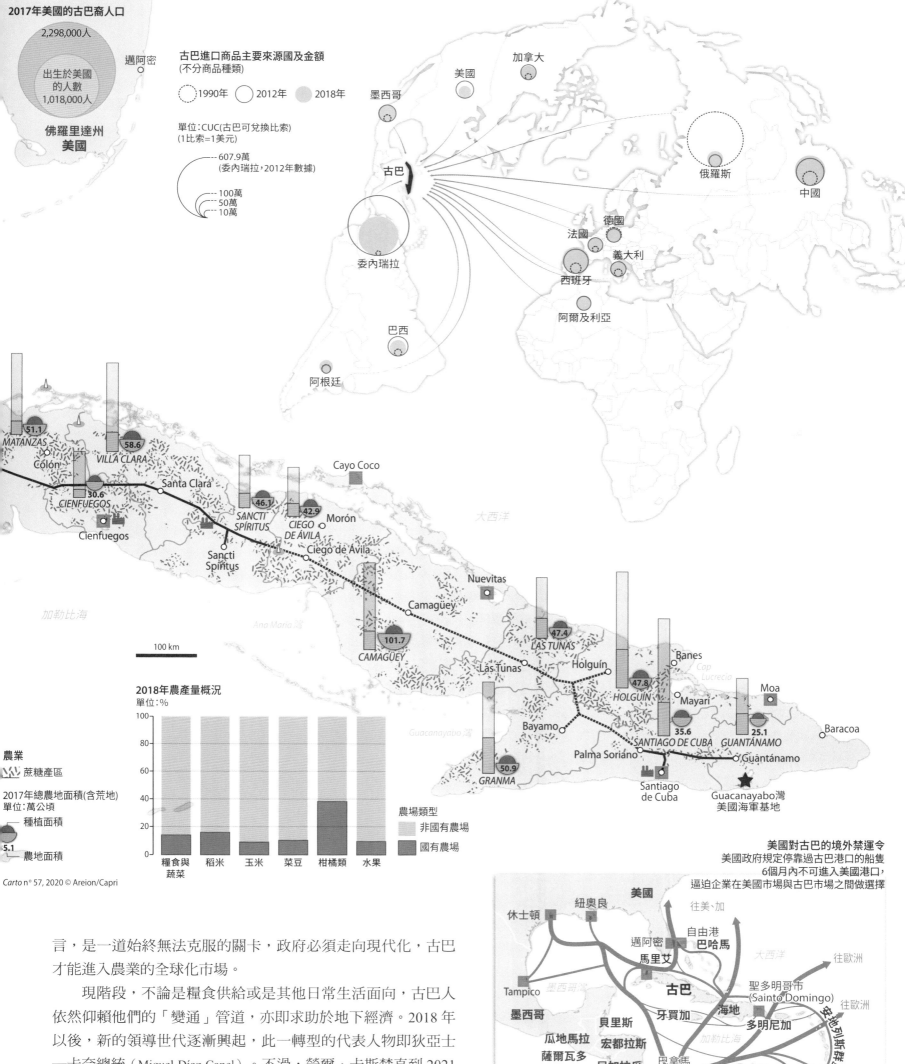

2017年美國的古巴裔人口

2,298,000人
出生於美國的人數 1,018,000人

邁阿密

佛羅里達州
美國

古巴進口商品主要來源國及金額
(不分商品種類)

○ 1990年　○ 2012年　● 2018年

單位：CUC(古巴可兌換比索)
(1比索=1美元)

607.9萬
(委內瑞拉，2012年數據)

100萬
50萬
10萬

加拿大

美國

墨西哥

古巴

俄羅斯

中國

法國　德國
義大利
西班牙

委內瑞拉

阿爾及利亞

巴西

阿根廷

大西洋

加勒比海

MATANZAS 51.1
Colón
VILLA CLARA 58.6
Santa Clara
CIENFUEGOS 30.6
Cienfuegos
Sancti Spíritus
SANCTI SPÍRITUS 46.1
CIEGO DE ÁVILA 42.9
Morón
Ciego de Ávila
Cayo Coco

Nuevitas
Camagüey
CAMAGÜEY 101.7

Ana María 灣

100 km

Las Tunas
LAS TUNAS 47.4
Holguín
HOLGUÍN 47.8
Banes
Cap Lucrecia
Moa
Mayari
35.6
GUANTÁNAMO 25.1
Baracoa

Guacanayabo 灣
Bayamo
Palma Soriano
SANTIAGO DE CUBA
Guantánamo

GRANMA 50.9
Santiago de Cuba
★ Guacanayabo灣
美國海軍基地

2018年農產量概況
單位：%

農場類型
■ 非國有農場
■ 國有農場

糧食與蔬菜　稻米　玉米　菜豆　柑橘類　水果

農業
蔗糖產區

2017年總農地面積(含荒地)
單位：萬公頃
種植面積
5.1 農地面積

Carto n° 57, 2020 © Areion/Capri

美國對古巴的境外禁運令
美國政府規定停靠過古巴港口的船隻
6個月內不可進入美國港口，
逼迫企業在美國市場與古巴市場之間做選擇

美國
休士頓　紐奧良
往美、加
自由港
邁阿密　巴哈馬
馬里艾
Tampico
古巴
大西洋
往歐洲
墨西哥
牙買加
聖多明哥市
(Sainto Domingo)
往歐洲
貝里斯　海地
瓜地馬拉　宏都拉斯　多明尼加
薩爾瓦多　尼加拉瓜
安地列斯群島
哥斯大黎加　巴拿馬運河
往巴西
哥倫比亞　巴拿馬
Puerto La Cruz
委內瑞拉

■ 主要港口
海運路線
━━ 主要航線
── 次要航線
── 小航線

言，是一道始終無法克服的關卡，政府必須走向現代化，古巴才能進入農業的全球化市場。

　　現階段，不論是糧食供給或是其他日常生活面向，古巴人依然仰賴他們的「變通」管道，亦即求助於地下經濟。2018年以後，新的領導世代逐漸興起，此一轉型的代表人物即狄亞士──卡奈總統（Miguel Díaz-Canel）。不過，勞爾・卡斯楚直到2021年4月才從古巴共產黨總書記的位置卸任，交出真正的領導實權。由此可見，古巴政權面臨的挑戰其實是自我改造。

文●J. Denieulle

智利：
調漲地鐵票價，為何引爆全國人民示威？

◉ 基本資料

正式國名
智利共和國

國家元首
柏瑞克（Gabriel Boric，2022年3月就任總統）

面積
756,102平方公里
（世界排名第39位）

官方語言
西班牙語

首都
聖地牙哥

2020年人口
1,912萬人

人口密度
每平方公里25人

貨幣
披索(Peso)

歷史
十六世紀初歐洲人來到此地時，智利居住著不同的原住民族，此後直到1813年爆發獨立戰爭為止，智利都受到西班牙的統治。1818年智利宣布獨立，但戰爭又繼續打了8年之久。十九世紀末、二十世紀初的智利政治極度動盪，直到1970年才首度舉行民主且自由的選舉，由支持社會主義的阿燕德（Salvador Allende）登上總統大位。3年後，皮諾契特將軍發動政變，智利從此為嚴苛的獨裁政權所束縛直到1990年。

2020年人均GDP
（以購買力平價計算）
25,110美元

2019年人類發展指數（HDI）
0.851
（排名第43位）

2019年10～12月間，智利人走上街頭，對總統皮涅拉（Sebastián Piñera，任期2010～2014年、2018～2022年）所領導的自由派政府發出抗議，而在皮涅拉繼任以前，上一任總統巴舍萊（Michelle Bachelet，任期2006～2010年、2014～2018年）則支持社會主義。智利是拉丁美洲最富裕的國家之一，經常被當作國家經濟模式的成功典範，那麼，究竟是什麼釀成這場抗爭？

在首都聖地牙哥（Santiage）的地鐵票價宣布調漲30披索以後，2019年10月18日一早，智利各地無預警爆發大型示威活動，數百萬人加入這場獲得全國3/4人口支持的社會運動，最後讓此措施於10月22日暫停實施。不過，這場運動的訴求還包括取得醫療與教育資源，以及爭取退休年金的數額。這樣的社會運動竟會發生在一個2001～2013年間每年經濟成長超過4.5%的國家，顯得不太尋常，更何況智利2019年的人均GDP達到25,155美元，在南美洲國家中排名第二。同時，智利也是南美洲唯一加入經濟合作暨發展組織的國家，負債不高，貿易呈現順差。如此經濟成就一方面得力於智利盛產原物料（參見圖1），例如礦業部門就占了GDP的15%；一方面也因為智利對外敞開貿易大門，簽訂超過60項自由貿易協定。然而，智利的經濟也有其問題，例如高度仰賴銅礦（占出口額一半），而且無法縮減巨大的貧富差距，以至於成為南美洲貧富不均排名第二的國家，僅次於巴西。此外，據估計，該國有30%的聘僱未經正式申報，其勞動市場脆弱的程度可見一斑。

貧富差距26倍？令人質疑的自由主義

智利當前的經濟與社會特性很大一部分是歷史遺緒。在1970、80年代，智利追隨「芝加哥男孩」（Chicago boys）的腳步，以急行軍之姿投入市場自由化。「芝加哥男孩」是一群出身芝加哥大學、思想上受到經濟學家傅利曼（Milton Friedman，1912～2006年）影響的經濟學者，他們為獨裁者皮諾契特（Augusto Pinochet，1973～1990年掌權）的經濟政策服務。皮諾契特的極權政府壓抑社會、工會、政治等一切形式的反對聲音（超過3千人因此死亡或失蹤），而這群經濟學者就在這樣的背景下實施制度改革，讓智利成為極端自由主義的實驗室，其改革措施包括：大幅刪減社會安全支出、公營事業大規模私有化（醫療、教育、退休金、交通、供水）、大幅調降關稅、高度限縮政府角色等。

雖然智利的經濟表現常被形容為「奇蹟」，但失業率高漲與貧富差距失控，便意味此一模式的成功並非如此絕對。這一波抗爭運動便反映出智利的深層危機，因為這個國家已分裂為兩個世界。2017年，

1 智利礦產分布圖

經濟概況
- □ 金礦
- ■ 銅礦
- ■ 其他礦藏
- ▨ 葡萄種植區
- ◎ 產業活絡的港口

原住民領地
- 受到1993年第19.253號法律承認的馬普切人(Mapuche)部落

0 ——— 200 km

資料來源：*Gouvernement chilien, 2019; www.minmineria.cl; Hirt Irène, Cartographies autochtones. Éléments pour une analyse critique, Espace géographique, 2009*
Carto n° 57, 2020 © Areion/Capri

復活節島
(Easter Island)

世界最大的金礦礦脈Pascua-Lama由巴里克黃金公司(Barrick Gold)取得開採權，此一開採計畫已於2018年因故終止

智利社經概況一覽

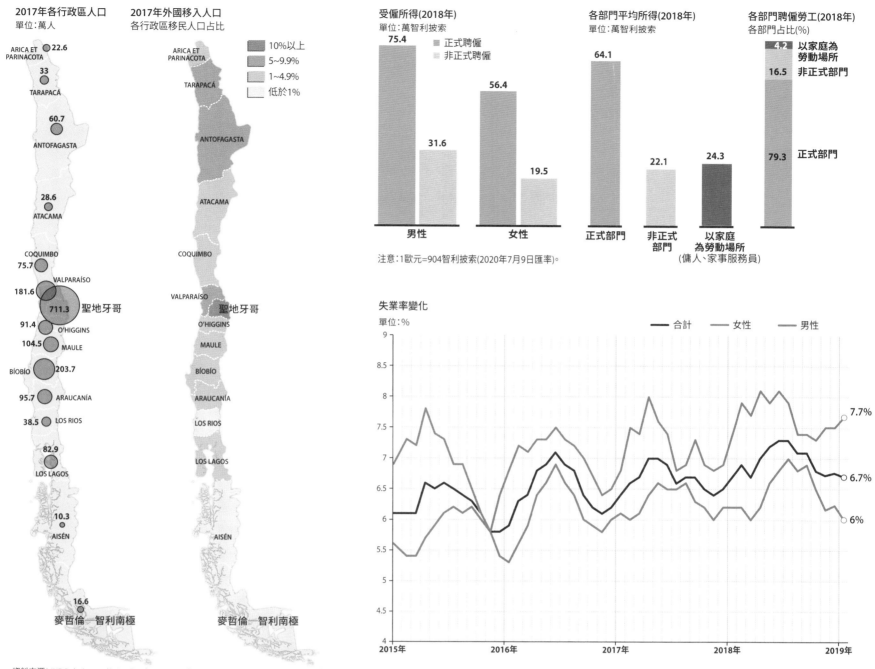

資料來源：INE, Boletín estadístico: Empleo trimestral, 25 mars 2019；INE, Censo 2017；INE, Enfoque Estadístico, décembre 2018；Características de la inmigración internacional en Chile, novembre 2018

Carto n° 57, 2020 © Areion/Capri

智利的吉尼係數為 0.466❶，最富有的前 10% 群體之所得為最貧窮的 10% 群體的 26 倍，而前 1% 富人積聚的財富將近 GDP 的 1/3。一般人民即使薪資提撥金相當高，退休後也只能領到微薄的養老金，最低金額為每月 136 歐元，而該國的最低薪資接近每月 400 歐元。高等教育費用之高昂更是令人卻步，每月必須支付超過 300 歐元，導致為了求學或就醫而背上債務的人口比例高達 3/4。

百萬人走上街頭，爭取新社會契約

雖然巴舍萊曾推行一項大刀闊斧的計畫，企圖解決社會不平等的問題，卻無法成功回應 2011 年以學生抗爭體現的社會期盼，即使有 2017 年墮胎除罪化那樣意義重大的政績也一樣。於是，最初獲得不同背景的多數民眾支持、2015 年起因經濟衰退而受阻、最後毀於貪汙醜聞的巴舍萊，終究未能成功實施免費教育，也未能減少貧窮。借助人民的失望心理，保守派億萬富豪皮涅拉以「二次轉型」為選戰主軸，贏得 2018 年的總統大選，而這種轉向右派的情形也出現於各個鄰國，如巴西 2018 年選出波索納羅（Jair Bolsonaro）、秘魯 2018 年選出畢斯卡拉（Martín Vizcarra）、烏拉圭 2019 年選出拉卡耶波（Luis Lacalle Pou），這幾位領導人都是保守派。

面對大規模的群眾運動，智利政府起初祭出鎮壓手段，這是自皮諾契特獨裁政權終結後，政府首度動用軍隊介入。在動亂、縱火與暴力抗爭中，共有 20 多人死亡，赤裸裸的展現出人民對於由智利頂級富豪領導、商界人物組成的政府有多麼不信任。經歷多次騷動，2019 年 11 月 8 日爆發歷史性的示威抗爭，上百萬人湧入首都聖地牙哥義大利廣場（Plaza Italia）周邊道路，致使智利總統頻頻釋出善意，並接受抗爭者的其中一項主要訴求，即同意修改自專政時代遺留至今的憲法條文、解除緊急狀態與宵禁，並宣布內閣改組。總統甚至表示將改革退休年金制度，成立社會連帶公共基金，財源來自雇主而非勞工繳納的提撥金。然而，直到建立新的社會契約前，抗爭恐怕無法平息，這對智利當局而言無疑是一項艱鉅的挑戰。　文●C. Loïzzo

❶ 編注：吉尼係數是最常用來衡量所得分配不均程度的指標，數值介於 0～1，數值愈大，所得分配愈不平均。

玻利維亞
Tocopilla
Yacuiba
Mejillones
Tartagal
San Ramón
Antofagasta
智利
JUJUY
Campinas
巴拉圭
聖保羅
FORMOSA
Salta
SALTA
西北地區
CHACO
亞松森
(Asunción)
Curitiba
CATAMARCA
SANTIAGO
DEL ESTERO
Formosa
東北地區
TUCUMÁN
San Miguel
de Tucumán
安
Resistencia
Corrientes
MISIONES
Catamarca
Santiago
del Estero
CORRIENTES
Florianópolis
La Rioja
Reconquista
Goya
LA RIOJA
阿根廷
Uruguaiana
SAN JUAN
SANTA FÉ
巴西
Porto Alegre
地
San Juan
Villa
Carlos
Paz
Córdoba
Rafaela
Concordia
ENTRE
RÍOS
Aconcagua
6,952 m ▲
Valparaíso
Mendoza
CÓRDOBA
Río Cuarto
Santa Fe
Paysandú
Concepción del Uruguay
聖地牙哥
Las Heras
San Luis
Rosario
Gualeguaychú
烏拉圭
庫約地區
(CUYO)
Venado
Tuerto
Pergamino
Terminal Zárate
斯
SAN LUIS
Junín
Zárate
智利
彭巴草原地區
(LA PAMPA)
布宜諾斯艾利斯
La Plata
蒙特維多市
(Montevideo)
Concepción
MENDOZA
布宜諾斯
艾利斯省
Exolgan
Olavarría
LA PAMPA
Gisements
de Nequén
Mar del Plata
生產 **43 %** 的阿根廷石油
生產 **60 %** 的天然氣
Neuquén
General
Roca
Bahía Blanca
Necochea
NEUQUÉN
RÍO NEGRO
山
San Carlos
de Bariloche
Puerto Madryn
Trelew
脈
CHUBUT
大西洋
San Jorge 灣

太平洋
Comodoro Rivadavia
San Jorge 灣油田
SANTA CRUZ
生產 **47 %** 的石油
生產 **11 %** 的天然氣
巴塔哥尼亞地區
(PATAGONIE)

福克蘭群島
(Falkland Islands,
英屬)

與英國有邊界爭端

智利

TERRE DE FEU
Ushuaia

0   200 km

統計區界線
省界

2015年人口密度
每平方公里人口數

0   10

貧窮人口
2019年第一季各統計區的貧窮人口占比

42.2%(東北地區)   34~35%
39.9%(西北地區)   28.5%
(巴塔哥尼亞地區)
2019年第一季貧窮人口占比超過40%
的大型人口密集區[1]

碳氫化合物資源
石油   油頁岩
天然氣   油品碼頭
主要輸油管
主要輸氣管

農業
2014~2017年黃豆產量
超過40萬噸的城鎮

2018年主要港口吞吐量
單位：20英尺貨櫃數量

967,929
(布宜諾斯艾利斯)
500,000
100,000

阿根廷國債
占GDP百分比

120
100
80.7%
80
60
40
38.9% (2011年)
20
0
2004年   2010年   2015年   2019年
第2季

1. 阿根廷的都市人口占92%，因此有些統計調查
僅針對超過50萬人口的人口密集區。

Carto nº 56, 2019 © Areion/Capri

資料來源：*Ministères argentins des Transports ; des Finances ; de l'Énergie, 2019 ;
Banque mondiale, 2019 ; Bolsa de comercio de Rosario, 2019 ; INDEC, Incidencia de la
pobreza y la indigencia en 31 aglomerados urbanos, 2019 ; USDA sur données du
Ministère argentin de l'Agriculture, 2018 ; Commission européenne, Global Human
Settlement, 2015 ; The Petroleum Economist, World Energy Atlas, 2009 et 2004*

阿根廷：
揮之不去的經濟惡夢，自由與麵包之爭

繼 20 年前的重大危機後，阿根廷再度陷入經濟與社會困境，高達 35% 的貧窮率意味著 2019 年全國 4,478 萬人口中，有超過 1 千萬人生活貧困。如何因應新一波的經濟衰退，因而成為 2019 年總統大選的議題之一。2015 年上任的總統馬克里（Mauricio Macri）在此次選舉中尋求連任，最終卻敗在支持裴隆主義❶ 的費南德茲（Alberto Fernández）手上。

2018 年 5 月，阿根廷總統拜會國際貨幣基金組織（以下稱 IMF），為深受經濟風暴摧殘的阿根廷請求援助。當時美元升值，阿根廷披索卻狂跌，而阿根廷大多數的外債都是以美元標價，金額因此暴增。IMF 後來提供阿根廷 570 億美元的貸款，然而該組織的介入卻喚起阿根廷人不愉快的回憶，因為 2000 年代初期阿根廷無力還款時，正是 IMF 對他們實施嚴苛的撙節政策。1998 ～ 2002 年的經濟危機對阿根廷人影響甚鉅，當年通貨膨脹之嚴重，導致該國 2002 年的貧窮率高達 57%（貧窮線標準約為每個家庭每月收入 530 歐元）。

愈自由，反而愈貧窮？

阿根廷 2019 年的貧窮率沒有這麼高，不過根據官方統計，年初時便已超過 35%，較 2018 年最後一季攀升了 3.4%，來到與 2001 年相同的 36%。這些統計數字的原始資料來自 31 個人口密集區，從中可知該國有 1,001 萬人生活在貧窮線以下，其中 216 萬人屬於赤貧人口，無法負擔基本生活所需（參見圖 1）。對於正在經歷衰退的阿根廷而言，出現這樣的社會狀況令人十分憂心。該年度阿根廷的製造業產量減少了 8.1%，整年的經濟呈現負成長，失業率則跨過 10% 的門檻。IMF 的借款並未發揮應有的功效，因為這些資金主要被使用於金融業而非實體經濟❷，而外國投資者依舊對這個國家興趣缺缺。2018 年第四季，通貨膨脹率暴增到 47.7%，2019 年全年平均更高達 53.5%❸。

在基西納（Kirchner）夫婦當權的時代結束後，是馬克里帶領這個國家轉向自由主義。基西納夫婦都屬於裴隆主義的陣營，即正義黨（Parti justicialiste），先是由內斯托·基西納（Nestor Kirchner）於 2003 ～ 2007 年執政，接著由克莉絲汀娜·基西納（Cristina Fernández de Kirchner）於 2007 ～ 2015 年執政，他們對經濟問題採取干預主義政策，並重新打造了一個更完整的福利國家，確保教育、醫療等公部門提供免費服務，甚至為兒童提供全面補助。而馬克里上台後，決定與前朝走不同的政策路線。上任第一年，他就刪減了 20 萬個公部門職位與大量政

府補助，並終止披索與美元之間的匯率管控。匯率管控的措施是由克莉絲汀娜·基西納於 2011 年實施，雖然會使儲蓄與進口額減少，卻可防止資本流失。馬克里自由派色彩強烈的政策選擇立刻獲得國際社會歡迎，卻帶來貨幣貶值與通貨膨脹的副作用，通貨膨脹率在 2016 年上升到 40%，而過去的年平均值為 27%，2019 年的經濟危機即由此而生。事實上，和 20 年前一樣，阿根廷恐將再次無力償還欠款。

用選票把總統下架

2015 年靠著零貧窮承諾當選的馬克里，在 2019 年的選戰中吃足了苦頭。早在 2019 年 8 月初選時，支持裴隆主義、中間偏左的費南德茲便與克莉絲汀娜聯手，以 47% 的得票率與馬克里拉開距離，而支持馬克里連任的則只有 32%。馬克里不得不在自由派政策上做出退讓，推出一系列社會安全措施，例如對低薪者調降稅負、提高最低工資，並減免基本糧食的商業加值稅。他甚至恢復匯率管控，導致銀行門口大排長龍，因為存戶都急著提領出他們的美元存款。可惜這麼做還是不足以平息大眾的怨氣，馬克里幾乎是還沒投票就已落選。

儘管總統選戰儼然成為裴隆主義者（基西納派）與反裴隆主義者的對抗，但當前社會經濟問題的嚴重程度已超越黨派之爭。面對大批阿根廷人民聚集於國會門口抗議，各政治黨派於 2019 年 9 月 12 日一致投票通過名為《糧食緊急狀態》的法案，以援助無法正常取得糧食的人民。這項社會安全計畫在上次經濟危機時也曾施行過，政府可依據此法額外撥付經費協助弱勢人口。而有能力的人則會選擇出走到智利，根據幾家人力資源機構的調查指出，具備相當教育水準、想到鄰國智利找工作的阿根廷人大幅增加，2019 年夏天的求職者與前一年相較成長了 247%。

文 ● J. Camy

❶ 編注：前總統胡安·裴隆（Juan Domingo Peron）提出的政治理念，普遍被視為拉丁美洲民粹主義的代表。
❷ 編注：real ecomomy，指能滿足人類真實需求和欲望的經濟活動。
❸ 編注：根據聯合國拉丁美洲暨加勒比經濟委員會（Economic Commission for Latin America and the Caribbean, ECLAC），阿根廷 2020 年通膨率為 42%。

◎ 基本資料

正式名稱
阿根廷共和國

國家元首
費南德茲（2019年就任總統）

面積
2,780,400平方公里（世界排名第9位）

官方語言
西班牙語（卡斯提亞語）

首都
布宜諾斯艾利斯

2020 年人口
4,538萬人

人口密度
每平方公里16人

貨幣
阿根廷披索（PESO）

歷史
1516年西班牙人來到拉布拉他河（Rio de la Plata），將阿根廷納入其殖民地。十九世紀初，阿根廷藉由1810年5月革命取得實質上的獨立，6年後獲得正式承認，但是阿根廷與西班牙的對抗一直持續到1824年才落幕。二十世紀是獨裁政權的時代，1976~1983年為軍人專政，1983年後才逐漸恢復民主政治。

2020 年人均 GDP（以購買力平價計算）
20,771美元

2019 年人類發展指數（HDI）
0.845（排名第46名）

ENVIRONMENT
環境議題篇

可可托海三號礦坑
可可托海三號礦坑位於中國新疆，擁有豐富的稀土及戰略金屬礦藏，對中國發展航太科技有重要貢獻。2017年，聯合國教科文組織將此礦坑所在的可可托海國家地質公園列為世界地質公園之一。
（©Shutterstock/twabian）

聖母峰：人滿為患的「世界觀光屋脊」

2019 年 5 月底，超過 200 名登山者為了登上 8,848 公尺高的「世界屋脊」最高點，而被堵在長長的人龍之中。這座高山已成為「觀光高速公路」，而聖母峰所在的自然保護區薩加瑪塔國家公園（Sagarmatha National Park）則必須設法處理登山者留下的成噸廢棄物，以免聖母峰環境遭受破壞。

2019 年春季，登上聖母峰頂的人達到 885 名，超越 2018 年的登頂人數（807 人，參見圖 1），創下歷史紀錄。數量增加的是由尼泊爾這一側登頂的人，共計 644 名，增加 81 人；由中國境內（西藏自治區）的聖母峰北側登頂的人數則略微減少，共計 241 人（2018 年為 244 人）。有人認為天氣晴朗的風暴空窗期是登山者在山坡上「塞車」的原因，然而真正的理由不在於此，而在於想要登上聖母峰的人愈來愈多。

類似的狀況在 2013 年已發生過一次，那年也打破了歷年紀錄，共有 658 人登頂。2007 年，中國想要發展登山經濟，即使自然保育團體抗議，依然增開 100 公里長的山路，以通往位於海拔 5,200 公尺的基地營，同時在基地營下方建造旅館，並在周圍設置行動通訊基地台。然而，山岳觀光並非中國經濟發展的主要優勢，尼泊爾則相反，以觀光業為主要收入來源（2018 年占 GDP 的 3.5%），2019 年更創下新高，頭幾個月的遊客人數較前一年成長了 15%。

錢進世界第一高峰

自 1990 年代開放入山以來，在尼泊爾境內與境外周遭皆有許多旅行社因此成立，並推出聖母峰攻頂「全包行程」。不過，這樣的行程對富人才有意義，因為登山行程的平均費用是 5 萬美元左右，亦可能高於 10 萬。有些旅行社的開價較低，但往往是在安全要求方面打了折扣，抑或拉低付給雪巴（Sherpa）嚮導的薪資、剋扣預備糧食。

2019 年，尼泊爾政府共發出 381 張聖母峰登山許可（2018

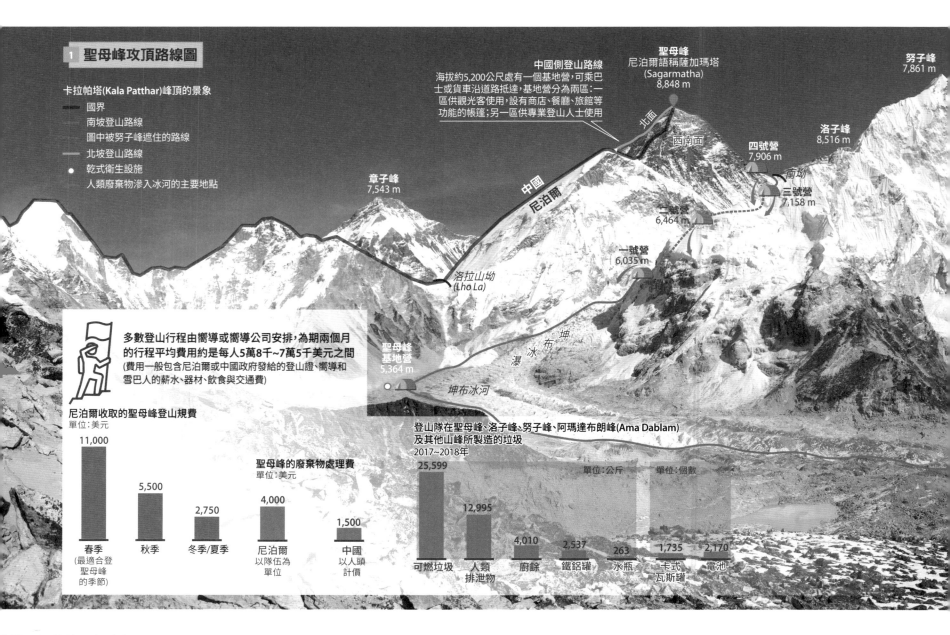

1 聖母峰攻頂路線圖

卡拉帕塔(Kala Patthar)峰頂的景象
━━ 國界
南坡登山路線
圖中被努子峰遮住的路線
━━ 北坡登山路線
● 乾式衛生設施
人類廢棄物滲入冰河的主要地點

中國側登山路線
海拔約5,200公尺處有一個基地營，可乘巴士或貨車沿道路抵達，基地營分為兩區：一區供觀光客使用，設有商店、餐廳、旅館等功能的帳篷；另一區供專業登山人士使用

聖母峰
尼泊爾語稱薩加瑪塔
(Sagarmatha)
8,848 m

努子峰
7,861 m

洛子峰
8,516 m

四號營
7,906 m

三號營
7,158 m

二號營
6,464 m

一號營
6,035 m

章子峰
7,543 m

洛拉山坳
(Lho La)

北面
西南面
南坳

中國
尼泊爾

坤布冰瀑

聖母峰
基地營
5,364 m

坤布冰河

多數登山行程由嚮導或嚮導公司安排，為期兩個月的行程平均費用約是每人5萬8千~7萬5千美元之間
(費用一般包含尼泊爾或中國政府發給的登山證、嚮導和雪巴人的薪水、器材、飲食與交通費)

尼泊爾收取的聖母峰登山規費
單位：美元

11,000	5,500	2,750	4,000	1,500
春季（最適合登聖母峰的季節）	秋季	冬季/夏季	尼泊爾以隊伍為單位	中國以人頭計價

聖母峰的廢棄物處理費
單位：美元

登山隊在聖母峰、洛子峰、努子峰、阿瑪達布朗峰(Ama Dablam)及其他山峰所製造的垃圾
2017~2018年

單位：公斤　　單位：個數

25,599	12,995	4,010	2,537	263	1,735	2,170
可燃垃圾	人類排泄物	廚餘	鐵鋁罐	冰瓶	卡式瓦斯罐	電池

年為 346 張），賺進超過 350 萬美元。登聖母峰的要價一直是最昂貴的，春季的入山證要 11,000 美元，秋季則為 5,500 元，其他 8,000 公尺以上的山峰則是 1,800 元。因此，旅行社都牢牢抓住聖母峰身為「世界屋脊」的賣點，將登頂打造成所有人都能參加的行程，進而吸引愈來愈多業餘登山客嘗試這項挑戰，希望自己可以像在法國騎自行車上阿普杜埃（Alpe d'Huez）坡道❶一樣登上聖母峰，然而兩者的危險程度並不相同。2019 年共計有 11 人在聖母峰山坡上喪命（1 ～ 7 月的數據），其中幾人是因為山上人數過多，被迫在海拔 8,000 公尺以上的酷寒與缺氧環境中等待而喪命。在這樣嚴苛的高山環境下，常人往往難以撐過 48 小時。

2019 年春天，37 支外國隊伍與 7 支尼泊爾登山隊（合計 644 人，包含 364 位雪巴嚮導）成功由尼泊爾這一側登頂，然而挑戰登頂的人實際上共有 1,024 位，其中有 642 位是雪巴嚮導。一位雪巴嚮導每次上山皆可賺進相當於好幾個月的薪水（不含小費約為 580 歐元，折合台幣約 19,000 元），在這個全世界數一數二貧窮的國家裡，算是相當重要的收入來源。因此，世界屋脊上人滿為患，而每趟行程從抵達加德滿都（Kathmandu）、準備入山、下山到返回首都，前後需耗時約兩個月，也是登山客塞車的一大因素。

比垃圾更嚴重的人為汙染

薩加瑪塔國家公園（參見圖 2、3）成立於 1971 年，1979 年被聯合國教科文組織（United Nations Educational, Scientific and Cultural Organization, UNESCO）列為世界遺產。2014 ～ 2018 年間，來訪的觀光客日漸增加，由 37,124 人次成長到 57,739 人次，而園方所需處理的遊客垃圾也愈來愈多，如氧氣瓶、帳篷、鋁梯、鐵鋁罐……等，都是聖母峰登山隊在途中（尤其下山時）為減輕重量扔下的物品。為了維護園區環境，尼泊爾政府在 2015 年規定登山者入山前需繳交 4,000 美元的押金，而只要下山時背負至少 8 公斤的垃圾，即可將押金領回。可惜的是，這項新規定的成效似乎不太好。2019 年春季，尼泊爾政府緊急派遣 20 幾位雪巴人以 6 週的時間清掃園區，範圍從海拔 5,364 公尺的基地營（主要觀

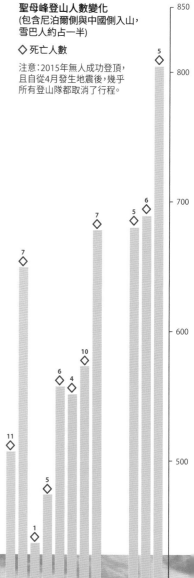

資料來源：The Himalayan Database, août 2019 ; www.alanarnette.com, juillet 2019 ; blog.kazaden.com, juillet 2019 ;« Inside the Everest expedition that built the world's highest weather station », in National Geographic, juin 2019 ; Sagarmatha Pollution Control Committee (SPCC), Annual Report, 2018 ; Hisham Ashkar, The Waste Implications of Climbing and Trekking on Mount Everest, Grida, 2016 ; « Chroniques, "l'Everest est un 9 000 mètres" », in Libération, novembre 2014

Carto n° 55, 2019 © Areion/Capri　　Photo © shutterstock/Daniel Prudek

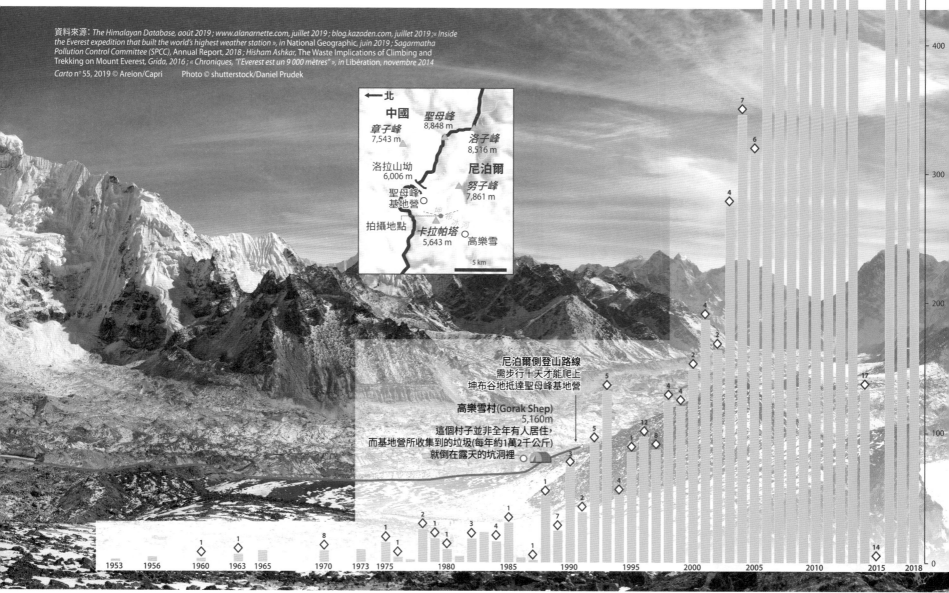

光景點）到海拔 7,906 公尺的四號營，清掃出來的垃圾超過 11 公噸。2018 年，從國家公園清運到加德滿都處理的廢棄物則達到 35,000 公斤。2017～2018 年間，登山者共製造出 25,599 公斤必須送往焚化爐的垃圾，比 2016～2017 年間的 17,703 公斤更多，廢電池和罐頭的數量也增加了。

　　薩加瑪塔汙染控制委員會（Sagarmatha Pollution Control Committee，以下稱 SPCC）成立於 1991 年，而聖母峰的登山路線也是在這一年對商業登山團開放。SPCC 曾試圖推行一些措施，以減少人為活動與垃圾對自然景觀的破壞，例如在山徑沿線與營地裡設置分類垃圾桶等基礎設施，以便區分不可燃垃圾與其他廢棄物。然而，鐵、鋁及玻璃製品很容易回收，人類的糞便卻很難處理，SPCC 為此設置廁所以便收集，同時要求登山隊將糞便收集起來帶至處理中心，因為登頂的路徑位於坤布冰河（Khumbu Glacier），而附近的水源似乎已不再像以前那樣純淨了。

文 ● J. Camy

---

❶ 編注：環法自行車賽的經典路段。

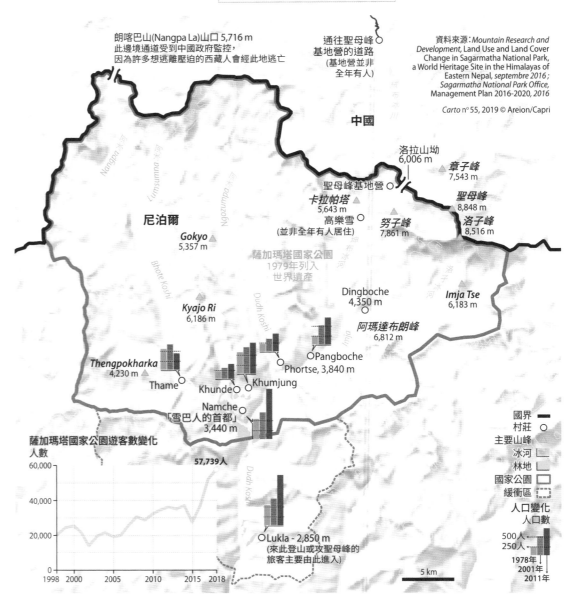

② 薩加瑪塔國家公園環境圖

朗喀巴山(Nangpa La)山口 5,716 m
此邊境通道受到中國政府監控，
因為許多想逃離壓迫的西藏人會經此地逃亡

通往聖母峰
基地營的道路
（基地營並非
全年有人）

資料來源：*Mountain Research and Development*, Land Use and Land Cover Change in Sagarmatha National Park, a World Heritage Site in the Himalayas of Eastern Nepal, *septembre 2016*；*Sagarmatha National Park Office*, Management Plan 2016-2020, *2016*

Carto n° 55, 2019 © Areion/Capri

中國

洛拉山坳 6,006 m
章子峰 7,543 m
聖母峰基地營
卡拉帕塔 5,643 m
聖母峰 8,848 m
高樂雪（並非全年有人居住）
努子峰 7,861 m
洛子峰 8,516 m

尼泊爾

Gokyo 5,357 m

薩加瑪塔國家公園 1979年列入 世界遺產

Dingboche 4,350 m
Imja Tse 6,183 m

Kyajo Ri 6,186 m

阿瑪達布朗峰 6,812 m

Thengpokharka 4,230 m

Pangboche
Phortse, 3,840 m
Thame
Khunde
Khumjung

Namche
「雪巴人的首都」 3,440 m

薩加瑪塔國家公園遊客數變化
人數

57,739人

60,000

40,000

20,000

0

Lukla - 2,850 m
（來此登山或攻聖母峰的
旅客主要由此進入）

1998 2000 2005 2010 2015 2018

國界 ▬
村莊 ○
主要山峰 ▲
冰河
林地
國家公園 ▢
緩衝區 ▢

人口變化
人口數
500 人
250 人
1978年
2001年
2011年

5 km

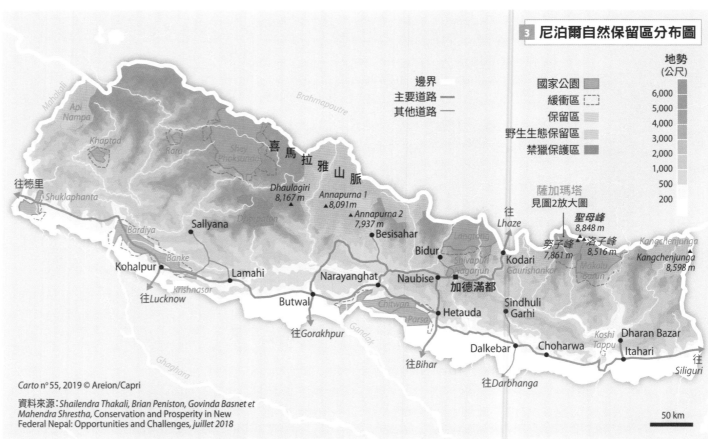

③ 尼泊爾自然保留區分布圖

邊界 ▬
主要道路 ▬
其他道路 ▬

國家公園 ▉
緩衝區 ▢
保留區 ▨
野生生態保留區 ▨
禁獵保護區 ▉

地勢
(公尺)
6,000
5,000
4,000
3,000
2,000
1,000
500
200

Api Nampa
Khaptad
Rara
Shey Phoksundo
喜馬拉雅山脈
往德里
Shuklaphanta
Dhaulagiri 8,167 m
Annapurna 1 8,091 m
Annapurna 2 7,937 m
往Lhaze
薩加瑪塔 見圖2放大圖
聖母峰 8,848 m
努子峰 7,861 m
洛子峰 8,516 m
Kangchenjunga
Sallyana
Besisahar
Bidur
Langtang
Kodari
Gaurishankar
Makalu Barun
Kangchenjunga 8,598 m
Kohalpur
Bardiya
Banke
Lamahi
Narayanghat
Naubise
Shivapuri Nagarjun
往Lucknow
Krishnasar
Butwal
往Gorakhpur
Chitwan
Parsa
Hetauda
Sindhuli Garhi
往Bihar
Dalkebar
Choharwa
Koshi Tappu
Dharan Bazar
Itahari
往Darbhanga
往Siliguri
Dashgaon
Gandak
Ghaghara

Carto n° 55, 2019 © Areion/Capri

資料來源：*Shailendra Thakali, Brian Peniston, Govinda Basnet et Mahendra Shrestha*, Conservation and Prosperity in New Federal Nepal: Opportunities and Challenges, *juillet 2018*

50 km

北歐淘礦狂潮：
挖出薩米馴鹿牧人的新仇舊恨

拉普蘭（Lapland）的自然資源自十七世紀以來即廣為人知，如今由於能源及數位科技轉型，導致礦物需求增加，再加上挪威政府提供的優惠條件推波助瀾，各大礦業公司再度爭相搶進拉普蘭。

拉普蘭礦業發展所引發的問題，從基魯那（Kiruna）這個城鎮最能一窺究竟。基魯那位於瑞典，在北極圈以北150公里處，自1899年起以礦場為中心發展。2004年，為了擴大礦場規模，市政府與國營礦業公司LKAB達成共識，決定將基魯那向東北遷移3公里。由於採礦導致土地塌陷，城鎮環境日漸惡化，該市的16,835位居民中，恐有6,000位必須搬家，此外3,000棟住宅與45萬平方公尺的公共空間與商業場所也必須搬遷。雖然基魯那市民（將近10%人口為LKAB工作）不反對這項決策，但依靠這片土地維生的薩米族馴鹿牧人卻不這麼想。

「拉普蘭」這個名稱略帶負面意涵，稱之為「薩米」（Sápmi）或許較為適宜，意指挪威、瑞典、芬蘭、俄羅斯的薩米人所居住的區域（參見圖1）。這裡已知的工業原料礦藏（石墨、白雲石、石英等）超過160處，金屬礦藏（金、銀、鋅、銅、鐵等）有600處，而2019年初運作中的礦場則有40餘座。拉普蘭的礦業對歐洲固然相當重要，畢竟該區產出的原鐵礦占整個歐陸的90%，金礦亦占63%，不過有鑑於瑞典與芬蘭的拉普蘭區人口自2016年以來流失了1.5%，礦業對當地也有重要的經濟意義。

薩米正處於礦業熱潮之中，舉例來說，2007～2018年間，芬蘭金屬礦藏的開採量從370萬噸增加至3,200萬噸，相較於先前十年間僅成長8%，近十年間竟成長了8倍。此一趨勢不僅受到數位科技與能源轉型創造的資源需求上升帶動，也與拉普蘭本身的特質有關。當地悠久的礦業傳統可追溯至1647年，經年累月之下，拉普蘭的企業與專研礦業的大專院校已形成一套在地的生態系統，也具備電力基礎設施與穩定的運輸路線。礦業除了稅負不高之外，在挪威、芬蘭與瑞典的礦業公司甚至享有全歐洲最低的工業電費。

1 拉普蘭礦業地圖

運作中的礦場（2018年）
△ 鐵　　△ 鎳
△ 石英　△ 碳酸鹽
△ 煤炭、銅、鉛、鋅
△ 貴金屬（金、銀、白金）
△ 其他礦物
▨ 薩米人的傳統生活領域
✳ 引發薩米人抗議的礦場計畫

—— 主要道路
—— 次要道路
--- 鐵路

北角　Hammerfest　Vadsø　克瓦爾松　Kirkenes　Nikel　Mourmansk　巴倫支海
Alta　Apatity　Kola半島
Tromsø　Kovda
Îles Vesterålen　Harstad　白海
Îles Lofoten　Narvik　基魯納　Sodankylä
Svolvær　Kemijärvi
Bodø　Rovaniemi　庫薩莫　俄羅斯　Kem
北極圈　卡拉克　芬蘭　Belomorsk
Mo i Rana　瑞典　Kemi　Segueja
挪威　Luleå　Oulu
Rorvik　Skellefteå　Kondopoga
Namsos　Petrozavodsk
Steinkjer　Umeå　Kuopio
Trondheim　Vaasa　Jyväskylä　Ladoga湖
Molde　Östersund　Pori　Tampere　Lahti　Vyborg
Ålesund　Härnösand　Turku　Volkhov
往奧斯陸（Oslo）　Sundsvall　聖彼得堡
0　100 km　往斯德哥爾摩（Stockholm）　Bollnäs　波羅的海　赫爾辛基（Helsinki）　往里加（Riga）
Gävle

Carto n° 54, 2019 © Areion/Capri

資料來源：Geological Survey of Finland, Fennoscandian Ore Deposit Database, mars 2019 ; Cécile Marin, « Extraction minière en territoire saame », in Le Monde diplomatique, décembre 2016

瑞典的卡拉克（Kallak）、芬蘭的庫薩莫（Kuusamo）與挪威的克瓦爾松（Kvalsund）等開採計畫皆引發反對聲浪，因為對薩米族的牧人而言，礦場及其相關基礎建設，包括風機、水壩、電力線路、道路等，都會破壞放牧地且切斷馴鹿遷徙的路徑。雖然在該區域的8～10萬名薩米人中，僅有10%依然飼養馴鹿，但這項經濟活動已成為薩米文化極具代表性的一環，因此在薩米人看來，開採礦產形同再次剝奪他們對土地的權利。更何況，薩米人與各國政府的關係依舊籠罩在長年同化政策的陰影下，在1935～1976年間，瑞典甚至有62,000名薩米女性因此遭到強迫絕育。

文 ● T. Meyer

印度缺水危機：
用水壓力飆升，水利改革緊急上路

2019 年 5～6 月，印度遭遇前所未有的熱浪侵襲，許多地區皆測得攝氏 40～50 度的高溫，而缺水的情形也愈來愈嚴重。眼看地下水漸漸枯竭，印度政府決定採取行動，如總理莫迪便為此創立水利部（Jal Shakti），以因應已然形成結構性問題的水資源危機。

印度是一個水資源豐沛的國度，每年季風帶來的大量降雨注入河川與平原，創造豐收的條件，特別是 2019 年印度南部與西部的季風雨量格外充沛。然而，由於氣候異常，降雨狀況變得不穩定，導致乾旱時期愈來愈長，也愈來愈難熬。在季風來臨前的初夏時節常常發生極為嚴重的旱災，例如 2019 年 5、6 月印度便發生了大旱，當時拉加斯坦邦（Rajasthan）的氣溫高達攝氏 50 度，季風則遲遲不來。自 1947 年印度獨立以來，水資源一直是當局國土管理政策的重心所在，而在 1960 年代開啟「綠色革命」之後尤其如此。為了應對雨季以外的缺水季節，印度人開發了許多引水與儲水的技術，所以整個國家到處都有水渠、水井、人工鑿井、抽水幫浦、水壩、水塘和儲水池，然而現在這些設施似乎已經不夠用了。

從城鄉到階級，水資源分配落差巨大

儘管印度的可用水資源相當充沛，以 2017 年為例，共有 1 兆 9,110 億立方公尺（全球排名第 8），這樣的水量卻只占全球可用水資源的 3.4%，而 2019 年印度人口為 13.6 億，占全球人口 16.5%。因此，印度每人每年可用水量只有 1,427 立方公尺，成為水資源吃緊（water stress，即每人每年可用水量在 1,000～1,700 立方公尺之間）的國家。自二十世紀末以來，印度每人每年可用水量便不斷下降（1990 年為 2,109 立方公尺，2000 年為 1,754 立方公尺），而依照目前的用水速度，到 2050 年左右，每人每年可用水量將低於 1,000 立方公尺，使印度進入水資源匱乏狀態（water scarcity）。

在幅員遼闊的印度（面積 328 萬平方公里），水資源分布與取得管道在各地呈現巨大落差，而這一點可從不同尺度觀察。例如，無法獲得乾淨飲用水的印度人約有 1 億 6,300 萬人，相當於全國人口的 12%。依據 2011 年的統計資料，43.5% 家庭擁有自來水，11% 取自水井，33.5% 使用抽水幫浦，12% 住在水源地附近的家庭則在水渠或水塘取水。弔詭的是，印度有七成人口居住於鄉村，在都市卻比在鄉村更容易取得水資源（96% 對上 84%）。此外，在鄉村，賤民階級往往必須每天跋涉好幾公里，到離村子最遠的水井去取水，因為他們遭到其他族群排擠。若以行政區來看，東北部的米左藍邦（Mizoram）、納加蘭邦（Nagaland）與西北部的喀什米爾地區、北阿坎德邦（Uttarakhand）人口稀少又多山，水資源充沛，而西南部的喀拉拉邦與卡納塔卡邦（Karnataka）沿海地區也是如此。相反地，中部的中央邦（Madhya Pradesh）、查提斯加爾邦（Chhattisgarh）與西部拉加斯坦邦的可用水資源則十分稀少（參見圖 1）。

水黑幫崛起，竊占水源大發缺水財

面臨這場危機，總理莫迪在 2019 年 5 月決定成立一個規模龐大的水利部，目標是在 5 年內讓超過 2 億 5 千萬個家庭接上自來水系統。這個政策相當大膽，因為要解決的問題多如牛毛。首先是巨型都會帶來的挑戰，隨著人口不斷成長、生活水準不斷提高，用水壓力在未來數十年間也將不斷升高。與此同時，偷接水管和惡意斷水的行為也會造成水資源損失或供水中斷，這種情況在貧民區尤其常見。2019 年春末，泰米爾那都邦曾出現嚴重的供水問題，而發生地點即為該邦首府清奈（人口 1,090 萬），當地政府為此必須透過火車與水罐車運送數十萬立方公尺的水，並派人監控還有進水的少數幾個水庫。在鄉村地區，由於缺水問題與「水黑幫」（water mafia）的崛起，「水暴動」愈來愈常發生（如中央邦）。水黑幫會竊占水資源，且往往以昂貴的價格將劣質水賣給弱勢人口。地下水超抽的元凶則是農業，在農業為主的地區狀況尤其嚴重，而印度農業用水量占全國 90.4%，遠遠超過民生與工業用水。

從更全面的角度來看，印度地表水的衛生狀況惡劣不堪（都市廢水汙染），且氣候異常導致降雨不穩定與雨量不足，勢必會讓可用水資源更為稀少，進而增加水價上升、收成減少等風險。如此一來，已經吃不飽的人將更加難以取得糧食，而因為不堪負債而選擇自殺的農民也會變得更多。更別說資源分配可能造成的衝突，這不僅涉及在緊繃的地緣政治情勢下，與鄰國巴基斯坦與孟加拉之間的分配問題，對印度境內的資源分配也是一大挑戰，因為有些河川會流經數邦（如納巴達河〔Narmada〕、卡弗里河〔Kaveri〕），上下游流域之間很可能會出現糾紛。為了更長遠的未來著想，對印度當局和人民而言，水資源管理的確是個重要關鍵。

文 • É. Janin

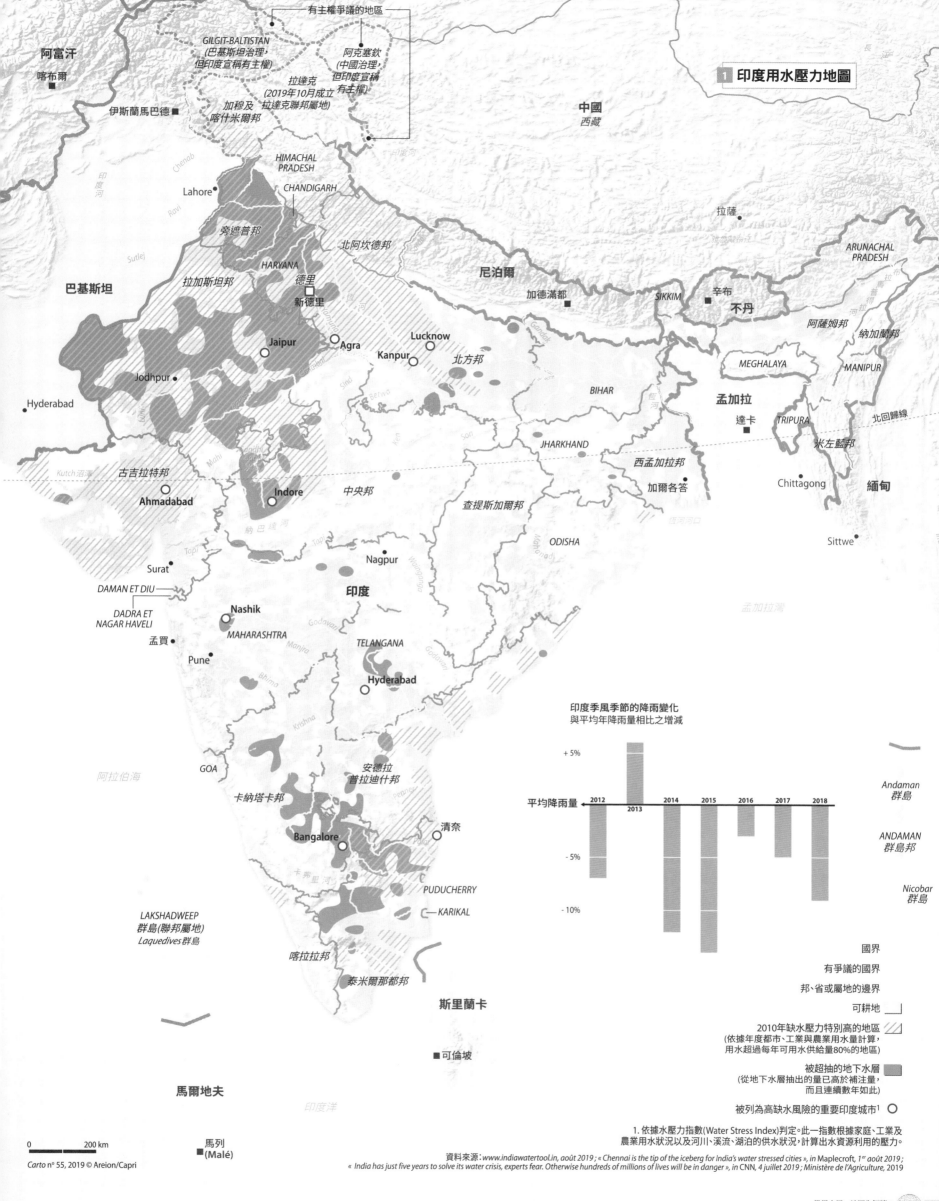

有主權爭議的地區

GILGIT-BALTISTAN
(巴基斯坦治理，
但印度宣稱有主權)

阿克塞欽
(中國治理，
但印度宣稱
有主權)

拉達克
(2019年10月成立
加穆及 拉達克聯邦屬地)
喀什米爾邦

阿富汗

喀布爾

伊斯蘭馬巴德 ■

中國
西藏

拉薩

HIMACHAL
PRADESH

CHANDIGARH

Lahore

旁遮普邦

北阿坎德邦

尼泊爾

加德滿都

ARUNACHAL
PRADESH

HARYANA

德里
新德里

SIKKIM 辛布

不丹

阿薩姆邦

納加蘭邦

巴基斯坦

拉加斯坦邦

Jaipur

Agra

Lucknow

Kanpur

北方邦

MEGHALAYA

MANIPUR

Jodhpur

Hyderabad

BIHAR

孟加拉

達卡

TRIPURA

米左藍邦

北回歸線

古吉拉特邦

Kutch 沼澤

Ahmadabad

Indore

中央邦

JHARKHAND

西孟加拉邦

加爾各答

Chittagong

緬甸

ODISHA

恆河河口

Sittwe

Surat

DAMAN ET DIU

Nagpur

印度

DADRA ET
NAGAR HAVELI

Nashik

孟買

MAHARASHTRA

TELANGANA

Pune

Hyderabad

孟加拉灣

GOA

阿拉伯海

安德拉
普拉迪什邦

Andaman
群島

卡納塔卡邦

ANDAMAN
群島邦

清奈

Bangalore

PUDUCHERRY

Nicobar
群島

KARIKAL

LAKSHADWEEP
群島(聯邦屬地)
Laquedives 群島

喀拉拉邦

泰米爾那都邦

斯里蘭卡

國界

有爭議的國界

邦、省或屬地的邊界

可耕地

2010年缺水壓力特別高的地區
(依據年度都市、工業與農業用水量計算，
用水超過每年可用水供給量80%的地區)

被超抽的地下水層
(從地下水層抽出的量已高於補注量，
而且連續數年如此)

被列為高缺水風險的重要印度城市[1]

■ 可倫坡

馬爾地夫

印度洋

馬列
(Malé) ■

印度季風季節的降雨變化
與平均年降雨量相比之增減

+ 5%

平均降雨量 2012 2013 2014 2015 2016 2017 2018

- 5%

- 10%

0   200 km

Carto n° 55, 2019 © Areion/Capri

1. 依據水壓力指數(Water Stress Index)判定。此一指數根據家庭、工業及
農業用水狀況以及河川、溪流、湖泊的供水狀況，計算出水資源利用的壓力。

資料來源：www.indiawatertool.in, août 2019；« Chennai is the tip of the iceberg for India's water stressed cities », in Maplecroft, 1er août 2019；
« India has just five years to solve its water crisis, experts fear. Otherwise hundreds of millions of lives will be in danger », in CNN, 4 juillet 2019；Ministère de l'Agriculture, 2019

巴倫支三角洲：
沉沒海底的盤古大陸遺跡

印度的恆河三角洲是世界上現存最大的三角洲，面積10萬5千平方公里，而恆河與布拉馬普得拉河（Brahmaputra，上游為中國境內的雅魯藏布江）每秒為這個「大河怪」帶來3萬5千立方公尺的水量。不過科學證據顯示，與巴倫支海（Barents Sea）底下的古代三角洲相比，恆河三角洲不過是個「小矮人」，因為巴倫支三角洲的面積有165萬平方公里！

在美國期刊《地質學》（Geology）2019年3月刊出的一篇論文中[1]，挪威卑爾根大學（University of Bergen）的研究團隊揭露了挪威與俄羅斯北方的北冰洋下，古代巴倫支三角洲的廣袤範圍。過去學者雖知道這個古代三角洲的存在，卻不了解其面積大小。在2億3,700萬年～2億2,700萬年前的三疊紀時代，沖積出巴倫支三角洲的眾多河川注入環繞著盤古大陸的海洋，即所謂「原始大洋」。不久之後，這塊地球上唯一的巨大陸塊分裂，漸漸形成今日我們所知的世界。

學者依據地震回波與鑽井探測到的回波，繪製出海底3D地形圖，藉此測量出巴倫支三角洲目前的位置及過去的流域範圍。依照估算的最大值，其流域最廣可能延伸至黑海，亦即包括一部分的東歐與俄國西部（參見圖1）。巴倫支三角洲的面積為165萬平方公里，相當於地球表面積的0.3%，厚度在200～400公尺之間，沉積物來自寬達25公里的多條河流。學者也比較了巴倫支三角洲與已知古代三角洲的面積，例如卡本塔利亞（Carpentarie，位於澳洲，面積90萬1千平方公里）和麥梅利（MacMurray，位於加拿大，面積102萬平方公里），而光是這兩個三角洲就已將恆河三角洲遠遠拋在後頭。歐洲最大的三角洲則位於羅馬尼亞，由注入黑海的多瑙河沖積而成，面積為4,152平方公里。

該如何說明巴倫支三角洲的規模呢？科學家由其所在位置著手，一方面，它位在「超級大陸」，即盤古大陸上，因此集水區非常廣，可以收集大量雨水與沉積物；另一方面，三角洲的終點是一片相當淺的海洋，即「北海」（Boreal，原始大洋的北端），深度僅約200公尺。

這項重大發現使我們更加了解地球演化史上極為關鍵的一段時期，尤其是當時的自然環境與動物生態。那時地球表面有森林覆蓋，森林釋出的氧氣使物種得以大量繁衍，有些生物的體型則十分巨大。這份研究也強調，巴倫支三角洲對於了解氣候變遷與海平面升高的後續效應，具有重大的研究價值。畢竟三角洲地帶極具經濟價值，對農、漁業來說尤其如此，對糧食供給而言自然也十分重要。這就是為什麼三角洲地帶通常是人口高度密集的區域，埃及的尼羅河沿岸

便是一例。2019年3月發表的研究成果，其一大貢獻便是讓我們更加了解現有的三角洲、其河川系統與沉積物流量。

文 • G. Fourmont

[1] Tore Grane Klausen, Björn Nyberg et William Helland-Hansen, « The largest delta plain in Earth's History », in Geology, mars 2019.

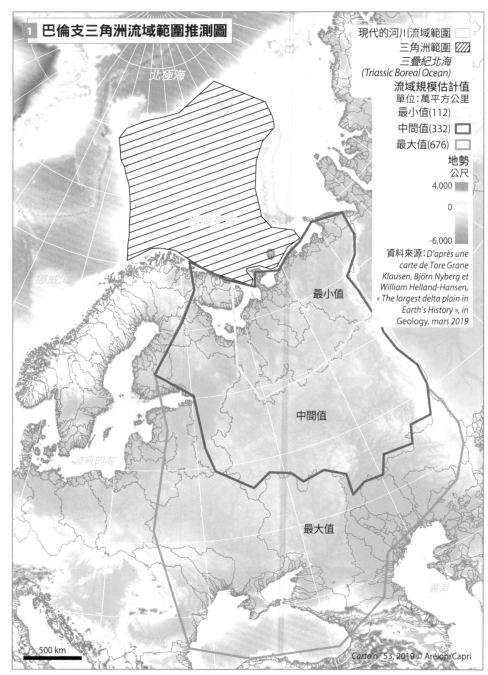

1 巴倫支三角洲流域範圍推測圖

現代的河川流域範圍

三角洲範圍
三疊紀北海
(Triassic Boreal Ocean)

流域規模估計值
單位：萬平方公里
最小值(112)
中間值(332)
最大值(676)

地勢
公尺
4,000
0
-6,000

資料來源：D'après une carte de Tore Grane Klausen, Björn Nyberg et William Helland-Hansen, « The largest delta plain in Earth's History », in Geology, mars 2019

北極海
巴倫支海
挪威海
最小值
最大值
波羅的海
中間值
黑海
最大值

500 km

Carto n° 53, 2019 © Aréion/Capri

綠色長城：
全球沙漠化的第一道防線

綠色長城是 2007 年由 11 個非洲國家共同提出的倡議，最初的想法是要重新種植一片長 7,600 公里、寬 15 公里的廣闊林帶，由塞內加爾首都達卡延伸到吉布地，以阻止薩赫爾地區的沙漠化。在十多年之後，綠色長城倡議至今已成為真正的環境與人文發展計畫，而塞內加爾就是該計畫的橋頭堡。

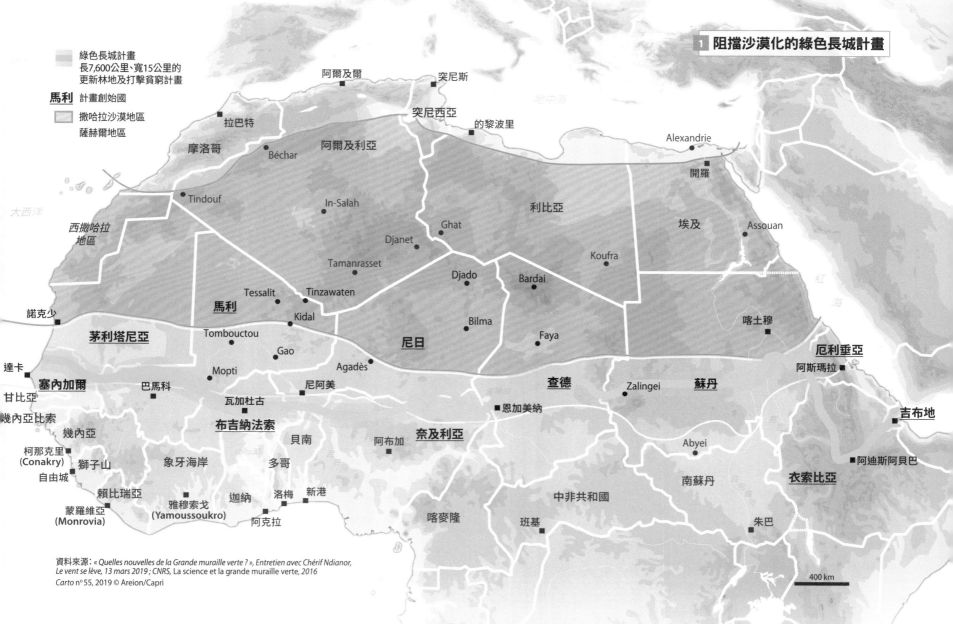

1 阻擋沙漠化的綠色長城計畫

綠色長城計畫
長7,600公里、寬15公里的
更新林地及打擊貧窮計畫

馬利 計畫創始國

撒哈拉沙漠地區
薩赫爾地區

資料來源：« Quelles nouvelles de la Grande muraille verte ? », Entretien avec Chérif Ndianor, Le vent se lève, 13 mars 2019 ; CNRS, La science et la grande muraille verte, 2016
Carto n° 55, 2019 © Areion/Capri

許多在撒哈拉地區發現的洞穴壁畫都證實，直到西元前 4000 年左右，這裡都屬於地中海型氣候。如今已成為沙漠的撒哈拉地區以薩赫爾為南界，主要由乾草原與長著稀疏樹木的熱帶稀樹草原生態系統所組成。撒哈拉公認是全世界最脆弱的地理區域，主要原因有二：其一，人類活動對該地造成沉重的壓力（人口增長所致），而在這種環境條件下，傳統的畜牧方式難以維持。其二，撒哈拉陷入嚴重的水文不穩定，氣候變遷又讓情況雪上加霜（此地氣溫在 2100 年以前可能會上升 3～6 度）。更糟糕的是，撒哈拉地區鮮少降雨（降雨量每年 100～400 公釐），雨季也很短暫，主要在 7～9 月之間，而降雨總是又短又急，且每年時間不固定，因此造成乾旱。艱難的環境條件既影響糧食安全，也提高發生水災的風險，部分當地人只好搬到南方比較潮溼的地區或大城市生活。

跨越 21 個國家的國土管理計畫

長久以來，政府單位和國際組織處理乾旱問題的方式都是頭痛醫頭、腳痛醫腳，然而這種做法只能緩解緊急狀況，無法根除問題。2002 年的「世界防治沙漠化與乾旱日」（每年 6 月 17 日），一場性質特殊的高峰會於查德首都恩加美納（N'Djaména）舉行，由此打造綠色長城的想法首度萌生。2007 年 1 月，於衣

索比亞首都阿迪斯阿貝巴（Addis Ababa）舉行的第 8 屆非洲國家元首與政府高層會議中，11 個國家攜手倡議為薩赫爾與撒哈拉地區打造綠色長城（包含布吉納法索、吉布地、厄利垂亞、衣索比亞、馬利、茅利塔尼亞、尼日、奈及利亞、塞內加爾、蘇丹與查德），目標是對抗沙漠化現象造成的社會、經濟與環境衝擊（參見圖 1）。2010 年，上述國家成立了「泛非綠色長城辦公室」（Pan-African Agency of the Great Green Wall），至今共有 21 個國家加入。有些人認為此計畫規模太龐大，也不適合薩赫爾地區多樣的地理環境，因此國際社會與研究薩赫爾地區的科學家一開始並未支持這項倡議。其後，為了針對地區性問題提出更好的解決之道，綠色長城計畫內容愈來愈細緻、多元，從一道橫越非洲大陸的綠色長牆發展為多項倡議的組合。

不過，計畫性造林與管理植物資源始終是該計畫的重心所在（例如林地將以圍籬保護，使林木能自然更新並防止遭過度放牧破壞），因為森林植被能提供許多好處，不僅可減少作物受損，還具有過濾作用，可以防止居民吸入過多沙塵，從而減少罹患相關疾病。枯葉形成的落葉層則可提供土壤養分，配合植物的蒸散作用，更有助於保持環境溼度。此外，草本植物在樹蔭下也能長得更好，提供牲畜優良的草料。林地再造的工作首先從原生植物開始種植，以供應當地居民的需求（糧食、醫療、柴火、建材等）。

這項行動的另一個目的，則是希望為自然生長在薩赫爾地區的物種能夠創造更高的價值，特別是相思樹屬（Acacia）的植物，其特性是可以吸收空氣中的氮，具有恢復土地生產力的作用。在相思樹屬植物中，阿拉伯膠樹（Acacia senegal）應該是最能獲利的，因為它能製造大量且優質的阿拉伯膠。而俗稱「沙漠棗椰樹」（desert date）的埃及香脂樹（Balanites aegyptiaca）由於在旱地上仍能成長苗壯，也很適合用作薩赫爾地帶的造林植物。埃及香脂樹的每個部位都能利用，尤其是果實含有極高的營養價值，種子更含有 50% 的優質油脂。當地人希望能發揮這種植物潛在的經濟價值，就像摩洛哥的阿甘樹（argan）與布吉納法索的乳油木（karité）一樣，因此於選定的村莊成立由在地婦女管理的社區植物園。畢竟，若不能在科學家、參與計畫的人民與當地管理單位的通力合作之下，讓在地社群獲得經濟發展與基本社會服務的機會，綠色長城計畫便無法真正成功。

政府與人民雙贏，「塞內加爾模式」締造佳績

塞內加爾在 2008 年成立自己的綠色

長城國家辦公室，是計畫進展速度最快的國家，未來塞國將擁有 545 公里長、15 公里寬，面積 8,175 平方公里的林地，分布在盧佳（Louga）、馬譚（Matam）、東巴孔達（Tambacounda）三個地區（人口約 30 萬，參見圖 3），其中包含多種地理環境。種植區以約 600 公頃為一個單位，圍有帶刺鐵絲網以保護幼小植株，各種植區之間也保持一定距離，以方便牲口往來穿梭。林木復育的成功率約為 70%，在塞內加爾 81 萬 7,500 公頃的綠帶上，復育的面積約為 4 萬公頃。此外，2008 ～ 2014 年間，政府將 1 萬 3 千公頃的林地列為禁制區，區內禁止砍伐植物，也不允許動物進入（參見圖 2）。除了一塊塊森林復育區外，交由婦女管理的多用途植物園也以每年大約 8 座的速度持續增加，讓牧人得以擴大經濟來源，也可減少過度放牧的影響。多用途植物園的產品不僅可以自給自足，亦可銷往市場，賺得之利潤則用於建立一套貸款制度。根據官方資料，綠色長城在十年間便創造了 75 個直接就業機會與 1,800 個間接就業機會。

不過，這個計畫也曾遭遇地方反對。例如游牧牧人曾闖入復育區割取草料，促使政府為此設置守衛，並建立一套草料課稅制度，讓牧人可以取得復育區裡的資源，又不致過度利用。此外還有缺水問題，牧人、村民與多用途植物園管理者之間的用水紛爭即由此而生。至於財務方面，塞國政府每年撥出 130 萬歐元的經費，世界銀行則在 2016 ～ 2018 年間，提供了 300 萬美元的資金。而歐盟也資助綠色聯盟地方環境陣線計畫（Local Environmental Coalition for a Green Union, FLEUVE），為薩赫爾地區的

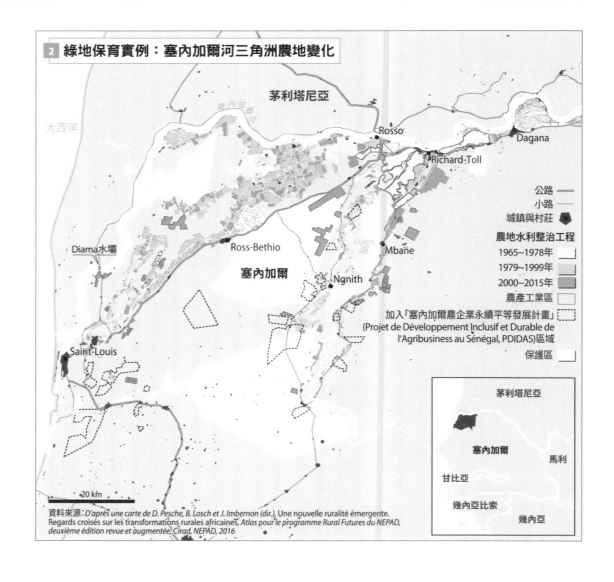

2 綠地保育實例：塞內加爾河三角洲農地變化

茅利塔尼亞
大西洋
Rosso
Dagana
Richard-Toll
Diama水壩
Ross-Bethio
塞內加爾
Guiers湖
Mbane
Ngnith
Saint-Louis

公路 ——
小路 ——
城鎮與村莊
農地水利整治工程
1965~1978年
1979~1999年
2000~2015年
農產工業區
加入「塞內加爾農企業永續平等發展計畫」
(Projet de Développement Inclusif et Durable de l'Agribusiness au Sénégal, PDIDAS)區域
保護區

茅利塔尼亞
塞內加爾
馬利
甘比亞
幾內亞比索
幾內亞

←20 km

資料來源：D'après une carte de D. Pesche, B. Losch et J. Imbernon (dir.), Une nouvelle ruralité émergente. Regards croisés sur les transformations rurales africaines, Atlas pour le programme Rural Futures du NEPAD, deuxième édition revue et augmentée, Cirad, NEPAD, 2016

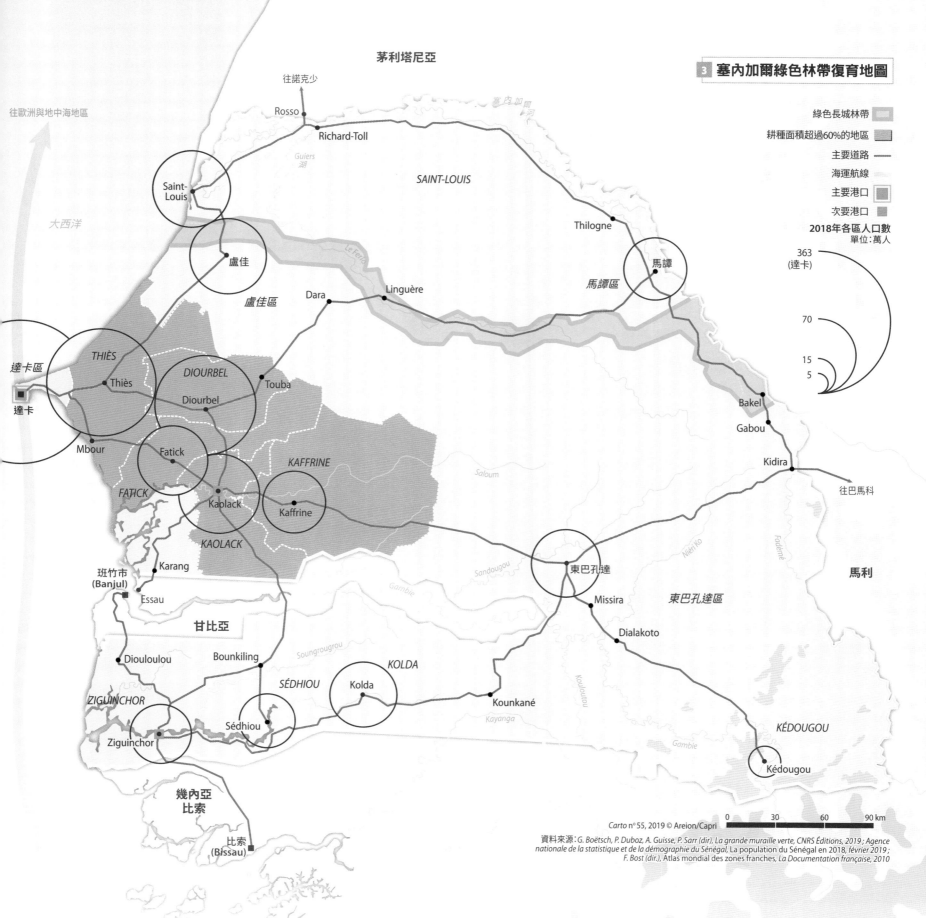

綠色長城林帶
耕種面積超過60%的地區
主要道路
海運航線
主要港口
次要港口
2018年各區人口數
單位：萬人

363
(達卡)

70

15

5

茅利塔尼亞

往諾克少

Rosso

往歐洲與地中海地區

Richard-Toll

Guiers 湖

SAINT-LOUIS

Thilogne

馬譚

馬譚區

Saint-Louis

大西洋

盧佳

盧佳區

Dara

Linguère

Le Ferlo

THIÈS

達卡區

Bakel

DIOURBEL

Touba

Gabou

達卡

Thiès

Diourbel

Kidira

往巴馬科

Mbour

Fatick

KAFFRINE

Saloum

馬利

FATICK

Kaolack

Kaffrine

Nieri Ko

Fadéné

KAOLACK

班竹市
(Banjul)

Karang

東巴孔達

甘比亞

Essau

Sandougou

Missira

東巴孔達區

Gambie

Dialakoto

Koulountou

Diouloulou

Bounkiling

Soungrougrou

KOLDA

ZIGUINCHOR

SÉDHIOU

Kolda

Kounkané

Kayanga

KÉDOUGOU

Sédhiou

Gambie

Ziguinchor

Kédougou

幾內亞
比索

比索
(Bissau)

Carto n° 55, 2019 © Areion/Capri

0   30   60   90 km

資料來源：G. Boëtsch, P. Duboz, A. Guisse, P. Sarr (dir), La grande muraille verte, CNRS Éditions, 2019 ; Agence nationale de la statistique et de la démographie du Sénégal, La population du Sénégal en 2018, février 2019 ; F. Bost (dir.), Atlas mondial des zones franches, La Documentation française, 2010

5 個國家提供高達 780 萬歐元的資金，其中塞內加爾在 2016 ～ 2018 年間獲得的金額為 91 萬 6 千歐元。此外，聯合國世界糧農組織（Food and Agriculture Organization of the United Nations, FAO）這四年來也撥款 4,100 萬歐元給 6 個非洲國家，其中塞內加爾分得 153 萬歐元。

各國推動綠色長城計畫的同時，另一項「支持西非農業生態轉型計畫」（Agro-ecological Transition Support Project in West Africa, AETSP）亦於 2018 年 4 月在奈及利亞首都阿布加（Abuja）正式啟動，預計四年間（2018 ～ 2021 年）將投入 800 萬歐元的經費。計畫成員國包括象牙海岸、布吉納法索、馬利、塞內加爾及多哥，而法國開發署（Agence française de développement, AFD）與西非經濟共同體也為此計畫提供資金。另外，聚焦剛果盆地的「藍色基金」（Congo Basin Blue Fund）也成立了，該基金的宗旨是為環保計畫提供資金，以保護這片環境惡化、林木遭受濫伐的土地。剛果盆地是地球上僅次於亞馬遜盆地的第二大「綠肺」，因此保護這片占地 2 億 2 千萬公頃的森林已成當務之急。其實，這類計畫有不少是受到中國綠色長城工程的啟發，中國政府打算在 1978 ～ 2050 年間創造一道長 4,500 公里、寬 100 公里的森林帶，以應對戈壁沙漠的風沙問題。

文 ● N. Petitjean

幾內亞

柯那克里

巴西毒泥漿：
礦場潰壩惡夢重演，是意外還是疏失？

2019 年 1 月 25 日，巴西東南部布魯馬迪紐（Brumadinho）附近的礦場水壩潰堤，1,270 萬立方公尺的礦業廢水傾洩而出，致使整個河谷都遭到有毒泥漿重重掩蓋。這場意外不僅導致超過 270 人死亡，對環境亦造成嚴重傷害，由此可窺見礦業雖然對巴西的經濟十分重要，缺點卻多不勝數。

布魯馬迪紐水壩的功能是儲存鐵礦提煉後的礦渣（又稱尾礦〔tailings〕，通常呈現漿狀），使得帕拉歐培巴河（Paraopeba）的河水因此遭到重金屬汙染，影響範圍綿延數百公里（參見圖 2），並帶來短期與中長期的公衛問題（提高痢疾、白喉、登革熱等疾病的感染風險）。不僅都市的飲用水供給受到威脅，農業與地方漁業經濟也受到影響，連原住民帕塔秀人（Pataxó）的生活方式亦恐將無法維繫。

是意外還是疏失？政府與礦業巨頭的皮球賽

即使潰堤原因出於偶然，卻令人不由得想起距此 120 公里的馬里亞納（Mariana，參見圖 1）曾發生的悲劇，該事件被稱為巴西史上最悲慘的環境災難。2015 年，馬里亞納兩座水壩破裂，洩出將近 6,000 萬立方公尺含有鉛、鋁、砷的礦渣，並造成致命的洪流（19 人因此喪命），下游的村莊班托羅德里格斯（Bento Rodriguez）從此消失在地圖上，而多西河（Doce）受到汙染的範圍超過 600 公里，一直延伸到大西洋。當地的生態體系，包括距離河口 200 公里內的海域在內，都因此受到長期影響。不論是在布魯馬迪紐還是馬里亞納，這些水壩採用的設計皆已過時又危險，唯一的好處是處理礦業廢棄物的成本非常低廉。

這兩場悲劇都與同一間企業有關——淡水河谷礦業公司（以下簡稱淡水河谷），該公司為巴西的礦業巨擘，同時也是全球礦業龍頭之一。1942 年以國營企業身分成立的淡水河谷（此時的名稱為 CVRD）於 1997 年轉為民營企業，公司名稱也改為「Vale SA」。這間公司受惠於中國需求帶動的原物料熱潮，業績大幅成長，如今在 30 個國家設有據點，為全球第四大礦業集團，2017 年銷售額超過 300 億美元，也是全球最大的鐵礦砂生產者。

馬里亞納災難事件發生後，巴西政府將責任歸咎於礦業公司，指稱其管理與安全程序有疏失，傳達給河川地區居民的資訊不完整，且刻意對意外造成的公衛問題輕描淡寫。時至今日，對受災戶的賠償和重建工作仍遙遙無期。不過，為了維護商譽，淡水河谷正在開發一套積極的社會與環境責任政策，也承諾將會拆除相同設計的水壩，然而，這並不代表這類型的水壩會被淘汰。

巴西礦場意外頻傳，而布魯馬迪紐的礦災事件更讓礦場的安全問題加倍受到質疑。巴西人為此感到憂心忡忡，畢竟巴西境內共有 790 座礦場水壩，大多集中於東北部與南部。聯合國經常批評這些設施缺乏管理，且由於這些水壩設置在人們居住的地區，將會對許多居民帶來極大的風險。

國家與企業切不斷的利益共生

事實上，這場悲劇突顯出礦業對於當地及整個巴西的經濟與歷史具有多大的影響力。自殖民時期（1500 ～ 1815 年）以來，米納斯吉拉斯州（Minas Gerais，葡萄牙文「大礦」之意）就是巴西礦業的中流砥柱，而十七世紀開始，淘金潮使得此地更加受到重視，移民也相繼到來。米納斯吉拉斯州的資源極為豐富，巴西有 2/3 的鐵礦與將近 1/2 的金礦皆出自於此，因而大多數的大型跨國企業（如 AngloGold、ArcelorMittal、必和必拓集團〔BHP Billiton〕）都來此地發展。礦業不僅占該州 GDP 的 8%，更僱用近 5 萬人，而且礦產品質優良、炙手可熱，淡水河谷所需的鐵礦有 40% 皆由此地礦場供應。若從巴西全國的範疇來看，米納斯吉拉斯州生產的礦物占巴西出口量的 1/6，礦業產值則占巴西 GDP 的 5%，其商業模式以大宗商品為主，出口貨物 60% 由農業與礦業原物料及碳氫化合物組成。2016 年，超過五成外銷中國的鐵礦就占了出口總量的 17%，帶來超過 200 億美元的進帳。

礦業界的遊說團體手段強硬，他們為政黨提供資金並長期施壓，希望可以減少花費高昂的安全要求。礦業界在總統大選中支持的波索納洛（Jair Bolsonaro）於 2018 年 10 月當選（2019 年就任），他認為環保法規太嚴格，支持放寬立法。不過由於潰堤事件引發媒體關注，與布魯馬迪紐礦場同類型的水壩依然可望在 2023 年以前拆除。法院自 2019 年 2 月起凍結淡水河谷 25 億歐元的資產，用以彌補災難造成的損害，而米納斯吉拉斯州政府也開始研究開採作業的安全問題並制定規章。

文 • C. Loizzo

ACRE

Rio Branco

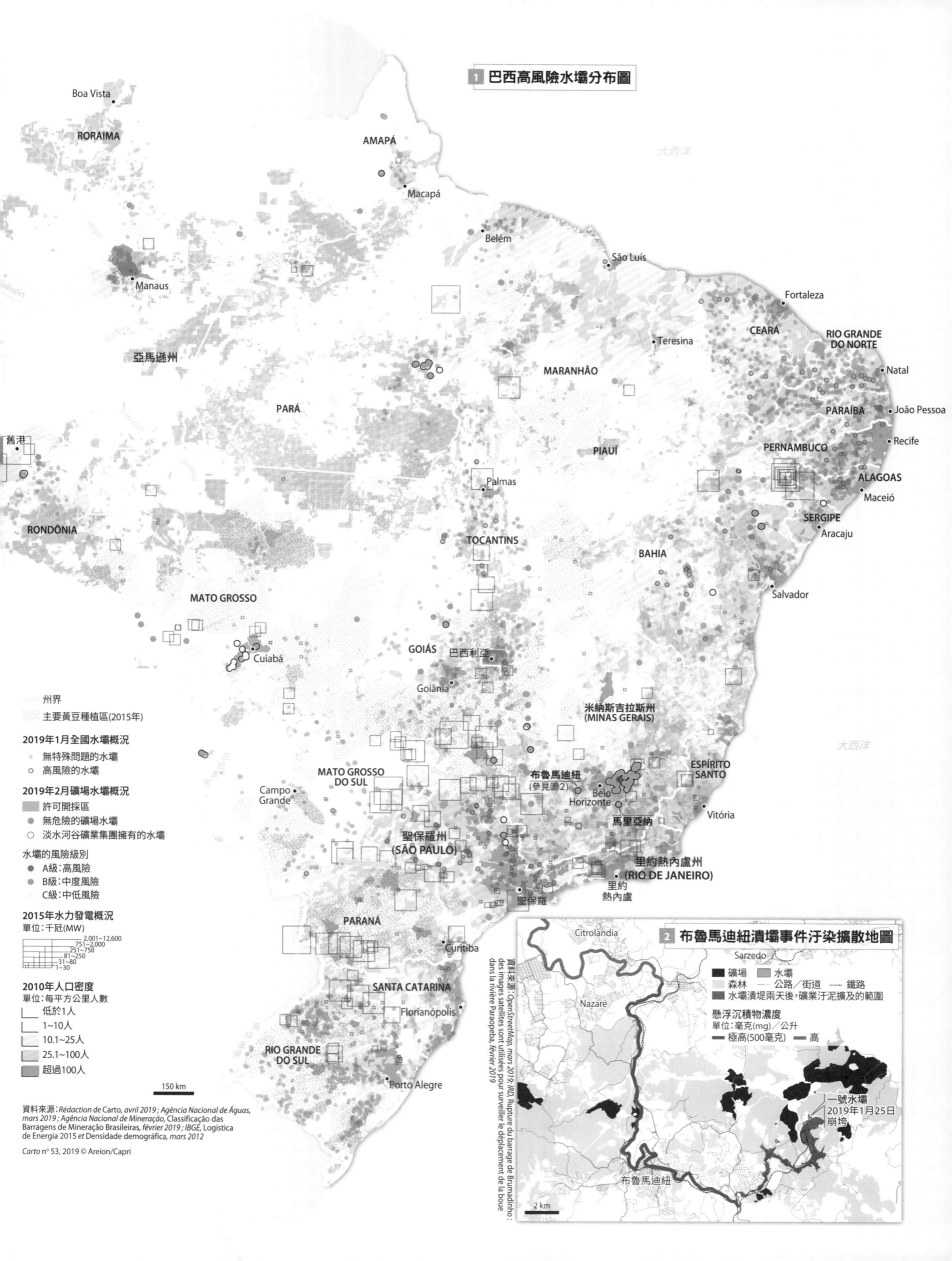

1 巴西高風險水壩分布圖

2 布魯馬迪紐潰壩事件汙染擴散地圖

得稀土者得天下？
受地緣政治裹挾的環境議題

2019 年 5 月，就在中美貿易戰打得如火如荼之際，中國以全球
最大稀土生產國之姿威脅將減少對美國的稀土出口量。9 月，加拿大
政府與美國展開對談，希望聯手減少對中國礦產的依賴。稀土是發展軍
事、能源與運輸科技的基本原物料，新的地緣政治權力關係也由此而生。

稀土是 17 種元素的合稱，包括鈧（scandium）、釔（yttrium）及鑭系元素
（lanthanides）（參見圖1）。雖然這些金屬在地殼中的藏量大部分和銅與鎳
一樣豐富，不過其礦藏比較零散，大多和其他元素混合在一起，因此很難分離出來。稀土
的生產成本絕大多數取決於分離技術，然而，除了成本考量以外，因應稀土的化學、物理
及電學特性而發展出的萃取與精煉技術，也會為環境帶來嚴重傷害。許多國家之所以關閉
稀土礦場，正是基於這個因素。

稀土在眾多產品的製造過程中都扮演極為重要的角色（參見圖4），不僅被運用在光學
產業，如先進光學玻璃拋光、玻璃與陶瓷染色、螢光照明、醫療放射線；也運用於石化與
汽車工業，如石油裂解、觸媒轉化器（catalytic converter）。此外，許多工業產品也會使用到
稀土，如智慧型手機、平板電腦、電腦、電視機等，而在航空、軍備等戰略產業，以及再
生能源產業之中亦會用上，例如電動或油電混合車用引擎、風機電池等。在汽車與通訊產

1 稀土及戰略金屬元素表

資料來源：*Agence nationale de la recherche, Vers une géopolitique de l'énergie plus complexe ?, décembre 2018 ; Chemistry innovation Knowledge Transfer Network, 2011 ; Van Eck Global, Investment Case for Rare Earth/Strategic Metals, 2011*

| 71 Lu 鎦 Lutetium 輕稀土元素 | 71 Lu 鎦 Lutetium 重稀土元素 | 75 Re 錸 Rhenium 戰略金屬 |

2017年歐盟執委會定義的關鍵原料

關鍵原料的風險高低根據兩個要素判定：
一、該資源的經濟價值
二、發生供應緊縮的潛在風險

Carto n° 56, 2019 © Areion/Capri

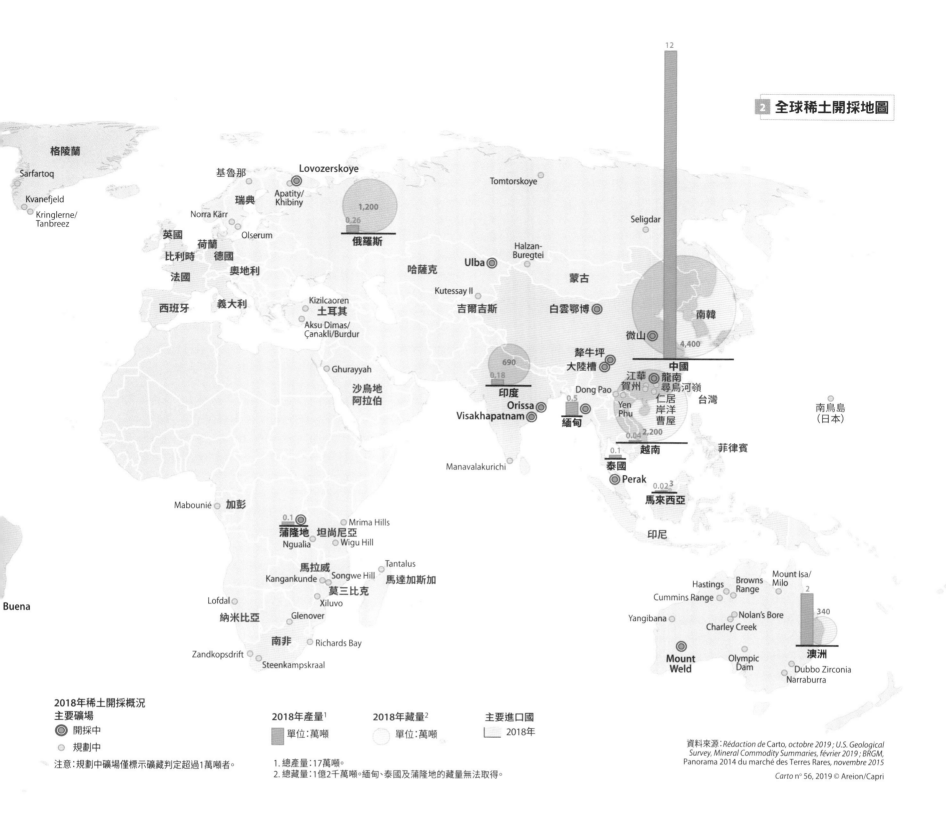

2018年稀土開採概況
主要礦場
◎ 開採中
○ 規劃中
注意：規劃中礦場僅標示礦藏判定超過1萬噸者。

2018年產量[1]
單位：萬噸

2018年藏量[2]
單位：萬噸

主要進口國
2018年

1. 總產量：17萬噸。
2. 總藏量：1億2千萬噸。緬甸、泰國及蒲隆地的藏量無法取得。

資料來源：*Rédaction de Carto, octobre 2019 ; U.S. Geological Survey, Mineral Commodity Summaries, février 2019 ; BRGM, Panorama 2014 du marché des Terres Rares, novembre 2015*

Carto n° 56, 2019 © Areion/Capri

業中不可或缺的永久磁鐵，其生產更獨占 20% 以上的稀土用量，所用稀土的市場價值則占整體的 53%。

中國已成為稀土生產與消費的霸主

2018 年全球生產的 17 萬噸稀土中，中國以 12 萬噸的產量成為最大稀土生產國，將澳洲（2 萬噸）、美國（1 萬 5 千噸）與緬甸（5 千噸）遠遠拋在後頭（參見圖 2）。同時，中國也是擁有最多稀土原礦的國家，藏量估計達 4,400 萬噸，占全球藏量近四成；巴西與越南則各有 2,200 萬噸，並列第二。

然而，北京政府並不打算無限制地擴大生產，針對這些珍貴的礦物設立了開採配額制度（參見圖 3）。2010 年，中國削減了 40% 的出口額度；2019 年，又規定稀土開採總量上限為 12 萬噸，冶煉分離總量上限為 11 萬 5 千噸。中國之所以採取配額

制，是為了解決長期以來的非法稀土提煉問題，因為該國高達 40% 的稀土產量來自於黑市。過去十年間，北京政府曾採取各種手段遏阻地下稀土提煉，包括關閉非法或不符合環保法令的礦場，並限制稀土的生產與出口者，僅授權 6 家國有礦業公司開採與處理這些礦物等。雖然這些措施讓北京政府得以管控生產，稀土進口量卻也因此攀升。2018 年，中國是世界最大稀土出口國，出口量為 5 萬 3 千噸，同時卻也是世界最大稀土進口國，一共購買了 4 萬 1,400 噸的稀土氧化物及氧化物當量。

自相矛盾？對環境有害的綠色能源

中國稀土進口量暴增的原因在於全國產量不足以供應國內市場的需求，例如釹（neodymium）與鐠（praseodymium）等稀土金屬，都是製造電動車和油電混合車不可或缺的材料。中國在電

動車市場上遙遙領先，2018 年占全球銷售量 61%（共銷出 76 萬 9 千輛），緊跟在後的是美國（20 萬 9 千輛）、挪威（4 萬 6 千輛）與法國（3 萬 1 千輛）。如果納入油電車，則全球新能源車的產量超過 200 萬輛，其中 127 萬輛皆由中國生產（較 2017 年成長 62%）。依照中國政府的規劃，2023 年新能源車的年產量應會提升到 600 萬輛。如果真的達成目標，單單為了製造這些車輛，就必須耗費至少 3 萬噸的稀土。然而，需要稀土的不只中國，也不只汽車產業，而這些礦物對風力發電機的運作更是至關重要，一座離岸風力發電機就需要超過一噸的稀土。

弔詭的是，雖然稀土是生產綠色能源的重要材料，使我們能為排放大量二氧化碳的能源找到替代品，但是稀土的提煉與處理過程卻會對環境造成嚴重危害。稀土礦物往往與釷（thorium）等放射性物質混合在一起，而且分離各種金屬的過程必須使用大量有毒致癌物質，例如硫酸鹽、氨與鹽酸。處理一噸稀土會產生 2,000 噸有毒廢棄物，包括重金屬、硫酸，甚至鈾。在內蒙古的包頭市，亦即中國半數稀土產量的來源地，礦業公司每年排出的廢水量達到 1,000 萬噸，這樣的環境破壞力讓許多國家不得不減少稀土的生產。

避免壟斷且永續環保的生產法

不過，面對稀土需求飆漲與價格上揚，愈來愈多國家打算分散供應源，並自己投入開採，比如加拿大、澳洲與南非便啟動許多開採與探勘計畫。日本也考慮開採 2013 年在距離東京東南方 2,000 公里的小笠原群島外海發現的巨量稀土礦藏，此處約有 700 ～ 1,600 萬噸的珍貴礦物，蘊藏在深度超過 5,500 公尺的太平洋深處。這項發現對日本的經濟而言無疑是一大福音，

3 稀土主要生產國產量變化

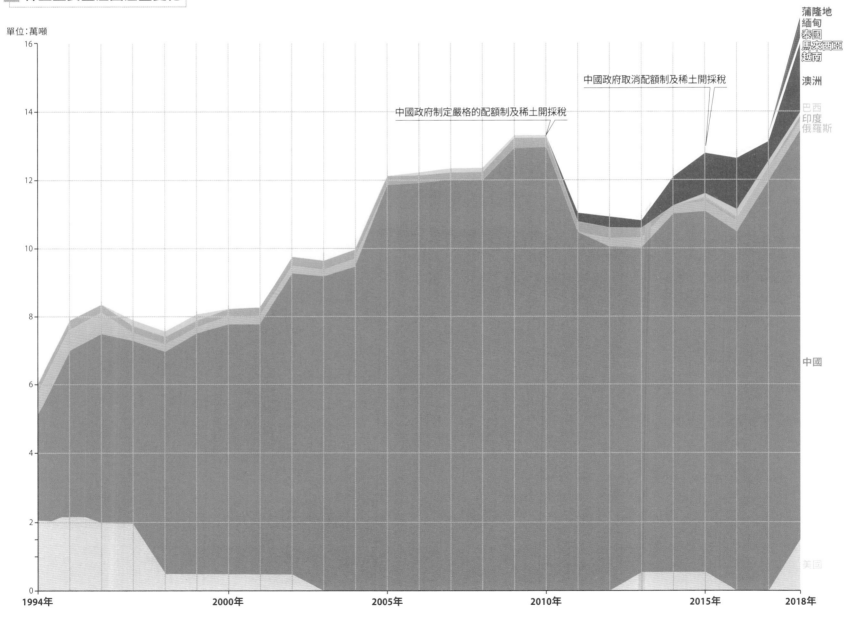

單位：萬噸

資料來源：*Rédaction de Carto, octobre 2019 ; John Seaman, « La Chine et les terres rares. Son rôle critique dans la nouvelle économie », IFRI, janvier 2019*

Carto n° 56, 2019 © Areion/Capri

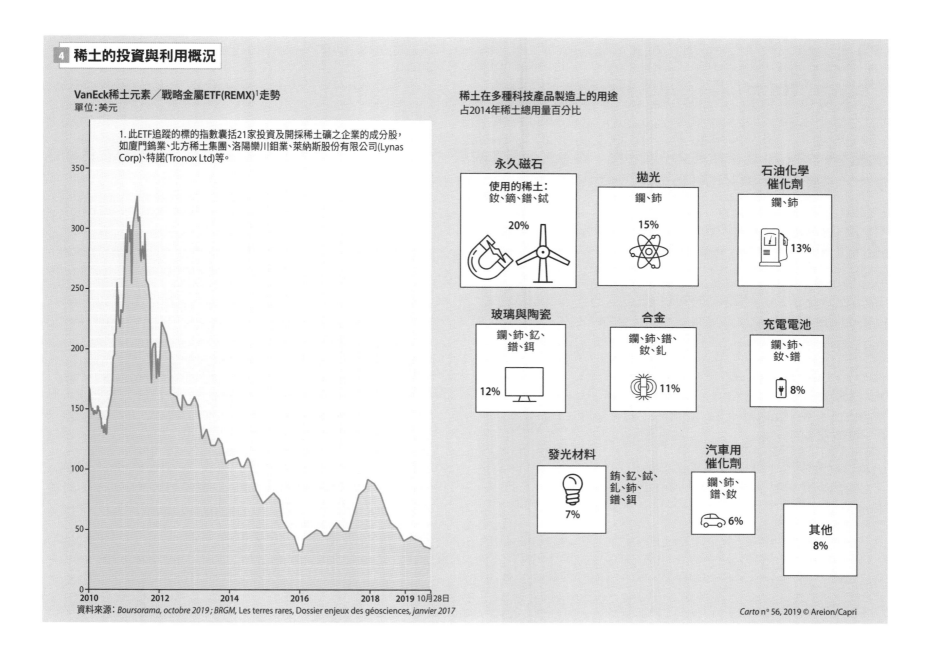

VanEck稀土元素／戰略金屬ETF(REMX)[1]走勢
單位：美元

1. 此ETF追蹤的標的指數囊括21家投資及開採稀土礦之企業的成分股，如廈門鎢業、北方稀土集團、洛陽欒川鉬業、萊納斯股份有限公司(Lynas Corp)、特諾(Tronox Ltd)等。

資料來源：*Boursorama, octobre 2019*；BRGM, *Les terres rares, Dossier enjeux des géosciences, janvier 2017*

稀土在多種科技產品製造上的用途
占2014年稀土總用量百分比

永久磁石
使用的稀土：
釹、鏑、鐠、鋱
20%

拋光
鑭、鈰
15%

石油化學催化劑
鑭、鈰
13%

玻璃與陶瓷
鑭、鈰、釔、鐠、鉺
12%

合金
鑭、鈰、鐠、釹、釓
11%

充電電池
鑭、鈰、釹、鐠
8%

發光材料
銪、釔、鋱、釓、鈰、鐠、鉺
7%

汽車用催化劑
鑭、鈰、鐠、釹
6%

其他
8%

Carto n° 56, 2019 © Areion/Capri

然而在深海中進行開採的風險與環境成本也十分龐大。

談到脫離對中國的依賴，態度最積極的還是美國。華盛頓政府已將稀土列為影響國家與經濟安全的重要礦物，雖然美國在 2013 年決定重啟加州的隘口礦場（Mountain Pass），但國內使用的稀土還是得仰賴進口，以 2014 ～ 2017 年為例，來自中國的稀土占比皆高達 80%。雖然其他國家也對美國供應稀土，例如愛沙尼亞（6%）、法國（3%）與日本（3%），不過這些國家的原物料大部分仍是產自中國的精礦和化學中間體。由於世界兩大強權在貿易上摩擦不斷，稀土於是成為北京施壓的手段。很顯然地，中國企圖將這個具戰略性的市場化為打擊對手的武器，以報復川普政府斬斷電信大廠華為的晶片與零件供應鏈。

說到底，中國如果落實對美國的威脅，對自身也沒有好處。從戰略的觀點看來，把稀土當作要脅手段，很可能會破壞北京政府近年為打造良好國際形象所付出的努力。若從實際面來看，即使中國拒絕出口稀土而對美國企業造成損害，對全球經濟的影響卻微不足道。2018 年，美國進口一萬噸稀土金屬與化合物，價值 1 億 6 千萬美元，相當於美國 0.001% 的 GDP。假使中國真的扣住稀土，美國在短期內也可以全然仰賴國內的私有及公有存量。此外，如果要降低中國對全球市場的壟斷程度與環境衝擊，回收稀土也是一個可能的選項。隨著相關研究計畫增加，2015 年賓州大學（University of Pennsylvania）的學者成功研發出一套化學程序，可以選擇性地分解部分元素，並使其餘元素維持固態。在法國，巴黎—薩克雷大學（Université Paris-Saclay）的三位學者於 2014 年成立的新創公司「Ajelis」，已開始研發可捕捉特定金屬元素的過濾材質，希望能以此技術回收稀土。不過截至目前為止，從廢棄的裝置上回收的稀土仍不到 5%。

文 ● N. Rouiaï

電子垃圾變黃金：
法國的電子產品回收概況

法國人平均每 20 個月就會換一次手機，導致這個國家的電子垃圾不斷增加。然而，這些電子垃圾中既含有具經濟價值的元素，也有高汙染性的材料，真正受到回收的卻不到半數。

2017 年，法國人丟進垃圾桶的電器和電子設備高達 170 萬噸，相當於每秒產生 47 公斤左右的垃圾。這些電子垃圾包括家用電器、電話、電腦、電視和照明設備，由於數位科技在生活中愈來愈無所不在，人們更換設備的頻率也愈來愈高，使得電子垃圾量以每年 3.5% 的速度成長。2017 年，法國電子產品總計售出 8 億 3,500 萬件，相當於 180 萬噸，較 2016 年增加了 7%（參見圖 1）。增加的原因一方面是銷售狀況的盤點統計變得更加精確（特別是太陽能光電板），另一方面則是消費量上升。在所有電子垃圾中，家電產品占了將近 70% 的總重，遠勝於資訊設備（6%）、音響及 Hi-Fi 器材（6%）。法國是全球最大的電子垃圾製造國之一，單純以數據來看排名第八，而如果計算電子垃圾與人口數的比值則排名第二，僅次於德國。

一支智慧型手機就是一座礦山

雖然電子垃圾中充斥著各種汙染物質（汞、電池與蓄電池、鉛、鎘……等），但同時也含有大量有價值的材料。2017 年，法國的電子垃圾含有 51% 的鋼鐵、17% 的塑膠、7.8% 的非鐵金屬材料（金、銅、鈷、鉭與稀土）。既然一支智慧型手機就含有超過 40 種不同的金屬，而法國又幾乎不生產這些礦物，那麼電子垃圾的回收便不只是環境議題，也是地緣政治議題。然而，要讓電子垃圾重新進入經濟體系並非易事，由於電子裝置愈來愈小巧，含有的金屬量也隨之減少，且更加難以取出。環保組織地球之友（Friends of the Earth）的資料顯示，自 2003 年以來，印刷電路板（Printed Circuit Board, PCB）所含的黃金量已減少 40%。此外，電子產品中的稀有金屬通常以合金的形式存在，而分離合金的成本十分高昂，壓縮了再處理的利益空間。由於難以獲利，法國唯二的兩間稀土回收廠已於 2016 年關閉。不僅如此，電子垃圾業處理者還經常遇上竊盜問題，送到廢品集中站的大

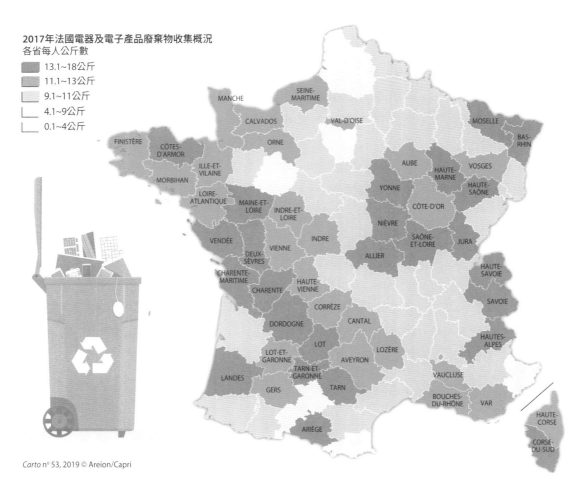

2017年法國電器及電子產品廢棄物收集概況
各省每人公斤數
- 13.1~18公斤
- 11.1~13公斤
- 9.1~11公斤
- 4.1~9公斤
- 0.1~4公斤

Carto n° 53, 2019 © Areion/Capri

1 法國電子產品市場與廢棄物收集概況

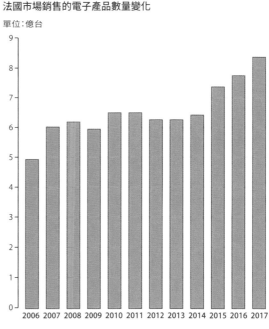

法國市場銷售的電子產品數量變化
單位：億台

資料來源：*ADEME, Équipements électriques et électroniques, 2018*

2 歐洲電子垃圾收集概況

2016年電器及電子產品廢棄物收集量

單位：每人公斤數
低於5公斤
5~10公斤
超過10公斤

資料來源：*Eurostat, 2019*　*Carto nº 53, 2019 © Areion/Capri*

3 歐洲電子垃圾投入回收概況

2016年電器及電子產品廢棄物實際回收量

單位：每人公斤數
低於5公斤
5~10公斤
超過10公斤

資料來源：*Eurostat, 2019*　*Carto nº 53, 2019 © Areion/Capri*

型家電約有 20～25% 會被偷走。

2005 年起，法國的電器與電子產品製造商依法必須負責回收及處理電子垃圾。為了節省成本，製造商將再處理的工作委託給政府認證的環保回收業者，這些業者由製造商出資成立，而經費就來自消費者購買產品的費用。2018 年，在四家獲得政府認證的電子垃圾回收業者中，「Eco-logic」便掌握了 75% 的回收市場。電子垃圾由超過 4,400 個廢品集中站負責收集，此外在各地門市也設立了 2 萬 3 千個回收點。收集起來的電子垃圾會送到 558 個回收廠進行處理，其中 95% 位於法國；剩下的 5% 則反映出法國的回收缺口，其中又以光電板為最，因為法國直到 2017 年才成立第一間光電板回收工廠。

回收率不到五成，整體機制有待革新

法國政府的原定目標是在 2019 年達到 65% 的電子垃圾回收率，但產業界目前仍大幅落後。2017 年，業者收集到的電子垃圾共計 75 萬 667 噸，相當於垃圾總量的 45.1%，而這還已經是比 2016 年成長 3.5% 的數字。回收處理比例如此之低，是因為垃圾分類制度還不夠健全，約有 20～30% 的電子垃圾一直被當成家庭垃圾或大型垃圾處理，每年有超過半數的電冰箱和報廢汽車一起被絞碎（參見圖 2、3）。另一個原因則是「抽屜效應」，將近 43% 的法國人表示自己家裡堆著電子垃圾，其中又以手機和相機居多。此外，環保團體也批評大型線上購物平台並未建立電子垃圾的回收機制。

自 2006 年起，電子垃圾處理已為物流業、回收業、維修業創造超過 3,100 個工作機會，這同時也是與「Emmaüs」及「Envie」等組織的就業輔導網絡合作之成果。法國政府為廢棄物處理方式制定的優先順序是將「再利用」擺在第一位，但是電子垃圾距離這個目標非常遙遠，唯一的例外是大型家電（瓦斯烤肉爐、洗衣機、烤箱等）。以重量計算，各個據點收集到的電子垃圾超過 80% 進入回收管道，10% 拆解後送往焚化爐，維修後重新使用的比例則不到 1%。

文 ● T. Meyer

核廢料歸何處？ 核能家園的當務之急

繼 2013 年的公共辯論以失敗告終後，法國政府於 2018 年 12 月～ 2019 年 3 月間再次為布爾鎮（Bure，位於默茲省〔Meuse〕）的放射性廢棄物儲存中心工程計畫舉辦了公共辯論。自 1970 年代以來，核廢料（即放射性廢棄物）便是核能相關爭論中最重要的議題。雖然辯論的焦點都集中在用過的核燃料棒，然而核廢料實際上涵蓋多種不同物質。

東北太平洋
1946年首次
海拋的地點，
位於加州外海

加拿大

美國

2018 年 12 月 31 日，法國國家放射性廢棄物管理局（Agence nationale pour la gestion des déchets radioactifs，以下簡稱 ANDRA）發表的報告書指出，全法的核廢料共計有 164 萬立方公尺。為了訂立處理標準，ANDRA 將核廢料依照放射性活度的高低與半衰期長短分為五大類❶：高放射性廢棄物（HA，占整體的 0.2%）、中度放射性長半衰期廢棄物（MA-VL，占 2.9%）、低放射性長半衰期廢棄物（FA-VL，占 5.9%）、中低度放射性短半衰期廢棄物（FMA-VC，占 59.6%）與極低放射性廢棄物（TFA，占 31.3%），另外還有少數是極短半衰期廢棄物（VTC）。極低放射性廢棄物的活度只有全體核廢料的 0.0001%，而高放射性廢棄物的活度則占 94.9%。高放射性廢棄物主要來自核電廠使用過的核燃料，中度放射性長半衰期廢棄物則大多來自包覆核燃料的金屬廢棄物，而其餘放射性較低、半衰期較短的核廢料則來自醫療廢棄物或操作核子設施時所使用的物件（工具、手套、衣物），以及拆除核子設施時產生的廢棄物（瓦礫、廢鐵、

塑膠）。核廢料超過半數都是核能發電的產物（占總量的 59.6%），其次則是源自核子研究機構（占 27.3%）、國防（占 9%）、非核電產業（占 3.4%）以及醫療部門（占 0.7%，參見圖 1）。

核廢料可以回收再利用？

雖然 1972 年通過的《倫敦公約》（London Convention）禁止各國將放射性廢棄物傾倒至海中，但是實際上做決策的權力依然屬於各國政府。幾乎所有核能國家都認為核燃料從反應爐中取出後就成為核廢料，只有法國、俄羅斯、日本、英國和印度選擇將使用過的核燃料再處理，以減少需要儲存的核廢料、製造生產核子武器所需的核分裂物質，並回收一部分的燃料。然而，先不說美國早已放棄此種做法，日本的再處理計畫也從未啟動，而中國原訂於江蘇連雲港興建的第一個再處理中心，歷經 2016 年當地居民的集體抗議後也已暫緩。在法國，芒什省

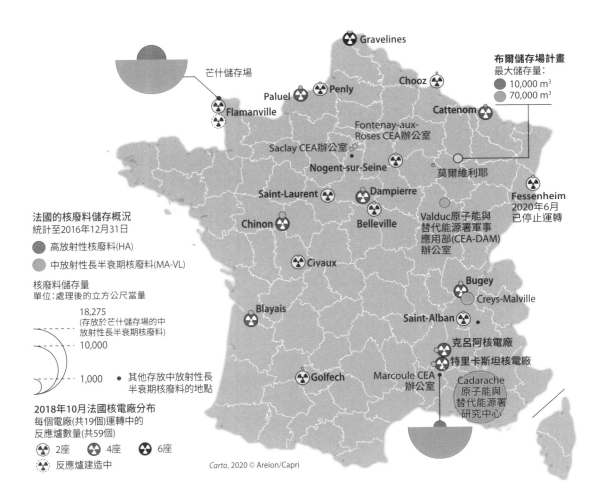

法國的核廢料儲存概況
統計至2016年12月31日
● 高放射性核廢料(HA)
● 中放射性長半衰期核廢料(MA-VL)

核廢料儲存量
單位：處理後的立方公尺當量
18,275
（存放於芒什儲存場的中放射性長半衰期廢棄料）
10,000
1,000　● 其他存放中放射性長半衰期核廢料的地點

2018年10月法國核電廠分布
每個電廠（共19個）運轉中的反應爐數量（共59個）
☢ 2座　☢ 4座　☢ 6座
☢ 反應爐建造中

布爾儲存場計畫
最大儲存量：
● 10,000 m³
● 70,000 m³

Gravelines
Paluel　Penly
Flamanville
Chooz
Cattenom
Fontenay-aux-Roses CEA辦公室
Saclay CEA辦公室
Nogent-sur-Seine
莫爾維利耶
Saint-Laurent　Dampierre
Fessenheim
2020年6月已停止運轉
Chinon　Belleville
Valduc原子能與替代能源署軍事應用部(CEA-DAM)辦公室
Civaux
Bugey
Creys-Malville
Blayais
Saint-Alban
克呂阿核電廠
特里卡斯坦核電廠
Golfech
Marcoule CEA辦公室
Cadarache原子能與替代能源署研究中心
芒什儲存場

Carto, 2020 © Areion/Capri

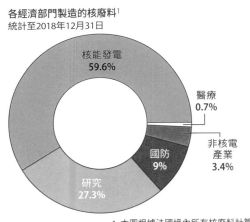

1 法國核子發展概況

各經濟部門製造的核廢料[1]
統計至2018年12月31日

核能發電
59.6%

醫療
0.7%

非核電產業
3.4%

國防
9%

研究
27.3%

1. 本圖根據法國境內所有核廢料計算。

注意：本地圖標示地點僅針對高放射性核廢料及中放射性長半衰期核廢料。這兩類核廢料僅占全體核廢料3%。法國本土共有360個地點存放少量放射性核廢料，這些核廢料大多(59%)屬於低放射性或中放射性短半衰期(300年)。

資料來源：Agence nationale pour la gestion des déchets radioactifs (ANDRA), Inventaire national des matières et déchets radioactifs, 2020

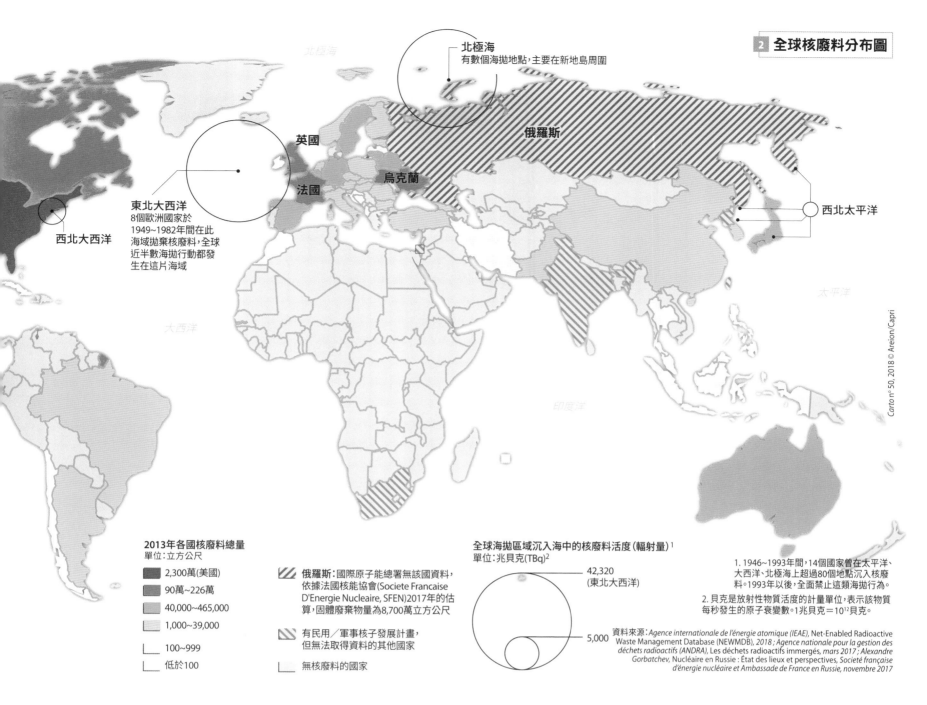

北極海
有數個海拋地點，主要在新地島周圍

英國

法國

俄羅斯

烏克蘭

西北太平洋

西北大西洋

東北大西洋
8個歐洲國家於
1949~1982年間在此
海域拋棄核廢料，全球
近半數海拋行動都發
生在這片海域

太平洋

大西洋

印度洋

Carto n° 50, 2018 © Areion/Capri

2013年各國核廢料總量
單位：立方公尺

- 2,300萬(美國)
- 90萬~226萬
- 40,000~465,000
- 1,000~39,000
- 100~999
- 低於100

俄羅斯：國際原子能總署無該國資料，依據法國核能協會(Societe Francaise D'Energie Nucleaire, SFEN)2017年的估算，固體廢棄物量為8,700立方公尺

有民用／軍事核子發展計畫，但無法取得資料的其他國家

無核廢料的國家

全球海拋區域沉入海中的核廢料活度(輻射量)[1]
單位：兆貝克(TBq)[2]

- 42,320
(東北大西洋)
- 5,000

1. 1946~1993年間，14個國家曾在太平洋、大西洋、北極海上超過80個地點沉入核廢料。1993年以後，全面禁止這類海拋行為。
2. 貝克是放射性物質活度的計量單位，表示該物質每秒發生的原子衰變數。1兆貝克=10^12貝克。

資料來源：*Agence internationale de l'énergie atomique (IEAE), Net-Enabled Radioactive Waste Management Database (NEWMDB), 2018；Agence nationale pour la gestion des déchets radioactifs (ANDRA), Les déchets radioactifs immergés, mars 2017；Alexandre Gorbatchev, Nucléaire en Russie : État des lieux et perspectives, Société française d'énergie nucléaire et Ambassade de France en Russie, novembre 2017*

（Manche）海牙岬（La Hague）的工廠可進行這些「再處理」的化學程序，從廢核燃料中分離出鈾（經此程序特稱為再處理鈾〔RepU〕，占總質量的95%）、鈽（占1%）與次要錒系元素（占4%）。部分的鈾與鈽會用於製造「混合氧化物核燃料」（MOX fuel），可供應給法國22座使用此種燃料的反應爐。從1994年起，回收的鈾經過濃縮之後（經此程序的再處理鈾特稱為ERU）會提供給阿爾代什省（Ardèche）克呂阿核電廠（Cruas Nuclear Power Station）的反應爐使用，不過這種濃縮鈾已於2013年停止製造，預計在2023年將再度重啟。目前濃縮後的再處理鈾皆儲存於特里卡斯坦（Tricastin，位於德龍省〔Drôme〕）與海牙岬，截至2016年底，積累的存量已達29,600噸。

在法國，只有次要錒系元素（鎿、鋂、鋦）被歸類為高放射性廢棄物。這些元素的最佳儲存地點是地下深處，然而目前世界上尚未有任何一座專為存放此高放射性核廢料而設計的儲存場。美國在2008年提出的內華達州猶卡山（Yucca Mountain，又譯育加山）計畫已被擱置，而瑞典雖然在斯德哥爾摩北方120公里處選定了儲存場址，但這項2020年啟動的工程預計要到2025年才能完工。俄羅斯預計2024年將啟用一間研究地下儲存可行性的實驗室，地點在西伯利亞的克拉斯諾雅斯克（Krasnoyarsk）。其他諸如瑞士、比利時、南韓與日本等國，對儲存場的場址僅

在研究階段，而位於芬蘭的世界第一座高放射性核廢料掩埋場安克羅（Onkalo）則預計於2023年開始運作。法國則是在對上馬恩省（Haute-Marne）、默茲省、維埃恩省（Vienne）、加爾省（Gard）進行一系列地質調查後，於1998年選擇布爾作為設置地下實驗室的地點。此外，國際原子能總署（International Atomic Energy Agency, IAEA）從1960年代起便持續研究全球核廢料管理的可能性，澳洲在2005年曾提議於該國南部設立國際核廢料儲存場，2017年又重提此案。

在法國，並非只有高放射性核廢料的管理造成問題。雖然中低放射性短半衰期廢棄物可存放在奧布省（Aube）的蘇蘭頓（Soulaines-Dhuys），中度放射性長半衰期與低放射性長半衰期廢棄物卻尚無最終處置方式，僅是暫時存放原地。至於極低放射性廢棄物則存放在奧布省的莫爾維利耶（Morvilliers），然而該地的儲量亦已接近飽和，未來若有核電廠拆除，新的核廢料將無處可去。至於德國、瑞典等國，有的選擇回收一部分極低放射性廢棄物，將從核電廠拆下的金屬與瓦礫重新投入經濟體系，有的則將這些核廢料存放在特約垃圾場。

文●T. Meyer

---

❶ 編注：放射性活度（radioactivity）即輻射強度，一般以貝克（Bq）為單位表示每秒放射性元素的衰變數。半衰期（half-life）則指輻射強度衰減為一半所需要的時間。

INTERNATIONAL ISSUES
國際議題篇

資料中心

資料中心是儲存及處理數據資料的設施，主要由伺服器和雲端儲存空間組成，是全球網路虛擬空間的重要支柱。

（©Shutterstock/mkfilm）

核子競賽：
中東會爆發核子戰爭嗎？

每當沙烏地阿拉伯與伊朗打起口水戰，觀察家總會擔心這兩個中東大國是否即將公開宣戰。
考量既有的政治與經濟利益，最常得到的答案是不可能。然而，在冷戰思維下，沙國與伊朗政府皆主張自己有權發展核子武器。

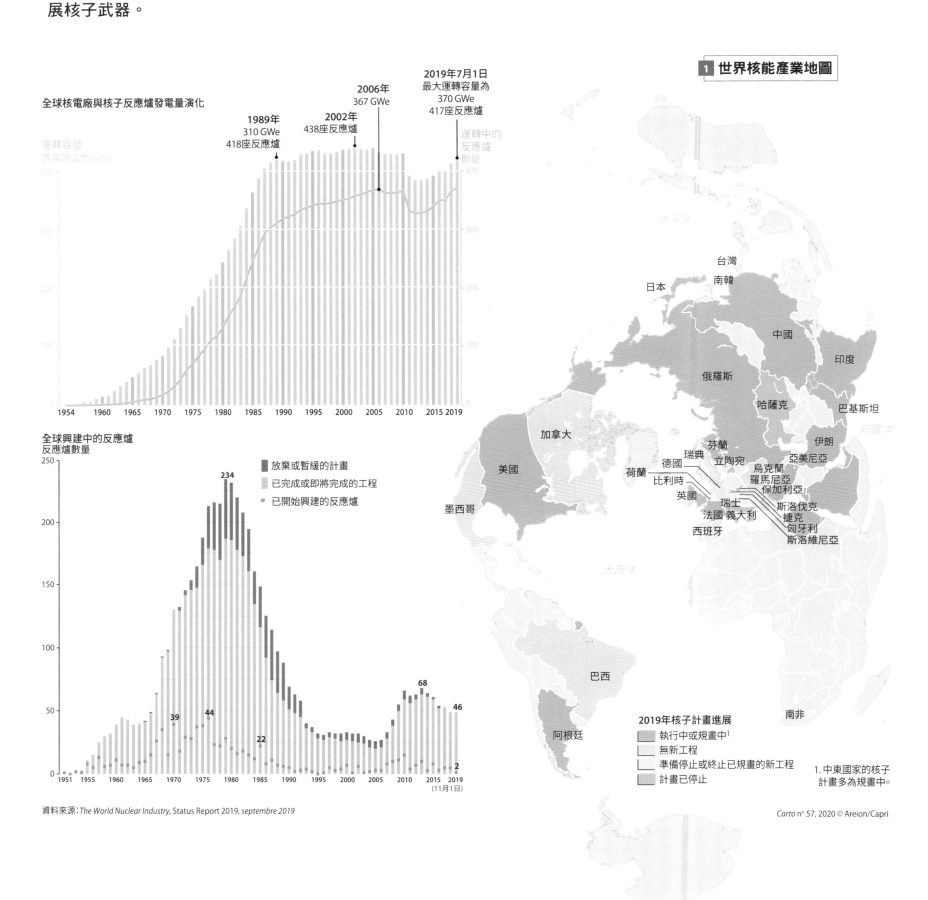

全球核電廠與核子反應爐發電量演化

1989年
310 GWe
418座反應爐

2002年
438座反應爐

2006年
367 GWe

2019年7月1日
最大運轉容量為
370 GWe
417座反應爐

運轉容量
百萬瓩電力（GWe）

運轉中的
反應爐
數量

全球興建中的反應爐
反應爐數量

■ 放棄或暫緩的計畫
▨ 已完成或即將完成的工程
● 已開始興建的反應爐

234

39   44

22

68

46

2

（11月1日）

資料來源：*The World Nuclear Industry, Status Report 2019, septembre 2019*

1 世界核能產業地圖

台灣
南韓
日本
中國
印度
俄羅斯
哈薩克
巴基斯坦
加拿大
芬蘭
美國
瑞典
立陶宛
德國
烏克蘭
荷蘭
羅馬尼亞
比利時
保加利亞
英國
瑞士
法國 義大利
斯洛伐克
捷克
匈牙利
西班牙
斯洛維尼亞
墨西哥
伊朗
亞美尼亞

巴西

阿根廷

南非

2019年核子計畫進展
▨ 執行中或規畫中[1]
□ 無新工程
□ 準備停止或終止已規畫的新工程
■ 計畫已停止

1. 中東國家的核子
計畫多為規畫中。

Carto n° 57, 2020 © Areion/Capri

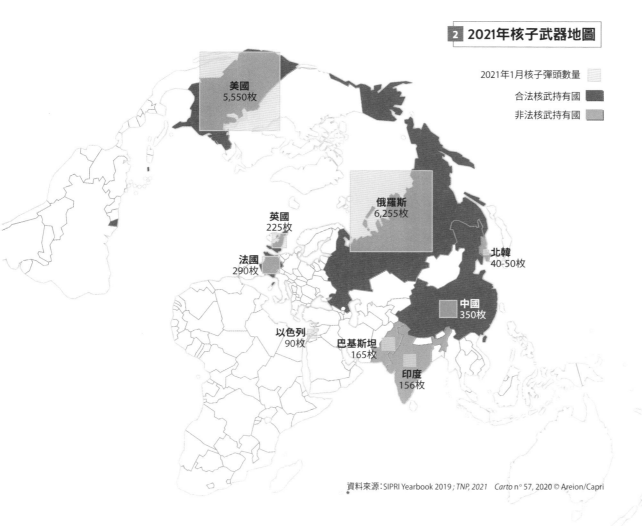

2 2021年核子武器地圖

2021年1月核子彈頭數量
合法核武持有國
非法核武持有國

美國
5,550枚

俄羅斯
6,255枚

英國
225枚

法國
290枚

北韓
40-50枚

中國
350枚

以色列
90枚

巴基斯坦
165枚

印度
156枚

資料來源：SIPRI Yearbook 2019；TNP, 2021 Carto n° 57, 2020 © Areion/Capri

依照 1968 年《核武禁擴條約》（*Treaty on the Non-Proliferation of Nuclear Weapons*），理論上簽約國從此不可再取得核子軍備系統技術，並承認只有以下國家屬於「合法核武持有國」：美國（根據瑞典斯德哥爾摩國際和平研究所〔Stockholm International Peace Research Institute, SIPRI〕的資料，美國 2021 年擁有 5,550 顆核子彈頭）、俄羅斯（6,255 顆）、法國（290 顆）、中國（350 顆）與英國（225 顆）。此外還有一些國家屬於「非法核武持有國」，如巴基斯坦（165 顆彈頭）、印度（156 顆）、以色列（90 顆，但推測差距大，亦可能高達 400 顆），以及不斷以核武測試驚動全世界的北韓（40～50 顆，參見圖 2）。這些非法持有國都沒有簽署、也不打算簽署《核武禁擴條約》，而北韓則是在 2003 年退出條約。

川普制裁引發中東核武危機

在中東地區，雖然以色列從未承認擁有核彈，但該國自 1967 年起即掌握製作核彈的技術，對周圍的阿拉伯國家與伊朗造成巨大的心理壓力。中東地區所有國家都是《核武禁擴條約》的簽約國，各國因而（自願或被迫）放棄軍事性質的核子計畫（如埃及、利比亞、敘利亞、伊拉克），但是伊朗卻主張發展核子技術的權利，並自 1950 年代以來持續發展民用核能。1979 年伊斯蘭革命（Iranian Revolution）以後，伊朗新政權依然遵守《核武禁擴條約》，美、法兩國卻拒絕出售燃料和濃縮鈾。世界各國有諸多臆測，直到 2002 年才水落石出，確定是伊朗違反條約，建立了兩座祕密核子設施，一座是位於納坦茲（Natanz）的鈾濃縮廠，一座是位於阿拉克（Arak）的重水設施。自此以後，伊朗與

國際社會持續角力，終於在 2015 年 7 月 14 日簽訂眾人期待已久的《伊朗核協議》（*Joint Comprehensive Plan of Action, JCPOA*），約定伊朗的核子計畫在至少十年內必須受限，國際社會則須解除制裁，並加強監管措施。六個月後，聯合國國際原子能總署證實伊朗已停止製造濃縮鈾。

然而，眾人始料未及的是，川普在 2017 年 1 月入主白宮，而他對《伊朗核協議》與伊朗政權非常反感。2018 年 5 月，川普宣布美國單方面退出協議，離開其他聯合國安理會成員（俄羅斯、中國、法國、英國）以及德國、歐盟等簽署國的行列。隨著美方祭出更強硬的制裁手段，進一步勒緊伊朗經濟與社會的咽喉，伊朗當局也以重啟核子計畫回敬，甚至在 2019 年 11 月 5 日重新開始製造濃縮鈾，歐盟則認為伊朗正在開發可搭載核子彈頭的彈道飛彈。

擁有核彈不如擁抱核能

從全球觀點來看，中東國家在核能產業的重要性不高，主要把持這項產業的是美、法、中、日、俄等國（參見圖 1）。然而，在能源多元化的目標下，擁有核子反應爐的中東國家已將核能視為極重要的電力來源。除了伊朗以外，阿聯與土耳其也正在興建核電廠，其中又以阿聯進度最快，位於巴拉卡（Barakah）的四個反應爐預計 2020 年夏天到 2021 年間就會正式運轉●。土耳其的阿庫由（Akkuyu）核電廠則是在 2018 年 4 月開工（參見圖 3），俄國總統普丁還親自前往參加開工典禮。而另一個對原子能有興趣的中東大國則是沙烏地阿拉伯，其王儲兼實際領導人穆罕默德·沙爾曼（Mohammed bin Salman）甚至表明，一旦伊朗取得核武，沙國也將立刻跟進。不過，與冷戰時期有點類似，這樣的宣言無非只是波斯灣兩岸的口水戰，畢竟就算伊朗真的掌握了核武系統，沙特王室也只進展到民用核能的計畫階段而已。再者，2019 年 2 月美國眾議院揭露川普政府有意販售敏感核子技術時，不論美國國內或國際社會皆一致強烈反對，擔心破壞《核武禁擴條約》。更何況，對用電量極高的沙國來說，核能最主要的用處還是在於替代化石燃料，成為新的可靠能源。製造大型毀滅性武器無論在經濟或科技面都是艱鉅的挑戰，只有「核武持有國」具備此一能力。那麼，中東會發生核子戰爭嗎？所有跡象都表明機率不高，在中東只有發展民用核能的可能性。

文 ● G. Fourmont

● 編注：截至 2022 年 3 月為止，巴拉卡的第一、第二反應爐皆已投入發電，第三、第四反應爐預計 2022 年底啟用。

2019年11月1日中東地區的核子發展概況

中東地區核電容量預測
百萬瓩(GW)

約旦
土耳其
沙烏地
阿拉伯
伊朗
阿聯

274
TWh

土耳其

Igneada

Sinop

阿庫由

敘利亞

伊拉克

巴格達

黎巴嫩

以色列

大馬士革

巴勒斯坦
領土

安曼　Qasr-Amra

Darkhovin

El-Dabaa

20
TWh

約旦

Aqaba

科威特

科威特市

Bouchehr

289
TWh
(其中7 TWh
來自核電)

伊朗
地震頻繁地區

345
TWh

巴林
麥納瑪

卡達
杜哈

阿曼

194
TWh

埃及

沙烏地阿拉伯

Umm Huwayd

Khor Duweihin

杜拜

阿布達比

馬斯開特

Djeddah

利雅德

巴拉卡

波斯灣

130
TWh

阿拉伯聯合大公國

阿曼

擁有核子武器的國家

推測有核子發展計畫的國家

海灣合作理事會成員國

2016年發電量，
單位：十億度(TWh)

現有的核電廠

正在設置或計畫設置核電廠的地點

《核武禁擴條約》

已簽署 ｜ 已簽署且已批准

《禁止核武器條約》(Treaty on the Prohibition
of Nuclear Weapons, TPNW)

已簽署

2019年2月發展中的民用核能計畫
一個方塊代表一座反應爐

建造中的反應爐

計畫中的反應爐

打算建立核子計畫的國家

注意：圓圈大小反映數值比例。

沙那

葉門

印度洋

資料來源：Rédaction de Carto, 2019；NTI, novembre 2019；IAEA, avril 2019；World Nuclear Association, avril 2019；J. Nasr et A. Ahmad, Middle East Nuclear Energy Monitor: Country Perspectives 2018,
Issam Fares Institute for Public Policy and International Affairs, janvier 2019；Pierre Blanc et Jean-Paul Chagnollaud, Atlas du Moyen-Orient, Autrement, 2019；EIA, « Middle East countries plan to add nuclear to their generation mix », 5 mars 2018

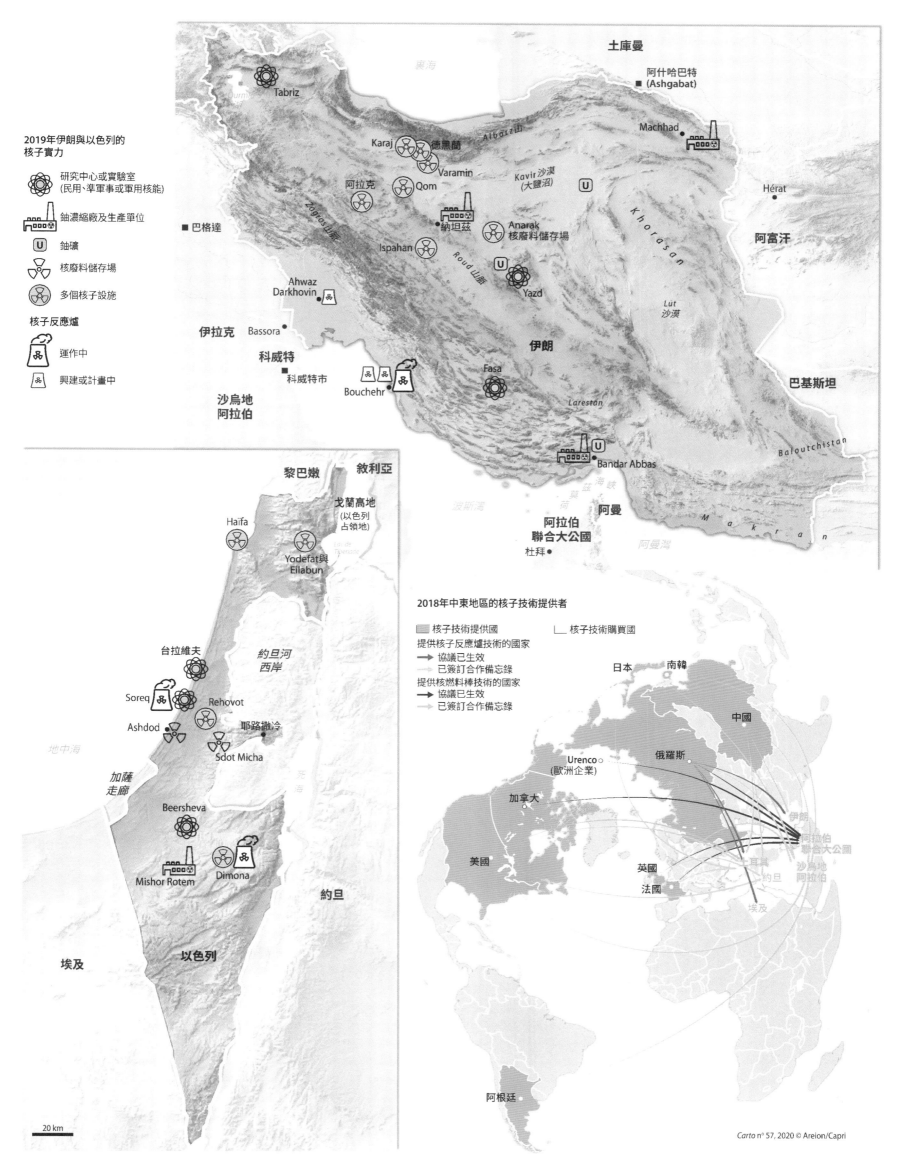

2019年伊朗與以色列的
核子實力

研究中心或實驗室
(民用、準軍事或軍用核能)

鈾濃縮廠及生產單位

U 鈾礦

核廢料儲存場

多個核子設施

核子反應爐

運作中

興建或計畫中

2018年中東地區的核子技術提供者

核子技術提供國　　　　核子技術購買國
提供核子反應爐技術的國家
協議已生效
已簽訂合作備忘錄
提供核燃料棒技術的國家
協議已生效
已簽訂合作備忘錄

Carto n° 57, 2020 © Areion/Capri

有錢買不到藥？歐美藥荒拉警報

製藥產業自二十世紀下半葉起迅速壯大，甚至成為獲利效益最高的經濟部門（參見圖1、4），而有些製藥企業規模極為龐大，在世界各地都有分支。然而，近年來，藥荒與疫苗荒的現象益發嚴重，連消費者與政府都開始感到緊張，究竟這些現象的原因及影響為何？

在歐美國家，醫院及藥局藥品庫存用罄及供貨中斷的情形愈來愈常見，以致一些病人療程中斷，有危害健康、甚至危害公共衛生之虞。藥荒問題的惡化與醫師、藥師、患者的擔憂也獲得媒體關注，2019 年 8 月，一場由醫院醫師組織的論壇便呼籲重新檢討藥品製造鏈，讓缺藥風險歸零，尤其是原料藥（藥品有效成分）的生產須回歸歐洲本土。

製藥生產線大量外移，導致本土藥品供應不及

法國國家藥品安全管理局（Agence Nationale de Sécurité du Médicament et des Produits de Santé, ANSM）的職責是評估藥品的健康風險，而近年來，藥品安全管理局接到庫存用罄或供貨吃緊的通報次數屢屢創下新高，在 2008 ～ 2018 十年間，通報次數增加 20 倍之多，從 44 次成長到 871 次[1]（參見圖4），許多藥廠都出現缺貨問題，其中又以輝瑞（Pfizer）、賽諾菲（Sanofi）等大型製藥公司最為嚴重。

造成此一現象的原因很多也很複雜。一般來說，一款藥物的製造牽涉到許多單位，從製造原料藥的化工廠，到將藥物製作成膠囊、錠劑或安瓿的藥廠等等。在製造鏈的上游，原料藥的製造環節可能遇上各種困難，例如原料缺貨、藥物品質標準及環保標準提高。而在藥品製造的環節也有許多可能出問題的地方[2]，像是需求量出現預料之外的變化（流行病、公衛宣導等，參見圖2）、品質瑕疵、生產速度減緩以避免囤積等等。藥價過低有時也會導致利潤不足，造成產品下市。

為了節省製藥成本、提高利潤，從 30 年前開始，多數歐美的製藥公司便將大部分的生產線遷移到印度或中國。由於距離與運輸成本增加，這些企業往往希望盡量減少藥品在歐洲的庫存量，以避免損失，尤其是利潤最低的品項，亦即不再受專利保護而成為公共財、開放在學名藥（Generic Drug）市場上競爭的藥物（參見圖3、4）。

藥品及疫苗缺貨會導致許多後果，而且情況可能非常嚴重。藥品供應管理既費時，成本又高昂，對醫療保險單位更是如此。一旦發生缺貨，醫療服務單位就必須修改處方或標準處理流程，

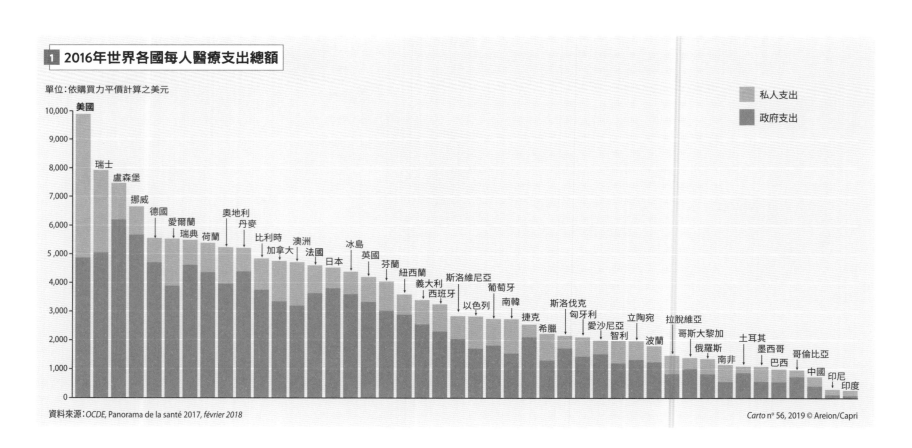

1 2016年世界各國每人醫療支出總額

單位：依購買力平價計算之美元

私人支出
政府支出

資料來源：OCDE, Panorama de la santé 2017, février 2018

Carto n° 56, 2019 © Areion/Capri

問題重重的抗生素

預計至2050年為止，每年死因與抗生素抗藥性有關的人數

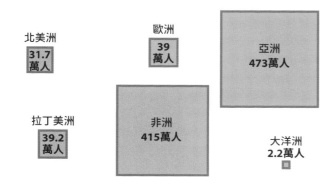

法國自社區藥局取得的抗生素用量變化

單位：每一千人的每日標準劑量(defined daily dose, DDD)[1]

1. 70公斤成人針對主要適應症的每日預設維持劑量。

資料來源：*J. Berthuin et M. Miras, La résistance aux antibiotiques : un enjeu de santé publique et économique, Bpifrance, novembre 2018; ANSM, La consommation d'antibiotiques en France en 2016, décembre 2017 ; LEEM, Les entreprises du médicament en France , 2010*

---

3 藥品作為商品的金流變化

藥品的商業模式

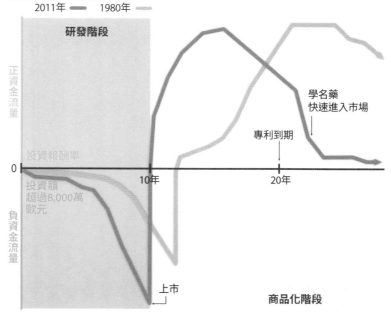

藥物研發的資金來源

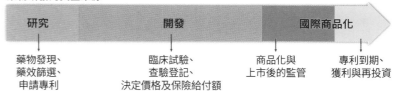

Carto n° 56, 2019 © Areion/Capri

以因應無藥可用的狀況，進而引發混亂。有時，某些癌症患者的化學療法會被換成其他效果相近的替代療法，慢性病患者也會因無法取得藥物而受到影響。愈來愈多醫師公開表示他們擔憂藥荒會使病患的健康蒙受損害，而這種情形也導致愈來愈多人對藥廠以及無力解決問題的政府失去信任感。

搶救重要學名藥，
建立非營利製藥機構可為解方？

　　長期以來，歐洲國家一直有意統一藥物製造與品質管理規範，以及共同發展新的製藥科學研究。因此，位於史特拉斯堡（Strasbourg）的歐盟理事會在 1964 年決議要編纂《歐洲藥典》（*European Pharmacopeia*），由官方彙整歐盟國家適用的標準化規範，包含藥品名錄及其敘述（成分與藥效），並以單冊形式發行。這部藥典漸漸取代了歐洲各國藥典，並與另外兩個大型國際藥典相互競爭，亦即美國的《美國藥典》（*United States Pharmacopeia*）與日本的《日本藥局方》。這部由 38 個歐洲國家共同合

作編纂，並將共同規範施行於成員國境內的《歐洲藥典》，不僅是歐盟與全世界藥物品質檢驗的科學與法律根據，更是藥廠製造藥品的參考基準。

　　或許歐盟可以仿照這個模式，建立一個非營利的製藥機構，負責製造專利已成為公共財又具有重要醫療效益的藥物。這是許多醫師倡議的解決方案之一，他們同時也主張藥廠有義務維持足夠的庫存以避免供貨中斷，尤其是針對最重要的藥物，並要求將原料藥的製造移回歐洲。為了加強誘因，他們也提出可讓移回全部或部分生產線的藥廠享有租稅減免，或者搭配其他優惠措施。

文 ● T. Courcelle

---

❶ ANSM, *Synthese d'activite 2018*, 2019.

❷ Senat, *Penuries de medicaments et de vaccins : renforcer l'ethique de sante publique dans la chaine du medicament*, Rapport d'information no 737, 2018.

北美洲
1,750件

美國
墨西哥
瓜地馬拉
薩爾瓦多
哥斯大黎加
海地 多明尼加
哥倫比亞
委內瑞拉
法屬圭亞那
厄瓜多
秘魯
巴西
巴拉圭
智利 阿根廷

南美洲
483件

挪威
倫敦
歐盟 烏克蘭

395件
歐洲

塞爾維亞
波士尼亞與赫塞哥維納
土耳其
喬治亞
亞美尼亞
黎巴嫩
以色列
巴勒斯坦領土
約旦
伊朗
阿富汗

中東地區
312件

Sharjah

QANOON
利比亞
埃及
蘇丹
厄利垂亞

塞內加爾
甘比亞
幾內亞比索 幾內亞
馬利
尼日
布吉納法索
HEERA
象牙海岸 迦納
賴比瑞亞
奈及利亞
喀麥隆
往西非
衣索比亞
烏干達
肯亞

142件
非洲

赤道幾內亞
加彭
剛果
剛果民主共和國
盧安達
蒲隆地
坦尚尼亞
安哥拉
馬拉威

往非洲南部

大西洋

2015年世界各國每人在零售藥品上的支出總額
單位：依購買力平價計算之美元

藥物類型
處方藥　非處方藥　合計(不區分)

美國
瑞士
日本
德國
加拿大
愛爾蘭
比利時
法國
奧地利
澳洲
義大利
希臘
斯洛伐克
西班牙
匈牙利
盧森堡
南韓
英國
芬蘭
斯洛維尼亞
瑞典
荷蘭
葡萄牙
捷克
挪威
冰島
拉脫維亞
波蘭
愛沙尼亞
以色列
丹麥

資料來源：OCDE, Panorama de la santé 2017, février 2018

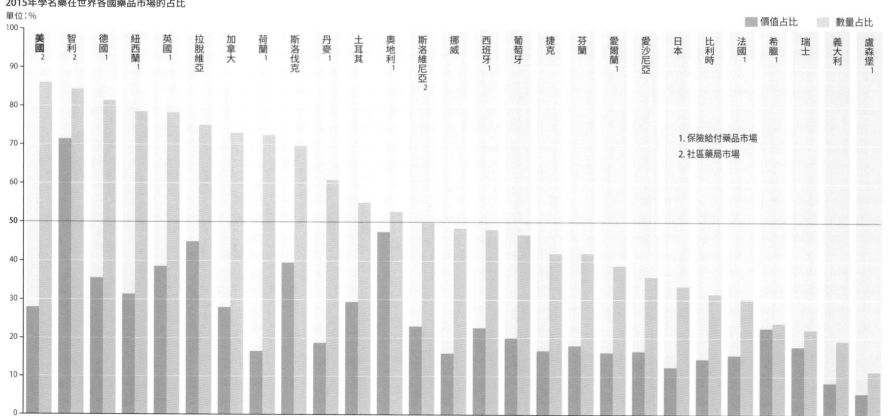

俄羅斯

歐亞地區
665件

吉爾吉斯

RAINFALL

哈薩克斯坦

印度

南韓　日本

中國

台灣

香港

孟加拉

緬甸

越南

斯里蘭卡

RAINFALL

馬爾地夫

馬來西亞

新加坡

印尼

往東南亞

太平洋

亞洲
1,426件

菲律賓

巴布亞紐
幾內亞

印度洋

2018年全球假藥走私地圖

走私活動範圍

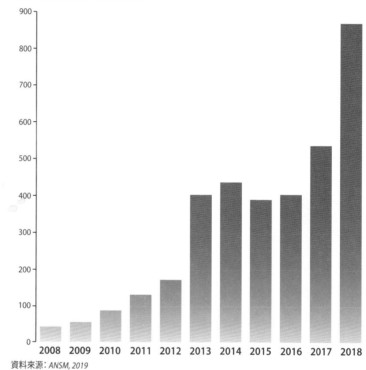 假藥主要生產國

轉運平台

假藥運送路線

2013~2017年查獲劣質藥或假藥的國家

打擊藥物犯罪

案件數[1]

☐ 國際刑警組織(International Criminal Police Organization, INTERPOL)執行任務的區域[2]

MAMBA 進行中的行動名稱

1. 一個案件指的是一次查獲假藥或被侵占、被竊藥物的具體事件。

2. 國際刑警組織也透過「Pangea」行動在全球查緝假藥。
這項行動成功關閉3,671個網站，查扣1,000萬顆錠劑。

注意：圓圈大小反映數值比例。

資料來源：*Pharmaceutical Security Institute, 2019；Interpol, 2019；OMS*, Système mondial de surveillance et de suivi de l'OMS pour les produits médicaux de qualité inférieure et falsifiés (GSMS), *2018；Eric Przyswa, Contrefaçon de médicaments et organisations criminelles, IRACM, septembre 2013；OCDE, The Economic Impact of Counterfeiting and Piracy, 2008；UNODC, The Globalization of Crime, 2010*

2008~2018法國藥荒通報次數演變
通報庫存告罄或供貨中斷的次數

資料來源：*ANSM, 2019*

2015年學名藥在世界各國藥品市場的占比
單位：%

■ 價值占比　　■ 數量占比

美國 2
智利 2
德國 1
紐西蘭 1
英國 1
拉脫維亞
加拿大
荷蘭 1
斯洛伐克
丹麥 1
土耳其
奧地利 1
斯洛維尼亞 2
挪威
西班牙 1
葡萄牙
捷克
芬蘭
愛爾蘭 1
愛沙尼亞
日本
比利時
法國 1
希臘 1
瑞士
義大利
盧森堡 1

1. 保險給付藥品市場
2. 社區藥局市場

資料來源：*OCDE, Panorama de la santé 2017, février 2018*

大麻合法化浪潮：
全球掀解禁潮，大麻是毒還是藥？

法國於 2021 年 3 月起進行為期兩年的醫用大麻試驗，對象為 3,000 名左右罹患重大疾病的患者，不過，由於法國國內禁止生產的緣故，大麻必須透過進口取得。藉此機會，我們不妨進一步深入了解，至今仍以地下交易為主的大麻市場，在好幾個國家吹起大麻解禁風潮的助力下將如何走向全球化？

2017年，全世界將近 4% 的成年人使用過大麻，比其他毒品加起來的比例還要高，但這個數字可能低於實際情況，也無法反映出各種不同的用途。大麻的食用形態主要有四種，其中葉子（marijuana）和樹脂（hashish）最常以捲菸的方式吸食，油脂則大多摻入錠劑中服用，其他相關製品的食用方式則各不相同，諸如甜點、糖果、餅乾、花草茶、藥物等。而大麻主要有兩種用途，第一種是以娛樂為目的，因為大麻會影響中樞神經系統，改變精神活動或認知表現（但可恢復），也會引發一種欣快感。這就是為什麼大麻這種植物及其影響神經系統的主要成分「四氫大麻酚」（Tetrahydrocannabinol, THC）被大多數國家法律列為毒品，就連國際法也如此認定。

1 全球大麻合法性地圖

2019年世界各國大麻合法性概況

- ■ 醫用及娛樂用大麻皆合法
- ▨ 僅限醫用大麻合法
- □ 任何大麻使用皆非法

資料來源：*Club Déméter, Le Déméter 2020, février 2020* ; *UNODC*, World Drug Report 2019, *juin 2019*
Carto nº 59, 2020 © Areion/Capri

「是藥三分毒」的最佳代言人

　　大麻的另一種用途則是治療。大麻的療效一部分來自於前述的四氫大麻酚，以及另一種稱為「大麻二酚」（Cannabidiol, CBD）的活性成分。有些國家允許大麻作為輔助醫療之用，經醫師開立處方，便可將某些大麻製品用在癌症、神經性疾病、精神疾病等患者身上。然而，即使出於醫療目的也無法避開吸食大麻所帶來的壞處，市場上因而出現以大麻萃取物製成的藥品，也有許多針對大麻醫療用途的研究，試圖釐清其性質及局限，尤其是對健康的危害。

　　大麻是世界上使用量最大的毒品，而且使用者恐怕會愈來愈多（2008 ～ 2017 年間成長了 19%）。在歐盟地區，各國的大麻盛行率（一年內的使用頻率）差異甚大。根據資料顯示，15 ～ 64 歲的人口中，有 1/4 一生中至少嘗試過一次大麻，相當於 9,120 萬人。而法國的大麻市場在歐洲排名第二，有 11% 的法國成年

2019年美國各州大麻合法性概況

人在過去一年內使用過大麻，僅次於西班牙（參見圖 2、3）。在北美國家，吸食大麻的人口亦快速成長，2007 ～ 2017 年間，成年人的大麻盛行率從 8.5% 成長到 15%，亦即增加了 1,500 萬人。僅僅在美國，就有超過 7% 的成年人每個月都會吸食大麻，

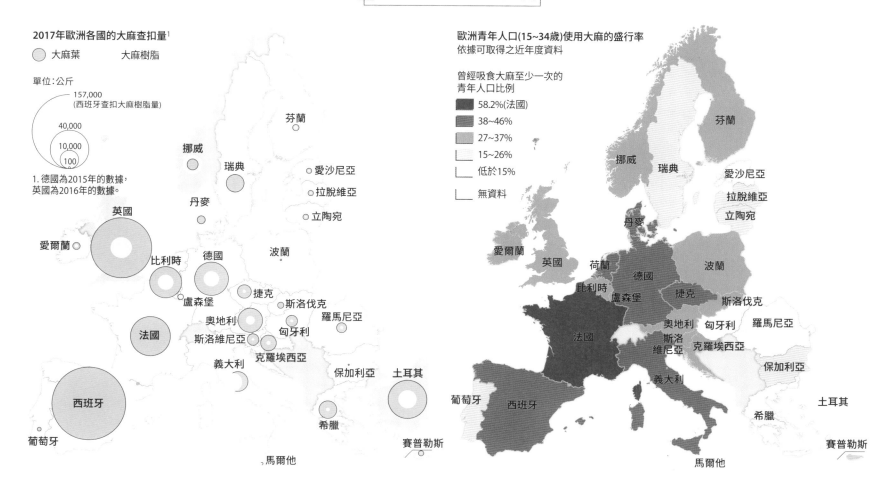

Carto n° 59, 2020 © Areion/Capri　資料來源：*European Monitoring Centre for Drugs and Drug Addiction, avril 2020*

將近 3% 的人天天吸食。不過，近年來盛行率成長速度最快的是亞洲與非洲，主要是使用於傳統醫療。

　　吸食人口迅速成長的同時，大麻的銷售與生產也走向全球化。摩洛哥 50 年前就開始出口大麻，至今已是全球最大的生產國。阿爾巴尼亞也是生產國之一，自 1991 年蘇聯垮台後，更成為歐洲市場的轉運站。還有一些國家專門供應區域性需求，例如阿富汗和黎巴嫩供應亞洲和中東地區，巴布亞紐幾內亞供應大洋洲，而墨西哥和加勒比海國家則供應北美洲。

以合法化解決非法問題？大麻的未來在哪裡

　　根據統計，大麻的國際市場價值在 1,500 億美元左右（包含合法與非法），且幾乎所有交易（90 ～ 95%）都是非法的。大麻占全球毒品走私的 40%，單單北美洲的走私金額就超過 500 億美元，比全球星巴克和麥當勞的銷售額加起來還要高。儘管全球非法大麻交易有 1/3 集中於美國，但在大麻合法化的風潮中，打頭陣的卻也是北美國家。此一運動的出發點一方面立基於政府打擊毒品失敗，另一方面則立基於大麻的醫療與科學研究價值有待重新審視。獲得合法化的自然主要是醫用大麻，例如加州便於 1996 年率先允許這類用途。如今愈來愈多國家決定將大麻除罪化，尤其是西歐國家，不過其中並不包含法國，在法國只要持有少量大麻，便可能被處以 200 歐元的罰金。

　　全球允許醫用大麻的國家有 40 多個，允許娛樂用大麻的國家則相當稀少（烏拉圭 2013 年通過，加拿大和南非則是 2018 年通過，參見圖 1）。美國是大麻合法化運動的重要推手，國內允許生產、銷售和持有大麻的有 46 個州，允許醫療用途的有超過 30 個州，允許娛樂用途的則有 10 個（根據 2019 年的統計資料）。如此看來，在目前的潮流下，全球大麻合法市場的規模可望在 2022 年前再成長兩倍（2017 年為 100 ～ 200 億美元）。不過，在許多國家，是否要讓娛樂用大麻合法化依然頗具爭議，法國亦是如此❶。儘管無法確定娛樂用大麻未來是否會走向合法化，然而這類交易應該會持續帶動高度全球化的大麻市場成長。

文● J. Denieulle

❶ 編注：在台灣，娛樂用大麻屬於二級毒品，無論吸食、持有、製造、運輸、販賣、種植，皆須依法懲處。而醫用大麻則視成分與含量有不同規定，如大麻二酚就屬於一般藥品規範。至於在化妝品中添加大麻成分（CBD 或 THC）則屬非法。

延伸參考資料

· Pierre-Marie Decoret, « Cannabis, un business agricole en devenir », *Le Demeter 2020*, IRIS Editions, p.259-273.

· 關於法國及歐洲的大麻資料，可參考以下網站：

www.ofdt.fr/produits-et-addictions/de-z/cannabis/ www.emcdda.europa.eu/data/stats2019_en

全球大麻生產與使用概況

使用大麻的盛行率[1]

依據可取得之近年度資料
15~64歲人口中所占百分比

■ 超過10%	1~2.5%
■ 5.01~10%	低於1%
■ 2.51~5%	無資料

1. 過去一年內曾吸食大麻至少一次。

▭ 供給大麻走私貨源的主要生產國

2017年各國政府的大麻查扣量
僅標示查扣量超過1,000公斤者

◯ 大麻葉   大麻樹脂

單位：公斤

978,271(美國)
400,000
100,000
10,000
1,000

資料來源：*UNODC*, World Drug Report 2019, *juin 2019 ; Club Déméter*, Le Déméter 2020, *février 2020 ; Prohibition Partners*, The European Cannabis Report, *février 2020*

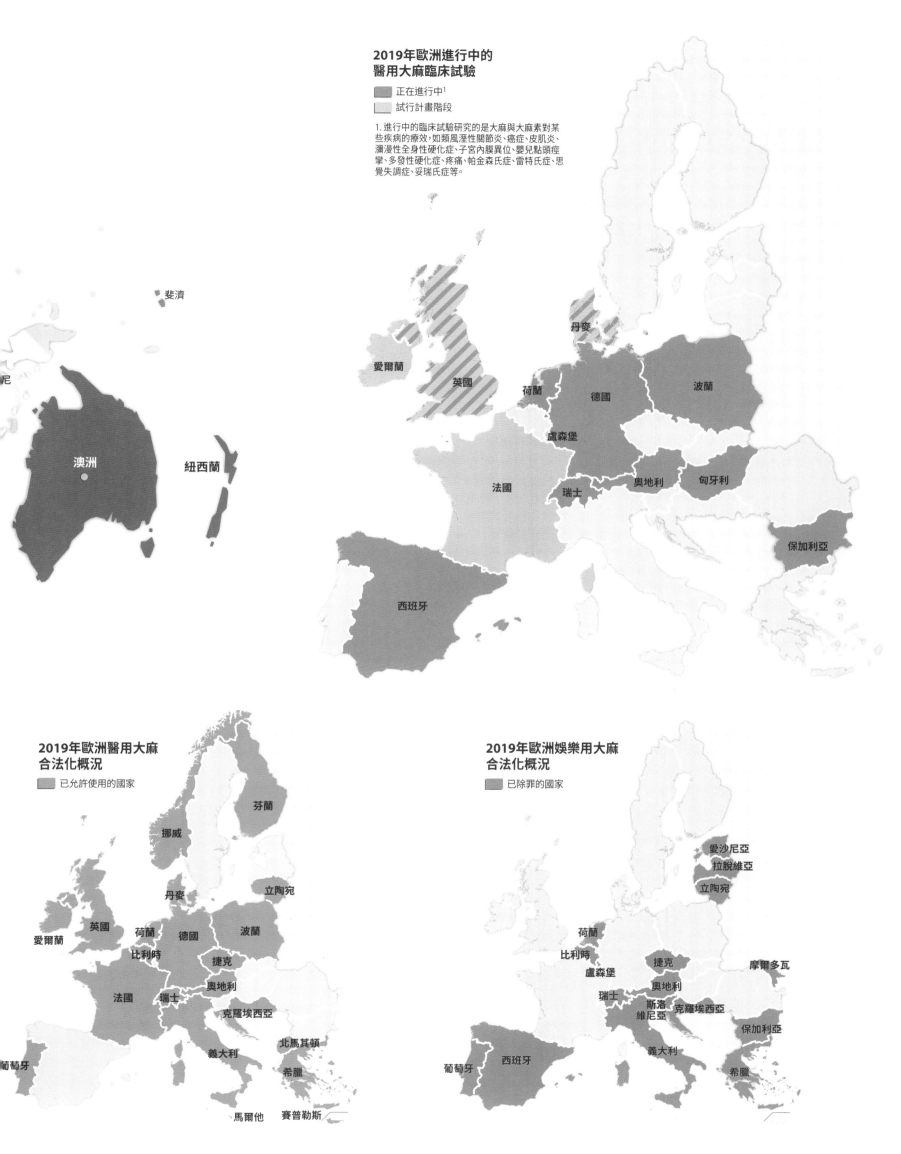

**2019年歐洲進行中的
醫用大麻臨床試驗**

正在進行中[1]

試行計畫階段

1. 進行中的臨床試驗研究的是大麻與大麻素對某些疾病的療效,如類風溼性關節炎、癌症、皮肌炎、瀰漫性全身性硬化症、子宮內膜異位、嬰兒點頭痙攣、多發性硬化症、疼痛、帕金森氏症、雷特氏症、思覺失調症、妥瑞氏症等。

斐濟

澳洲

紐西蘭

丹麥

愛爾蘭

英國

荷蘭

德國

波蘭

盧森堡

法國

瑞士

奧地利

匈牙利

保加利亞

西班牙

**2019年歐洲醫用大麻
合法化概況**

已允許使用的國家

芬蘭

挪威

丹麥

立陶宛

英國

愛爾蘭

荷蘭

德國

波蘭

比利時

捷克

法國

瑞士

奧地利

克羅埃西亞

葡萄牙

義大利

北馬其頓

希臘

馬爾他

賽普勒斯

**2019年歐洲娛樂用大麻
合法化概況**

已除罪的國家

愛沙尼亞

拉脫維亞

立陶宛

荷蘭

比利時

盧森堡

捷克

摩爾多瓦

奧地利

瑞士

斯洛維尼亞

克羅埃西亞

保加利亞

葡萄牙

西班牙

義大利

希臘

資料中心：
支撐虛擬空間的吃電巨獸

以飛快速度變得無所不在的網際網路其實一點都不虛幻，因為網路也須仰賴實實在在的基礎建設。資料中心（data center）是積存人們每天產出與使用的資料的地方，不僅是網路世界的十字路口，更是貨真價實的「吃電怪獸」。而這些集經濟、地緣政治與環境議題於一身的資料中心，主要掌握在美國手中。

資料中心是一種產業設施，由伺服器和雲端儲存空間組成，功能是儲存數位資料並提供遠端存取。數位科技的使用方式走向虛擬化，使得資料中心的需求量不斷增長，根據全球雲端指數（Global Cloud index）顯示，全球儲存容量已從 2016 年的 663EB（exabytes，艾位元組）擴大到 2018 年的 1,500EB，預估 2021 年將達到 2,600EB[1]。對照一台桌上型電腦的儲存容量，平均不過 1TB（terabyte，兆位元組），亦即 0.000001EB。

資料中心需求特殊，近四成位於美國

資料中心（或稱數據中心）指涉的對象不一，可能是十幾平方公尺的電腦室，也可能是規模龐大的廠房，好比設於內蒙古呼和浩特的中國電信數據中心，面積廣達 99 萬 4 千平方公尺。雖然有些大企業擁有自己的資料中心，但愈來愈多公司將數位資料儲存事務交給專門業者，讓他們代管基礎設備。這項產業的領頭羊是加州的「Digital Reality Trust」，該公司在 12 個國家經營 205 間資料中心，於 2017 年占有 20.5% 的市場。根據法國國際關係研究院（Institut français des relations internationales, IFRI）的統計，2017 年在 122 個國家中共有 4,407 個由不同公司代管的資料中心，其中近四成位於美國，僅有 6% 位於英國，4% 在德國，3.5% 在法國。不僅如此，在 5 間最早在歐洲成立的資料中心裡，有 4 間是北美企業。綜觀全法境內，資料中心主要集中於大城市，2019 年 2 月共調查到 149 間資料中心，其中位於法蘭西島大區的就有 50 間，馬賽周邊僅 7 間，里昂則有 8 間（參見圖 2）。

資料中心的位址反映其特殊需求，其中最重要的就是能源供應（參見圖 1）。綠色和平（Greenpeace）的資料顯示，2017 年資料中心的耗電量為 416.2TWh（terawatt-hours，十億度），相當於全球用電量的 1.8%[2]。也因為如此，業者傾向選擇於寒冷地區設廠，例如 2013 年臉書就在瑞典盧勒（Luleå）設立了一間資料中心，而電力成本低的地方也較具吸引力。此外，為了縮短延時，主機代管業者會設法將資料中心設在電纜連結點附近。電纜是網路世界的脊梁，而這些連結點大多分布在大型人口密集區（參見圖 3）。當然，這些機房也需要受過數位網路管理與電子設備維護訓練的人力資源。

攸關國家主權的安全關卡

2013 年，愛德華・史諾登（Edward Snowden）揭露了美國情報系統的資料蒐集計畫，突顯出資料中心對國家主權影響重大，因而其選址也具有地緣政治意義。各國為了掌控國民的電子資料，採用的政策各不相同，包括禁止外國人投資主機代管服務、自行建立資料中心、禁止匯出某些資料等等。中國在 2017 年頒布《網絡安全法》，規定能源、水資源、交通運輸、金融及電

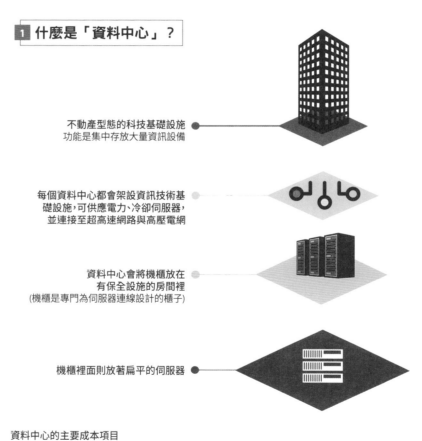

1 什麼是「資料中心」？

不動產型態的科技基礎設施
功能是集中存放大量資訊設備

每個資料中心都會架設資訊技術基礎設施，可供應電力、冷卻伺服器，並連接至超高速網路與高壓電網

資料中心會將機櫃放在有保全設施的房間裡
（機櫃是專門為伺服器連線設計的櫃子）

機櫃裡面則放著扁平的伺服器

資料中心的主要成本項目
單位：%

| 82 | 9 | 7 | 2 |

設備
（電力、網路、空調等）

房舍與隔間

建築設計／承包商

土地

○ 一間資料中心的成本為每平方公尺5,000~10,000歐元

○ 一間資料中心的壽命為20~25年（每5~7年必須再投入資金）

○ 一間1,800平方公尺的資料中心，其用電成本約為每年100萬歐元

Carto n° 52, 2019 © Areion/Capri

資料來源：*Caisse des Dépôts*, Guide sur le Cloud Computing et les Datacenters à l'attention des collectivités locales, *juillet 2015*

信等產業必須將本國用戶的資料儲存於本土，蘋果為此不得不在 2018 年於中國設立一間資料中心並交由貴州省政府負責營運，才能在這個占其營業額 21% 的國家經營下去。

不過，這類新型產業也難免受到批評。舉例來說，在巴黎北方的塞納—聖丹尼省（Seine-Saint-Denis），由多個市鎮組成的共同體「Plaine Commune」是歐洲最早的資料中心園區，這個地區在 1990 年代中期為了籌備 1998 年世界盃足球賽而重新規劃過，再加上過去曾發展重工業，留下了密集的電力網，地價

又便宜，還可直接與全球網路重要纜線連結，因而吸引業者前來設點。然而，這些業者卻遭到多個當地居民組成的團體檢舉，表示資料中心帶來噪音危害，且中心為了在斷電時供應備用發電機組運作而存放的大量燃料，也潛藏爆炸的風險。

文 ● T. Meyer

❶ Cisco, *Cisco Global Cloud Index: Forecast and Methodology, 2016-2021*, 2018.11.
❷ Greenpeace, *Clicking Clean: Who is Winning the Race to Build a Green Internet?*, 2017.

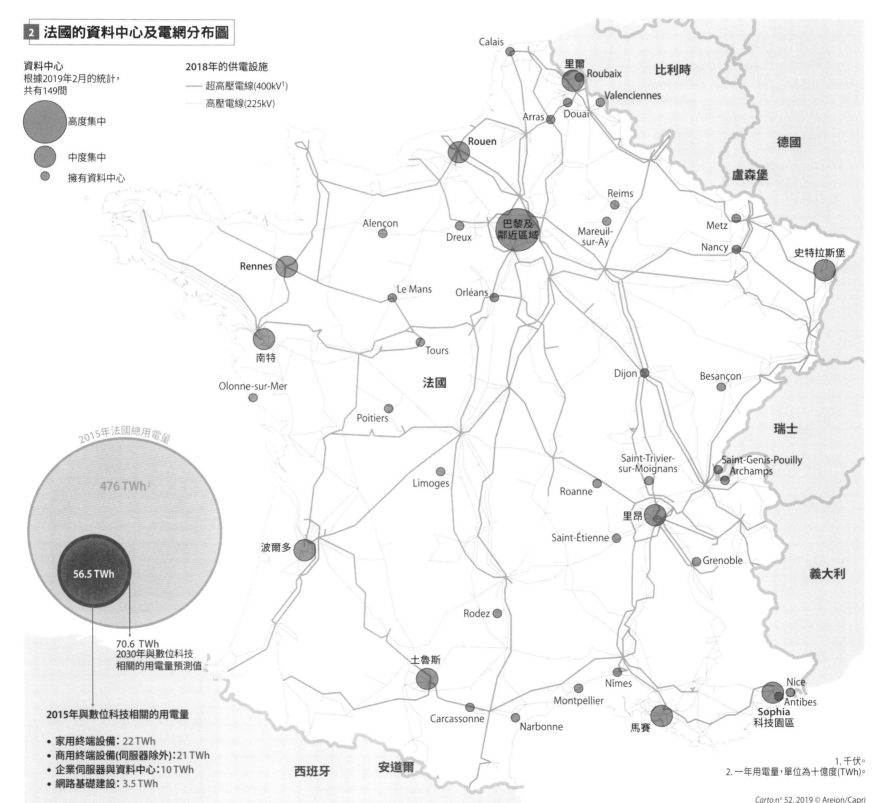

2 法國的資料中心及電網分布圖

資料中心
根據2019年2月的統計，
共有149間

高度集中

中度集中

擁有資料中心

2018年的供電設施
—— 超高壓電線(400kV¹)
—— 高壓電線(225kV)

2015年法國總用電量

476 TWh²

56.5 TWh

70.6 TWh
2030年與數位科技
相關的用電量預測值

2015年與數位科技相關的用電量
● 家用終端設備：22 TWh
● 商用終端設備(伺服器除外)：21 TWh
● 企業伺服器與資料中心：10 TWh
● 網路基礎建設：3.5 TWh

1. 千伏。
2. 一年用電量，單位為十億度(TWh)。

Carto n° 52, 2019 © Areion/Capri

資料來源：www.centrededonnees-datacenter.fr, février 2019 ; European Network of Transmission System Operators for Electricity, 2018 ; www.decrypterlenergie.org, La révolution numérique fera-t-elle exploser nos consommations d'énergie ?, décembre 2017

冰島
挪威
芬蘭
瑞典
丹麥
愛沙尼亞
拉脫維亞
立陶宛
曼島
愛爾蘭
英國 荷蘭
比利時
盧森堡
波蘭
白俄羅斯
德國
捷克
斯洛伐克
奧地利
匈牙利
烏克蘭
海峽群島
列支敦斯登
斯洛維尼亞
法國 瑞士
摩爾多瓦
羅馬尼亞
克羅埃西亞
波士尼亞與赫塞哥維納
蒙特內哥羅
塞爾維亞
保加利亞
喬治亞
葡萄牙
西班牙
義大利
北馬其頓
希臘
亞塞拜然
直布羅陀
摩洛哥
馬爾他
賽普勒斯
黎巴嫩
土耳其
突尼西亞
以色列
巴勒斯坦領土
伊朗
阿富汗
科威特
巴基斯坦
阿爾及利亞
利比亞
埃及
約旦
巴林
沙烏地阿拉伯
卡達
阿聯
阿曼
尼泊爾
哈薩克
俄羅斯
中國
南韓
日本
香港
台灣
澳門
越南
印度
孟加拉
泰國
柬埔寨
菲律賓
迦納
奈及利亞
剛果民主共和國
肯亞
坦尚尼亞
安哥拉
辛巴威
模里西斯
留尼旺(法屬)
新加坡
馬來西亞
印尼
南非
印度洋
澳洲

超大規模資料中心(Hyperscale data center)的數量變化與預測

年份	數量
2016	338
2017	386
2018	448
2019	509
2020	570
2021	628

超大規模資料中心的地理分布

2017年12月的數據

- 美國 44%
- 中國 8%
- 日本 6%
- 英國 6%
- 澳洲 5%
- 德國 5%
- 其他 26%(包含新加坡、加拿大、印度、巴西、愛爾蘭、荷蘭、香港等地區)

海底電纜網絡(2019年的概況)

—— 海底電纜,全球大部分的電信訊號都是靠海底電纜傳送

● 電纜連結點

2019年1月各國資料中心數量

美國 1,874間

100
50
10
1

資料來源:www.datacentermap.com, février 2019;www.telegeography.com, février 2019;Cisco, Cisco Global Cloud Index: Forecast and Methodology, 2016–2021, 2018;Informatique News, L'explosion des data centers hyperscale, 27 novembre 2018;Cushman & Wakefield, Data Centre Risk Index, 2016

北極海

格陵蘭

加拿大

美國

百慕達

墨西哥

巴哈馬

北太平洋

開曼群島

波多黎各
維京群島(美屬)

瓜地馬拉

荷屬安地列斯群島
千里達及托巴哥

尼加拉瓜

大西洋

哥斯大黎加

巴拿馬

哥倫比亞

委內瑞拉

蘇利南

南太平洋

厄瓜多

秘魯

巴西

法屬玻里尼西亞
(French Polynesia)

玻利維亞

巴拉圭

新喀里多尼亞
(New Caledonia，法屬)

資料中心蓋在哪裡好？(2016年的調查)

資料中心風險指標
(Data Centre Risk Index)的分級

| 低 | 中 | 高 |

智利

烏拉圭

阿根廷

墨西哥

美國

加拿大

紐西蘭

巴西

德國
荷蘭　冰島
比利時　捷克
愛爾蘭　挪威
英國　瑞典
盧森堡　芬蘭
西班牙　法國　俄羅斯
瑞士　波蘭
義大利　保加利亞
土耳其

南韓　日本

奈及利亞

卡達
阿聯

中國

香港

印度

泰國

馬來西亞

南非

新加坡
印尼

澳洲

這項指標列出會影響資料中心運作效能的
主要風險因子，包括能源取得及其成本、
網際網路連線、稅賦高低、
政治穩定度、自然災害等等

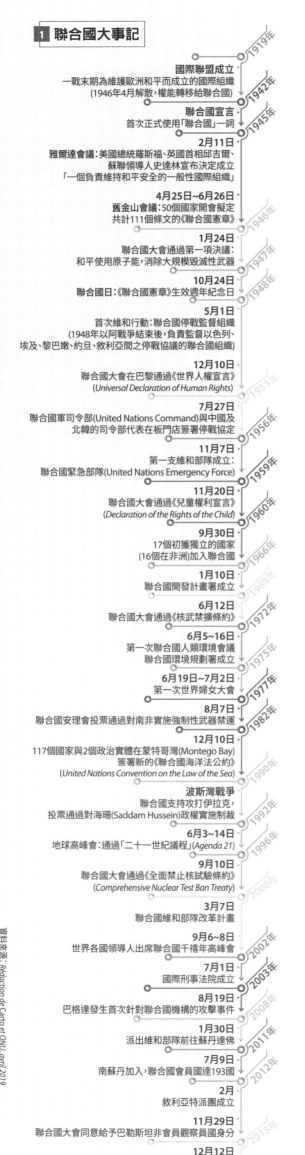

資料來源：Rédaction de Carto et ONU, avril 2019
（Carto n°53, 2019 © Areion/Capri

性侵醜聞滿天飛？
聯合國維和部隊的問題與困境

聯合國維和部隊不僅遭人指責成效不彰，又屢屢爆出性犯罪醜聞（例如在中非共和國所發生的事件），因而遭受重砲抨擊。「藍盔部隊」（Blue Helmets，維和部隊的別稱）擔負的職責愈來愈龐大，卻面臨日益複雜的衝突和日益減少的預算夾擊，在 2018 年慶祝成立 70 週年之際，維和部隊的角色也須全面重新界定。

1945 年 6 月 26 日於舊金山會議簽訂的《聯合國憲章》（*Charter of the United Nations*）確立了聯合國的權能，但並未提及要建立一支維護和平的軍隊。藍盔部隊的誕生其實是起源於 1948 年，當時聯合國在停戰監督組織（United Nations Truce Supervision Organization, UNTSO）下設置了非武裝軍事觀察員，負責監督執行 1948 年第一次以阿戰爭（Palestine war）後簽訂的停戰協議（參見圖 1）。截至 2020 年 3 月 31 日為止，聯合國已組織了 71 次行動，其中 31 次在非洲（7 項正在進行中），動員來自 114 個國家、近百萬名軍人及民間人士。雖然有些任務為期短暫，例如聯合國為了保護新幾內亞島西部的獨立自決（1962 ～ 1963 年）而派出的安全部隊，進駐僅不到 10 個月，但其他如聯合國停戰監督組織等任務至今仍在進行。

國際政治與經濟糾葛其中的藍盔部隊

在法律上，藍盔部隊之所以有權介入他國事務，主要是根據《聯合國憲章》第六章及第七章的文義，安全理事會負有維護和平的責任，而維和行動的部署則需經由安理會定義並投票通過（參見圖 2）。冷戰期間，由於蘇聯與美國擁有否決權，藍盔部隊的出動次數有限，在 71 次行動中，只有 13 次發生在 1948 ～ 1978 年間，2 次在 1979 ～ 1988 年間。如今，藍盔部隊的任務性質也有所變化。直到 1990 年代為止，他們的角色主要是在國界或內戰的前線調停，確保各方遵守停火協議或守護緩衝區。然而當不對稱作戰（asymmetric warfare）❶取代國家之間的衝突，維和任務的型態也改變了，藍盔部隊被賦予協助重建政治場域的複雜工作，例如籌備選舉、重建法治國家、軍人的復員與再就業、維護人權等等。

以 2020 年 3 月 31 日為準，執行中的維和任務總計有 13 項，共動員 81,370 名體制內人員，包括 69,230 名軍人、8,942 名警察及 3,198 名軍事觀察員與參謀軍官（參見圖 3）。維和行動的地點半數是在非洲，其中最大型的要屬聯合國剛果民主共和國特派團（United Nations Organization Stabilization Mission in the Democratic Republic of the Congo, MONUSCO），由 18,553 人組成，而規模較小的如聯合國駐印度和巴基斯坦軍事觀察組（United Nations Military Observer Group in India and Pakistan, UNMOGIP），僅有 43 名成員。聯合國並沒有自己的軍隊，藍盔部隊是由各成員國派遣的部隊所組成，資金主要由已開發國家提供。自 2018 年 7 月～ 2019 年 6 月間，藍盔部隊的經費計有 67 億美元，其中 28.4% 由美國支應，10.2% 來自中國，9.7% 來自日本，6.4% 來自德國，6.3% 來自法國。不過大多數軍隊人力卻是由發展中國家提供，同樣以 2020 年 3 月 31 日為準，主要貢獻兵力的是衣索比亞，男女共計 6,658 人，其次是孟加拉（6,435 人）、盧安達（6,312 人）及尼泊爾（5,655 人），相較之下，法國「僅」貢獻 697 名維和軍人，德國則是 528 人，美國 29 人。雖然上述國家以該國已參與其他組織的行動做為開脫之詞，但更實際的財政因素才是造成差異的主因。對於提供兵力的國家，聯合國會

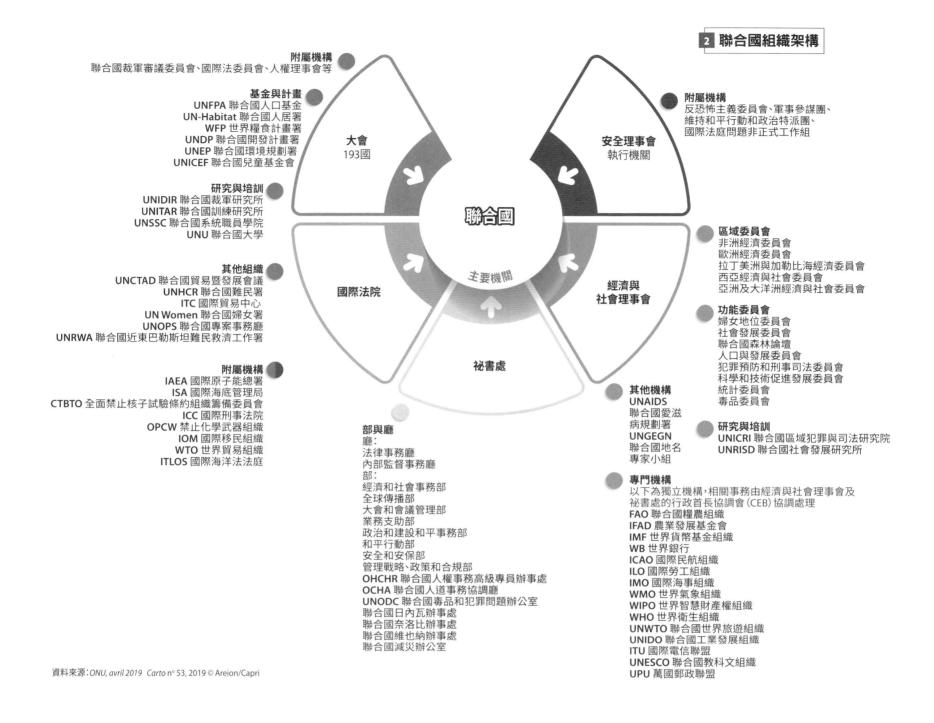

聯合國

主要機關

大會
193國

安全理事會
執行機關

國際法院

**經濟與
社會理事會**

祕書處

附屬機構
聯合國裁軍審議委員會、國際法委員會、人權理事會等

基金與計畫
UNFPA 聯合國人口基金
UN-Habitat 聯合國人居署
WFP 世界糧食計畫署
UNDP 聯合國開發計畫署
UNEP 聯合國環境規劃署
UNICEF 聯合國兒童基金會

研究與培訓
UNIDIR 聯合國裁軍研究所
UNITAR 聯合國訓練研究所
UNSSC 聯合國系統職員學院
UNU 聯合國大學

其他組織
UNCTAD 聯合國貿易暨發展會議
UNHCR 聯合國難民署
ITC 國際貿易中心
UN Women 聯合國婦女署
UNOPS 聯合國專案事務廳
UNRWA 聯合國近東巴勒斯坦難民救濟工作署

附屬機構
IAEA 國際原子能總署
ISA 國際海底管理局
CTBTO 全面禁止核子試驗條約組織籌備委員會
ICC 國際刑事法院
OPCW 禁止化學武器組織
IOM 國際移民組織
WTO 世界貿易組織
ITLOS 國際海洋法法庭

部與廳
廳：
法律事務廳
內部監督事務廳
部：
經濟和社會事務部
全球傳播部
大會和會議管理部
業務支助部
政治和建設和平事務部
和平行動部
安全和安保部
管理戰略、政策和合規部
OHCHR 聯合國人權事務高級專員辦事處
OCHA 聯合國人道事務協調廳
UNODC 聯合國毒品和犯罪問題辦公室
聯合國日內瓦辦事處
聯合國奈洛比辦事處
聯合國維也納辦事處
聯合國減災辦公室

附屬機構
反恐怖主義委員會、軍事參謀團、
維持和平行動和政治特派團、
國際法庭問題非正式工作組

區域委員會
非洲經濟委員會
歐洲經濟委員會
拉丁美洲與加勒比海經濟委員會
西亞經濟與社會委員會
亞洲及大洋洲經濟與社會委員會

功能委員會
婦女地位委員會
社會發展委員會
聯合國森林論壇
人口與發展委員會
犯罪預防和刑事司法委員會
科學和技術促進發展委員會
統計委員會
毒品委員會

其他機構
UNAIDS
聯合國愛滋
病規劃署
UNGEGN
聯合國地名
專家小組

研究與培訓
UNICRI 聯合國區域犯罪與司法研究院
UNRISD 聯合國社會發展研究所

專門機構
以下為獨立機構，相關事務由經濟與社會理事會及
祕書處的行政首長協調會 (CEB) 協調處理
FAO 聯合國糧農組織
IFAD 農業發展基金會
IMF 世界貨幣基金組織
WB 世界銀行
ICAO 國際民航組織
ILO 國際勞工組織
IMO 國際海事組織
WMO 世界氣象組織
WIPO 世界智慧財產權組織
WHO 世界衛生組織
UNWTO 聯合國世界旅遊組織
UNIDO 聯合國工業發展組織
ITU 國際電信聯盟
UNESCO 聯合國教科文組織
UPU 萬國郵政聯盟

資料來源：*ONU, avril 2019 Carto n° 53, 2019 © Areion/Capri*

給付每人每月 1,428 美元，這筆錢對歐洲和美國的軍人來說是不夠的，還得由該國軍方補足薪資，但對於發展中國家的軍人而言，卻是有過之而無不及。

執行力、紀律雙缺，藍盔部隊只剩收攤一途？

1948 ～ 2020 年 5 月 31 日間，藍盔部隊中已有 3,941 名軍人殉職，其中 1,300 人死於意外，約 1,000 人在戰役中陣亡。除了人命損失以外，維和行動效果不彰也讓聯合國各成員國在 2018 年開始思考維和任務的相關改革。藍盔部隊的責任範圍不斷膨脹，又無法為交付的工作目標規劃出優先順序並確實完成。多次行動失敗導致要求縮減維和預算的聲音不斷，然而實際上，維和部隊物資匱乏，尤其是裝甲部隊所需的運輸工具和直升機。自 2017 年起，美國提供的經費每年削減 2 億 2,000 萬美元，相當於總預算的 3%，導致聯合國從 2019 年起，積欠兵力供應國的款項愈來愈多（已積欠衣索比亞 4,160 萬美元、印度 4,050 萬美元、巴基斯坦 3,570 萬美元）。

不僅如此，藍盔部隊的行動也因多次傳出醜聞而染上汙點。在中非共和國，維和部隊人員經常遭指控犯下強暴罪，或在他們不得參與的衝突中殺害一般民眾。2010 年海地爆發霍亂大流行，導致 9,300 人死亡，聯合國遲遲不願承認尼泊爾士兵與此有關，重創組織形象。而近年來，軍人在任務中的性犯罪行為則成為維和部隊最感困擾的問題。2018 年，聯合國共收到 54 件對維和部隊人員涉嫌性暴力的指控，2017 年有 63 件，2016 年則多達 104 件。針對此一狀況，聯合國在 2016 年 3 月通過一份決議，規定犯下性剝削與虐待行為的軍人須遣送回國，但這也代表進行刑事制裁的是該名軍人的母國，而非聯合國。據統計，自 2007 年以來，總計 151 件涉及性犯罪的案子中，被告士兵被判入獄服刑的案例只有 22 件。

文 • T. Meyer

❶ 編注：軍事術語，指實力不對等的雙方，處於劣勢的一方以自身強項取勝的策略。

聯合國安理會
2020年7月

常任理事國

經大會選出的理事國
每屆任期2年

各成員國應分攤的聯合國經常預算
2020年繳納淨額
單位：億美元

注意：本圖中僅標示費用超過300萬美元的國家。

進行中的維和任務
（以2020年3月31日為準）

已派出的維和部隊人數
2020年3月31日資料
（包含警力、軍事專家及軍人）

6,658人
（衣索比亞）
3,000人
1,000人
100人
1人

資料來源：ONU, juillet 2020
Carto, 2020 © Areion/Capri

6.79億

瓜地馬拉
薩爾瓦多
宏都拉斯
厄瓜多
秘魯
哥倫比亞
古巴
多明尼加
智利
玻利維亞
委內瑞拉
聖文森及
格瑞那丁
阿根廷
巴拉圭
美國
烏拉圭
巴西

**聯合國西撒哈拉
全民投票特派團
(MINURSO)**
西撒哈拉

**聯合國馬利多層面
綜合穩定特派團
(MINUSMA)**

1.28億

法國
1.24億

塞內加爾
甘比亞
幾內亞
獅子山
賴比瑞亞
茅利塔尼亞
象牙海岸
布吉納法索
馬利
迦納
多哥
貝南
尼日
奈及利亞
喀麥隆
加彭
葡萄牙
愛爾蘭
摩洛哥
西班牙
阿爾及利亞
突尼西亞
義大利
蒙特內哥
阿爾巴尼
北馬
馬爾他
希

**聯合國科索沃
臨時行政當局
特派團
(UNMIK)**
科索沃

**聯合國賽普勒
維持和平部隊(UNFICY**

納米比亞
南非
尚比亞
剛果
剛果民主
共和國
查德
埃及
以

**聯合國與
非洲聯盟駐蘇丹達佛區
混編部隊(UNAMID)**
達佛(蘇丹)

史瓦帝尼
辛巴威
盧安達
蒲隆地
南蘇丹
烏干達
肯亞
衣索比亞
吉布地

馬拉威
坦尚
尼亞
馬達加斯加

**聯合國駐
剛果民主共和國
穩定特派團**

**聯合國中非共和國
多層面綜合穩定團
(MINUSCA)**

**聯合國阿卜耶伊
臨時安全部隊(UNISFA)**
阿卜耶伊(Abyei)

**聯合國南蘇丹共和國
特派團(UNMISS)**

墨西哥

加拿大

薩摩亞

斐濟

紐西蘭

2.4億

3.37億

1.71億

日本

挪威

瑞典

丹麥

波蘭

芬蘭

南韓

愛沙尼亞

拉脫維亞

立陶宛

斯洛伐克

白俄羅斯

斯洛維尼亞

匈牙利

羅馬尼亞

克羅埃西亞

摩多瓦

烏克蘭

塞爾維亞

尼亞與赫塞哥維納

澳洲

0.67億

俄羅斯

蒙古

東帝汶

哈薩克

亞美尼亞

亞塞拜然

吉爾吉斯

菲律賓

其

黎

塔吉克

中國

汶萊

越南

柬埔寨

馬來西亞

伊拉克

伊朗

喀什米爾

不丹

尼泊爾

泰國

科威特

卡達

孟加拉

新加坡

沙烏地

阿拉伯

阿曼

巴基斯坦

印尼

聯合大公國

阿拉伯

印度

斯里蘭卡

聯合國隔離觀察部隊(UNDOF)
戈蘭高地

聯合國
駐印巴軍事觀察組
印度—巴基斯坦

聯合國駐黎巴嫩臨時部隊(UNIFIL)
黎巴嫩

聯合國停戰監督組織
1948年為協助恢復中東秩序派遣的首次維和行動

Sébastien Abis

德美特俱樂部（club Déméter）主席，智庫「法國國際與戰略事務研究所」（IRIS）助理研究員。著有《小麥的地緣政治：維繫全球安全的關鍵農產品》（暫譯，*Géopolitique du blé : Un produit vital pour la sécurité mondiale*，Armand Colin/IRIS，2015）。

Camille Braccini

巴黎高等政治學院（Science Po Paris）公共關係碩士，記者。

Matthieu Brun

政治學博士，德美特俱樂部學術研究與夥伴事務負責人。

Jean-Paul Burdy

歷史學家，格勒諾勃政治學院（Science Po Grenoble）「地中海與中東地區之整合與變遷」（Intégration et mutations en Méditerranée et au Moyen-Orient）碩士學程講師，經營部落格「東方問題—西方問題」（Questions d'Orient-Questions d'Occident）。

Christine Cabasset

泰國曼谷當代東南亞研究所（IRASEC）研究員兼出版部主任。

Julien Camy

記者、電影工作者，也擔任盧米埃電影學院（Institut Lumière）與出版社 Actes Sud 合作出版的電影叢書編輯。與 Gérard Camy 合著《運動與電影》（暫譯，*Sport & Cinéma, Éditions du Bailli de Suffren*，2016）。

Théotime Chabre

政治學博士，畢業於巴黎國際事務學院（PSIA），研究主題為土耳其與近東國家（賽普勒斯、以色列、巴勒斯坦領土）的少數族群與遷徙現象之管理。

Jean-Marc Chaumet

畜牧研究所（IDELE）農業經濟學家。

Thibault Courcelle

商博良國立學院（Institut national universitaire Champollion）阿爾比（Albi）校區地理學講師，LISST-CIEU 研究中心成員（全名為：社會連帶、社會與領土跨領域研究室—都市研究跨領域中心），歐洲地緣政治與歐盟組織專家。

Jérémy Denieulle

德美特俱樂部研究員。

Julie Desrousseaux

記者。

Guillaume Fourmont

《*Carto*》雜誌及《*Moyen-Orient*》雜誌主編，格勒諾勃政治學院教師，地中海與中東地區研究所（iReMMO）理事。

Catherine Fournet-Guérin

地理學博士與國家會試合格教師，法國漢斯香檳—阿登大學（université de Reims Champagne-Ardenne）地理學講師（具研究指導資格）。

Elsa Galland

獨立記者。

Marjolaine Gros-Balthazard

國土學博士，瑞士洛桑大學（université de Lausanne）博士後研究員。

Catherine Guéguen

地理學博士。著有《馬尼拉華人：一個菲律賓華人社群的地理分布》（暫譯，*Les Chinois de Manille : Géographie d'une communauté aux Philippines*，Les Indes Savantes，2020）。

Joseph Henrotin

國防與國際安全雜誌《*DSI*》總編輯，國際風險分析與預測中心（CAPRI）研究員。

Jean-Marc Huissoud

格勒諾勃管理學院（Grenoble École de management）地理學教師、地緣政治與政府治理研究中心（Centre d'études en géopolitique et gouvernance）主任，格勒諾勃地緣政治節（Festival de géopolitique）召集人。

Dario Ingiusto

曾與《世界報》、Légendes Cartographie 製圖事務所、《*Carto*》與《*Moyen-Orient*》雜誌合作，現為《*L'Express*》雜誌製圖師。

Éric Janin

通過地理科最高教師資格國家會試，現任蘇鎮（Sceaux）拉卡納爾高中（lycée Lakanal）高等學院預備班資深教席。《法國十八大區》（暫譯，*Les 18 régions françaises*，Ellipses，2017）作者及編者，曾為納坦出版社（Natan）編纂多本高中教材。

David Lagarde

土魯斯第二大學（université Toulouse-II Jean-Jaurès）的國家科學研究院（CNRS）博士後研究員，法國近東研究所（IFPO）安曼分部助理研究員。

Légendes Cartographie

由具地理學與製圖學學位的製圖師所組成的事務所，成立於
1996 年。所長為 Frédéric Miotto，她為《L'Histoire》雜誌製
圖，也參與學校教材的製作。

Clara Loïzzo

尼斯馬塞納高中（lycée Masséna）資深教席。與 Camille Tiano 合
著有《北冰洋：全球化與氣候暖化之考驗》（暫譯，L'Arctique :
À l'épreuve de la mondialisation et du réchauffement climatique，Armand Colin，
2019）。

Teva Meyer

巴黎第八大學（Paris-VIII Vincennes Saint-Denis）法國地緣政治研
究所地理學博士，上亞爾薩斯大學（université de Haute-Alsace）
講師。

Nathalie Petitjean

里昂大學出版中心編務主任。

Riccardo Pravettoni

地理學家兼製圖師，挪威全球分析中心（RHIPTO- Norwegian
Center for Global Analyses）製圖部主任，與聯合國及多個國際組
織合作。

Nashidil Rouiaï

文化政治地理學博士，專攻中國及香港議題。研究主題與空
間表徵（spatial representation）有關，尤其是電影中的空間表徵
及其對地緣政治的影響。

Clément Steuer

法國國家科學研究院（Centre national de la recherche scientifique,
CNRS）研究員，隸屬於社會動態與空間重組研究室（labora-
toire LADYSS，單位代號 UMR 7533），為研究計劃《ERC TAR-
ICA》成員。著有《穆巴拉克時代的新中心黨：一個埃及政
治企業家團體備受阻撓的崛起過程》（暫譯，Le Wasat sous Mou-
barak : L'émergence contrariée d'un groupe d'entrepreneurs politiques en Égypte，
Varenne/LGDJ，2013）。

Tigrane Yégavian

記者、學者、中東事務專家。著有《東方的少數族群：被歷
史遺忘的一群人》（暫譯，Minorités d'Orient : Les oubliés de l'Histoire，
Éditions du Rocher，2019）。

經濟學 · INFOGRAPHICS
視覺資訊大繪解

作者：托馬斯·蘭姆格 Thomas Ramge、
揚·史沃喬夫 Jan Schwochow

Wirtschaft verstehen mit Infografiken: Eine Einführung in 111 Infografiken

★榮獲美國Axiom商業書經濟類「金書獎」
★7大領域 × 105個經濟學關鍵主題，繁中版特別新增台灣數據
★用地圖+資訊圖表打造你的經濟思維！

【能力培養】☑ 基礎個經、總經概念　☑ 日常財經新聞識讀
　　　　　　☑ 世界經濟全局觀　　　☑ 資料統合與圖表解析力

本書以前所未見的精緻圖表搭配淺白講解，不用繁複數學就能讀懂經濟學！
只用105個關鍵主題，就為初學者提供「經濟學」最完整的輪廓：一本涵蓋個經、總經，橫跨在地與全球，從古典理論展望未來趨勢及應用！

· 個體經濟「賣場心理學」：15招讓顧客愈買愈多的鋪貨密技
· 全球經濟「大麥克指數」：用相同的漢堡比出各國購買力！
· 綠色經濟「全球碳權交易」：真能達成「2050年全球淨零碳排」的目標？
· 未來經濟「新創獨角獸世界分布圖」：哪些國家是年輕創業家的黃金起步點？

作者：田中道昭

經營戰略4.0圖鑑

美國MAMAA、中國BATH等全球15家尖牙企業，
七大關鍵字洞見「未來優勢」祕密！
経営戦略4.0図鑑

★全球15家尖牙企業大解析
★市面最強的經營戰略入門
★戰略比較 × 優勢分析 × 市場布局

全球頂尖企業都在執行的經營戰略4.0！
大學教授×上市企業董事×管理顧問——跨領域暢銷作者田中道昭，將GAFA／FAANG／MAMAA、BATH等全球15家頂尖企業分為4組，逐步解析各企業的商業模式、市場布局、科技運用，以及企業與企業之間的戰略比較、優勢分析等，輔以清晰易讀的圖表，為讀者建立經營戰略4.0的全貌。

這些企業的共同特色在於：
· 站在數位時代的最前端　　　· 挖掘資訊科技的潛力
· 發展創新商業思維　　　　　· 創造市場新規則，甚至改寫全球商業版圖

作者：希拉·法蘭柯 Sheera Frenkel、
希西莉雅·康 Cecilia Kang

獲利至上

你的一舉一動，都是他們的賺錢工具！
Meta集團(Facebook, Instagram, WhatsApp)稱霸全球的經營黑幕
An Ugly Truth: Inside Facebook's Battle for Domination

★《紐約時報》每月暢銷商管書TOP 5
★普立茲獎National Reporting入圍作家新作
★即將改編為影集，由《王冠》女主角Claire Foy飾演雪柔

本書是《紐約時報》記者追蹤十年來臉書內部決策的完整紀錄，作者訪談了超過400位臉書高階主管x董事x投資人x顧問x現職員工，揭開臉書內部的決策及衝突過程……

· 「人為干預演算法」：臉書曾雇用一群「新聞策畫者」，不斷調整演算法，決定你每天能在臉書看到什麼新聞內容。
· 「你被當成白老鼠」：臉書曾經刻意在70萬用戶的動態消息中投放負面新聞，研究用戶瀏覽新聞後的情緒反應。
· 「因人而異的言論審查標準」：川普有仇恨言論豁免權，臉書提供給政治人物的言論自由權利之範圍，和一般人不一樣。

除此之外，兩位作者也針對Facebook多項重大醜聞，進行了仔細且全面的調查，帶領讀者深入臉書內部的聯盟和競爭、窺看矽谷和白宮之間複雜的政治角力。

作者：艾華·S·赫曼 Edward S. Herman、
諾姆·杭士基 Noam Chomsky

製造共識【媒體政治經濟學】

政府、傳媒與廣告商，如何把偏見灌進「你」的腦裡，
打造「他們」要的共識？
Manufacturing Consent: The Political Economy of the Mass Media

「風向」是怎麼帶起來的？我們又是如何被「風向」催眠？
政府控制媒體，媒體操作輿論，透過五層過濾器「認知作戰」
把偏見灌進「你」的腦裡→控制你的想法→打造「他們」要的共識！

你以為我們每天接收到的都是最新鮮、最即時的新聞資訊？其實這些資訊早已被「大型媒體集團、出資贊助媒體者、媒體新聞來源、既得利益團體的反擊與意識形態」，透過五層「過濾」、層層精心篩選過，為了達到這個目的，他們擅自：

· 將受害者區分為有價值或無價值
· 將民主制度扭曲為「真民主」或「假民主」
· 超譯法庭判決，只為打擊異己
· 將恃強凌弱包裝成為正義出征

本書作者赫曼與杭士基，認為美國政府曾經透過這些手段來「凝聚」社會共識，這些操弄手法從來沒有過時，如今更藉由傳播力強大的網路，更徹底的影響我們。